BAPAK'S TALKS

VOLUME 4

1. material — Man 1
2. Vegetable — Man 2
3. animal — Men 3
4. Human — man 4
5.
6.
7.
8.
9.

Bapak Muhammad Subuh Sumohadiwidjojo at Coombe Springs

BAPAK'S TALKS

The Complete Recorded Talks of
Bapak Muhammad Subuh Sumohadiwidjojo
in English Translation with Indonesian Text

Volume 4
3 July 1959 – 13 August 1959

First published 1999 by
Subud Publications International Ltd.
Loudwater Farm, Loudwater Lane,
Rickmansworth, Herts. WD3 4HG, England.

ISBN 1 869822 16 1

Printed in Great Britain by Watkiss Studios Ltd, Biggleswade, Bedfordshire, UK

It is God Himself who works on our being, since human beings are not able, working from advice they have been given, to change the content of their own self. Indeed it is not possible; it can only be done by a power that has authority, a power infinitely greater than that of a human being. Therefore no theory is to be found in Subud, just realities, which work, grow and proceed by themselves.

59 LON 1

Contents

We need to know before we enter into a situation!

Cause for Subud not trying to indicate other religions — we are ourselves

1

SAN FRANCISCO

3 JULY 1959

Source: Recording number 59 SFO 1

[*First part of recording missing*] ... First, Bapak would like to explain about the meaning of Subud. Although he has explained it many times, it may perhaps still be very useful for those of you who are new, so that you can understand the real meaning of Subud – *Susila Budhi Dharma*.

Subud is an abbreviation of *Susila Budhi Dharma*, which signifies the qualities of human beings who, because of their surrender, acceptance and faith in God's greatness, are able to have within them a contact from the greatness of God. *Susila* means having the quality of humanity; *Budhi* means the power of the greatness of God that is within the self of a human being; and *Dharma* means the utmost surrender to the greatness of God by a human being or by any creature of God's creation. This is a symbol for you that it is only with such an inner self and inner state that you can possess that which God gives to all of you. Therefore you really need to implement this, which now has become the symbol within each of you.

So, this spiritual training of Subud is not a teaching or guidance from another person, but is truly a gift from God to human beings – to all of you – whereby you are guided and given what you need for your life, so that your life may become happy in this world and

sekalian terbimbing dan diberi sesuatu yang diperlukan bagi hidupnya, agar dapat bahagia, menjadi bahagia hidupnya di dunia maupun hidup sesudah mati nanti.

Banyak di antara umat manusia yang berusaha di dalam lapangan kejiwaan untuk dapat menemukan kontak Tuhan Yang Maha Esa, tetapi karena usahanya mereka berdasarkan kemauan, akal-fikiran dan hati, maka banyak di antara mereka yang hanya sampai di tengah jalan saja dan tidak dapat menemukan kelanjutan daripada apa yang diperlukan bagi hidupnya, yaitu jalan ke Tuhan yang semestinya harus diterima dan harus dilaluinya.

Memang tidak dapat, kalau ditinjau dari sudut kefahaman manusia, bahwa kepada segala sesuatu bagi manusia perlu dimengerti dengan akal-fikiran dan hatinya, tetapi karena kejiwaan ini adalah pengisi, adalah isi daripada badan manusia, sehingga ada di dalam daripada sekalian yang ada di dalam, maka karenanya tidak mungkin dapat dicari dengan akal-fikiran dan hatinya, melainkan Tuhan... dengan kekuasaan Tuhan barulah dapat ditemukan yang berdasarkan ketenteraman dan kehentian daripada nafsu, hati, akal-fikiran.

Sebagai saudara-saudara sekalian telah dapat mengetahui, bahwa otak, hati, rasa-perasaan kita – atau otak, hati, rasa-perasaan saudara-saudara sekalian – telah terisi mulai dari kecil sampai menjadi besar dan menjadi orang tua pengalaman-pengalaman yang beredar dalam bumi ini, maksudnya pengalaman-pengalaman keduniaan, sehingga apa yang ada dalam otak kita, apa yang ada dalam hati kita, apa pula yang ada dalam rasa-perasaan kita tidak lain daripada gambaran-gambaran yang ada dalam dunia ini. Tidak ada lain.

Maka, apabila pengisi yang demikian itu masih ada dalam diri kita, yang masih merajalela menguasai dalam diri kita, kita tidak akan dapat : pertama, memikirkan soal-soal di luar dunia ini. Juga merasakan soal-soal di luar dunia. Juga mengerti soal-soal di luar dunia, sebelum kesemuanya itu telah disisihkan, dibersihkan oleh kekuasaan Tuhan. Itulah sebab-sebabnya, maka dalam latihan keji-waan yang telah dilakukan dan diterima oleh saudara sekalian perlu diterima pembersihan atas dirinya masing-masing, agar dapat sedikit demi sedikit menemukan sesuatu yang di luar akal-fikiran, di luar hati, rasa-perasaan saudara sekalian, dengan singkat di luar keduniaan.

Contohnya : saudara-saudara sekalian telah dapat merasakan sendiri, ialah ketika masih kecil baru dilahirkan. Pada saat itu belum

wrong ways to God and self-will
Self will, Heart, mind to God
will mind are to God

also later, after you die.

Many people make efforts in the spiritual field to find a contact with God; but, because their efforts are based on their will, their heart and their mind, many of them go only part of the way. Then they cannot find their way forward to that which they need for their lives; namely, the way to God that they should receive and go through.

work

Indeed, when looked at from the point of view of human understanding, everything should be knowable by the heart and the mind. But since this spiritual way is what fills the human body – its content – and is within everything that is within, this way cannot possibly be sought with the mind and the heart. Only through God, through the power of God, can it be found; through quietness, and when the desires, the heart and mind have stopped.

As you know, from the time you were small until you grew up and became adults, your brain, heart and feelings have been filled with experiences of the ups and downs of life in this world – worldly experiences. So, in our brain, in our heart, and in our feelings, there is nothing other than images of things in this world. There is nothing else.

remove content of this world — right content

As long as such a content remains within us and still overwhelms us, we will not be able to think about things beyond this world, to feel things beyond this world, to understand things beyond this world; not until all of it has been cleared away, cleaned by the power of God. That is why in the latihan, which you have been receiving and practising, each of you needs to receive the purification of your self, so that, little by little, you can find something that is beyond your mind, beyond your heart, beyond your feelings – in short, beyond the things of this world.

identification

For example, you know yourselves that when you were small, only just born, you couldn't yet see the forms of things in this

dapat melihat bentuk-bentuk yang ada dalam bumi ini, belum juga dapat mendengarkan suara sesuatu yang dapat dirasakan, juga belum dapat merasakan apa-apa yang biasa dirasa oleh manusia yang sudah tua-tua ini. Tetapi meskipun demikian, menampakkan muka anak kecil itu kadang-kadang susah, kadang-kadang gembira. Yang sebenarnya demikian itu telah dapat melihat, mendengarkan, merasakan sesuatu di luar kebiasaan manusia yang sudah ada di dunia ini.

Sesudah anak yang kecil atau saudara-saudara ketika masih kecilnya mulai dapat melihat bentuk-bentuk, mulai dapat mendengarkan suara yang dirasa enak dan tidak, dan mulai pula dapat merasakan sesuatu, juga mulai dijauhi dan tertutup hubungan rasa-perasaan, hubungan hati dan otak saudara-saudara sekalian dengan jiwanya, dengan pengisi yang sebenarnya, yang akhirnya dapat menjadi pemimpin dan pembimbing atas dirinya masing-masing. Makin lama makin rapat hubungannya dengan luar, yaitu makin rapat hubungannya dengan dunia, makin tertutup hubungannya dengan jiwanya. Sehingga akhirnya menjadi orang tua lupa apa sebenarnya yang telah berhubungan dengan rasa dirinya ketika masih kecil. Yang hanya terasa dan dapat diterima hanya soal keduniaan yang selalu dihadapi dengan penglihatannya, pendengarannya, rasa-perasaannya dan akal-fikirannya. Sehingga benar-benar kehilangan *instinctief*nya yang sungguh-sungguh diperlukan bagi kehidupan rasa dirinya, bagi kehidupan raga dan seluruh badannya.

Maka tidak mustahillah, bahwa cara berfikir, cara merasakan bagaimana Tuhan dan kekuasaannya, bagaimana pula sorga dan lain-lainnya tidak jauh daripada gambaran-gambaran dunia yang telah ada dan memasuki dalam otak, hati dan rasa-perasaan. Itulah sebab-sebabnya, maka digambar-gambarkan, bahwa Tuhan kiranya sebagai manusia yang bagus dan elok *warna*nya duduk di kursi singgasana yang betul-betul bagus, dan surga digambarkan sebagai tempat yang benar-benar menarik hati, yang benar-benar bagus dan baik pandangannya, yang menggiurkan hati dan rasa-perasaan. Malahan ada di antaranya – bukan saudara-saudara ini, tetapi ada di antaranya – yang menggambarkan, bahwa surga itu serba mewah, serba ada, segala *ditrètès* dengan intan dan berlian dan tempatnyapun juga lebih bahagia daripada dunia ini yang sungguh-sungguh dapat memiliki hal-hal yang mengejutkan dan yang menghiraukan hati dan rasa-perasaan.

Publisher's Introduction

This is the fourth volume of English translations of the complete recorded talks of the founder of Subud, Muhammad Subuh Sumohadiwijojo (Bapak). Bapak was born in Java in 1901 and died there in 1987. In 1924, at Semarang in East Java, he received from Almighty God a way of inner guidance, purification and development known to us as the latihan – the Indonesian word for 'exercise' or 'training'. Bapak came to realise that this was not a way for himself alone, but that it could be passed on to anyone who wished for it.

During his life Bapak travelled extensively, passing on the contact of the latihan and giving explanatory talks – of which some 1400 were recorded – to members of Subud, people of all races and beliefs. He saw that, although the way of the latihan could be easily received and followed, it was not so easy to understand its purpose and significance. He therefore gave frequent talks to Subud members about his own experiences in following the latihan. The talks were profound and wide-ranging, containing insights into all aspects of life in this world and beyond.

The talks were not intended to provide any new teaching. They were necessary only as a means of satisfying the need of the heart and mind to understand. They were given in Indonesian through English language interpreters and were never prepared beforehand – which accounts for their intimacy and spontaneity.

The complete collection is now being translated afresh from recordings of the original talks – preserved by Faisal Sillem of the Tape Preservation Unit – or their transcripts where tape recordings have been lost. The translators have tried to stay as close as possible to the intention and content of the original. In accordance with Bapak's expressed wish the transcripts of the Indonesian have been included. From Volume 3 onwards the Indonesian text has not been edited.

The talks in this volume were translated by Sofyan Brugger, Mansur Medeiros, Roseanna Sawrey-Cookson, Tuti and Sharif Horthy plus talks retranslated from *Subud and the Active Life* and *The Meaning of Subud*. The talks were checked by Tuti and Sharif Horthy and edited by Manuela Mackenzie. The publishers wish to express their special appreciation to the many proof-readers who donated their time.

Bapak's Talks are not a collection of texts to be studied. Nor should they be compared to the holy books of religion. Rather they are living words, spoken to illuminate each of us on our own personal journey towards God.

In Subud we do not have a book, because as you know when Bapak received a book, the book was blank. In other words, what was written in that book was the understanding about anything at all that Bapak wanted to know, and then that book entered Bapak himself. So the book in Subud is the understanding – our understanding... That is why the book in Subud is what comes out of Bapak, that is, Bapak's talks. But it's not a book that is supposed to be kept as a kind of authority, because it changes all the time; as the situation changes, so Bapak's explanations change. Because the understanding is not something fixed; it always evolves, while the receiving is what is called the gift of God, the grace of God. And this receiving is the latihan of life. In other words it is something that is always alive.

Bapak, Toronto, 24 September 1977
Source: Recording number 77 YYZ 2

Foreword

Wise Readers,

Let us prepare ourselves and increase our knowledge about the spiritual life by reading or listening to the late Bapak's talks, which were really intended for us, as his children, or for people who need them.

Indeed, there is no limit to explanations about the spiritual life, because they concern the secrets of life, which cannot be resolved by the heart and mind, but can be received and experienced when a person is in a state of peace, and surrenders and submits sincerely to the One Almighty. Bapak's talks are not like fairy tales or bedtime stories for children, but they are filled with a light for those who are in darkness and who hunger in the midst of the distractions of life, so that we may have courage to go on until our goal is reached. So let us not waste the good efforts and hard work of the brothers and sisters who have collected and processed these talks of Bapak.

We are aware of the great importance of the late Bapak's explanations and advice, both written and recorded in the talks, but if we do not take care of them and pass them all on, the clarity of their light will be lost to posterity.

May God bless us all,

Rahayu

Siti Rahayu Wiryohudoyo, Bapak's eldest daughter.

USA

1

SAN FRANCISCO

3 JULI 1959

Sumber : Rekaman 59 SFO 1

(*Bagian awal tak terekam*)...dahulu Bapak hendak menerangkan tentang arti Subud. Meskipun telah berkali-kali Bapak terangkan, mungkin masih berguna sekali bagi saudara-saudara yang baru, agar dapat dimengerti bagaimana arti sebenarnya Subud — Susila Budhi Dharma — itu.

Subud adalah singkatan dari Susila Budhi Dharma yang berarti sebagai sifat manusia, yang karena penyerahannya dan ketawakalannya dan percayanya kepada kebesaran Tuhan, dapat memiliki kontak dari kebesaran Tuhan yang ada dalam dirinya. Karena itu, maka Subud adalah singkatan dari Susila Budhi Dharma yang artinya Susila berperikemanusiaan; dan Budhi artinya adalah kekuatan dari kebesaran Tuhan yang ada dalam diri manusia; Dharma artinya penyerahan yang sebesar-besarnya kepada kebe-saran Tuhan dari sifat manusia atau sifat apa yang telah diciptakan Tuhan. Demikian menjadi lambang bagi saudara sekalian, bahwa hanya dengan sifat dan keadaan diri pribadi saudara yang demikian itu dapat memiliki apa yang telah diberi Tuhan kepada saudara-saudara sekalian. Maka bagi saudara-saudara sekalian diperlukan, agar saudara sekalian sungguh-sungguh menepati apa yang telah menjadi lambang bagi dirinya masing-masing.

Demikian karenanya, maka latihan kejiwaan Subud ini bukan merupakan suatu pelajaran, bukan merupakan suatu bimbingan dari manusia, tetapi sungguh-sungguh adalah pemberian dari Tuhan kepada manusia dan kepada saudara sekalian, sehingga saudara

1

SAN FRANCISCO

3 JULY 1959

Source: Recording number 59 SFO 1

[*First part of recording missing*] … First, Bapak would like to explain about the meaning of Subud. Although he has explained it many times, it may perhaps still be very useful for those of you who are new, so that you can understand the real meaning of Subud – *Susila Budhi Dharma*.

Subud is an abbreviation of *Susila Budhi Dharma*, which signifies the qualities of human beings who, because of their surrender, acceptance and faith in God's greatness, are able to have within them a contact from the greatness of God. *Susila* means having the quality of humanity; *Budhi* means the power of the greatness of God that is within the self of a human being; and *Dharma* means the utmost surrender to the greatness of God by a human being or by any creature of God's creation. This is a symbol for you that it is only with such an inner self and inner state that you can possess that which God gives to all of you. Therefore you really need to implement this, which now has become the symbol within each of you.

So, this spiritual training of Subud is not a teaching or guidance from another person, but is truly a gift from God to human beings – to all of you – whereby you are guided and given what you need for your life, so that your life may become happy in this world and

sekalian terbimbing dan diberi sesuatu yang diperlukan bagi hidupnya, agar dapat bahagia, menjadi bahagia hidupnya di dunia maupun hidup sesudah mati nanti.

Banyak di antara umat manusia yang berusaha di dalam lapangan kejiwaan untuk dapat menemukan kontak Tuhan Yang Maha Esa, tetapi karena usahanya mereka berdasarkan kemauan, akal-fikiran dan hati, maka banyak di antara mereka yang hanya sampai di tengah jalan saja dan tidak dapat menemukan kelanjutan daripada apa yang diperlukan bagi hidupnya, yaitu jalan ke Tuhan yang semestinya harus diterima dan harus dilaluinya.

Memang tidak dapat, kalau ditinjau dari sudut kefahaman manusia, bahwa kepada segala sesuatu bagi manusia perlu dimengerti dengan akal-fikiran dan hatinya, tetapi karena kejiwaan ini adalah pengisi, adalah isi daripada badan manusia, sehingga ada di dalam daripada sekalian yang ada di dalam, maka karenanya tidak mungkin dapat dicari dengan akal-fikiran dan hatinya, melainkan Tuhan... dengan kekuasaan Tuhan barulah dapat ditemukan yang berdasarkan ketenteraman dan kehentian daripada nafsu, hati, akal-fikiran.

Sebagai saudara-saudara sekalian telah dapat mengetahui, bahwa otak, hati, rasa-perasaan kita – atau otak, hati, rasa-perasaan saudara-saudara sekalian – telah terisi mulai dari kecil sampai menjadi besar dan menjadi orang tua pengalaman-pengalaman yang beredar dalam bumi ini, maksudnya pengalaman-pengalaman keduniaan, sehingga apa yang ada dalam otak kita, apa yang ada dalam hati kita, apa pula yang ada dalam rasa-perasaan kita tidak lain daripada gambaran-gambaran yang ada dalam dunia ini. Tidak ada lain.

Maka, apabila pengisi yang demikian itu masih ada dalam diri kita, yang masih merajalela menguasai dalam diri kita, kita tidak akan dapat : pertama, memikirkan soal-soal di luar dunia ini. Juga merasakan soal-soal di luar dunia. Juga mengerti soal-soal di luar dunia, sebelum kesemuanya itu telah disisihkan, dibersihkan oleh kekuasaan Tuhan. Itulah sebab-sebabnya, maka dalam latihan keji-waan yang telah dilakukan dan diterima oleh saudara sekalian perlu diterima pembersihan atas dirinya masing-masing, agar dapat sedikit demi sedikit menemukan sesuatu yang di luar akal-fikiran, di luar hati, rasa-perasaan saudara sekalian, dengan singkat di luar keduniaan.

Contohnya : saudara-saudara sekalian telah dapat merasakan sendiri, ialah ketika masih kecil baru dilahirkan. Pada saat itu belum

wrong ways to God — self-wills
Self will, Heart, mind to God
juied mind? are to God

3 JULY 1959   5

also later, after you die.

Many people make efforts in the spiritual field to find a contact *work* with God; but, because their efforts are based on their will, their heart and their mind, many of them go only part of the way. Then they cannot find their way forward to that which they need for their lives; namely, the way to God that they should receive and go through.

Indeed, when looked at from the point of view of human understanding, everything should be knowable by the heart and the mind. But since this spiritual way is what fills the human body – its content – and is within everything that is within, this way cannot possibly be sought with the mind and the heart. Only through God, through the power of God, can it be found; through quietness, and when the desires, the heart and mind have stopped.

As you know, from the time you were small until you grew up and became adults, your brain, heart and feelings have been filled with experiences of the ups and downs of life in this world – worldly experiences. So, in our brain, in our heart, and in our feelings, there is nothing other than images of things in this world. There is nothing else.

remove content of this world
– right content

identific- action

As long as such a content remains within us and still over-whelms us, we will not be able to think about things beyond this world, to feel things beyond this world, to understand things beyond this world; not until all of it has been cleared away, cleaned by the power of God. That is why in the latihan, which you have been receiving and practising, each of you needs to receive the purification of your self, so that, little by little, you can find something that is beyond your mind, beyond your heart, beyond your feelings – in short, beyond the things of this world.

For example, you know yourselves that when you were small, only just born, you couldn't yet see the forms of things in this

dapat melihat bentuk-bentuk yang ada dalam bumi ini, belum juga dapat mendengarkan suara sesuatu yang dapat dirasakan, juga belum dapat merasakan apa-apa yang biasa dirasa oleh manusia yang sudah tua-tua ini. Tetapi meskipun demikian, menampakkan muka anak kecil itu kadang-kadang susah, kadang-kadang gembira. Yang sebenarnya demikian itu telah dapat melihat, mendengarkan, merasakan sesuatu di luar kebiasaan manusia yang sudah ada di dunia ini.

Sesudah anak yang kecil atau saudara-saudara ketika masih kecilnya mulai dapat melihat bentuk-bentuk, mulai dapat mendengarkan suara yang dirasa enak dan tidak, dan mulai pula dapat merasakan sesuatu, juga mulai dijauhi dan tertutup hubungan rasa-perasaan, hubungan hati dan otak saudara-saudara sekalian dengan jiwanya, dengan pengisi yang sebenarnya, yang akhirnya dapat menjadi pemimpin dan pembimbing atas dirinya masing-masing. Makin lama makin rapat hubungannya dengan luar, yaitu makin rapat hubungannya dengan dunia, makin tertutup hubungannya dengan jiwanya. Sehingga akhirnya menjadi orang tua lupa apa sebenarnya yang telah berhubungan dengan rasa dirinya ketika masih kecil. Yang hanya terasa dan dapat diterima hanya soal keduniaan yang selalu dihadapi dengan penglihatannya, pendengarannya, rasa-perasaannya dan akal-fikirannya. Sehingga benar-benar kehilangan *instinctief*nya yang sungguh-sungguh diperlukan bagi kehidupan rasa dirinya, bagi kehidupan raga dan seluruh badannya.

Maka tidak mustahillah, bahwa cara berfikir, cara merasakan bagaimana Tuhan dan kekuasaannya, bagaimana pula sorga dan lain-lainnya tidak jauh daripada gambaran-gambaran dunia yang telah ada dan memasuki dalam otak, hati dan rasa-perasaan. Itulah sebab-sebabnya, maka digambar-gambarkan, bahwa Tuhan kiranya sebagai manusia yang bagus dan elok *warna*nya duduk di kursi singgasana yang betul-betul bagus, dan surga digambarkan sebagai tempat yang benar-benar menarik hati, yang benar-benar bagus dan baik pandangannya, yang menggiurkan hati dan rasa-perasaan. Malahan ada di antaranya – bukan saudara-saudara ini, tetapi ada di antaranya – yang menggambarkan, bahwa surga itu serba mewah, serba ada, segala *ditrètès* dengan intan dan berlian dan tempatnyapun juga lebih bahagia daripada dunia ini yang sungguh-sungguh dapat memiliki hal-hal yang mengejutkan dan yang menghiraukan hati dan rasa-perasaan.

world, and you couldn't yet hear the sounds or feel the things that are normally felt by us grown-up people. And yet, the expression on your face indicated that sometimes you were troubled, sometimes happy. This shows that you were, in fact, able to see, hear and feel something outside the usual experience of people in this world.

more blocked as we got older

Then the small child – you, when you were still small – began to be able to see shapes, to hear voices that sounded pleasant or unpleasant, and also began to be able to feel things. At the same time, the connection between your feelings, heart and brain and your soul – which is your true content that could eventually become your guide – began to fade and become blocked. As time went on, and the closer your connection became with the outside – with this world – the more blocked your connection was with your soul. So, when eventually you grew up, you forgot the connection you used to have with your inner feeling when you were small. All you were able to feel and experience were the things of this world, which you always deal with by using your seeing, your hearing, your feelings and your thinking. So you have truly lost your instinct, which you really need for the life of your inner feeling, and for the life of your whole physical body.

Emotional Coders.

So it's conceivable that the way you think about and imagine God, and God's power, as well as heaven and so on, is not far from the pictures of the world that have been taken in by your brain, heart and feelings. This is why you may picture God as a radiant and beautiful human being, seated on a magnificent throne; or see heaven as a really attractive place, with the most beautiful views that stimulate your heart and feelings. There are even some people – not you, but there are those – who imagine that heaven is a very luxurious place, where you have everything; where everything is inlaid with diamonds and precious stones. They imagine also that it is a happier place than this world, where you can own things that would surprise and amaze your heart and feelings.

Sebab yang demikian tidak lain daripada, karena isi daripada otak, hati dan rasa-perasaan masih dikuasai hal-hal yang beredar, yang berada dalam dunia ini. Itulah sebab-sebabnya, maka dalam latihan kejiwaan diperlukan, agar saudara sekalian sungguh-sungguh menyerah dengan besar kepercayaannya kepada kebesaran Tuhan, agar dengan demikian dapat segera atau selalu dibersihkan daripada segala kesalahan itu yang akhirnya dalam diri saudara sekalian terisi sesuatu, yang ada di luar keduniaan ini, ialah sebagai dahulu ketika masih kecil.

Maka dalam latihan ini sama dengan saudara sekalian mengembalikan atau mengulangi sesuatu yang telah dialami, yang telah diterima. Hanya bedanya waktu kecil dapat diterima sebelum otak, hati, rasa-perasaan bekerja dalam dunia ini dan sekarang dapat mulai diterima dengan masih adanya otak, hati, rasa-perasaan kita yang masih diliputi suasana keduniaan.

Hal ini jangan sekali-sekali dikhawatirkan, bahwa dengan penyisihnya atau dengan penyisihannya segala sesuatu yang menjadi pengisi otak, hati dan akal-fikiran dan rasa-perasaan kita lantas kita tidak lagi dapat hidup sebagai manusia. Tetapi dengan penyisihannya pengaruh-pengaruh dunia yang ada dalam otak, hati dan rasa-perasaan kita dan dengan datangnya pengisi yang dari suasana di luar dunia saudara-saudara sekalian akan dapat lebih utama, akan dapat lebih jernih dan terang untuk dapat mengetahui bagaimana jalan yang seharusnya ditempuh untuk membahagiakan hidupnya baik di dunia maupun hidup sesudah mati nanti.

Memang demikianlah yang dikehendaki Tuhan, agar saudara-saudara sekalian atau manusia dapat menyelamatkan hidupnya di dunia ini, tetapi jangan juga tidak dapat menyelamatkan hidupnya sesudah mati nanti. Karena itu, maka diperintahkan Tuhan kepada segala utusanNya atau kepada utusanNya, agar manusia di samping mengerjakan otak, hati dan rasa-perasaannya untuk keduniaannya janganlah dilupakan kebaktiannya kepada Tuhan, agar dengan demikian dapat diketahui, dapat dimengerti, bahwa di samping kefahamannya sebagai manusia untuk hidup di bumi ini adalah kekuasaan Tuhan yang selalu meliputi pada dirinya yang menjadi pembimbing, penyuluh, penerangan bagi hidupnya.

Penerangan-penerangan sebagai ini sudah sejak dahulu kala dilakukan oleh para utusan kepada umat manusia, agar umat manusia selalu mengingati, bahwa kekuasaan Tuhan adalah pada

The reason for this is that the content of your brain, heart and feelings is still controlled by all that exists and circulates in this world. That is why it is necessary for you to really surrender in your latihan, with great faith in the greatness of God, so that you can be cleansed of all these mistakes rapidly and continuously. Then eventually you can be filled with something from beyond this world, as you were when you were small.

So, [what happens] in this latihan is the same as restoring or repeating something you have already experienced, something you have already received. The only difference is that when you were small you received it before your brain, heart and feelings had worked in this world, whereas now you can begin to receive it while your brain, heart and feelings are still enveloped in the ambience of the world.

Don't ever worry that if the content of your brain, heart, mind and feelings were separated and put aside you might not be able to live any more as human beings. With the separation of the influences of this world that are in your brain, heart and feelings, and the coming of a content from an ambience beyond this world, you will be better, clearer and brighter in finding the way you should go to make your life happy, both in this world and later, in the life after death.

Indeed, it is God's will that you – human beings – should be able to obtain well-being in your life in this world, as well as in your life after death. That is why God gave the command to all His messengers that human beings, besides using their brain, heart and feelings for worldly things, should not forget their worship of God. It was so they might know and understand that, besides their human comprehension for living in this world, there is also the power of God, which envelops them always, and is the guide, the lamp and the light for their life.

Explanations like this have been given to people by the messengers of God since long ago, so that they may always remember that the power of God is within them. But now, because

dirinya. Tetapi sampai pada saat ini, karena manusia sekarang ini sudah terlalu penuh terisi otak, hati, rasa-perasaannya pengaruh dunia yang makin lama makin menjadi-jadi, makin lama makin kuat, sehingga nasehat-nasehat yang demikian itu tidak mungkin dapat dilakukan secara biasa, secara manusia dahulu.

Buktinya orang-orang sekarang ini lebih pandai daripada yang menasehati. Jadi, yang dinasehati sekarang ini lebih pandai yang memberi nasehat. Sehingga kedua-duanya tidak dapat menjalankan yang sebenar-benarnya. Karena itu, maka dengan lahirnya Subud ini saudara-saudara sekalian atau umat manusia atas kehendak Tuhan diperlukan mempraktekkan nasehat-nasehat yang telah ada, yang telah diterima oleh manusia, yang belum dapat dijalankan itu.

Maka dalam Subud ini saudara-saudara sekalian akan terbimbing, akan dipelajarkan sesuatu di luar pelajaran-pelajaran yang telah dipelajari sebagai biasa di dunia ini. Kenyataannya pelajaran atau bimbingan yang akan diterima dalam latihan ini saudara-saudara sekalian akan terbimbing dalam kepribadiannya. Misalnya : Tuhan akan memberikan sesuatu, supaya dapat diketahui, dapat dilihat oleh saudara sekalian, tetapi tidak ditunjuk dengan jarinya, tetapi ditunjuk dengan penglihatannya masing-masing saudara sekalian. Juga Tuhan akan mendengarkan sesuatu yang dapat didengar oleh saudara sekalian, tidak ditunjuk dengan *tenaga*nya supaya didengarkan, tetapi ditunjuk dalam pendengaran saudara sekalian, sehingga saudara-saudara sekalian akan dapat menyaksikan segala sesuatu yang ditunjuk Tuhan itu dengan kenyataan-kenyataan yang ada pada dirinya.

Demikian juga Tuhan memberi pengerti kepada manusia bukan secara orang memberi pengerti digambarkan dalam papan tulis, *blackboard*. Tidak. Tetapi adalah dalam otak manusia, sehingga manusia dapat memikirkan sesuatu di luar dunia ini dengan otak dan dengan sendirinya. Dan juga rasa-perasaan saudara sekalian akan terbimbing oleh kekuasaan Tuhan, tidak antara manusia membimbing manusia, tetapi telah lahir, telah bangkit dengan sendirinya rasa-perasaan itu, sehingga menyaksikan segala sesuatu dengan nyata yang tidak dengan kacamata orang lain atau rasa-perasaan orang lain. Sehingga benar-benar saudara-saudara sekalian menerima dan merasakan bagaimana kasih-sayang Tuhan kepada saudara sekalian atau pada manusia yang hakekatnya sungguh-sungguh telah menyelami, telah berada dalam diri kita baik yang kasar dan yang halus.

We have all we need! [handwritten]

the brain, heart and feelings of people today are too full of the influence of this world — which is becoming stronger all the time — this kind of advice cannot possibly be given in the same way, the way it was given a long time ago.

The fact is that people these days often know more than those who give them advice; those receiving the advice know more than those giving it. So neither side can do what they are supposed to do. That is why, with the birth of Subud, you — and the whole of humanity — are required by God's will to put into practice the advice that already exists, that has already been received by human beings, but which people have not yet been able to carry out.

So in Subud you will be guided, you will be taught something that is beyond the lessons you have learned in the usual way in the world. The reality is that in the latihan you will receive lessons and guidance [directly] within your self. For example, God will show you something that you need to know, not by pointing with His finger, but through your own seeing. Also, God will give you something you can hear, not by making a sign that you should listen, but through your own hearing. So you will be able to witness whatever God shows you through a reality that is within your own self.

Similarly, God gives understanding to human beings, not in the way a person would, by drawing something on a blackboard, no, but within their brain, so they can think about something beyond this world, with their brain, spontaneously. Also, your feelings will be guided by the power of God, but not in the way humans guide humans; the feelings will arise and awaken by themselves, so you will witness everything clearly and not through the spectacles of others, or through the feelings of others. Thus you will really receive and feel how God's love for all of us — for human beings — has truly entered within us and exists in our selves, in both the coarse and the fine.

Banyak orang mengatakan, bahwa Tuhan sungguh kasih-sayang kepada manusia dan Tuhan sungguh-sungguh berada dalam diri manusia, tetapi bagaimana manusia dapat menentukan dan menyimpulkan apa yang telah didengar kata-kata yang demikian itu, apabila belum dapat dirasa yang sebenarnya kedekatan kekuasaan Tuhan kepada manusia, kedekatan kasih-sayang Tuhan kepada diri manusia? Maka kepercayaan yang hanya sampai ke situ saja mudah sekali lenyap atau mudah sekali menyisih, sehingga banyak di antaranya yang masih mengerjakan sesuatu yang salah, yang masih dengan tidak kesadarannya melakukan sesuatu yang menyalahi badannya, jalan hidupnya sendiri. Karena kasih-sayang Tuhan kepada manusia, bimbingan Tuhan kepada manusia belum sampai dapat diterima dengan senyata-nyatanya dalam diri manusia sebagai yang telah Bapak katakan tadi. Tetapi, apabila yang demikian itu telah ada pada diri saudara-saudara sekalian, saudara sekalian akan tidak sampai menjalankan sesuatu yang salah, karena anggota yang diperuntukkan bekerja dengan yang demikian itu atau melalui jalan yang demikian itu sudah dengan sendirinya tidak berdaya dan tidak suka bekerja. Sehingga saudara-saudara sekalian benar-benar dibimbing oleh kekuasaan Tuhan ke arah yang benar dan suci.

Demikianlah, maka dalam latihan Subud ini, meskipun saudara-saudara sekalian telah pandai berlari dan berjalan dan bercakap-cakap dan memikir dan lain-lain, tokh masih diulangi lagi bagaimana caranya berjalan, bagaimana caranya melambai-lambaikan tangannya, bagaimana caranya menangis, bagaimana caranya ketawa, tetapi bukan menangis, ketawa, berjalan dan melambai-lambaikan tangan dengan hati dan kehendaknya, melainkan dikerjakan oleh kekuasaan Tuhan yang ada dalam diri saudara-saudara sekalian. Dalam hal yang demikian itu hati dan akal-pikiran saudara dapat sendiri menyaksikan bagaimana perbedaan antara ketawa dengan hati dan kehendakan, tetapi ketawa diketawakan oleh *dalam*, oleh jiwanya yang telah dibangkitkan oleh kekuasaan Tuhan. Maka umumnya dirasakan sebagai sesuatu yang aneh, sesuatu yang sungguh-sungguh mengherankan dan menggelikan, karena timbul dan bangkit dan bekerja di luar kehendakan dan hatinya.

Sudah tentu segala sesuatu menghendaki waktu. Tidak ada serenta ada, serenta besar; serenta ada ditanam, serenta berbuah. Tidak. Tentu dimulai dari kecil sehingga akhirnya menjadi besar.

God's guidance if truly felt –
will not allow us to harm
one another / others

Many people say that God really loves human beings, and that God is really within human beings; but how can they confirm such words and draw that conclusion if they cannot yet really feel the closeness of God's power, of God's love for human beings? Such a belief, one that goes only so far, very easily disappears or is very easily put aside. The result is that many such people still do things that are wrong, or unconsciously do things that harm their body, [harm] the path of their own life. This is because they are not yet able to receive God's love and God's guidance within their self with complete clarity, in the way Bapak just described. But if you have that within your selves, you will not end up doing something wrong, because whatever part of your body you need to use for doing it will, by itself, become powerless and won't work. In this way you are really guided by the power of God in a direction that is right and pure.

Laughing, moving from being!

So, although all of you are already good at running, walking, talking, thinking and so on, in the Subud latihan it is all repeated again; you are taught how to walk, how to move your hands, how to cry, how to laugh. But you do not cry, laugh, walk and move your hands from your heart and your will; it is done by the power of God that is within the self of each one of you. In this way your heart and mind can witness the difference between laughing from the heart – from wanting to – and laughing when you are made to laugh from inside, by your soul, which has been awakened by the power of God. Generally this is felt as something strange, something really amazing and funny, because it arises and awakens and works outside of your wishes and your heart.

Of course, everything takes time. There's no such thing as coming into existence fully grown, or being planted and instantly bearing fruit. No. Certainly things start small and eventually grow

Tentu dimulai ditanam dulu, sedikit demi sedikit akhirnya berbuah.

Maka Bapak harapkan kepada sekalian para saudara : *yang* sabar hatinya dengan penuh kepercayaan, penuh kecintaan kepada Tuhan, bahwa Tuhan tetap akan mengasihi, menyayangi kepada makhlukNya, kepada saudara sekalian yang sungguh-sungguh percaya dan bakti kepadaNya. Bagi lain-lainnya, maksudnya bagi saudara-saudara lainnya yang belum Subud, yang menyandarkan dalam kebaktiannya kepada Tuhan hanya pada kepercayaan saja, telah dijalankan dan dilakukan saban hari dan tidak ada putus-putusnya. Apalagi bagi saudara-saudara sekalian yang sedikit-banyak telah dapat kenyataan-kenyataan di dalam dirinya, sudah semestinya saudara-saudara sekalian lebih sungguh-sungguh kebaktiannya, lebih sungguh-sungguh cintanya kepada Tuhan, karena, meskipun baru sedikit, telah diterima bukti-bukti itu selama menjalankan latihan kejiwaan yang telah dilakukannya.

Maka bagi saudara-saudara sekalian − di antaranya yang beragama Kristen, Islam atau lain-lain − akan lebih sungguh-sungguh menjalankan agama dan kebaktiannya kepada Tuhan, karena dengan Subud ini saudara sekalian akan menemukan kenyataan-kenyataan apa yang telah dinasehatkan dalam agama-agama. Sehingga saudara-saudara sekalian akan dapat memiliki sebenarnya *Bijbel* dalam dada dan dirinya, sebenarnya al-Qur'an dalam dada dan dirinya. Demikianlah, bukan buku di depannya, bukan nasehat yang dapat dilihat karena tulisannya, tetapi dapat diterima di dalam diri pribadinya, sehingga bukan mulutnya membaca tulisan dalam *Bijbel* dan al-Qur'an, tetapi tulisannya sendiri akan dapat menunjukkan kepada saudara sekalian ke mana dan bagaimana seharusnya dilakukan, agar hidupnya dapat bahagia baik di dunia maupun hidup sesudah mati nanti. Sehingga pula saudara-saudara sekalian bukan hanya pengikut buku, tetapi pengikut benar-benar Isa, Nabi Isa, Jesus Kristus. Demikian juga bagi Islam, bukan hanya mengikuti buku saja, karena buku bisa terbakar, bisa hilang, tetapi sungguh-sungguh mengikuti nabinya yang ada dalam jiwanya, yang ada dalam hidupnya, yang menjadi pemimpin, pembimbing, penyuluh jalan yang utama.

Dengan demikian benar-benar saudara-saudara sekalian didekati Tuhan, baik dalam tidurnya maupun dalam tidak tidurnya. Sehingga benar-benar saudara sekalian diliputi oleh sesuatu yang maha kuasa, yang maha bahagia, dan maha bijaksana. Demikianlah

Received evidence in the latihan!

big. You begin by planting something, it grows little by little and eventually bears fruit.

So Bapak hopes that you will all be patient and have full faith and love towards God, trusting that God will always love His creatures – all of you – who sincerely believe in and worship Him. Other people – people who are not yet in Subud and who in their worship of God rely only on faith – worship every day without fail; so you, who have to an extent received evidence within your selves, should be even more sincere in your worship and love of God, because you have received proofs – if only a little – while doing this latihan that you have been practising.

Living with Christ in you brings the book to life. Living & understanding scriptures.

So you, who are Christians, Muslims, or of other religions, will be more sincere in practising your religion and your worship of God, because in Subud you will meet with the reality of what has been taught in the religions. You will really have the Bible within you, or really have the Quran within you. This means it will not be just a book in front of you, not advice that you just read because it is written, but that you will be able to receive it within your inner self. It won't be your mouth reciting what is written in the Bible or the Quran, but the writing itself will show you where to go and what to do to have a happy life, both in this world and later, in your life after death. So then you won't just be followers of a book, but true followers of Jesus, of Jesus Christ. The same will be true for Muslims; they will not just follow a book – a book could be destroyed by fire or lost – they will really follow their prophet, who is in their soul, in their life; who is their leader, their guide, their light on their right path.

So God really will be close to you, when you are sleeping as well as when you are not sleeping. You really will be enveloped by something all-powerful, most blessed, and most wise. This is what exists and what happens in the latihan of Subud. As Bapak said

apa yang terjadi dan ada dalam latihan Subud ini, sebagai yang telah Bapak katakan tadi : lambang dari kesungguhan dan kenyataan sifat manusia yang dapat menerima firman-firman atau pemberian Tuhan yang diperlukan bagi hidupnya.

Sudah tentu dalam masa pembersihan dan mengisi sesuatu di luar dunia ke dalam diri manusia membawa kebenaran-kebenaran, membawa kesehatan-kesehatan yang diperlukan bagi manusia. Dan bekerjanya rasa diri atau segala sesuatu yang salah ke jurusan yang benar atau sesuatu yang terasa sakit ke jurusan yang sehat bukan dapat dikerjakan secara segera, tetapi juga terus dikerjakan selalu yang tidak menyalahi kekuatan dan apa-apa yang menjadi kemampuan manusia yang seukur dengan keadaan yang semestinya. Bukan hanya rasa-perasaan dan anggota-anggota yang terlihat saja yang perlu diperbaiki dalam waktu pembersihan dan menerima itu, maupun hati dan otaknya yang dahulu terisi sesuatu yang salah, yang tidak benar, juga dibersihkan daripada kesalahan itu, agar dalam hati manusia, dalam hati saudara-saudara sekalian tertanam rasa-perasaan yang suci, yang baik, yang sungguh-sungguh perikemanusiaan terhadap sesama hidup. Sehingga dapat dikatakan raga, hati dan jiwanya menjadi bersih dan menjadi baik.

Yang akhirnya benar-benar saudara sekalian akan terbawa dan terbimbing oleh kekuasaan Tuhan, sehingga dapat mengetahui dan mengerti bagaimana cara hidup di luar dunia ini atau di atas dunia ini yang biasa dikatakan hidup di langit atau di surga. Sungguh Tuhan tidak menghendaki, agar saudara-saudara atau agar manusia dihidupkan di bumi ini hanya untuk mati saja, hanya untuk dikubur saja. Tetapi dikehendaki Tuhan, agar manusia diadakan di bumi ini, supaya manusia mengalami bagaimana keadaan di dunia ini, sehingga akhirnya manusia dapat membandingkan bagaimana hidup di bumi ini dan bagaimana pula hidup di luar bumi ini, yang akhirnya manusia akan dapat merasakan kemuliaan yang sebenarbenarnya, bahwa dalam keadaan dekat kepada Tuhan atau di pangkuan Tuhan lebih utama, lebih mulia daripada hidupnya di dunia ini. Sebagai yang telah disabdakan oleh nabi kepada umat manusia : "Kalau kamu hendak, kalau kamu ingin mulia dalam hidupmu, dekatilah kekuasaan Tuhan, percayalah kepada nasehatnasehat para nabi, karena hanya Tuhanlah yang dapat membahagiakan hidupmu."

Memang bagi akal-fikiran dan hati umum mengatakan, bahwa 'bagaimana Tuhan dapat dipercaya, bagaimana nasehat-nasehat nabi

earlier, this is a symbol of the sincerity and reality of a human being who is able to receive the commandments, the gift of God that is needed for his or her life.

Naturally, the process of purification, and the filling of the human self by something beyond this world, brings the correction and healing that human beings need. And the work within the inner feeling, as it improves all that is wrong and heals all that feels sick, cannot be done instantly. It is going on constantly, in a way that does not overtax the strength or capacity of the person concerned, and which is appropriate to his or her nature. It is not only the feelings and the visible parts of your body that have to be repaired during the period of purification and receiving. The heart and brain, which previously were filled with things that were wrong, also need to be cleansed of those faults, so that in the human heart – in the hearts of each one of you – are planted good, pure, truly humane feelings towards your fellow beings. So one can say that your physical body, your heart and your soul become clean and good.

Finally you will truly be taken up and guided by the power of God, so you will know and understand how to live beyond this world, above this world – which is usually called living in heaven or paradise. Really, it is not God's will that you should live in this world only to die, only to be buried. God's will is that human beings should exist on this earth in order to experience conditions in this world, so that eventually they can compare life on this earth with life beyond it. In the end they should be able to feel the true excellence: that being close to God and within God's protection is better and more excellent than living in this world. As the prophets said, 'If you want your life to be excellent, draw near to the power of God and trust the advice of the prophets, because only God can make your life happy.'

Of course, people's hearts and minds generally say, 'How can we believe in God, how can we trust the advice of the prophets, if we

dapat dipercaya, karena tidak dapat kita lihat dengan mata, tidak dapat kita raba dengan tangan kita. Kalau Tuhan seperti meja, *lha*, dapat kita lihat, dapat kita raba, baru saya percaya'. Memang. Memang demikian, tidak salah anggapan yang demikian itu, karena memang manusia itu atau mereka itu belum diberi kenyataan, belum dibimbing yang sebenarnya ke arah yang ia dapat menyaksikan dan mengetahui, yang disebabkan hatinya yang masih selalu terpengaruh dan dipengaruhi oleh daya-daya rendah yang menginginya, agar manusia jangan sampai meninggalkannya dan agar daya-daya rendah itu lebih diutamakan daripada dirinya sendiri.

Tetapi bagi saudara-saudara sekalian hal ini tidak asing lagi, karena memang bagi seseorang yang belum dapat mengetahui dan belum dapat menyaksikan kenyataan-kenyataan yang ada dalam dirinya, sudah semestinya, kalau begitu dan demikian. Sehingga Bapak harapkan bagi saudara sekalian, janganlah dicelanya, janganlah disalahkan orang yang demikian itu. Tetapi di samping yang demikian itu, meskipun saudara-saudara sekalian memerlukan memberi nasehat kepada lainnya yang belum percaya, janganlah juga dilupakan sujudnya, berlatihnya, berbaktinya kepada Tuhan, agar dirinya sendiri dapat segera menerima, dapat segera dibersihkan, yang akhirnya benar-benar dapat dibuktikan apa yang telah dibawa dan apa yang telah menjadi miliknya sebagai manusia yang utama.

Sebagai apa yang telah Bapak terangkan, Bapak hendak sedikit mengulangi, agar dapat diketahui dan dimengerti oleh sekalian para saudara, bahwa keadaan-keadaan yang terjadi — maksudnya yang telah diterima dalam latihan — adalah sebenarnya buah daripada usaha, suatu usaha manusia untuk mencarikan jalan yang benar atau untuk mendapatkan kontak dari kebesaran Tuhan.

Usaha-usaha manusia dalam menuju ke arah kontak dari kebesaran Tuhan atau menuju jalan yang benar, yang dikehendaki Tuhan, yang biasa dikatakan teori, filsafah dan lain-lain, masih merupakan cari-cari, sedangkan apa yang dicari itu, apabila telah diperolehnya, yang diperolehnya dari cari-cari, yang dicari itu, ialah apa yang didapat saudara sekalian dalam latihan kejiwaan ini. Maka sungguh-sungguh apa yang telah diterima oleh saudara sekalian dalam latihan ini adalah buah daripada yang telah dicari umumnya, yang telah bertahun-tahun dicarinya bagaimana cara menemukan kontak dari kebesaran Tuhan.

Keadaan yang demikian ini — bukan merupakan, tetapi —

can't see God with our eyes, and can't touch God with our hands? If God were like a table, that we could see and touch, then we would believe.' Indeed, you cannot blame such people for having this opinion, because they have not yet been given any evidence, have not yet been guided rightly so they can witness and know. The reason for this is that their hearts are still continually influenced by the low forces, which do not want human beings to leave them behind, but want human beings to give more importance to the low forces than to their own selves.

For you [their opinion] will not seem strange any more, because for someone who cannot yet know and witness the reality that is in their self, that's how it has to be. So Bapak hopes that you will not criticise such people, or blame them. Besides that, even though you feel the need to give advice to others who do not yet believe, don't forget your own latihan, your own worship of God. In this way you yourself can soon receive and be cleansed; and eventually you can really show proof of what you have, and what you possess as an excellent human being.

Other ways, such but do not find the fruits of the latihan!

As Bapak has explained before – he would like to repeat it so that all of you can know and understand it – the states that you experience, that you receive, in the latihan are in fact the results that are sought by those who make particular efforts to find the right way and obtain a contact with the greatness of God.

People's efforts to obtain a contact with the greatness of God, or to find the right way willed by God – which are generally referred to as theories, philosophies and so on – represent a search for something. And what is found as a result of the search, is [the same as] what you receive in this latihan. So what you have received is truly the fruit that is sought by people who search for years and years for the way to find the contact with the greatness of God.

This experience has a lot in common with the experience of

banyak sesuainya dengan bagaimana keadaan-keadaan yang telah dialami, yang telah dilakukan oleh nabi pada zaman yang telah lama lampau, yaitu suatu penerimaan dari Tuhan Yang Maha Esa atas dirinya yang hanya disebabkan nabi-nabi itu telah sungguh-sungguh berta'at, sungguh-sungguh percaya dengan sabar dan ikhlasnya, bahwa Tuhan akan tetap membimbingnya, akan tetap memberi sesuatu yang diperlukan baginya. Maka kenyataan apa yang telah diterima dan akan diterima oleh para saudara sekalian sungguh-sungguh akan menggambarkan kesungguhan apa yang telah dinasehatkan oleh para nabi itu kepada umat manusia atau kepada pengikut-pengikutnya.

Sebagai pula yang telah diucapkan oleh Nabi Musa kepada pengikutnya, bahwa manusia akan menjadi gembala atas hewan-hewan yang telah dipeliharanya, tetapi manusia itu pula akan digembalai oleh Tuhannya yang selalu ada dalam pribadinya dan selalu ada di dalam dirinya. Kata-kata itu sebenarnya hanya menjadi lambang, bahwa yang diucapkan hewan yang digembalai itu adalah nafsunya. Sehingga saudara sekalian akan dapat menggembalai, akan dapat memerintah, akan dapat memelihara dan akan dapat mengaturnya nafsunya yang selalu bekerja dan saudara sekalian akan digembalai dan akan dibimbing dan diberitahu oleh Yang Maha Esa yang ada di belakang, di dalam saudara-saudara sekalian.

Demikianlah ucapan Bapak pada malam ini yang mengenai kejiwaan, yang Bapak gambarkan, bahwa latihan yang telah dilakukan dan dialami saudara-saudara sekalian adalah latihan bukan karena dikehendaki hati, tetapi latihan yang telah dikehendaki Tuhan atas dirinya saudara masing-masing, agar saudara sekalian mulai dapat mengenal sebenarnya aku yang sebenarnya dalam dirinya.

Maka dalam latihan antara satu dengan lain berbeda, karena bukan diharuskan A seperti B, tetapi diharuskan A mengenal A sendiri, B mengenal B sendiri. Itulah sebabnya, maka dalam Subud ini tidak ada sistem yang satu sebagai lain-lainnya – supaya begini, begini, begini – , tetapi semuanya itu akan bangkit dengan sendirinya atas kekuatan dan kemampuan pada dirinya masing-masing. Dan karena yang demikian itu bukan berdasarkan nafsu, hati dan akal-fikiran, maka akan tidak terjadi sesuatu yang dipengaruhi oleh daya-daya rendah yang selalu hubungan erat dengan nafsu, hati dan akal-fikiran manusia.

Demikianlah penerangan Bapak pada malam ini, akan Bapak

the prophets long ago. They received something from God for their being, simply because they really obeyed and really believed, with patience and submission, that God would always guide them, and would always give them what they needed for their life. Therefore the reality you have received, and will receive, is going to demonstrate the truth of the advice that the prophets gave to their followers and to humanity.

As Moses told his followers, human beings will become shepherds of the animals they tend; but they will also be shepherded by their God, who is always within their self. In fact these words are only a symbol. The animals that are shepherded are the desires; so you will be able to shepherd, to command, to tend and arrange your desires, which are always at work. But you will also be shepherded and guided and informed by the One who is behind you, who is within all of you.

This is what Bapak has to say tonight about matters relating to the soul. He's been explaining that the latihan you have been doing and experiencing is not a training willed by the heart, but is one willed by God for each one of you, so you may each begin to know the true 'I' within your self.

The latihan brings one to ourself — no mimicry.

Therefore the latihan is different for each of you. Instead of A having to be like B, A has to get to know A and B has to get to know B. This is why in Subud there is no system that treats everybody alike, where they all have to do this and this and this. Instead everything arises by itself, according to the strength and ability of each individual. And because it is not based on the desires, heart and thinking mind, nothing that happens will be influenced by the low forces, which are always so closely connected with the desires, heart and thinking of human beings.

That is Bapak's explanation tonight. He will continue by doing

sudahi sampai sekian saja dahulu dan akan Bapak sambung dengan sedikit *test*, agar saudara sekalian – terutama yang sudah lama-lama – dapat menerima dan merasakan sampai di mana kebangkitan badannya atau diri pribadinya.

Menenangkan, tidak memikir, tidak merasakan apa-apa, melainkan merasakan dirinya sendiri bagaimana yang akan diterimanya.

(*Test*) : Tunjukkan dengan kepala di mana atas? ... Di mana kiri? ... Di mana kanan? ... Di mana bawah? ... Di mana mulut? ... Ketawa kecil. *Smile.* ... Berhenti. ... Ketawa lagi. ...Berhenti. *Finish.*

Dapat di terima? *Again!*

(*Test*) : Di mana telinga? ... *Kaya'* apa, sebagai apa telinga gajah? ...Kembali. ... *Finish.*

Again.

(*Test*) : Di mana hidung? ... Bagaimana hidung gajah? ... *Finish!*

Demikian itu, saudara sekalian, perlu Bapak terangkan, mulai dihidupkan. Kalau seluruh anggota saudara sekalian ini telah hidup, karena telah berlatih, sehingga dapat mengetahui segala sesuatu yang diperlukan – umpamanya : bagaimana itu, bagaimana ini – akan menunjukkan dalam dirinya sendiri yang tidak perlu dengan ini dan itu.

Pertanyaan :

Penterjemah (kepada Bapak): Ini banyak yang baru-baru, hendak mencoba. Hendak mencoba. *Dus*, hanya yang sudah lama mencoba, dan baru-baru tidak mencoba, karena e... mungkin mereka tidak merasa, tetapi sekarang, ya, Joe mengatakan : "Ya, ini semuanya musti mencoba!".

Bapak : Ya. Bukan mencoba. Ini diterima. Jadi, ini bukan suatu percobaan yang dicoba, tetapi diterima, apabila dapat diterima. Kalau tidak dapat diterima dan belum dapat menerima, tidak apa, karena akan dapat diterima nanti sesudah agak lama berlatih. Maka

some testing, so that all of you, and especially those who have been doing the latihan a long time, can receive and feel how far your body and your self have come to life.

Be calm. Don't think about anything, don't imagine anything; just feel your own being and whatever you receive.

[*Test*]: Show with your head, where is above?...where is left? ... where is right?... where is below?... where is your mouth?... smile... stop... smile again... stop... Finish.

Were you able to receive? Again!

[*Test*]: Where are your ears?... what are the ears of an elephant like?... as you were... Finish.

Again.
[*Test*]: Where is your nose?... what is the trunk of an elephant like?... Finish.

So, brothers and sisters, Bapak needs to explain that you are beginning to be brought to life. Once all these parts of your body have come to life as a result of doing the latihan, you can find out whatever you need to know. For example, how is this? or how is that? It will be shown within yourself.

Question [*To interpreter*]: Dr. Zakir, I believe that many of the people here understood that, if they have not been in Subud for a long time, they should not try this...[*inaudible.*]
Interpreter [*to Bapak*]: There are many new members who would like to try this but who are not trying it. It's only the members who have been in longer who are having a go, and the new members are not trying because maybe they don't feel anything. But now Joe is saying they should all try this.
Bapak: Yes. It's not a question of trying. You receive it. So this is not an experiment that you *try*, you receive if you can. If you can't receive yet, it doesn't matter, because you will be able to receive later, after you have followed the latihan for some time. So

tidak perlu disusahkan, apabila belum dapat menerimanya. Jadi, jangan dicoba, tetapi diterima.

Again. Jadi, diterima apa yang dapat diterima.

(*Test*) : Mulut, *smile.* ... Bagaimana cara ketawa kecil yang tidak suka...?, yang tidak disukai hati? ... Dan bagaimana ketawa kecil terhadap sesuatu yang memang sungguh-sungguh disukai?... Bagaimana saudara-saudara sekalian melihat barang sesuatu yang tidak disukai? Dan bagaimana pula melihat barang yang sungguh-sungguh disukai? *Finish.*

Demikian itu, apabila saudara sekalian telah banyak menerima dalam latihan, akan dapat menerima sungguh-sungguh dan benar-benar, tidak dengan sengaja, tetapi akan bangkit dengan sendirinya.

Umpama lagi. Bapak umpamakan lagi. *Again.*

(*Test*) : Saudara-saudara sekalian berpakaian atau mengenai... mengenakan pakaian semuanya. Pakaian itu melekat kepada badannya. Saya kembalikan... Saya ambil lagi. Saya kembalikan. *Finish.*

Dapat diterima? *Yes? Again.*

(*Test*) : Bagi saudara-saudara wanita adalah perhiasan yang ada di telinga. Dan bagi saudara-saudara laki-laki yaitu dasi yang yang dikenakan kepada lehernya. Geraklah *oorbel* dan dasi itu... Keras. Berhenti! Gerak lagi... Menekan... Longgarkan... *Finish.*

(*Test*) : *Again.* Sekarang diterima saja. Dengan duduk saja, tidak perlu berdiri. Jadi, andaikata gerak, ya, gerak dengan duduk saja, tidak perlu berdiri. ... (*Bapak bersenandung*) ... *Finish.*

Terima?

Saudara-saudara sekalian, penerangan Bapak tentang kejiwaan dan sedikit *test* pada malam ini Bapak sudahi sampai sekian saja dahulu dan akan Bapak sambung di hari-hari nanti yang akan disiarkan. Tidak lain Bapak mengucapkan terimakasih dan mudah-mudahan penerangan Bapak yang singkat ini dapat memenuhi kehendak masing-masing yang akhirnya memuaskan sedikit dalam rasa-perasaannya. Bapak mengucapkan terimakasih banyak.

don't feel bad if you cannot receive it yet. Don't *try* it, but receive it.

Again. So, receive what you can receive.

[*Test*]: Mouth ... smile! ... how do you smile at something you don't like? ... and how do you smile at something you really like? ... how do you look at something you don't like? ... and how do you look at something you really like? ... Finish.

When you have received a lot in the latihan, you will really be able to receive such things correctly. Not deliberately – it will arise by itself.
Another example. Bapak will give another example.

[*Test*]: You are wearing clothes; the clothes cling to your body ... Bapak moves your clothes away from you a little ... he puts them back ... he takes them away again ... puts them back ... Finish.
Were you able to receive it? Yes? Again.

[*Test*]: For the women, the jewellery that is on your ears, for the men, the tie that you wear around your neck. Move your earrings and ties ... strongly ... stop ... move them again ... they constrict ... they loosen ... Finish.

[*Test*]: Again. Just receive sitting, you don't need to stand up, so if you move, move while seated, it's not necessary to stand. ... [*Bapak hums, then sings*] ... Finish.
Did you receive?

Brothers and sisters, this is the end of Bapak's explanation about spiritual matters, and of testing for tonight. He will continue on future days that will be announced. Bapak would like to say thank you, and hopes that his short explanation can fulfil your wishes and give you some satisfaction. He thanks you very much.

2

SAN FRANCISCO

7 JULI 1959

Sumber : Rekaman 59 SFO 2

Tuan-tuan dan nyonya sekalian, Bapak melanjutkan memberi penerangan tentang jalan kejiwaan dengan segala sesuatu yang bersangkutan dengan adanya latihan kita yang kita dapat dari Yang Maha Esa.

Sebagaimana yang pernah Bapak katakan dan ucapkan kepada sekalian para saudara, bahwa latihan kejiwaan Subud ini adalah latihan yang dikehendaki Tuhan untuk mempraktekkan, untuk *menyatakan* segala apa yang telah dinasehatkan oleh para nabi dan juga segala apa yang telah ada dalam teori masing-masing para pendapat.

Sebenarnya pada waktu zaman dahulu kala ketika hidupnya para *profeten*, bukan hanya menasehatkan saja kepada sahabat-sahabatnya atau kepada umat manusia, tetapi juga perlu dipraktekkan apa yang telah dinasehatkan itu. Tetapi karena kemajuan alam, kemajuan dunia yang selalu dihadapi oleh manusia, sehingga praktek yang telah dijalankan oleh umat manusia yang telah mendapat nasehat para nabi itu lambat-laun menjadi tipis, sehingga hanya tinggal nasehat dan melepaskan atau terlepas kenyataan-kenyataan yang telah didapat oleh para manusia-manusia yang terdahulu dari mereka.

Umpamanya ketika Nabi Adam. Dikatakan dalam sejarah Adam itu, bahwa sebelum Adam diturunkan ke bumi ini Adam masih bersifat biji manusia atau *nur*, yaitu cahaya. Dan dalam keadaan yang masih belum terlihat, nampak, apakah wanita atau laki-laki. Jadi,

2

SAN FRANCISCO

7 JULY 1959

Source: Recording number 59 SFO 2

Lost Reality [handwritten]

Ladies and gentlemen, Bapak is going to continue to give explanations about the spiritual way and everything connected with our latihan, which we have received from the Almighty.

As Bapak has already told you, this latihan of Subud is a training that is willed by God so we may put into practice and confirm for ourselves the advice of the prophets, as well as verifying the true content of theories conceived by various people.

In fact, long ago when the prophets lived, they didn't just give advice to their companions and to humanity, they also required that their advice should be put into practice. However, due to the progress of the natural world, which always confronts human beings, the actual putting into practice of this advice from the prophets gradually got less and less. In the end only the advice remained; people gave up or lost the reality that those before them had received.

We only know the words of wisdom from prophets – not the wisdom itself. [handwritten]

To give you an example: in the history of Adam we are told that, before Adam was sent down to earth he had the nature of the seed of humanity or *nūr* [Arab.], that is, light. In that state, he was neither male nor female. When Adam, the first human being, was still in the

Adam – yaitu manusia yang pertama – ketika masih bersifat *nur* – ber-sifat cahaya – belum dapat dikatakan laki-laki dan wanitanya, melainkan manusia tunggal, yang masih bersatu antara laki-laki dan wanita, bukan wanita dan bukan laki-laki, karena bersatunya itu. Dalam waktu yang demikian Adam – biji manusia itu – dikehendaki Tuhan, agar suka dan dapat menerima diturunkan di bumi ini. Adam ketika hendak diturunkan ke bumi ini terasa sangat susah, terasa sangat gelisah, karena telah dapat diketahuinya bagaimana akan hidupnya di bumi ini, karena mengetahui bagaimana keadaan di bumi ini yang segala sesuatunya serba dicari, serba susah. Misalnya terkena panas, panasnya api; terkena dingin, dinginnya air; terkena sesuatu apa yang keras, yang mengenai dirinya. Sedangkan pada waktu itu sifat atau biji manusia, yaitu *nur* manusia, masih di dalam keadaan yang mulia, yang bahagia, yang tidak ada bandingannya apabila dibandingkan.

Demikianlah keadaan *nur* manusia – cahaya manusia – yang masih di dalam alam atau keadaan sebelum dilahirkan di bumi ini. Tetapi karena dikehendaki Penciptanya, yaitu dikehendaki Tuhan Yang Maha Esa, sehingga – meskipun bagaimana kemuliaannya Adam pada waktu itu – terpaksa menuruti, terpaksa menerima perintah-perintah yang telah diterimanya dari Tuhan. Dengan demikian jadilah Adam dilahirkan di bumi ini. Dan sebelum itu – Bapak terangkan – tanya kepada Tuhan : "Bagaimana Tuhanku, apabila aku sudah menjadi manusia di bumi, apakah mungkin aku dekat lagi kepadaMu? Sedangkan pada saat ini sebelum aku diturunkan di bumi – bukan hanya berdekatan dengan Kamu, tetapi – dapat dikatakan menjadi satu."

Dijawabnya oleh Tuhan, bahwa : "Tuhan mengerti dan bijaksana; dapat mengadakan sesuatu yang tak mungkin ada dan terjadi. Dan kamu janganlah kuatir dan susah, bahwa dalam hidupmu nanti di bumi akan terpelihara oleh Tuhan, sehingga dengan keadaan-keadaan yang perlu diciptakan Tuhan sebagai pesertamu akan memudahkan kamu kembali mendekati kebesaran Tuhan."

Sesudah terjadi Adam dilahirkan di bumi ini sungguh-sungguh terasa olehnya sesuatu yang tidak enak, yang tidak bahagia, karena sebagai yang telah diketahui lebih dahulu, bahwa hidup manusia di bumi ini selalu terkena sesuatu yang mengakibatkan kecapaian, keburukan, kesalahan dan ketidakenakan. Dalam keadaan yang selalu dirasakan demikian Tuhan mengetahui hal itu, sehingga Adam dapat firman – artinya dapat sabda, dapat ucapan dari Tuhan

form of light, he was a complete human being, a unity of both male and female.

At that time it was the will of God that Adam – the seed of humanity – should be willing to be sent down to earth. Adam felt very sad and uneasy at this, because he knew how life on earth would be. He knew that he would have to get everything for himself, and everything would be dificult. For instance, he would feel heat, the heat of the fire; he would feel cold, the cold of water; he would feel it when he knocked himself against something hard. Whereas at that time, this seed of a human being – the light of humanity – was in a sublime state, a state of bliss that can be compared to nothing else.

Such was the state of the *nur,* the light of humanity, before it came down to earth. However, no matter how sublime Adam's nature was at that time, because it was the will of his Creator, the One God, he had no choice but to comply with and accept the commands he received. Thus it happened that Adam came to the earth, but not before he had asked God, 'My Lord, when I have become a human being on earth, will it be possible for me to be close to You again? For now, before I go down to the earth, not only am I close to You, but it is as if I am one with You.'

God answered him saying, 'God understands. God is wise and can bring about that which appears to be impossible. Do not worry or be sad. God will look after you when you are living on earth. The things God will create to accompany you will make it easy for you to come close again to the power of God.'

After he was sent to earth, Adam found it really unpleasant and he felt unhappy. As he had realised beforehand, human life always involves weariness, ugliness, mistakes and discomfort. God knew how Adam felt, and spoke to Adam, who received the words of God from within. 'Adam, I understand how you feel. I will create someone like you, who will come from you but will be of a different kind. Look!' Even as God spoke these words, another

dari dalam − : "Adam, aku mengerti bagaimana kamu. Aku akan jadikan sesuatu yang sepadan dengan kamu, tetapi berlainan jenisnya, yang berasal dari kamu. Lihatlah!" Serenta ucapan Tuhan demikian kepada Nabi Adam pada waktu itu, segera lahir daripada dirinya suatu tubuh juga sebagai manusia, badannya sama, apa-apanya sama, cuma lain jenisnya, yaitu yang sekarang dikatakan wanita.

Digambarkan dalam sejarah sesudah Adam dengan wanita − yang selalu bersamaan, selalu berdekatan − ada di dekatnya suatu pohon yang hanya berbuah satu. Dan di pohon itu terdapat sebagai simbolnya, ialah ular yang selalu ada di pohon itu. Dan dalam waktu kedua-duanya ada di tepi, ada di dekat pohon itu, maka ular itu mengucapkan. Ucapannya : "Manusia, tahukah engkau, bahwa di pohon ini adalah terlihat suatu buah. Dan buah ini ialah yang menyerupai − baik warnanya maupun rasanya − sebagai buah yang kamu makan ketika kamu masih di sorga. Hanya lainnya, buah yang sekarang nampak dapat kamu lihat adalah buah yang ditumbuhkan di bumi ini, bukan ditumbuhkan di *swarga*. Karena itu baiklah kamu coba makan ini." Sesudah demikian Adam mulai mengambil buah itu. Dan diambil dan dimakannya. Yang separuh dimakan sendiri, yang separuh diberikan kepada kawan wanita itu, yang akhirnya sesudah makan buah itu terasa kedua-keduanya malu akan berhadapan antara satu dengan lain. Dan merasa, bahwa dirinya berbeda dengan satunya. Demikian pula satunya. Mulai itulah Adam terasa, bahwa dia adalah laki-laki dan kawan itu adalah wanita.

Demikian simbolnya. Yang sebenarnya − Bapak harapkan mempermaafkan banyak-banyak, karena − kupasan dari simbol itu tentu terisi rahasia yang sungguh-sungguh dirahasiakan bagi manusia hidup di bumi ini. Jadi, yang disimbolkan ular − yang dikatakan malaikat − ialah di dalam kenyataannya, ialah rahasia laki-laki, yang mulai berdaya nafsu − *hartstocht* − hendak berkumpul. Sehingga... Dan buah yang disimbolkan itu tidak lain daripada buah, yaitu rasa *hartstocht* yang ada dalam diri laki-laki.

Sesudah antara kedua jenis, yaitu antara laki-laki dan wanita, Adam dengan Eva itu, menjadi kumpul, akhirnya mempunyai anaklah mereka karena itu. Demikian seterusnya mempunyai anak, tambah, tambah, tambah banyak, yang akhirnya pada saat yang diperlukan Tuhan bagi dirinya, yaitu saat kematiannya, maka Tuhan memberi tahu kepada Adam : "Adam, sekarang sudah waktunya

body was born out of Adam, which was also human. The body was the same; everything was the same, except that it was a different kind, what we now call woman.

In the story it is said that Adam and the woman were always together, always close. One day, they were standing near a tree that had a single fruit on it. In the tree there was a serpent – which is a symbol – it was always there in that tree. As the couple drew near, the serpent spoke, saying, 'O man, do you know that the fruit in this tree, the fruit you can both see, resembles the fruit that you ate in heaven? It's the same colour and tastes just as good. The only difference is that the fruit you see before you was grown on the earth, not in heaven. So you ought to try eating it.' On hearing this, Adam reached out and took the fruit. Half of it he ate himself, and the other half he gave to his female companion. When they had eaten the fruit, they felt shy as they faced each other; they felt different from one another. From then on, Adam was aware that he was a man and that his companion was a woman.

Explanation of the symbol of the apple

This is an allegory. The truth of it is… Bapak asks your forgiveness because the explanation of these symbols is filled with things that are truly private for humans on this earth… the serpent, also referred to as an angel, in reality symbolises the male sex organ, which is aroused by passion, by the desire to have sexual union. The fruit symbolises the feeling of desire in the man.

Not long after the man and the woman, Adam and Eve, came together they had a child. From then on they continued to have more and more children. Finally, the time came that God had appointed for Adam to die, and God said to him, 'Adam, now it is time for you to come back to me.'

kamu kembali ke Aku lagi."

Apa jawab Adam kepada Tuhannya? "Tuhan, kasihanilah aku! Janganlah tergesa-gesa aku disuruh pulang kepangkuanMu, karena aku sekarang telah terasa bahagia di bumi ini; karena telah didekati isteriku dengan anak-anakku." Demikian sesuatu kenyataan, bahwa manusia sebelum dijadikan di bumi ini terasa susah, menangis, tetapi sesudah dijadikan manusia di bumi ini, kalau pulang, ya susah, ya menangis. Jadi, terang, bahwa manusia memang sifatnya lemah dan susah. Karenanya, maka Tuhan selalu memberinya jalan bagi mereka, agar dengan jalan apa yang telah diberikan itu manusia dapat insyaf akan kenyataan-kenyataan yang akan terjadi maupun yang telah dialami sebelumnya di bumi ini.

Dan keadaan Adam dengan isterinya sesudah Adam kumpul dengan isterinya benar-benar dirasakan olehnya, bahwa kumpulnya dengan wanita – dengan isterinya itu – sungguh-sungguh merupakan jalan yang terbuka bagi kebaktian Adam kepada Tuhannya. Maka dikatakan olehnya, bahwa kumpul dengan isteri atau isteri kumpul dengan laki-laki adalah itu sesuatu cara untuk mendapatkan jalan terbuka bagi kedua-duanya untuk dapat berbakti kepada Tuhan. Tetapi, apabila kumpulnya laki-laki dan wanita itu salah – karena nafsunya, karena hatinya, bukan karena yang disimbolkan ular yang ada di pohon itu, yaitu suatu kebangkitan rasa diri dari pribadinya – , kumpulnya laki-laki dan wanita itu akan menurunkan *graad*nya – derajatnya – dari manusia yang sempurna dapat pula sampai terjun ke bawah : alam kebendaan.

Karena itu, maka dalam agama manapun juga – bukan dilarang, tetapi – diperingatkan, janganlah melakukan itu dengan sekehendak hati, karena melakukan yang demikian tidak dengan kebangkitan jiwanya, melakukan demikian dengan tidak kehendak Tuhan berarti membikin gelap, menggelapkan jalannya sendiri; berarti menyalahi jalannya sendiri, pula membuntu jalannya sendiri untuk dapat berbakti kepada Tuhan Yang Maha Esa dan menuju jalan yang sebenar-benarnya ke kemuliaan sebagai manusia yang sempurna. Demikian pula ada dikatakan dalam surat kitab manapun juga, bahwa kesorgaan orang adalah di kaki atau dipangkuan ibunya atau wanita. Demikian itu tidak lain daripada bahwa memang sifat wanita yang telah diciptakan di bumi ini sebagai alat untuk laki-laki dapat memasuki gerbang atau jalan yang benar, yang menuju kepribadiannya. Maka pada zaman itu wanita bukan hanya dihormati saja, tetapi disimpan yang sebaik-baiknya,

[handwritten annotation: True relationship v¹ natural relationship of man/woman]

What was Adam's reply to his Lord? 'O God, have mercy on me. Do not call me home to You so soon, because I am happy on earth now, with my wife and children close to me.' This is the reality: before human beings are created on this earth, they feel sad and they weep, but afterwards they feel sad and weep at having to go home again. So it's clear that human beings are by nature weak and difficult. That's why God always provides a way for us to become aware of the reality we experienced before we were on earth, and the reality we will encounter after.

And after Adam had come together with his wife, he felt that this union was truly an open way for his worship of God. So he said that the union between husband and wife can be an open way for both of them to worship God. On the other hand, when the union between man and woman is from the passions of the heart, and not from what is symbolised by the serpent in the tree – that is, from an awakening of the inner feeling from the inner self – then the union between man and woman will degrade them from their rightful status as perfect human beings and they may sink down, even to the material world.

[handwritten annotation: Explains quality of true relationship subject to awakening.]

That is why in every religion, people are – if not forbidden – warned not to indulge [in sexual union] from the desire of their hearts. For doing so without the awakening of the soul, without the will of God, means obscuring one's own path. It blocks our way to the worship of God, and goes against our own path, the true path that leads to nobility as a perfect human being. It was also said in the scriptures that your heaven is at the feet of, or in the lap of, your mother, or of a woman. This is a way of saying that woman was created on earth as a means for man to enter the right gate or the right path to his individuality. So in those times women were not only respected but also treasured, because they were a way that enabled men to worship God.

karena itu adalah jalan yang diperuntukkan bagi laki-laki untuk bakti kepada Tuhan.

Maka akhirnya sesudah manusia menghadapi kemajuan zaman, makin lama, makin lama, karena sifat manusia memang lemah, sehingga cara berkumpul dengan isterinya atau laki-laki kumpul dengan wanita bukan menantikan kehendak Tuhan yang berbangkit dari dirinya, tetapi hanya karena nafsu, karena keinginan, terdesak oleh keinginan sehingga melakukan itu terhadap wanita. Demikianlah akhirnya, sehingga bukan wanita itu lagi merupakan jalan yang benar untuk menuju ke Tuhan atau menjadi kebaktiannya terhadap Tuhan, malahan jadi macam jalan curang yang dapat menjerumuskan laki-laki ke tempat yang tidak diingininya.

Akhirnya sesudah terjadi sesuatu yang tidak benar atas manusia di bumi ini Tuhan melahirkan utusan di dunia ini, ialah adanya utusan yang disebut Nabi Ibrahim. Nabi Abraham – disimbolkan yang warna dan sifatnya merah – adalah manusia yang sungguh-sungguh taat dan percaya atas kebesaran Tuhan. Yang berarti dalam hakekatnya ialah manusia yang membawa kehendakan berkumpul dengan wanita atas perintah Tuhan. Karenanya, maka Nabi Abraham akhirnya memiliki atau mempunyai anak, yang satu dikatakan Nabi Ismail, yang dua dikatakan Nabi Ishak.

(*Penerjemah baru mengatakan "Ismail", salah satu dari hadirin menyebut "Ishak". Bapak menginterupsi:*) Ismail *and* Ishak. Ya, tidak perlu difikirkan. Ini hanya sesuatu gambaran. (*Bapak ketawa.*)

Sesudah mempunyai anak itu – dan anak-anak itu masih kecil – dicobanya Abraham oleh Tuhan, apakah benar-benar, bahwa anak yang dilahirkan itu hanya sebagai umpama saja adalah anaknya, tetapi sebenarnya Tuhanlah yang mempunyainya. Karena itu, maka dicobaNya. "Ibrahim, Abraham, atas perintahKu bunuhlah anakmu dengan tanganmu sendiri." *Iba* rasa hatinya dan *iba* terkejutnya hati Abraham ketika menerima perintah dari Tuhan yang demikian itu. Sedangkan anak dari buah hatinya, anak dari buah rasa dirinya disuruh membunuh begitu saja. Tetapi karena Abraham patuh sekali kepada Tuhan, Abraham percaya kepada kebesaran dan kekuasaan Tuhan, bahwa : "Tuhanlah yang aku sembah dan hanya Tuhanlah di mana aku dapat bernaung. Karena itu bagaimanapun juga, apalagi yang anak, sedangkan jiwaku sendiri, apabila Tuhan menghendaki, akan aku serahkan kehadapanNya." Akhirnya dilaksanakanlah apa yang diperintahkan Tuhan kepada dirinya. Anaknya dibawa ke

Explanation of sexual union which is detrimental to growth

Then, as human beings confronted the progress of the ages, and because human nature is weak, slowly and gradually the way men came together with their wives, with women, changed. They no longer waited for the will of God to awaken in their being, but would do it merely because of the urge of passion and desire. Consequently, instead of being the right way for man to go towards God and for his worship of God, [sexual union with a] woman became a kind of treacherous path that could cause him to fall to a place where he would not wish to be.

Eventually, because human life on the earth had gone wrong, God sent a messenger into the world; his name was Abraham. Abraham was represented by the colour red, symbolising that he was a man who truly obeyed and believed in the greatness of God. What this really means is that he was a man who wished to come together with woman only by God's command. As a result, Abraham eventually had children; the first was called Ishmael and the second Isaac.

[*When the interpreter mentions 'Ishmael', someone in the audience says, 'Isaac'. Bapak interrupts:*] Ishmael *and* Isaac. You don't need to think about this[1] [*Bapak laughs*]. It's only an illustration.

When the boys were still small, God tested Abraham to see whether he regarded these children as his own, or as really belonging to God. So God tested him, saying, 'Abraham, I command you, kill your son with your own hands.' How stunned Abraham felt when he received this command. He was being told to kill his child – the very fruit of his heart and inner feeling – just like that. But, because Abraham was very obedient to God and trusted God's greatness and wisdom, he said, 'God is the One I worship, and I can seek refuge only with God. For this reason, no matter what, whether it be my son or even my own soul, if God wishes, I will give it up to God.' Then he proceeded to carry out what God had commanded him to do. He took his son to the forest. When they were far from anywhere, the boy asked his father, 'Father, why did you bring me here?'

rimba. Sesudah jauh dari mana-mana anaknya tanya kepada
ayahnya : "Ayah bawa kami ke sini untuk apa?"
"Oh, tidak apa-apa. Hanya kamu saya bawa, supaya lihat-lihat
apa-apa."
"Oh, saya tahu. Saya tahu *kok,* ayah. Kamu hendak membunuh
aku. Bunuhlah, karena itu semua perintah dari Tuhan!"

Sehingga anak itu dengan sendirinya tidur dan Abraham
dengan tangan yang gemetar *mengenakan* pedangnya di leher
anaknya yang telah berbaring itu.

Tuhan mengetahui kesungguhan hati dan rasa-perasaan
Abraham yang demikian itu. Sehingga yang dibunuh, yang dipo-
tong lehernya bukan anaknya, tetapi kambing yang ada di depannya
itu. Tetapi Abraham tidak melihat yang demikian itu. Sesudah dia
potong leher itu − dia kira leher anaknya, tetapi leher kambing −
terus kembali ke rumah dengan lari-lari. Dan dari belakang − di
dalam Abraham lari-lari pulang ke rumah − terdengar suara dari
belakang : "Ayah, ayah! Aku ikut pulang! Kenapa kamu tinggalkan
aku?!". Dia menengok kebelakang, Ismail yang masih mengejar.
Dia pulang kembali.

Pada saat itu ada ucapan dari Tuhan yang terdengar dari dalam
dirinya : "Abraham, Aku memberi berkat dan wahyu kepadamu,
karena kamu sungguh-sungguh taat dan bakti dan cinta kepada
Tuhan, lebih cinta kepada Aku daripada lain-lainnya." Pada saat itu
Abraham memeluk anaknya dengan menangis, karena − pertama −
dari gembiranya anaknya tidak jadi mati; kedua, karena dapat
sungguh-sungguh menepati dan kabul ujiannya atas ujian Tuhan
yang telah diberikan kepada dirinya. Akhirnya diberitahukan,
bahwa : "Abraham, kamu akan dapat wahyu dari Tuhan dalam
sumur, yaitu yang sifatnya air, dikatakan air zamzam atau air suci."

Demikian simbolnya. Di dalam kenyataan, bahwa manusia
dapat bakti kepada Tuhan Yang Maha Esa atau sungguh-sungguh
kebaktian manusia kepada Tuhan Yang Maha Esa memang diper-
lukan, agar manusia dapat meninggalkan, meniadakan keinginannya
yang luar biasa yang telah tertanam dalam hatinya. Itulah yang pada
saat itu dikatakan oleh Abraham kepada manusia, bahwa 'untuk
menghadapi Tuhan Yang Maha Esa di dalam kebaktianmu, kamu
harus tawakal yang sebenar-benarnya. Artinya : meskipun kamu di
dalam saat kamu mati, masih terbayang-bayang benda-benda, apa-
apa yang menjadi keinginanmu, itu semuanya harus ditiadakan,

'Oh, nothing. I only brought you to have a look around.'

'Oh, but I know, father; I know you're going to kill me. Please kill me, because it's God's command.'

Then the boy lay down of his own accord, and with trembling hands Abraham struck his son's neck with his sword, as he lay before him.

God knew the sincerity of Abraham's heart and feelings. So, the being Abraham actually killed – whose throat he cut – was not his son. It was a goat lying there in front of him, but Abraham did not see that. Having cut what he thought was his son's neck, he started to run home. As he ran, he heard a voice behind him crying, 'Father, father, I'm coming too. Why did you leave me?' He looked back. It was Ishmael, who was chasing after him. He turned back.

At that moment, Abraham heard God speak within him, saying, 'Abraham, because you are really obedient and you worship and love God more than anything, I give you my blessing and my grace.' On hearing this, Abraham took his child and embraced him and wept for joy; firstly, because his son was not dead, and secondly, because he had been able to fulfil the test that God had given him. Then God said to Abraham, 'Abraham, you will receive a revelation from God in a well, in the form of water that is called *Zamzam* [Arab.] or holy water.'

That is the symbol. The reality is that for people to be able to worship God truly, they have to be able to leave behind, to extinguish, the tremendous desires rooted in their hearts. As Abraham told the people at that time: 'To come into God's presence in your worship you must put yourselves completely in God's hands. This means that even if when you are on the point of death you still see images of things you would like to have or to do, you must put all those things aside and erase them from your inner feeling. Then your way is clear and only God is before you.'

harus dilenyapkan dari rasa dirimu. Agar kamu dapat menemukan jalan yang terang, yang hanya Tuhanlah yang ada di depanmu.'

Dan apabila yang demikian dapat dilaksanakan, orang atau manusia akan dapat menemukan wahyu dari Tuhan yang ada dalam sumur, dikatakan sumur zamzam. Di dalam kenyataannya simbol itu tidak lain daripada ialah air suci, air yang dapat akhirnya jadi anak, yang ada dalam rahasia wanita. Dan sumur itu adalah terdapat di tengah-tengah dua bukit yang bersamaan. Demikianlah sifat rahasia wanita yang diapit-apit oleh − maafkanlah banyak-banyak − oleh buah dada yang ada di dadanya. Demikianlah, maka sungguh wanita − bukan perlu, tetapi − harus dijaga kebersihannya, kesuciannya, agar dapat merupakan benar-benar sumur yang dapat terisi rokh suci, rokh yaitu air yang suci, yang dapat jadi manusia yang utama.

Maka dinasehatkan oleh Nabi Abraham kepada manusia, agar manusia selalu menjaga sifat laki-laki, selalu menjaga sifat wanita. Dan sifat wanita sendiri perlu menginsyafi dan perlu memelihara dirinya, agar dirinya tidak terkena sesuatu yang menjadi keburukan dan kemerosotan derajatnya. Demikian selanjutnya, berganti hari, berganti bulan, berganti tahun, berganti puluhan tahun dan ratusan tahun lagi. Sudah nasihat yang demikian bagusnya, sudah yang banyak-banyak tidak menurut lagi. Yang akhirnya terpaksa dalam keadaan manusia sesudah berabad-abad sesudah Nabi Abraham menjadi kacau.

Tuhan Maha Bijaksana mengetahui segala sesuatu − baik yang belum terjadi, maupun yang sudah terjadi − yang akhirnya menurunkan lagi manusia yang diperlukan bagi keselamatan umat manusia umumnya, ialah Nabi Musa pada saat itu. Pada saat itu Nabi Musa dilahirkan dalam abad atau waktu banyak orang laki-laki yang mempermainkan wanita sebagai hanya hewan saja. Jadi, hanya untuk menuruti, memuaskan nafsu angkara-murkanya laki-laki saja. Saudara-saudara sekalian tentunya pernah melihat bioskop − *theater* − yang menggambarkan raja Firaun yang selalu tiduran dengan *thing-thong-thing-thong-thik*, lantas banyak wanita-wanita yang begini-begini di kanan-kirinya.

Musa pada saat itu memberitahukan kepada Firaun : "Tahukah engkau, insyafilah engkau, bahwa Tuhan ada. Kamu hidup, karena Tuhan. Bukan kamu hidup, karena kamu sendiri. Karena itu, insyafilah, bahwa Tuhan ada. Dan baktilah yang sebenar-benarnya kepadaNya, agar kamu dapat memiliki suatu rasa diri perikemanusiaan yang sebenar-benarnya, tahu bagaimana kesusahan orang lain,

Keep Pure/Clean

And when a person can do that, he or she will be able to encounter God's revelation, which is in the well called *Zamzam*. In reality, this symbol for holy water is the water that can become a child within the womb of a woman. The well is found between two identical hills. This symbolises – forgive me – the private parts of a woman flanked by her breasts on either side. That is why a woman not only needs to but must keep herself clean and pure, so that she can truly be a well that can be filled with a pure soul – the holy water that can become a good human being.

1st messenger

Abraham advised people that they should always protect their male and female nature, and that women need to be aware and look after themselves lest they dirty themselves and debase their level. [But] subsequently, as days, months, years, and tens and hundreds of years passed by, this advice, which was so beautiful, was followed by fewer and fewer people. The result was that, centuries after Abraham, humanity was in a state of chaos.

2nd messenger Moses

God is Most Wise and knows everything that is to come and everything that has happened. So God sent down another man for the welfare of humanity, and that was Moses. Moses was born in an age when men played around with women, behaving like animals, merely to satisfy their passions of greed and lust. Of course you must have been to see one of the many films that depict the Pharaoh reclining, with 'ting-tong-ting-tong' [music] and with women [dancing] like this to his left and right. [*Gestures. Laughter.*]

Moses said to Pharaoh, 'Know and be aware that God exists. You are alive because of God, not because of yourself. Be aware that God exists, and really worship God, so that you can have a true feeling of humanity, know the sorrows of others, and learn to respect others. Other people are no different from you. It hurts when someone pinches you; you feel pain if you are struck; you

tahu menghargai orang lain yang juga tidak ada bedanya dengan kamu sendiri. Kamu terasa sakit, kalau dicubit; kamu terasa sakit, kalau dipukul; kamu terasa malu, kalau kamu dipergunakan apa-apa oleh orang lain. Kenapa kamu tidak merasa demikian, kalau kamu mempergunakan orang lain? Kenapa kamu tidak terasa sakit, kalau kamu mempersakit orang, dan lain-lainnya?"

Demikian nasehat Musa kepada Firaun dengan umat manusia lainnya, tetapi tidak dan belum dapat dipercaya. Dan belum diikutinya. Mereka masih memaksa, masih melakukan angkara-murkanya, melakukan sekehendak hati dan nafsunya saja, yang akhirnya Musa malahan dikejar-kejar. Tetapi karena pertolongan Tuhan, Musa dapat menghindarkan dirinya dengan segenap pengikut-pengikutnya yang melalui samudera yang pernah dikatakan dalam bioskop, yaitu *Rode zee*, jadi laut Merah. Dalam sejarah dikatakan, bahwa Nabi Musa warnanya putih, berarti kesucian. Karena itu, maka manusia yang dengan nama Musa, berarti manusia yang telah suci, yang dapat memisahkan antara yang baik dan yang tidak baik, disimbolkan ketika Nabi Musa melalui samudera dengan terbukanya air. Dalam kenyataan lagi, bahwa manusia yang dengan nama Musa itu dapat mengetahui dan memisahkan antara kumpulnya dengan wanita dengan nafsu, antara dengan nafsu dan dengan kehendak Tuhan.

Jadi, sudah tiga peringatan. Mulai dari Adam sudah diperingatkan, bahwa sifat wanita adalah sebagai jalan, sebagai pintu, yang dapat membuka laki-laki untuk menuju jalan yang benar, yang bahagia dan berbakti kepada Tuhan. Yang kedua, Abraham, ialah dengan ketaatannya kepada Tuhan, kesungguhannya kepada Tuhan dan menjauhkan keinginan dan kasih-sayang kepada siapapun pula yang disifat namanya akan dapat menemukan rokh atau air hidup yang suci yang dapat menjadi manusia yang utama dalam diri wanita. Yang ketiga, ialah nabi Musa, karena dapat sungguh-sungguh memisahkan antara nafsu dan kebangkitan jiwa manusianya, sehingga akhirnya dapat menemukan wahyu dari Tuhan yang terdapat di atas bukit, yang dikatakan bukit Tursina.

Arti Gunung Tursina yang dikatakan dalam sejarah itu tidak lain daripada puncak hidung manusia, karena memang hidung manusia yang menunjukkan kasih-sayang kepada siapapun. Karenanya itu, maka kebiasaan – bukan Bapak mengatakan, tetapi biasa – biasanya, kalau menunjukkan kasih-sayang kepada wanita atau kepada saha-batnya, tentu dicium dengan hidungnya. Bapak tidak pernah *kok*

We do not live by the maxim "do onto others as you would wish done to you" ✓

have a sense of shame if you are used. Then why don't you feel ashamed of using others? Why don't you feel hurt when you hurt other people?'

This was the advice of Moses to Pharaoh and his people. But they weren't able to believe it, let alone follow it. They still used force, acted from greed, and did whatever their heart and passions desired. In the end [when Moses left] they pursued him. But with the help of God, Moses was able to escape with all his followers by walking through the sea, which in the movie is called the Red Sea. In the story of the prophets, the colour of Moses is said to be white, for purity. Thus, the man named Moses was a man who was pure, and who was able to distinguish between good and bad. This is the symbolic meaning of Moses passing through the sea and the waters parting for him. Furthermore, Moses was able to distinguish between uniting with his wife from the desires and passions and uniting with his wife through God's will.

So there had been three reminders. Starting with Adam [human beings] had been reminded that [sexual union with a] woman is like a way or a door that can open for man to find the right way to happiness and the worship of God. Second: Abraham through his sincerity and obedience to God, and by shunning desire and attachment to anything, was able to receive the pure spirit or water of life that can become a good human being in the womb of a woman. And the third was Moses, who really could tell apart his passion from the awakening of his human soul, so that finally he was able to receive a revelation from God on the hill called Sinai.

The Mount Sinai referred to in the story is the tip of the human nose; for we use the human nose to express love and affection[2]. Usually, when you express love and affection for a woman or a friend, you kiss with your nose. Bapak has never seen people kiss with their ear. No, they kiss with their nose. Anyway, as time went on, the way of receiving something from God had

cium dengan telinga. Tidak. Ya, *sama* hidung namanya cium. Jadi, makin lama makin ditunjukkan kepada Tuhan cara mendapat wahyu itu yang mudah, mudah, mudah, mudah, lebih mudah, sehingga dulunya dari ini, ini, akhirnya dengan hidung saja bisa menemukan wahyu Tuhan itu. Tetapi manusia tidak demikian. Karena besar terpengaruhnya dunia yang selalu mempengaruhi hati dan nafsu dan akal-fikirannya, sehingga manusia lambat-laun, lambat-laun lupa lagi kepada Tuhan itu. Ya, terus saja nafsu.

Akhirnya Tuhan, karena Tuhan mengetahui dan bijaksana, menurunkan lagi nabi untuk dapat memperingatkan manusia-manusia yang demikian itu, ialah dengan lahirnya Nabi Isa. Dikatakan Nabi Isa : *Ruh* Allah, *Ruh* Tuhan. Artinya *Ruh* : anak atau kekasih. Jadi, terang, dengan lahirnya Nabi Isa Tuhan telah memberi ingat kepada manusia dalam hatinya masing-masing. Karena itu, maka dikatakan : "Cintailah Tuhan lebih daripada cintamu kepada benda-benda, agar Tuhan membalas kepadamu cinta yang tidak sedikit atau yang tidak ada putus-putusnya." Karena dengan sungguh cintanya yang ada dalam hatinya manusia berarti mendekatkan rasa diri manusia dengan Tuhannya.

Tetapi manusia tidak demikian. Cinta kepada Tuhan, apabila sakit, apabila dalam waktu kekurangan. Tetapi, kalau banyak uang, kebetulan lihat *theater*, lihat bioskop dan sebagainya, seakan-akan Tuhan tidak ada, seakan-akan yang dicintai cuma apa-apa yang dilihat, apa-apa yang ada di dekatnya.

Dengan disimbolkan dalam ceritanya, bahwa kematian Nabi Isa karena difitnah, dikerjakan oleh sekian banyak orang yang ahli fikir, maka dalam kenyataannya kecintaan hati kepada Tuhan akan tidak dapat terlaksana dan akan hancur, akan lenyap, apabila masih selalu difikirkan dengan akal-fikirannya. Karenanya, maka dengan keadaan demikian matilah Nabi Isa karenanya. Demikian sebagai lambang, bahwa kecintaan manusia, hati manusia kepada Tuhan janganlah sampai difikirkan secara akal-fikiran, melainkan menye-rahkan kepada kebesaran Tuhan. Sebagai gambarannya : ketika Nabi Isa telah diputuskan hendak disalib ia menerima itu dengan suka hati dan menyerah kepada kebesaran Tuhan.

Demikian terhadap isteri, terhadap wanita. Cintanya kepada wanita janganlah tertutup oleh wanita itu. Tetapi cinta kepada Tuhan yang disertai wanita sebagai alatnya. Itulah sebab-sebabnya, maka disimbolkan tidak berkawin, karena kebaktian manusia kepada Tuhan, kebaktian laki-laki kepada Tuhan tidak tertutup oleh

become easier and easier, until in the end, just with the nose you
could experience a revelation. But human beings didn't follow
this. Gradually, because of the tremendous influence of the world
upon their heart and thinking and passions, they forgot God again.
They just went on indulging themselves.

God is Most Wise and knew all this, so God sent down another
messenger to remind human beings, and Jesus was born. It is said
that Jesus was *ruh Allah*, the spirit of God. *Ruh* is a way of saying
son or beloved. Clearly, with the coming of Jesus, God brought a
reminder to the hearts of human beings. That is why Jesus said,
'Love God more than you love the things of this world, so that God
may reward you with love without end.' For when in your heart
you really love God it means that you bring your inner feeling
close to God.

But humans are not like that. They love God only when they
are sick or when they are short of something. But when they have
lots of money, they just go to the theatre or to the cinema and so
on – it's as if God did not exist. It's as if they only love what they
can see, and what is there, close to them.

In the story of Jesus, there's a symbol in how Jesus' death came
about through slander perpetrated by a group of thinkers. The true
meaning of this is that the heart's love for God cannot be fulfilled,
and will even be dashed to pieces and disappear, if it is constantly
thought about with the mind. That's why Jesus' death came about
in that way. It's a symbol for us that we should not use our minds
to think about the love for God in our hearts, but just surrender to
God's greatness – as Jesus did when they decided to crucify him.
He accepted willingly and surrendered to God.

And regarding one's relationship with one's wife – with a
woman – our love should not be obstructed by the woman. Our
love should be for God, accompanied by the woman as the means.
That's the symbolic meaning of [Jesus] not having married: a man's
worship of God not obstructed by a woman. [Sexual union with]

wanita. Tetapi sifat wanita hanya menjadi syarat belaka untuk bakti kepada Tuhan.

Bukan karena wanita, lantas naik sorga. Tidak. Itu sifat wanita hanya menjadi alat saja, menjadi syarat saja. Dan demikian pula bagi para wanita, jangan juga dianggapnya : "Kalau begitu, saya ini sifat sorga." *Lha*, jangan. Jadi, ya, wanita, ya, orang hanya orang saja, yang menjadi alat saja. Umpama Bapak gambarkan orang naik mobil yang mengkilap, yang bagus. Rasanya garang. Lantas mobilnya mengatakan : "Ah... kamu tidak akan garang, tidak akan menjadi orang yang sungguh-sungguh dapat dibanggakan, kalau tidak naik kami." Tidak. Hanya itu sebagai syarat saja dengan naiknya itu menjadi garang, tetapi sebenarnya kalau tidak naik itu, ya, bisa garang juga, begitu.

Demikian, meskipun telah dapat nasehat yang sebaik itu, agar manusia cinta kepada Tuhan, lebih cinta... melebihi cintanya kepada lain-lain, karena dengan cintanya yang begitu saja kepada Tuhan yang sebenar-benarnya itu, Tuhan akan membangkitkan hatinya, sehingga hatinya menjadi hati yang baik, hati yang bersih, yang dapat akhirnya menemukan kontak dari kebesaran Tuhan, yang selalu ada, yang meliputi dalam dirinya.

Sesudah itu disusul dengan *penurun*nya utusan lagi yang dikehendaki Tuhan dengan lahirnya Muhammad. Muhammad dikehendaki Tuhan sebagai sifat manusia yang dapat mengendalikan hati – sebagai tadi yang telah Bapak katakan – , hati yang telah diduduki atau diisi kesucian. Artinya dapat memisahkan antara hati dan hati.

Dan hati itu sebagai simbolnya ialah sifat wanita. Sedangkan hati semuanya ada empat; lima dengan yang dekat atau yang satu dengan dirinya, yaitu yang dikatakan segenap *zintuigen*, pancaindera. Bapak katakan demikian, ini hanya sejarahnya. Jadi, bukan Bapak mengatakan seharusnya orang mempunyai bini empat. Tidak. Ini hanya simbolnya begitu. Jadi, meskipun pengakuannya laki-laki itu isterinya satu, tetapi, ya..., ya, laki-laki bagaimana, meskipun pengakuannya satu saja sudah cukup. Tetapi, ya, sebenarnya tidak cukup. Sebenarnya kecuali isteri yang satu itu, ya, masih lihat-lihat sana-sini, masih dengar-dengar sana-sini, masih cium sana-sini, masih mengatakan ini dan itu. Karenanya itu, maka segala lobang yang menjadi anggota istimewa daripada diri ini, ditutup semuanya. Dan itu perlu ditutup dengan hati yang disim-

a woman is simply the means for a man's worship of God. It doesn't mean that the man goes to heaven because of the woman. No, the woman is only the instrument, the means.

So women should not think, 'Well, in that case, I am like heaven.' No. Women are simply people – they are just the means. Bapak compares it with someone who rides in a beautiful, shiny car and feels important; then the car says, 'You would not be important or distinguished if you did not ride in me.' Well, actually the car is only the means. It makes him feel important when he rides in it, but he would be just as important if he did not ride in it.

meaning: That a man can find God without a woman.

So, human beings received the good advice that they should love God more than anything else. For, when they truly love God, God will awaken their heart so that it becomes good, clean and able to contact the power of God, which is always there within them, enveloping their being.

4th messenger Muhammad   ?///

Then God sent another messenger. It was God's will that Muhammad should come into this world, and that he should be a man who was able to bring the heart under control. His heart was filled with purity, which meant that he could distinguish between one heart and another.

And the heart is symbolised by woman. In fact there are four hearts in all – or five if you count the one that is closest to you, at one with your self; they are usually called the five senses. Bapak is only telling you this as part of the story. So he is not saying that a man should have four wives³. No. It's only a symbol. A man may say that he has one wife, but, well… men are like that… although he says that one is enough, in fact it's not. The truth is that, apart from that one wife, he still looks at this and that [woman], listens to this and that [woman], kisses this and that [woman], and talks to this and that [woman]. That is why all the openings of our body [our senses] have to be covered by the heart, of which the symbol is woman.

bolkan hati, ialah wanita.

Jadi, terangnya, isteri empat bukan diharuskan seperti isteri empat, tetapi itu hanya simbol, agar dapat menutupi lobang-lobang yang selalu dipengaruhi oleh hati. Jadi, bukan lantas dikehendaki, agar kawin empat. Tidak. Tetapi, agar saudara-saudara sekalian dapat memberantas bagaimana akan merajalelanya nafsu-nafsu hati yang selalu ada di pancaindera kita.

Demikian nasehat-nasehat para nabi yang telah diberikan kepada umat manusia, agar umat manusia dapat menepati perintah-perintah dari Tuhan yang telah dibawanya oleh para utusan-utusan itu. Bapak tidak hendak lebih menerangkan atau lebih panjang menerangkan tentang sejarah-sejarah itu, karena waktunya nanti habis ke situ saja. Maka Bapak ringkas, bahwa nasehat-nasehat yang telah diterima oleh manusia dari para nabi itu telah banyak, telah cukup, hanya tinggal melaksanakannya.

Jadi, terang, bahwa kita manusia tidak akan dapat *menyatakan* sesuatu, apabila kita tidak mempraktekkan segala apa yang telah dinasehatkan oleh para nabi itu. Maka karenanya, bagi saudara-saudara sekalian : sesudah ada dalam latihan kejiwaan Subud ini. Dengan latihan yang telah saudara sekalian terima dan latihkan, Tuhan memberi kenyataan kepada saudara sekalian untuk mempraktekkan segala apa yang telah ada dalam nasehat-nasehat yang telah didengar, yang telah tercatat, yang telah terisi dalam buku-buku macam-macam.

Dengan keadaan demikian teranglah, bahwa Tuhan pada saat sekarang ini atau pada abad sekarang ini menghendaki, agar manusia hanya menerima kenyataan-kenyataan. Jangan hanya difikirkan saja nasehat-nasehat itu; agar manusia dapat *menyatakan* nasehat-nasehat itu yang *dinyatakan* dengan rasa-perasaannya, dengan rasa dirinya, dengan keinsyafannya yang akhirnya akan dapat membenarkan dan menguatkan kebaktiannya terhadap Tuhan.

Dengan latihan yang telah diterimanya saudara sekalian sedikit demi sedikit terdidik dengan alat-alat yang diperlukan. Misalnya : saudara akan terdidik berjalan oleh kakinya sendiri; saudara-saudara akan terdidik bagaimana cara melambai-lambaikan oleh tangannya sendiri; saudara akan terdidik dan terbimbing akan dapat melihat apa yang perlu dilihatnya − baik yang nyata, maupun yang tidak nyata − dengan penglihatannya sendiri. Jadi, semuanya akan terdidik

Having 4 wives is a symbol of the senses wife 1 — See, wife 2 — hears wife 3 — touch, wife 4 smell taste

So clearly, having four wives [is not something to be taken literally]. It does not mean that you have to have four wives. It's only a symbol. It means that you have to be able to seal off the openings that are constantly influenced by the heart. So, you are not required to marry four. No. But you are required to eliminate the domination of the passions of the heart, which are always there in our five senses.

Such was the advice of the prophets, given so that human beings might be able to fulfil the commands they brought from God. Bapak does not want to go any further in explaining these stories, because it would take up all our time. To summarise, Bapak will merely say that human beings have received a lot of advice from the prophets, and it is sufficient. It only remains for us to practise it.

Clearly, we will not be able to verify what the prophets advised if we do not practise it. So, with this spiritual training of Subud, which you have received and follow, God is giving you the reality of putting into practice the advice you have heard and have read about, as recorded in the various books of the prophets.

This being so, it is clear that at this time, in this century, it is God's will that human beings should receive [the truth] through actual experience. They should not just think about the advice they have been given. They should be able to verify that advice with their feelings, with their inner feeling, and with their awareness. This will confirm and strengthen their worship of God.

In the latihan you receive, you will be instructed by the various parts of your body, little by little, as you need it. For example, your own legs will teach you to walk; your hands will teach you how to wave; your sight will teach and guide you to see what you need to see, whether it is normally visible or invisible. Your own self will instruct you in everything.

dengan kepribadiannya.

Karena pada saat ini umumnya hati dan akal-fikiran manusia sukar sekali untuk ditenteramkan, sukar sekali untuk dapat berhenti, sehingga dapat merasakan benar-benar apa yang telah pada dirinya, kalau tidak dengan pertolongan Tuhan, kalau tidak dengan wahyu Tuhan yang telah diturunkan sebagai yang telah Bapak katakan tadi, yaitu yang ada dalam latihan kita.

Sehingga saudara sekalian akan dapat dengan sendirinya mengupas, artinya : mengetahui bagaimana isi nasehat-nasehat yang dibawa oleh Nabi Ibrahim, Adam, Abraham, Musa, Isa, Muhammad dan lain-lain para nabi, karena nabi ini adalah sebagai simbol pokok dalam abad-abad umat manusia yang membawa perintah-perintah dari Tuhan ke manusia.

Bapak rasa sudah cukup waktunya untuk sedikit memberi penerangan tentang simbol-simbol dari sejarah hidupnya para nabi-nabi yang sesuai dengan bagaimana yang ada dalam latihan kita Subud, sehingga latihan kejiwaan Subud ini tidak menyalahi apa yang telah dinasehatkan nabi-nabi kepada para umat manusia dan benar-benar apa yang kita lakukan ini atas kehendak Tuhan pada waktu kita memang sungguh-sungguh menyerahkan segala sesuatu yang ada pada kita kepada kebesaran Tuhan Yang Maha Esa.

Lain malam akan Bapak lanjutkan yang hanya melulu penjelasan-penjelasan tentang jalan kejiwaan, bagaimana utamanya dan sebaiknya yang perlu dijalankan oleh para saudara sekalian, agar dapat lebih banyak menerima dan lebih banyak melancarkan dan sungguh-sungguh dapat menenteramkan hati, akal-fikiran yang selalu mempengaruhi dirinya.

Bapak ucapkan tidak lain terimakasih atas kedatangan saudara sekalian dan Bapak mengharap penerangan Bapak yang demikian ini dapat sedikit memuaskan hati dan rasa-perasaan saudara sekalian. *Thank you.*

Has the modern generation let down humanity.

Nowadays it is very difficult for people to quieten their heart and thinking, to bring them to a stop, so they can really feel what exists within themselves. It can only happen with God's help, through God's grace, sent down as Bapak was saying just now. And that's what exists in our latihan.

So, you yourselves will spontaneously be able to discover and to understand the content of the advice given by Adam, Abraham, Moses, Jesus, Muhammad, and the other prophets. For these prophets are the main symbols of the ages in which they lived and in which they brought instructions from God for humankind.

Bapak feels that he has spent enough time explaining symbols from the stories of the lives of the prophets. They are in accordance with what [we receive] in our Subud latihan. This spiritual training of Subud does not conflict with what the prophets advised for humanity. What we are doing is truly God's will when we really surrender everything in us to the greatness of the One Almighty God.

On another night Bapak will continue to give explanations just about the spiritual way: what you should do so that you may receive more, so that things may go more smoothly, and how you can really quieten your heart and thinking, which always influence you.

It only remains for Bapak to say thank you for coming. He hopes that these explanations have been satisfying for your heart and feelings. Thank you.

3

SAN FRANCISCO

10 JULI 1959

Sumber : Rekaman 59 SFO 3

(*Bagian awal tak terekam*) ...dan nyonya sekalian, Bapak mengu-
capkan selamat datang mengunjungi ceramah Bapak yang akan
Bapak ucapkan pada malam ini.

Sebagaimana yang tuan-tuan, nyonya sekalian telah mengetahui,
bahwa latihan kejiwaan Subud yang telah saudara sekalian alami dan
ikuti adalah latihan yang bukan digerakkan dengan kehendakan hati
dan akal-fikiran, melainkan dengan penyerahan rasa hati dan rasa
diri saudara sekalian hingga mendatangkan kekuatan Tuhan yang
telah meliputi dalam dirinya masing-masing dan menggerakkan apa
yang diperlukan Tuhan bagi dirinya.

Memang kejiwaan atau jiwa adalah sesuatu yang ada dan terjadi
sebelum diselubungi atau sebelum disusul dengan sifat baru, ialah
yang dahulu dari sifat air yang akhirnya makin lama makin menjadi
tubuh dalam diri manusia, ialah tubuh manusia dengan segenap
keperluannya. Mengingat yang demikian itu, maka teranglah, bahwa
jiwa dengan kebangkitannya tidak semestinya dapat diketahui, dapat
dikerjakan oleh sifat-sifat yang baru, ialah akal-fikiran, hati, nafsu
dan rasa-perasaan; melainkan hanya dapat dikerjakan oleh kekuasaan
Tuhan yang meliputi ke dalam dan di luar diri kita manusia, yaitu di
dalam kesepian akal-fikiran kita, rasa hati kita dan nafsu. Sedangkan
akal-fikiran, hati dan nafsu kita − yang merupakan sifat yang baru
tadi − hanya dapat kita kerjakan bagaimana untuk mengetahui dan
memikirkan hidup kita selama kita ada di dunia.

Itulah sebab-sebabnya, maka banyak di antara umat manusia

3

SAN FRANCISCO

10 JULY 1959

Source: Recording number 59 SFO 3

Ladies [and gentlemen], Bapak bids you welcome to the talk he is going to give this evening.

As you know, the spiritual training of Subud, which you have experienced and are following, is not set in motion by the will of your heart and mind. On the contrary, it is the surrender of your heart and inner feeling that attracts the power of God, which envelops the being of each one of you and sets in motion whatever God wills for you.

The soul came into being and existed before it was covered with its new attributes. These started as water and developed until they eventually became the human physical body, complete with everything it needs. If we bear this in mind, it becomes clear that our new attributes – the thinking mind, the heart, the passions and the feelings – cannot know the soul or bring about its awakening. This can only be done by God's power, which envelops us inwardly and outwardly, and works when our thoughts, feelings and desires are quiet. Our new attributes – the mind, heart and desires – are only of use to us for learning and thinking about our life in the world.

For these reasons, many people who make efforts to understand

yang berusaha dengan akal-fikiran dan hatinya hendak mengetahui bagaimana hidup yang sebenarnya atau jiwanya dan bagaimana pula kekuasaan Tuhan yang meliputi dalam diri dan di luar dirinya selalu kandas di jalan dan selalu tidak menemui apa yang diinginkan. Itulah sebab-sebabnya, maka dalam agama masing-masing hanya dinasehatkan, agar para pemeluk agama menyerah dan cukup mencintai dan menyerah kepada kebesaran Tuhan. Dan melakukan tindakannya yang sebaik mungkin, artinya ialah melakukan sesuatu yang sungguh-sungguh berperikemanusiaan. Demikian laku dan tingkah apa yang telah dikerjakan oleh para umat manusia yang ada dalam agama, karena memang kekuasaan Tuhan tidak dapat dicari dengan akal-fikiran, melainkan kelakuan manusia atau tabiat manusia, apabila tabiat dan kelakuan manusia itu baik dan sungguh-sungguh berperikemanusiaan, akan didekati oleh kekuasaan Tuhan yang tidak mungkin dapat diketahui oleh akal-fikiran, nafsu dan hatinya.

Demikian pula oleh para penerima-penerima − artinya orang yang telah dapat menerima ilham dari Tuhan − , agar manusia percaya, cinta, menyerah kepada Tuhan, tetapi jangan meninggalkan kewaspadaan, yang artinya : jangan hanya demikian saja, tetapi perlu dirasakan, perlu diingat apa dan bagaimana yang selalu dikerjakan dan dilakukan saban hari. Pada zaman dahulu kala ketika masih belum semaju − artinya : semoderen sebagai abad sekarang ini − masih banyak umat manusia dengan menjalankan yang demikian itu dapat menerima kontak dari kebesaran Tuhan. Sehingga nasehat-nasehat yang demikian itu sungguh-sungguh tepat pada abad yang Bapak terangkan itu tadi. Jadi, bukan perlu disalahkan bagaimana laku dan tindakan para penerima pada zaman yang lama lampau, karena memang pada saat itu tepat sekali pada saat, pada zaman yang dialami oleh umat manusia umumnya.

[Mas Zakir .] Bagaimana, Pak? Tidak mengerti saya. Tidak bisa disalahkan...

[Bapak.] Ya, karena itu tidak perlu disalahkan segala nasehat-nasehat para penerima zaman dahulu. Tetapi pada zaman sekarang ini yang dunia lebih maju, sehingga umat manusia mau tidak mau lanjutkan kebangkitan akal-fikiran dan hatinya, maka nasehat-nasehat demikian itu sukar sekali untuk dapat dilaksanakan. Umumnya manusia pada abad sekarang ini tidak mudah percaya kepada barang sesuatu yang tidak ada buktinya. Maka bagi zaman sekarang ini sudah tidak lagi perlu didengung-dengungkan

How difficult it is in the modern world

their true life, their soul, and the power of God with their mind and heart, get stranded on the way, and never seem to find what they are looking for. That is why in the various religions people are advised only to love God, to surrender to the greatness of God, and to conduct themselves as well as possible, in a truly humane way. That's what people who belong to a religion do, because indeed, one cannot look for God's power with the mind. But if our behaviour is good and truly humane, God's power will draw near to us in a way that is beyond the understanding of our mind, heart and desires.

Those who received – meaning those who were able to receive inspiration from God – said the same. They told people to believe in God, love God and surrender to God. But they not only said that, they also said people should always be attentive and aware of their actions and behaviour in their daily life. In times long ago, before the world was as advanced and modern as it is today, many people were able to do this, and received contact with the power of God. Therefore that advice was right for those times. So we shouldn't find fault with the behaviour and actions of those who received long ago, because what they did was completely appropriate for humanity at that time.

Interpreter: What was that, Pak? I don't understand....

Bapak: Yes, for that reason we cannot find fault with the advice of those who received from God long ago. In this present age, however, it is very difficult to implement such advice, as the world has progressed and people have to go on developing their hearts and minds whether they want to or not. In general, people in the present century find it hard to believe something for which there is no proof. So these days it is no longer appropriate to harangue people with advice and theories that no one verifies through actual

nasehat-nasehat dan teori-teori yang belum merupakan kenyataan-kenyataan di dalam prakteknya.

Maka dengan lahirnya Subud, ialah latihan kejiwaan yang telah saudara sekalian terima dan lakukan, manusia terpaksa percaya, karena telah mendapatkan bukti-bukti yang nyata, meskipun kenyataan dalam latihan itu belum sampai pada tingkatan yang diperlukan.

Tetapi karena kemudahannya yang didapat dalam Subud ini, ialah tuan-tuan, nyonya sekalian dapat selekasnya menerima kontak yang diperlukan bagi hidupnya, banyak di antara orang yang mengatakan, bahwa latihan kita atau yang terdapat dalam latihan kita ini dikiranya adalah sesuatu yang belum dan tidak benar. Sehingga banyak juga yang mengatakan, bahwa apa yang telah terjadi dalam Subud ini mungkin salah satu daripada isme, yaitu yang dikatakan spiritis, magnetis dan hipnotis dan lain-lainnya pula.

Saudara-saudara sekalian, apa yang dikatakan isme adalah suatu usaha daripada akal-fikiran manusia. Jadi, artinya suatu *stelsel*, suatu bentukan yang dibentuk, yang direncanakan oleh akal-fikiran, sedangkan dalam Subud ini saudara-saudara sekalian telah menerima sendiri dan menyaksikan sendiri apa yang didapat di luar rencana akal-fikiran, di luar gambaran hati dan nafsunya. Karena itu, maka kesemuanya itu – ialah *ism* itu tadi – digerakkan atau dapatnya dijadikan atau terlaksana apa yang dikerjakan berdasarkan *wil*, yaitu kehendakan yang kuat-kuat. Yang biasa mengatakan, yaitu *wilskracht*, kekuatan kemauan, hingga dapat menciptakan suatu kekuatan yang dikatakan spiritis, hipnotis, magnetis dan lain-lain. Karena itu Bapak selalu mengatakan, bahwa *ism* itu sejalan dengan jalannya akal-fikiran, hati dan nafsu manusia. Dalam Islam dikatakan itu ialah tarekat atau taukhid, yaitu suatu kesungguhan kehendakan atau kemauan.

Sedangkan tidak dengan diketahuinya atau belum diketahuinya, bahwa akal-fikiran, hati dan nafsu manusia hanya merupakan alat bagi kepribadian manusia atau bagi kepribadian hidup manusia. Sedangkan hidup manusia, ialah yang menjadi pengisi daripada diri manusia, masih belum dapat diketahui siapa yang membimbing dan siapa yang berkuasa di dalam diri itu. Dan apabila yang memimpin dalam diri pribadinya manusia, yang menjadi kuasa dalam diri manusia, adalah rokh atau jiwa benda, tumbuh-tumbuhan atau hewan, tentu akal-fikiran, hati dan nafsu manusia hanya diperlakukan dan hanya diperalat oleh daya-daya rendah yang berkuasa

*'ism's are a mind
intention*

practice.

Now, with the coming of Subud – this spiritual training you have received and are doing – you have no choice but to believe, having obtained clear evidence, even though your experience in the latihan hasn't yet reached the level you need.

On the other hand, because in Subud we receive the contact we need for our life so easily and quickly, many people assume that our latihan, or what we obtain in it, is not right. Therefore there are many who say that what happens in Subud is some kind of 'ism', like spiritualism, magnetism, hypnotism and the rest.

Brothers and sisters, any so-called 'ism' is a product of the human thinking mind. An 'ism' is a system, something formed and devised by the thinking, whereas in Subud you have received and witnessed for yourselves that what you get is beyond the devising of your mind, beyond the imagining of your heart and desires. All those 'isms' are created and set in motion to achieve what they do by means of the will – by a very strong desire. This is usually called *wilskracht* [Du.] or will power, and can create the power that is referred to as spiritualism, magnetism, or hypnotism. That is the reason Bapak always says that [such] 'isms' are on the same level as the human mind, heart and desires. In Islam such things are called *tarekat* or *tauhid*[4] which refer to a sincerity of the wish or the will.

However, people do not realise that the thinking mind, heart and desires are only tools for their human individuality, or rather, for the individuality of the life that fills their being. People are as yet unable to know who is in command and has the power in their self. If a material, plant or animal soul is in command and takes the lead within them, then their thinking, their heart and desires will simply be manipulated and used by these lower forces. In that case, when people use their thinking mind, heart and desires, of course it only benefits the low forces that fill them, not their human soul.

dalam dirinya. Sehingga manusia dengan melakukan akal-fikiran dan hati dan nafsunya tentu saja hanya memberi manfaat bagi pengisinya itu, ialah daya-daya rendah, bukan kepada jiwa manusia sendiri.

Maka tidak kurang-kuranglah orang – tidak semuanya – tetapi tidak kurang-kurang – artinya : ada – orang yang terpelajar, orang yang telah dapat menerima nasehat yang baik-baik, yang sungguh-sungguh dapat dibanggakan nasehat itu, tetapi masih menjalankan, masih melakukan sesuatu yang menyalahi perikemanusiaan. Sama artinya dengan saudara-saudara sekalian memelihara harimau dalam rumah. Diberi makan roti, diberi makan ini-itu dan dilunakkan. Anggapannya, supaya lunak benar-benar, tidak nanti akan meng-gigit orang atau lainnya, hewan, tetapi pada saat yang ia memer-lukan – karena laparnya – dengan tidak disadarinya akan memakan yang memelihara itu, akan menggigit saudara-saudara sendiri.

Sama halnya dengan orang yang pandai tadi, tetapi karena jiwanya adalah jiwa rendah, jiwa di bawahnya manusia, sehingga akan akhirnya terpukul oleh kepandaiannya sendiri. Demikianlah perlunya, maka jiwa yang ada dalam diri masing-masing saudara perlu diserahkan kepada kebesaran Tuhan, perlu dihadapkan kepada kekuasaan Tuhan, agar kekuasaan Tuhan menggantikan jiwa-jiwa yang tidak semestinya itu dengan jiwa manusia yang benar-benar sesuai dengan sifat yang terlihat. Sudah tentu segala sesuatu – sebagai yang telah Bapak berkali-kali katakan – menghendaki waktu untuk dapat mencapai tingkatan yang diperlukan bagi saudara-saudara sekalian.

Bagi saudara-saudara sekalian yang sudah tua tentu akan merasa kecewa, karena dapat latihan ini sesudah tua dan sudah terlanjur mempunyai anak. Tetapi janganlah dikecewakan yang demikian, karena setidak-tidaknya saudara sekalian akan mempengaruhi anak yang telah dilahirkan sebelum dapat latihan itu, sehingga anak-anak itu akan dengan sendirinya ada keinginan untuk bakti kepada Tuhan dengan jalan yang benar atau diharapkan, agar juga dapat latihan sebagai saudara-saudara sekalian.

Adapun cara jiwa mempengaruhi seluruh diri kita bukan hanya terbatas pada hati dan rasa-perasaan, tetapi seluruh anggota kita – seluruh apa yang ada pada diri kita – dipengaruhi, terisi daya rendah yang selalu mempengaruhi dalam diri kita ini. Sehingga cara kita berfikir, cara kita menggambarkan sesuatu, cara kita mengangen-angen, cara kita merasakan, bagaimana pun cara kita

why is [illegible] intelligent people behave inhumanely.

This explains why there are educated people – not all, but some – who have received the best, most praiseworthy advice and yet still go and do something inhuman. It is like having a tiger in your house. You give it bread and all kinds of food to eat and you tame it, thinking you will make it really gentle so that it won't bite people or other animals. But at a time when it is really hungry, without being aware of it, it will eat the person who looks after it. It will bite you.

In the same way, clever people, in the end, are struck down by their own cleverness, as a result of their low, subhuman soul. That is why it is necessary for you to surrender and submit your soul to the power of God, so God may replace those souls that are out of place with a truly human soul, one corresponding to your visible outer nature. Certainly, as Bapak has often said, everything takes time, and it will take time for you to reach the level you need.

It is only natural that those of you who are already old will feel disappointed because you come to this latihan late in life, and you have had your children already. But you must not be disappointed, because you will at least influence the children you had before you received the latihan, so that of their own accord they will wish to worship God in the right way and, we hope, receive the latihan like you.

The soul influences the whole of us; its influence is not limited to our heart and feelings. Every part of us, everything in us is always influenced and filled by the low forces. In the way we think, the way we picture things, the way we daydream, the way we feel about things; in everything we do in our life on earth, we cannot escape the influence of the forces that are within us. That is why it is

hidup sebagai hidup manusia di bumi ini tidak terlepas daripada pengaruh daya-daya yang selalu ada di dalam diri kita. Karenanya, maka dibutuhkan, agar seluruh yang ada pada kita – baik akal-fikiran, hati dan rasa-perasaan dan nafsu - , supaya berhenti, supaya diam. Karena dengan diam dan berhentinya itu baru akan terlihat siapa yang mengemudi, yang mempengaruhi dalam diri kita.

Itulah sebab-sebabnya, maka dalam latihan kejiwaan kita akal-fikiran, hati dan nafsu kita pada saat yang diperlukan, ialah kebangkitan yang telah dirasakan oleh para saudara sekalian, kese-muanya itu – yaitu nafsu, hati dan akal-fikiran – terhenti. Dengan demikian daya-daya rendah yang mempengaruhi dalam diri kita akan dengan sendirinya mengetahui kesalahan-kesalahan, sehingga mereka juga dengan sendirinya akan kembali ke tempatnya yang semestinya dan tempat yang dahulu akan diduduki oleh daya hidup manusia yang semestinya menjadi pemimpin dalam diri kita. Karena rasa-perasaan kita sampai nanti ke pengertian kita, sampai nanti keinsyafan kita akan menginsyafi bagaimana kita diper-lakukan oleh sesuatu daya yang bukan daya kita sendiri.

Dan, apabila kita pelajari sehingga otak kita, hati kita menjadi pandai dan tajam dan bijaksana, akan dikerjakan, akan diperalat oleh jiwa manusia sendiri, bukan lagi oleh daya-daya rendah yang menyalahi bagaimana langkah dan tujuannya, ialah tujuan manusia yang sebenar-benarnya.

Maka dalam latihan para saudara sekalian dimulai dari yang bawah; artinya – meskipun saudara sekalian sudah dapat berjalan dan lain-lainnya, tetapi – terpaksa dimulai dengan itu, karena pengaruh daya-daya rendah yang telah merajalela pada waktu sebelum latihan ini telah meresap dari dalam sampai ke luar, dari luar sampai ke dalam. Sehingga mulai dari kaki untuk melangkahkan kakinya, mulai dari tangan untuk meraba-raba sesuatu, saudara-saudara sekalian mengenal dua rangkaian atau kedua-duanya, ialah yang dibangkitkan karena jiwa manusia dan yang dibangkitkan oleh jiwa lain-lainnya dan dibangkitkan pula oleh nafsu dan akal-fikiran.

Sebagai umpama, orang berumah tangga, tuan-tuan sekalian makan makanan yang telah disediakan di meja, juga mengetahui siapa yang mengerjakan makanan itu dan siapa yang *membelanjakan* makanan itu dan siapa yang memberi *belanja* adanya makanan itu. Maka dalam kebaktian kita atau dalam kita menginsyafi bagaimana hidup kita yang sebenarnya kita tidak diharuskan menyingkiri

necessary that everything within us — our thinking, our heart, our feelings and passions — should stop and be quiet, so we can see who is steering, who is influencing us within our being.

So that is the reason why in our spiritual training, during the times when you experience the awakening [of the soul], the passions, heart and mind come to a stop. As a result the low forces that have influenced us will realise their mistakes and will spontaneously go back to where they should be. And the human life force, which should be the leader within us, will reoccupy its rightful place. This is because our feelings, and later our understanding and then our awareness, will become conscious of how these forces, which are not our own, have treated us.

Then if we study to make our brain and our heart clever, sharp and wise, they will be used by, and become the tools of, our own human soul, and no longer the tools of the low forces that lead us away from our true goals as human beings.

Your latihan begins on the lowest level. Although you can already walk and so on, in the latihan you have to begin with this. This is because the influence of the low forces, which ruled you before you started the latihan, has infiltrated your being from the inner to the outer, from the outer to the inner. So starting with your legs, which you use for walking, and with your hands, which touch things, you are getting to know two different realms [of experience]. One is awakened by the human soul, while the other is awakened by other kinds of souls[5] and by your desires and your thinking.

As an analogy, think of your household. When you eat the food that has been prepared for the table, you know who has cooked it, who shopped for it and also who paid for it. So in our worship and in becoming aware of our true way of life, we are not required to avoid the lower forces that have tempted us in the past. As human beings with human souls, we have to be able to put in order the

gangguan daya-daya rendah yang dahulunya menjadi penggoda bagi diri kita. Tetapi kita diperlukan, agar kita manusia dengan jiwa manusianya dapat mengaturnya daya-daya hidup yang bekerja ke dalam atau dalam diri kita masing-masing. Kita tidak bisa meninggalkan jiwa kebendaan dan kita tidak dapat membuang jiwa benda itu yang ada dalam diri kita, karena kita butuh itu; ialah – umpamanya saja – kita hidup di bumi ini butuh pakaian, butuh rumah, pendek kata butuh apa-apa yang ada dalam dunia ini yang dapat kita raba, yang dapat kita pakai.

Jiwa tumbuh-tumbuhan juga tidak dapat kita singkirkan, tidak dapat kita buang dari diri kita. Karena kita membutuhkan itu untuk mengisi diri kita, agar kita mempunyai darah, daging dan kekuatan. Kita tidak bisa membuang daya hidup *khaiwaniyyah*, karena *khaiwaniyyah* kita butuhkan untuk memberi semangat, kemauan yang sungguh-sungguh, memberi nafsu, hingga kita dapat melaksanakan sesuatu yang kita inginkan. Dan jiwa manusia sendiri, ialah yang Bapak katakan *jasmaniyyah*, juga tidak dapat kita buang dan singkirkan, karena kita membutuhkan *samenleven*, yaitu hidup bersama-sama dengan orang-orang lain, yang laki-laki dengan wanita, yang wanita dengan laki-laki.

Jadi, teranglah, bahwa daya-daya rendah yang bagi seseorang, yang belum dapat mengetahui kebenaran dan kenyataannya, yang merupakan penggoda dari rasa dirinya agar dapat berbakti kepada Tuhan yang sebenar-benarnya, itu sesungguhnya menjadi peserta kita yang abadi, peserta kita hidup, agar kita dapat hidup di dunia ini dengan bahagia. Segala atau apa yang telah Bapak katakan ini, saudara sekalian, dalam latihan sedikit demi sedikit akan dapat kenyataannya.

Maka – meskipun di antara saudara sekalian ini terdapat masih banyak saudara-saudara baru – untuk sedikit demi sedikit Bapak kerjakan juga *test*, untuk dapat dirasakan bagaimana daya-daya itu mempengaruhi ke dalam diri. Karena dari banyaknya penerangan-penerangan, dari banyaknya teori-teori yang telah didapat bukan itu menambah lancarnya latihan, bukan itu menambah kejernihannya dalam rasa diri saudara sekalian, tetapi malahan menggelapkan atau menghentikan lancarnya penerimaan dan latihan para saudara sekalian. Karena memang kejiwaan ini tidak semestinya dikerjakan dan diketahui oleh akal-fikiran, melainkan oleh kekuasaan Tuhan yang telah memberi berkah dan ilham kepada diri manusia.

forces that work in us. We cannot abandon the material soul that is within us or throw it out, because we need it. For instance, we need clothes for our life on earth, and a house; in short, we need things in this world that we can touch and use.

Also, we cannot get rid of the vegetable soul that is within us, or throw it out; we need it to fill out our body, so that we have blood, flesh and strength. We cannot throw away the animal life force either, because we need it to give us energy, strength of will and desire, so that we can accomplish what we want to do. Nor can we throw out, or dispense with, the soul of the human level, which Bapak calls *jasmani*, because we need to live together in society with other people: men with women and women with men.

Human – Man No 4

So it's clear that people who do not know the truth and the reality, are tempted away by the low forces from their inner feeling, which they need for worshipping God in the right way. For us, the low forces are actually our enduring partners in life, so that we can live happily in the world. In your latihan, little by little, you will experience the reality of all that Bapak has been saying.

Although many of you are still new, Bapak will do some testing with you so you can experience how these forces influence your self. For too many explanations and too much theory will not make your latihan any smoother or your inner feeling any clearer, but will only make things dark for you and stop the flow of your receiving and your latihan. After all, the spiritual life is not meant to be pursued and known through the thinking, but through God's power, which blesses and inspires human beings.

Sebab jiwa – sebagai tadi telah Bapak katakan – adalah ada sebelum sifat-sifat baru ini ada. Karenanya, maka dalam kejiwaan ini tidak dapat difikirkan dan tidak dapat diukur dengan akal-fikiran, melainkan diukur dengan rasa diri saudara-saudara sekalian yang telah dihidupkan oleh Tuhan, hingga dapat menerima dan merasakan bagaimana perjalanan jiwa yang ada dalam dirinya masing-masing.

Demikian keterangan Bapak. Dapat pula Bapak tambah, bahwa umpamanya suara; meskipun suara, itupun juga terlatih; meskipun nafas. Dan nafas itu dapat dikatakan tidak terhitung sebagai anggota daripada diri kita, tetapi kenyataannya juga anggota daripada diri kita, karena itu menjadi serba-serbinya hidup kita dalam dunia ini. Jadi, tuan-tuan sekalian menerima latihan ini dan terlatih bukan hanya terbatas pada ini saja, tetapi meskipun nafas, suara terlatih pula, sehingga segala yang menjadi keperluan kita hidup di dunia ini menjadi benar-benar hidup dan dapat berbakti kepada Tuhan yang sebenar-benarnya. Dan segala apa yang telah bergerak dan menjadi hidup itu berarti, bahwa apa yang ada dalam diri kita atau apa yang terasa dalam diri kita tidak benar, misalnya sakit dan seba-gainya, akan dengan sendirinya terpengaruh olehnya, sehingga menjadi baik, sehingga menjadi sehat. Sehingga merupakan kita bukan hanya disehatkan oleh kekuasaan Tuhan jiwanya saja, tetapi juga badan kasar kita; suara kita dan nafas kita juga dihidupkan dan disehatkan.

Jadi, Bapak harapkan saudara sekalian jangan salah menerima, bahwa Subud ini bukan suatu persaudaraan atau ikatan yang hanya melulu menyembuhkan orang sakit, tetapi sebenarnya adalah kebaktian kita, kebaktian manusia terhadap Tuhan yang dengan sendirinya akan membawa kebahagiaan kita baik kasar maupun halusnya, baik dunia maupun hidup sesudah mati nanti. Dengan demikian kita akan memiliki sebagai makhluk yang bersifat selamat dan bahagia.

Demikianlah penerangan Bapak tentang jalan kejiwaan pada malam ini. Akan Bapak lanjutkan dengan sedikit-sedikit *test*. Di samping itu akan Bapak beri penerangan bagaimana arti yang telah diterima, apa yang telah terjadi dalam *test-test* itu.

Saudara-saudara sekalian, Bapak harapkan – karena ini belum *finish* – Bapak harapkan duduk yang tenang sebagai kalau latihan. Hanya tidak perlu berdiri, hanya duduk saja untuk dapat menerima apa yang nanti Bapak ucapkan, karena ini adalah percobaan bagi

As Bapak said just now, the soul existed before these newer attributes existed, so the mind cannot understand or measure the life of the soul. Only your inner feeling can do that when God has brought it to life so it can receive and feel how your soul's journey is proceeding within you.

This is Bapak's explanation. Bapak might just add that the voice is trained too, and so is the breathing. Although you might say that breathing is not an organ of our body, in reality it is, because it is essential for our life in the world. The training you receive in this latihan is not limited to this [coarse physical body]. Our breathing and voice, as well as everything we require for our life in the world, are trained so that they come to life and worship God in the right way. As everything moves and comes to life, this [process] has an effect on whatever is not right within us – for example illnesses and so on – so we get better and become healthy. So it is not only our soul that is made healthy by the power of God; our physical body, our voice, and our breathing are brought to life too and made healthy.

Bapak hopes that you will not misunderstand this. Subud is not an association or society for healing the sick, but is truly our worship of God. And that is why it brings us happiness and well-being, both coarse and fine, both in the world and in life after death; we become creatures who are both well and happy.

This is Bapak's explanation for tonight about the spiritual way. He will continue with some testing, and he will explain the meaning of what you receive, of what happens in the tests, as we go along.

Brothers and sisters, we are not finished yet. Please sit calmly as in the latihan. You do not need to stand, just sit and receive what Bapak will say. This is a test for all of you – like a review for children at school – to check how you are getting on, and what

saudara sekalian. Kalau orang... anak-anak sekolah begitu, diuji sampai di mana dan bagaimana kondisi dan keadaan badan saudara-saudara masing-masing sesudah mengalami latihan yang sekian lama atau sekian hari.

[Testing] Manusia dengan tubuh, dengan badannya dapat melihat dengan alat mana dan di mana alat yang dapat untuk melihat sesuatu itu? Dan bagaimana tingkah laku sifat yang diperuntukkan melihat itu? ... <Rekaman terputus >......yang dapat mencium bau-bauan, di manalah anggota dan alat itu? Bagaimanakah tingkah laku alat dan anggota itu? Manusia memiliki anggota badannya yang dapat mendengarkan suara. Di mana alat dan anggota itu? Dan bagaimana tingkah-laku anggota itu? Manusia memiliki anggota yang dapat berbicara. Di mana anggota yang dapat berbicara itu? Dan bagaimana tingkah-laku anggota itu? Manusia memiliki anggota yang dapat merasakan makanan asin, pedas, manis dan tidak. Di mana alat atau anggota itu? Dan bagaimana tingkah laku anggota itu? Manusia memiliki anggota yang dapat menggigit. Di mana anggota yang dapat menggigit itu? Dan bagaimana tingkah laku anggota itu? *Finish*

Bapak terangkan. Dalam kejiwaan kita mulai dididik, mulai dikerjakan dari kekuasaan Tuhan bagaimana cara kita melihat, melihat dengan nafsu, melihat dengan kekuasaan Tuhan; artinya : melihat tidak dengan nafsunya, yang berarti penglihatan itu hidup. Kita terbimbing, kita mendengarkan sesuatu yang tidak karena nafsu kita, tetapi karena kebangkitan jiwa kita dari didikan Tuhan, dari kekuasaan Tuhan yang telah mengerjakan dalam diri kita. Demikian seterusnya atau selanjutnya dengan anggota-anggota lain.

[Testing] *Again*. Kita dengan badan kita bernafas. Siapa dan mana yang bergerak dalam bernafas itu? Kuat. Lemah. Kuat lagi. Lemah. Kembali kuat lagi. Sekarang yang bekerja kiri; yang kanan tidak. Sekarang ganti yang kanan; yang kiri tidak. Sekarang bernafas masih, tetapi kedua-duanya stop, tidak bergerak.Sekarang mulai bergerak lagi. *Finish.*

Bagaimana? Dapat merasakan? Dapat menerima? Ya.

[Testing]: *Again.*Dalam perut manusia adalah usus, *darm*. Gerak. Stop. Gerak lagi. Ke kanan. Ke kiri. Ke kanan. Ke kiri. Kembali biasa. *Finish.*

state your body is in after experiencing the latihan, whether for some time, or for a few days.

[*Test*]: A human body is able to see. Which is the instrument you see with, and where is it?... What do you have to do in order to see?... [*Recording interrupted*] ...Where is the organ, the instrument that can smell?... How does that instrument behave?... The human body has an organ that can hear sounds. Where is that instrument?... How does it behave?... The human body has an organ that can speak. Where is the organ of speech?... How does it behave?... Human beings have an organ that can taste food that is salty, hot, sweet, or not sweet. Where is that instrument or organ?... How does it behave?... A human being has a part that can bite. Where is the part that can bite?... How does it behave?... Finish.

Bapak will explain. In the course of our spiritual development the power of God begins to move and to educate us as to how we see with our lower self, and how we see with the power of God. Seeing with the power of God is seeing without the passions, which means our sight is alive. We are guided to listen to something not because of our lower self but because God's power is at work within us. The same thing happens with the rest of our organs.

[*Test*]: Again. We breathe with our body. What moves and where does it move when we breathe?... Stronger... Weaker... Stronger again... Weaker again... Strong again... Now only the left side works, not the right... Now change to the right side, without the left... Now keep breathing, but both sides stop and do not move... Now begin to move again... Finish...

How was it? Were you able to feel it? Were you able to receive it? Yes?

[*Test*]: Again. In your abdomen, there are intestines... Move... Stop... Move again... To the right... To the left... To the right... To the left... Back to normal... Finish.

Merasakan? Tanyakan…

[Testing]: *Again*. Dalam dada manusia adalah jantung, *hart*. Bekerja! Sebagai biasa! Sekarang berjalan seperti ekspres. Sekarang ganti pelan-pelan sebagai orang jalan. Sekarang kembali jalan yang keras. Kembali biasa. *Finish*.

Demikian seluruh anggota kita terlatih, hingga benar-benar apa yang ada pada diri kita menjadi hidup. Dan kalau ini semuanya sudah hidup, rasa-perasaan kita, pengertian kita, keinsyafan kita akan terbawa ke alam jiwa manusia yang sempurna. Sehingga kita dapat merasakan, dapat mengerti dan menginsyafi bagaimana 'hidupku sebelum aku hidup di bumi ini. Dan bagaimana hidupku nanti sesudah aku mati atau meninggalkan bumi ini.'

Bapak gambarkan. Tentunya orang tidak dapat menginsyafi, bahwa jiwaku ini hewan. Tidak dapat menginsyafi. Karena jiwa – seperti tadi Bapak telah katakan – adalah berada sebelum orang dapat menggunakan akal-fikirannya. Jadi, kalau difikirkan, ya, tidak bisa. Maka banyak mengatakan, bahwa kalau orang, ya, tentunya dulu jiwanya, ya, orang. Ya, itu memang didasarkan fikirannya. Tetapi, kalau dapat menghentikan fikirannya, sehingga dapat menerima di luar akal-fikirannya, akan dapat mengetahui dan merasakan, bahwa jiwa yang menguasai dirinya dahulu belum jiwa manusia.

*[Testing]: Again.*Manusia yang baik sekali tabiatnya, bagaimana hidungnya? Rasa hidungnya atau hidung jiwanya? Dan bagaimana orang yang buruk tabiatnya sifat hidungnya? Bagaimana tabiat manusia yang utama yang nampak dalam penglihatan matanya atau rasa matanya? Dan bagaimana apabila orang yang bertabiat buruk sekali? *Finish*.

Dengan demikian, maka sedikit demi sedikit saudara-saudara sekalian akan ditunjukkan, akan dididik, diberi kenyataan kepada kebesaran atau kekuasaan Tuhan, bagaimana yang sebaiknya berlaku atau melakukan sesuatu atau bagaimana sebaiknya, apabila saudara sekalian mengingini menjadi manusia yang utama. Dan bagaimana kenyataan kesalahan-kesalahan yang telah dilakukan oleh para saudara sekalian, ialah yang sudah-sudah. Kesemuanya itu akan dapat diketahui dan diterima dengan sendirinya.

[Testing]: Again. Sekarang umpama saja. Umpama hari yang akan datang, umpama saja hari yang akan datang saudara-saudara sekalian akan mengalami kepahitan hidupnya, artinya, ya, ada

Did you feel it? [*To the interpreter:*] Ask them…

[*Test*]: Again. In our chest we have a heart. Work! As usual… Now, go fast like an express train… Now very slowly like a person who is walking… Now go fast again… Back to normal… Finish.

In this way, all our organs are trained so they really become alive. Then, when everything in us – our feelings, our understanding, and our awareness – is alive, we will be brought to the world of the perfected human soul. We will be able to feel, understand and experience how our life was before we lived on earth, and how our life will be after we die.

Bapak will give you an illustration. Of course, a person cannot be aware that 'my soul is an animal soul.' This is because, as Bapak said earlier, the soul existed before we could use our thinking, and so we cannot think about it. So, many people say that of course a person's soul must be human. Well, yes, based on their thinking. However, if they can stop thinking and receive from beyond their mind, they will know and experience that the soul that used to rule within them was not yet a human soul.

[*Test*]: Again. Someone who has a very good character: how is his nose, the feeling of his nose, or the nose of his soul?… And how is the nose of someone who has a bad character?… How does the character of a good person show in the sight or the feeling of the eyes?… How is it if a person has a very bad character?… Finish.

In this way, the power of God will gradually show you, educate you, and give you evidence about the best way to behave and act if you want to be a good person. You will also experience the truth of the mistakes you have made in the past; you will be able to know and receive all this spontaneously.

[*Test*]: Again. Now suppose that in days to come you are going to have a bitter experience in life, and there will be difficulties and grief. How does this show in your bearing now?… Now, on the

kesukaran, ada kesusahan. Bagaimana yang nampak sekarang dalam *houding*nya? Sekarang sebaliknya, bagaimana *houding* badan saudara sekalian masing-masing, apabila hari yang akan datang akan menemukan kebahagiaan hidup? *Finish.*

How? Bagaimana? Bisa terima? Yes? Not yet?

Jadi, hal-hal yang akan dialami tentunya bagi saudara sekalian tidak akan asing lagi. Karena telah dapat menerima latihan dan sudah dimulai dikembalikan *instinctief*nya yang dapat diikuti oleh pengertian dan keinsyafan.

[Testing]: Again. Andaikata saudara berjalan ke muka, tetapi di muka akan terdapat lobang yang dapat membahayakan saudara. Apa saudara dapat terus berjalan, terus maju ke depan atau menyisih atau kembali? *Finish.*

Demikian dikatakan sesuai dengan apa yang telah dikatakan di dalam agama, bahwa penunjuk bagi diri manusia masing-masing adalah dalam dirinya sendiri, karena di situlah kekuasaan Tuhan selalu melindungi dan selalu menjaga dan mencintai.

[Testing]: Again. [rekaman tidak terdengar]

...kumpul dengan laki-lakinya yang mempunyai anak. Tetapi kalau sudah dapat menerima, bahwa anak yang dilahirkan, meskipun kumpul dengan laki-lakinya, adalah anak itu kehendak Tuhan, tidak dari kehendak nafsu.

Tuan-tuan, nyonya sekalian. Rasanya yang bicara sudah *capek.* Dan Bapak hentikan sampai sekian saja dahulu. Dan Bapak mengharapkan penerangan dan *test* yang sedikit ini dapat memberi kepuasan kepada sekalian para saudara. *Thank you.*

other hand, how is your physical bearing if in days to come you are going to experience happiness in your life?... Finish.

How was it? Did you feel it? Not yet?

The things you experience will no longer take you completely by surprise, because you have received this latihan and your instinctive nature has begun to be restored; your understanding and awareness will follow.

[*Test*]: Again. Suppose you are walking forwards, but in front of you there is a dangerous hole in the ground. Can you go on walking forwards, or do you turn away or turn back?... Finish.

This agrees with what is said in religion: namely, that your guide is within you, because that is where the power of God always protects you, watches over you and loves you.

[*Test*]: Again. [*Part not recorded.*]

...[when a woman] has union with her husband and has a child, if she can already receive, the child will be from God's will and not from the will of the passions, even though it is from her union with her husband.

It seems that the one who has been doing the talking is tired, so he will stop now. Bapak hopes you are satisfied with the explanation and testing you have had. Thank you.

4

SAN FRANCISCO

13 JULI 1959

Sumber : Rekaman 59 SFO 4

Tuan-tuan dan nyonya sekalian, memang dalam menerima latihan kejiwaan yang telah dilakukan, sangat dibutuhkan, agar hati saudara-saudara sekalian sabar dan percaya dan menyerah kepada kebesaran Tuhan dan kekuasaan Tuhan. Memang rasa-perasaan hati yang demikian adalah suatu syarat yang mutlak, artinya : yang sungguh-sungguh diperlukan bagi manusia untuk dapat menerima sesuatu bagi kebahagiaan hidupnya dari kemurahan Tuhan atau dari Tuhan Yang Maha Esa.

Sesungguhnya bagi manusia pada abad sekarang ini telah memiliki kecepatan atau ketidaksabaran, karena memang pengaruh dunia itu makin lama makin kuat ke dalam rasa diri manusia, sehingga manusia seakan-akan tidak terasa sabar untuk menantikan sesuatu yang di luar keinginannya, yang di luar pengharapannya. Karena memang kemauan hati manusia pada zaman sekarang ini terlalu keras, sehingga terasa tidak sabar dan seakan-akan akan dapat selekasnya menerima apa yang diinginkan, apa yang diharapkan.

Itulah sebab-sebabnya, maka yang banyak hingga tidak mendapatkan sesuatu apa, karena tidak dapat mengendalikan nafsu amarahnya, nafsu murkanya untuk dapat menjadi seorang yang pandai, menjadi orang yang ternama yang diucapkan oleh lain orang-orang yang pintar dan sebagainya. Lain daripada manusia pada zaman dahulu kala yang belum kuat terpengaruh oleh kemajuan dunia, sehingga mereka hampir dapat dikatakan banyak yang dapat menerima, yang dapat melaksanakan nasehat-nasehat dari

4

SAN FRANCISCO

13 JULY 1959

Source: Recording number 59 SFO 4

Human will of heart too strong — impatience.

Ladies and gentlemen, it is really true that when you are receiving this spiritual training, it is essential for your heart to be patient and have faith, and to surrender to God's greatness and God's power. Indeed, such feelings of the heart are an absolute precondition; something truly needed if human beings are to be able to receive something for the happiness of their life from the grace of God.

In this present century human beings are very hasty and impatient, because the influence of the world on their inner feeling is stronger than ever. It's as if people do not have the patience to wait for something that is beyond their wishes and their hopes. Indeed, these days the will of the human heart is too strong; people are impatient and they expect to receive instantly whatever they want.

Reasons for not receiving

That is the reason why the majority of people do not receive anything. It is because they are unable to control their passions of anger and greed, which make them want to be considered intelligent, famous, smart and so forth. Human beings in times long ago were different; they were not yet strongly influenced by the progress of the world, so many of them were able to receive and carry out the advice of the prophets. So they reached a level of well-being and happiness in their life.

Contrast of modern / older cultures

para nabi, sehingga mereka mencapai tingkatan yang sudah membahagiakan hidupnya.

Maka bagi saudara sekalian Bapak harapkan, agar dalam selalu menjalankan latihannya berperasaan yang sabar seperti tadi telah Bapak katakan, karena dengan kesabaran dan kepercayaannya yang sebesar-besarnya dan penyerahan juga yang sebesar-besarnya kepada Tuhan Yang Maha Esa, akan melancarkan cara saudara sekalian menerima apa yang dibutuhkan bagi kepentingan hidupnya dan kepentingan diri pribadinya.

Memang sudah menjadi tabiatnya manusia, bahwa kalau hati itu kalau tidak mencapai apa yang diinginkan, terasa sebagai putus asa. Dan kalau tidak sebaik apa yang diinginkan, terasa... (tak jelas) dan pula apabila selalu yang dilakukan itu tidak dapat menerima, berperasaan bosen. Itu memang sifat tabiat manusia demikian. Tetapi yang demikian itu bagi para saudara sekalian atau bagi manusia yang menginginkan, agar hati dan akal-fikirannya dibersihkan hingga menjadi tabiat manusia yang utama sangat diperlukan, agar menjauhi sejauh-jauhnya kepada tabiat tadi yang demikian itu.

Tidak Bapak menyalahkan, bahwa sekalian para saudara mengingini kebahagiaan dunia, mengingini agar hidupnya terpelihara sebaik-baiknya dan mengingini agar dapat mengerti sesuatu yang dibutuhkan, agar akhirnya jangan menemui kesukaran. Karena memang yang demikian itu sangat perlu bagi hidup manusia dan sesungguhnya Tuhan menghendaki, agar manusia dapat hidup yang bahagia hingga sampai nanti pada hidupnya sesudah mati. Tetapi jangan dilupakan, bahwa segala sesuatu, terutama untuk mendapatkan kebahagiaan, umpama saja orang ingin kaya, orang ingin pandai, orang ingin terhormat, dihormati oleh orang lain, sudah tentu sebelumnya itu melakukan usahanya dengan susah-payah dan kesusahan-payahan itu tentu sifatnya penderitaan. Jadi, tidak sekaligus lantas dapat menjadi orang kaya, tidak sekaligus lantas menjadi orang yang pandai, tidak sekaligus menjadi orang yang ternama. Tetapi sebelumnya itu perlu atau tentu berusaha dengan susah-payah. Begitu juga cara menerima apa yang diberikan Tuhan kepada saudara sekalian dalam latihan yang kita dapat selalu.

Jadi, bukan hanya dipikirkan, supaya lekas jadi orang kaya lantas jadi orang kaya, ingin jadi pandai lantas menjadi pandai, ingin menjadi orang terhormat lantas menjadi orang terhormat. Tidak demikian. Lebih perlu dilakukan, perlu dipraktekkan sebelum-belumnya itu, agar sungguh-sungguh akhirnya menjadi orang yang

Patient *e*

Therefore Bapak's hope for you is that when you do the latihan you will always have a feeling of patience. Because the greatest possible patience, trust and surrender to God will make it easy for you to receive what you need, both for your life and for your inner self.

Indeed, it is the nature of the human heart to despair if it does not get what it wants. If what it gets is not as good as it hoped, it becomes… [*inaudible*]. So if you keep doing [the latihan] and you cannot receive, you get bored. That's human nature. However, as you want your heart and mind to be cleaned so your character can become good, you really have to put this trait of your heart as far away as possible. *Purification comes by putting heart away.*

Bapak doesn't blame you for wanting to be happy and well provided for in life, or for wanting to understand what is needed so you don't get into difficulties. That is necessary. And, in fact, God wants human beings to be able to live happily throughout their life here and in their life after death. But don't forget that before you can be happy, or become rich or clever or respected, naturally you have to start by working hard and going through difficulties, and that is a kind of suffering. You don't suddenly become rich, intelligent or famous; certainly you have to prepare and put in effort first. The same is true of the way you receive what God gives you in the latihan.

So you don't become rich just by thinking about it, nor do you become intelligent or respected just by wanting to be. It's not like that. You have to begin by laying the ground work, and then practise, so that one day you will become someone who is respected, intelligent or rich.

terhormat, pandai dan kaya.

Sudah tentu dalam melakukan usahanya sebelumnya itu selalu menemui kesukaran, kemudahan. Itu sudah menjadi bawaan manusia, sudah menjadi bawaan waktu sebagai manusia hidup dalam dunia. Demikian yang terjadi dalam penerimaan latihan kejiwaan ini. Saudara sekalian tentu akan mengalami kesukaran, kadang kemudahan. Tetapi keadaan yang demikian itu janganlah diterima sebagai sesuatu yang tidak benar, yang tidak semestinya, tetapi memang demikianlah selalu terjadi dalam diri saudara sekalian yang disebabkan kesalahan-kesalahan yang telah berlalu, sejak yang menurunkan sampai pada dirinya sendiri.

Subud ini adalah suatu jalan, suatu keadaan yang termudah, yang mudah sekali bagi umat manusia, karena saudara sekalian dapat menerima pemberian Tuhan, dapat menghentikan nafsu, hati dan akal-fikiran di dalam keadaan saudara masih utuh. Misalnya saudara masih dalam keadaan yang biasa sebagai manusia, ya, masih bekerja, ya, masih memikirkan kebutuhan hidupnya sehari-hari, memikirkan kebutuhan keluarganya.

Memang Subud ini adalah latihan bukan kebatinan, tetapi lahirnya pun juga. Sehingga Subud tidak hanya dapat dikatakan kebatinan murni. Subud adalah manusia, adalah latihan hidup manusia, bukan hidupnya batin saja dan bukan hidupnya lahir saja. Sehingga Subud ini adalah latihan yang kita terima untuk dapat terlatih diri kita, baik yang kasar maupun yang halus, baik lahir maupun batinnya. Itulah, maka sebenarnya Subud ini bukan suatu ikatan mistik. Bukan. Tetapi suatu ikatan manusia, suatu ikatan hidup manusia untuk dapat menerima hidupnya manusia seluruhnya, baik yang terlihat maupun yang tidak, baik lahir dan batin seperti Bapak katakan tadi.

Karena, apabila Subud ini suatu ikatan mistik, saudara-saudara diperlukan menjauhkan sungguh-sungguh keinginan keduniaannya. Artinya harus berjenggot, ini dibiarkan saja tumbuh, ini rambutnya dan sebagainya, sebagai kalau saudara sekalian pernah lihat orang-orang yang dikatakan di... itu di gua-gua atau dikatakan... lupa mengatakannya..., ialah orang-orang yang hanya melulu mencari kebatinannya, melalaikan kewajiban hidup sebagai manusia hidup di dunia. Dan biasanya sehingga membiarkan jenggotnya panjang dan kumisnya dan rambutnya juga yang menampakkan sebagai manusia luar biasa.

Memang, kalau disesuaikan dengan para nabi-nabi zaman kuna,

Of course, while you are working towards that, you will
experience things that are difficult as well as things that are easy.
That is the nature of human life on earth. It is also like that in
receiving the latihan: you are bound to experience difficulties as
well as things that come easily. Don't feel that this isn't right, that
it shouldn't be this way. The truth is that it's always like that within
you because of past mistakes, both yours and those that have come
down to you from your ancestors.

Subud is a very easy way. It's very easy because you are able to
receive God's gift and stop your desires, heart and thinking while
you retain complete use of all your functions. You are still your
usual self; meaning that you still work, you still think about the
needs of your everyday life and the needs of your family. Indeed,
Subud trains not only the inner self but also the outer.

Subud is a human way; a training for human life – not only the
inner life and not only the outer life. Subud is a training we receive
so that our whole self can be trained: both coarse and fine, both
outer and inner. Therefore, Subud is not actually a mystical group.
No, it is a group of human beings, a living group for being able to
receive the whole of human life, the visible as well as the invisible.
Both the outer and the inner, as Bapak just said.

If Subud were a mystical group, you would have to shun all
worldly desires. You would have to let your hair and beard grow
long, like those people you may have seen who live in caves – I
forget what they call them – people who only seek their inner self,
and neglect their obligations in life as human beings in the world.
Usually they let their beard, moustache and hair grow long, making
them appear out of the ordinary.

It's true that, if you compare this with the prophets of old, then

zaman dahulu kala, ya, ada sesuainya. Tetapi jangan dilupakan, bahwa pada zaman Nabi-Nabi Ibrahim, Musa, Isa, Noah, David dan lain-lainnya, Muhammad dan lain-lainnya memang belum ada *barbier* pada waktu itu. Jadi, ya, belum ada yang bisa mencukur. Ya dibiarkan saja. Tetapi kalau sekarang ini yang *barbier* di mana-mana ada dan memang yang baik orang itu harus bersih.

Jadi, janganlah mengulangi *laku*, tingkah-laku sebagai dahulu kala. Yang sebaiknya terus maju ke depan, jangan sampai mundur ke belakang. Jadi, sungguh-sungguh percaya dan menginsyafi, bahwa kekuasaan Tuhan tidak terbatas pada zaman dahulu saja. Tidak. Kekuasaan Tuhan tidak hanya terbatas sampai pada nabi-nabi yang telah berlalu. Tidak. Tidak ada berhenti-hentinya, tidak ada henti-hentinya, tidak ada batasnya. Jadi, kekuasaan Tuhan dimulai dari adanya bumi ini dari sebelumnya ada bumi ini sampai bumi ini tidak ada, kekuasaan tetap ada. Jadi, saudara tidak perlu menengok ke belakang, tetapi perlu menengok ke depan. Karena mati *kan* bukan mengulangi dahulu, lantas orang tua menjadi muda, kecil-kecil-kecil-kecil jadi anak bayi, baru mati, *kan* tidak. Mati, ya, tua juga.

Tuhan menghendaki manusia, agar manusia menghadap Tuhan. Arti yang sebenarnya demikian itu menyatakan, bahwa Tuhan ada di depan manusia, di manapun manusia berada. Tetapi manusia selalu menutup rasa kepribadiannya, karena akal-fikirannya, hatinya dan nafsunya. Sehingga cari-cari-cari-cari-cari-cari-cari, malahan mengulangi seperti dulu, yaitu: "Wah, kalau begini baiknya di rimba saja, baiknya tidak perlu makan-makan, baiknya tidak campur sama lain orang". Demikian.

Maka dalam latihan Subud ini atau dalam Subud ini kita dikehendaki, agar kita dapat menerima kebutuhan kita, yaitu menginsyafi dunia dalam waktu kita masih di dunia ini dengan jalan mengerjakan dan melangkahkan dan menindakkan diri kita, baik yang kasar maupun yang halus. Sehingga kita dalam keadaan benar-benar jiwa kita menjadi pemimpin atas kemauan, atas kehendakan dan akal-fikiran kita dan rasa-perasaan kita.

Umpama saja Bapak contohkan demikian. Saudara yang mempelajari soal kedokteran. Terang, bahwa fikirannya, hatinya, rasa-perasaannya telah menjadi ahli dalam kedokteran. Sesudah menerima latihan ini lambat-laun akan menerima petunjuk-petunjuk dari dalam yang memberi petunjuk tentang kebenaran... (*tak jelas satu kata*), sehingga dalam waktu saudara sebagai dokter itu

yes, there may be a certain similarity. But don't forget that in the time of the prophets – of Abraham, Moses, Jesus, Noah, David, Muhammad and others – there were no barbers yet. There was no one to cut their hair, so they just let it grow. However, nowadays there are barbers everywhere, so it is better to be clean-shaven.

So do not repeat the behaviour of people in former ages. It is better to keep going forward, not go back. You should really realise and believe that the power of God is not limited to former ages. God's power is not limited to the prophets of the past. No. God's power never stops and has no limits. Since before the earth existed until after the earth ceases to be, the power of God is always there. So you do not need to look back; you need to look forwards. When you die you do not go back, from being old to being young again, growing smaller and smaller until you become a baby and only then die, do you? You die as old as you are.

God wills that human beings should turn towards God. The true meaning of this is that God is before human beings wherever they are. But they constantly close their inner feeling because of their thinking, their heart and their desires. They search and they search and they search, and even end up going back and repeating the past, saying, 'If this is how it is, it's better to stay in the forest. It's better not to eat well and better not to mix with other people.'

In Subud it is God's will that we should be able to receive what we need, and become aware of our life while we are still in the world. By means of using and moving our being, both the coarse and the fine, eventually we come to the state where our soul truly becomes the guide of our will, our wishes, our thinking and our feeling.

Bapak will illustrate this with an example. Suppose you have studied medicine: obviously your mind, heart and feelings are expert in medicine. But, after receiving the latihan, you gradually receive indications from within, giving guidance as to the rightness of what you are doing. So, whenever you have difficulty in your practice as a doctor, you will understand and receive guidance from

yang menemui kesukaran akan dapat mengerti dan dapat menerima petunjuk dari dalam yang merupakan petunjuk atau merupakan (*tak jelas satu kata*) dalam dirinya sendiri.

Caranya memberi petunjuk kepada manusia, kepada badan kasarnya, kalau fikiran, kalau otak, kalau otak pada waktu kita berfikir itu menjadi terang, menjadi jernih, sehingga terasa ada kefahaman, terasa ada kepintaran, apa ada penerimaan yang di luar dugaannya, tetapi diakui, bahwa itu adalah suatu petunjuk yang melampaui, yang melalui dalam bidangnya

Demikian juga cara orang merasakan atau orang menggambarkan sesuatu, yaitu *menggaggas*. Tuhan memberi *pengerti* kepada manusia itu bukan cara seperti orang memberi *pengerti* dari mulut diterima dengan telinga, tetapi telah ada dalam hati manusia itu, sehingga malahan manusia pada seketika itu terasa terbuka hatinya dapat menggambarkan sesuatu di luar dugaannya.

Demikian juga caranya memasuki ke dalam jiwanya, umpama Bapak gambarkan caranya orang mati. Tuhan tidak memberi petunjuk sebagai suatu *map*, suatu *kaart*. Di sinilah jalan yang perlu ditempuhnya. Tidak. Tuhan telah menyiapkan kepada diri manusia dan kepribadian manusia itu, sehingga manusia dapat melalui atau memasuki gerbang hidupnya sebagai mati itu. Tidak dengan gambaran apa-apa, tetapi sudah dapat berjalan ke situ. Sebagai umpama saja seperti burung. Burung telah bersayap. Jadi, meskipun tidak menghendaki, agar ia atau burung itu bisa terbang karena sayapnya, tokh terbang dengan sendirinya. Jadi, Tuhan telah menyiapkan segala sesuatu pada diri saudara sekalian, segala apa yang dibutuhkan untuk nanti dan untuk sekarang.

Itulah karenanya maka saudara sekalian, Subud ini dibutuhkan sekali pembersihan dalam rasa diri dan persiapan untuk hidup. Sehingga, saudara sekalian, di dalam hidupnya bakti kepada Tuhan, di dalam hidupnya menginsyafi hidup kepribadiannya, tidak tertutup oleh segala sesuatu yang menjadi kebiasaan hidupnya itu.

Jadi, bagi saudara – umpama – yang menjadi *ballerina*, *ballet*. Dalam mengerjakan *ballet* bukan kemauan hatinya, tetapi dikerjakan demikian oleh kekuasaan Tuhan, sehingga segala tingkah-lakunya menjadi puji, artinya mengetahui kebesaran Tuhan, baik kakinya, tangannya dan lain-lain anggotanya. Dan dalam hal itu, saudara-saudara sekalian akan dapat merasakan, apabila *dans* yang *dans* dari jiwa, yang *dans* atas kehendak Tuhan, tentu yang melihat – baik pun yang menjalani sendiri – terasa tenteram, terasa seperti

within your own self.

The way God guides human beings is like this: if God is guiding your brain, your thinking becomes clear and you feel you have an understanding – a knowledge – beyond what your mind can figure out. And it is recognised as something that is beyond [whatever exists in] your field.

The same thing applies to someone who is trying to picture, figure out or imagine something. God does not give understanding to that person in the way another person would – from the mouth and through the ear. The guidance is already in the heart, and, at a given moment, the person feels their heart open and is able to conceive something beyond their own capacity..

The way guidance enters the soul is like that too. For example, when people die, God doesn't guide them by giving them a map [and saying], 'This is the road you must take.' No. God has already prepared their inner self so they can go through the gate of life after death. They're able to find their way there without any map. It's just like a bird: a bird has wings, and, without any conscious desire to use its wings for flying, it can fly – spontaneously. So God has prepared everything within each one of you; everything you need, for later as well as for now.

That is why all of you in Subud really need the purification of your inner feeling. It is to prepare you, in order that in your life you may worship God and be aware of the life of your inner self; and not be closed up by everything you have become accustomed to.

So, for instance, suppose you are a ballerina: when you perform in a ballet, it will not be the desire of your heart but the power of God that makes you do it as you do, so all your actions become worship. That is to say, your legs and hands and your whole body become aware of the greatness of God. When that happens, when the dancing is from the soul and by the will of God, you will be able to feel it. Both those who see it and the one dancing will feel peaceful and alive. This is indeed what is needed by humanity, and

( ) activity from the Soul

hidup. Memang demikianlah yang diperlukan bagi manusia dan sebenarnya dikatakan *kabudayan* yang sebenar-benarnya. Tetapi umumnya sekarang bukan mencari *kabudayan* yang ini, tetapi *kabudayan* yang dibikin dan diperbaiki oleh akal-fikiran dan nafsu. Maka berlainan sekali dengan *kabudayan* hidup yang saudara sekalian akan jumpai dalam latihan kebaktian kita kepada Tuhan dalam Subud.

Umpama Bapak gambarkan lagi. Ada orang sakit. Sakit, sungguh-sungguh sakit. Mungkin saudara di depannya dengan *dans, ballet,* menjadi sembuh. Karena apa? Karena *dans, ballet* yang sudah di depannya bukan *dans* biasa, tetapi *dans* kebaktian seperti kalau berlatih dalam Subud ini. Hal itu − bukan pernah Bapak kerjakan, tetapi − pernah Bapak cobakan. Bapak menghadapi orang sakit. Bapak tidak meraba sama sekali. Bapak dari jauh. Tetapi Bapak lantas menyanyi. Habis menyanyi, Bapak tinggalkan dan orang itu mengatakan : "Saya sembuh kembali karena dengar penyanyian tadi." Tetapi janganlah dianggap, bahwa nanti Bapak dengan menyanyi saja menyembuhkan orang. Jangan. Karena nanti diminta orang banyak, supaya Bapak menyanyi di mana-mana.

Maka teranglah, bahwa latihan kejiwaan kita ini menembus segala tingkah-laku hidup manusia di dunia ini. Hingga saudara-saudara sekalian akan selalu berbakti, akan selalu menghadap kebesaran Tuhan dalam segala lapangannya. Umpama pertengkaran mulut kepada orang. Dalam pertengkaran ini terisi kebaktian kepada Tuhan, sehingga dalam pertengkaran mulut selama bertengkaran itu menginsyafi kebenaran, menginsyafi kebenarannya bagaimana cara bertengkar dan bagaimana cara menghentikan pertengkaran itu. Sehingga akhirnya habis bertengkar berpeluk-pelukan.

Saudara-saudara sekalian, jangan salah sangka, bahwa para nabi itu selama hidup tidak bernafsu, tidak marah. Oooh! Nabi-nabi itu − kalau sudah marah − lebih-lebih! Iya! Sungguh-sungguh! Tetapi dalam amarahnya para nabi itu terisi iman. Artinya terisi bakti kepada Tuhan, sehingga dapat merasakan dan mengingatkan sesuatu yang benar, mana yang salah.

Jadi, teranglah, bahwa nafsu itu tidak perlu dibuang, tidak perlu disingkirkan. Tetapi pada saat menerima apa yang diberi Tuhan untuknya, perlu dihentikan, agar dapat menerima dengan terang, dengan sungguh-sungguh. Akhirnya, apabila itu semuanya telah selesai, saudara-saudara sekalian akan dapat menggunakan nafsu itu di mana perlu, tidak lantas saban hari nafsu, marah terus. Tidak. Ada!

this is true culture. However, generally these days people are not looking for this kind of culture, but for culture produced and refined by the thinking mind and by the passions. That is very different from the living culture that you will encounter in our Subud latihan, our worship of God.

Here is another example. Suppose someone is ill – seriously ill: perhaps if you dance the ballet before that person he or she may become well. Why? Because your dance is no ordinary dance but a dance of worship, as when you do the latihan in Subud. Bapak once tried something similar when he visited a sick person. Bapak did not touch the person at all – he was some distance away – but he sang. After Bapak had finished singing he left, and the person said, 'Hearing that singing just now made me well again.' But don't get the idea that Bapak cures people just by singing. Don't do that, because then people will be asking Bapak to sing everywhere.

Clearly, this spiritual training penetrates all activities of human life on earth, enabling you to worship and turn to the greatness of God in every situation. For example, when you have an argument with someone, your arguing will be filled with the worship of God. So, in the course of the dispute you will be aware of the truth; you will know the right way to argue and how to finish the argument. Then, when the arguing is over, you will embrace one another.

Brothers and sisters, don't misunderstand and think that the prophets had no passions and never became angry. Oh, when the prophets were angry, they were very angry. Yes, really! But, the prophets' anger was filled with faith, it was filled with the worship of God, so they were able to feel and to remind [people of] what was right and what was wrong.

Clearly, then, you don't have to get rid of your passions or put them aside. But you do need to stop them at the times when you are receiving what God gives to you, so you can receive that clearly and properly. Later, when the process is complete, you will be able to use your passions where they are needed. So you won't be angry all the time – every day. No. There are times when anger is neces-

Memang perlu marah itu. Perlu! Tetapi perlu, Bapak katakan itu, artinya : kalau perlu, marah. Yang dimarahi memang sungguh salah. Tetapi, kalau tidak salah, ya, tidak dimarahi. Demikianlah.

Jadi, saudara jangan takut kepada nafsu. Dikira, bahwa nafsu itu tidak baik, yang akan mendatangkan bencana. Tidak. Ini hanya seperti saudara dekat *atoom bom*. Kalau *atoom bom* itu tidak dikerjakan, meskipun di dekat... tidur di sebelahnya, ya, tidak apa-apa. Tetapi kalau dikerjakan, tentu saja saudara lenyap. Itu! Jadi, soalnya sekarang tinggal cara menggunakan itu. Jadi, meskipun nafsu yang sebesar-besarnya, kalau saudara dapat menggunakan itu, akan berguna sekali bagi hidup saudara.

Maka segala pendapat manusia, meskipun dengan akal-fikirannya, tidak disalahkan Tuhan. Kalau fihak Tuhan tidak menghendaki, itu tentu tidak akan terlaksana dan tidak akan ada. Tetapi manusia dapat menciptakan itu. Padahal sebenarnya Tuhan memurahi kepada manusia untuk menemukan apa-apa yang di luar kebiasaan. Sebenarnya dimurahi, agar manusia dapat mencukupi kebutuhan hidupnya dengan jalan apa yang telah ditemu itu.

Misalnya, seperti umpama bom atom. Dapat digunakan untuk dari rimba membuat jadi kota, dari tempat yang tidak baik menjadi tempat yang baik, membongkar gunung yang perlu gunung itu dibongkar untuk menjadi negara, untuk menjadi suatu desa, atau kota dan lain-lainnya. Bukan untuk mematikan, membunuh manusia. Tidak. Jadi, terang, bahwa manusia dimurahi Tuhan, sehingga dapat memuncak, sehingga dapat memiliki suatu kepandaian memuncak itu disalahgunakan. Dan karena kesalahannya sendiri akhirnya menimpa dirinya sendiri.

Demikian, maka karenanya, bagi saudara sekalian dalam Subud ini, agar saudara sekalian dapat dibersihkan dan disiapkan dalam dirinya, yang akhirnya dapat mengetahui dan dapat mengerjakan segala apa yang menjadi butuhnya dan mengetahui akan gunanya. Kesalahan-kesalahan dari menyalahgunakan segala yang menjadi keperluan hidupnya itu tidak lain karena rasa-perasaan manusia, hati manusia, otak manusia, akal-fikiran manusia terpengaruh oleh daya-daya rendah yang selalu atau yang masih merajalela dalam dirinya. Karenanya, maka saudara seluruhnya perlu dibangkitkan, agar dengan kebangkitan seluruh diri itu nantinya akan mengenal dan akan mengetahui apa yang menjadi isi dalam dirinya itu. Dengan sendirinya, apabila isi itu telah diketahui, telah dikenal, isi itu akan mengetahui dengan sendirinya kembali atau menempati

anger

anger is necessary proper use of passions etc

sary. Yes, necessary. But what Bapak means by necessary is that you are angry when you have to be – when someone has done wrong. If they haven't then you don't get angry. It's like that.

So, don't be afraid of your passions and think that they are bad or will bring disaster. No. It is like being near an atom bomb. If the bomb is not set off, even if you are close to it or sleep next to it, nothing will happen. But if it is set off, of course you will disappear. That's it. Therefore, the problem is in the way you use your passions. If you can use them properly, no matter how big they are, they will be very useful for your life.

God does not disapprove of any human discoveries, even though they are made with the thinking mind. If God did not want them, then certainly they could not come about and would not exist; but human beings *can* create these things. The fact is that God has granted human beings the ability to discover extraordinary things. This has been granted so that, by means of these discoveries, they may be able to provide for the needs of their life.

Take the atom bomb, for example. Atomic energy can be used for turning the jungle into a town; for making places habitable; for levelling mountains where it is necessary to make villages and towns. It is not for killing or murdering people. No. So it is clear that human beings have been graced by God to reach the peak of knowledge but have misused it. If it now threatens them, that is their own fault.

That is why in Subud you need to be purified and prepared, so that eventually you will be able to understand and know how to use everything you need. The mistakes you have made through misusing all the necessities of life are simply because your feelings, heart, brain and thinking have been under the influence of the low forces, which still rule within your being. That is why the whole of you needs to be awakened, so that you will get to know and recognise what has become the inner content of your self. Once you recognise and know that content it will become aware, and by itself will return to the place where it should be. Then you will meet your human soul within you, which should be in its rightful place.

tempat yang semestinya telah menjadi tempatnya. Juga selanjutnya dan akhirnya saudara sekalian akan menemui isi jiwa manusia yang semestinya menempati dalam kedudukannya yang benar.

Dan saudara dari situ akan dapat mengetahui, jalan kehendaknya yang dipengaruhi oleh daya *syaitani* – kebendaan -, yang dipengaruhi oleh daya tumbuh-tumbuhan, yang dipengaruhi oleh daya *khaiwani* dan dipengaruhi oleh daya orang juga. Dan karena yang demikian itu tercapainya – sebagai yang telah Bapak berulang-ulang katakan – tidak dengan hati dan akal-fikiran otak manusia, maka tidak lain, agar saudara sekalian untuk dapat menerima apa yang diperlukan itu tadi berperasaan sabar, percaya dan rajin berlatih, taat kepada perintah-perintah Tuhan.

Sebagai tadi telah Bapak katakan, bahwa sudah menjadi tabiat hati dan akal-fikiran manusia, bahwa hati selalu bekerja, otak manusia selalu bekerja dan tidak suka menghentikan cara bekerjanya itu. Maka apabila saudara sekalian membiarkan hati dan akal-fikiran itu berlalu, akan selama hidupnya tidak menemukan sesuatu yang benar, yang tenteram. Malahan menjadi kacau dalam hidup atau rasa-perasaannya. Lebih-lebih, apabila hati dan akal-fikiran saudara sekalian menghendaki, agar lekas, agar lebih utama daripada lainnya, agar dapat lebih ternama daripada lainnya. Yang demikian itu malahan membuntu dan menjadi penghalang kemajuan jiwanya, kebersihan rasa dirinya.

Dan selanjutnya, apabila saudara sekalian telah menginsyafi apa yang Bapak ucapkan ini, sehingga mencapai taraf yang diperlukan, saudara benar-benar terasa merdeka cara bakti kepada Tuhan, karena baik dalam tidurnya, baik di luar tidurnya, misalnya bangun, baik dalam pekerjaan, baik dalam bepergian, baik dalam matinya, baik dalam segala apanya, tidak terluang, artinya tidak kosong, seluruhnya terisi kebaktian terhadap Tuhan, sehingga pada saat-saat yang diperlukan bagi kematiannya, umpamanya, meskipun mati di tengah jalan, mati di rumah, mati di rimba, semuanya itu dalam keadaan yang sama; artinya tetap di pangkuan Tuhan, tetap di depan Tuhan, karena segala sesuatu telah berbakti kepada Tuhan.

Dan juga Bapak harapkan, janganlah kiranya bertindak dan berlaku yang terasa menentang dan bertentangan antara satu dengan lain. Terutama bagi para pembantu pelatih janganlah dalam menjalankan pekerjaan dan tugasnya sebagai pelatih, janganlah terasa lebih rendah, lebih tinggi, membenarkan lainnya, menyalahkan lainnya. Karena apa yang telah diterima dan apa yang

From that position, you will be able to know how the material, plant, animal and human forces variously influence the action of your will. As Bapak is always saying, if you reach that state it will not be through using your heart and mind. The only way you can receive it is to have patience and trust, do the latihan diligently, and obey God's commands.

Never being able to put heart and mind at rest will lead to your path being blocked!

As Bapak said earlier, it is the nature of the human heart and mind to be always at work, and they don't want to stop working. So, if you let your heart and mind go on and on, as long as you live you will never find any truth or peace. Moreover, you will become confused in your life and in your feelings; especially if your heart and mind want to go fast, to be better or more famous than others. Such wishes only block your path, and obstruct the progress of your soul and the cleanness of your inner feeling.

Later, when you have comprehended what Bapak has been saying and have reached the required stage, you will really feel free in your way of worshipping God. For, when you are asleep and when you are awake; in the course of your work and when you are travelling; when you die; in everything, there will be no space left vacant or empty. You will always be filled with the worship of God. Then, when the time comes for you to die – whether you die in the street, at home, or in the forest – you will be in the same state: that is, you will always be in the lap of God, always before God, because everything in you worships God.

And Bapak hopes you will not behave and act with feelings of opposition and conflict towards one another. Especially the helpers: when you do your duty as helpers, do not feel lower or higher than others, or say others are right or wrong. For the duty you have accepted is to worship God as sincerely, honestly and cleanly as possible. So you must give in to one another; value, get to know,

menjadi kewajibannya, ialah bakti kepada Tuhan secara yang sesungguh-sungguhnya, secara yang sebersih-bersihnya, sehingga diperlukan antara satu dengan lain saling mengalah, saling menghargai, saling mengetahui, saling menghormat, saling mencintai. Karena dengan demikian saudara-saudara sekalian akan dapat menerima kebaikan, dalam kebaikan tingkah-laku saudara yang dianggapnya baik. Karena anggapan baik kepada dirinya sendiri belum baik di mata Tuhan, di penglihatan Tuhan. Karena baik yang sebaik-baiknya hanya Tuhan yang mengetahui.

Demikianlah ceramah Bapak pada malam yang penghabisan ini. Bapak sudahi sampai sekian saja dahulu. Ya, tidak dahulu, Bapak sudahi sampai sekian saja, dan Bapak mengharap, agar ceramah Bapak ini memberi manfaat – meskipun sedikit – kepada saudara-saudara sekalian. Juga Bapak mengucapkan selamat tinggal, karena besok akan meninggalkan San Fransisco ke Los Angles pada jam sebelas. Tidak lain sepeninggal Bapak Bapak *pujikan*, semoga Tuhan memberkahi para saudara sekalian, saudara dapat berbakti kepada Tuhan dengan rajin dan dengan sesungguh-sungguhnya.

...untuk Bapak mengerjakan test atau tidak. Kalau tidak, Bapak cukupkan sampai sekian saja.

respect and love one another. In this way, you will be able to receive
the [true] goodness in the behaviour that you currently consider to
be good. Because what you consider good in yourself is not yet
good in the eyes of God. Only God knows what is truly good.

That is Bapak's talk for this, the last night of his visit. Bapak will
stop now; and he hopes that this talk will be of some benefit to all
of you. Bapak will say goodbye, because tomorrow he will be
leaving San Francisco for Los Angeles at eleven o'clock in the
morning. As Bapak is leaving, he prays that God may bless all of
you so you can worship God diligently and sincerely.

[*Inaudible*] ...for Bapak to do some testing with you or not? If
not, he will stop now.

5

LOS ANGELES

15 JULI 1959

Sumber : Rekaman 59 LAX 1

... nyonya sekalian, Bapak pada malam ini hendak menerangkan keperluan-keperluan bagi para saudara sekalian dalam menerima latihan yang telah dikerjakan pada malam-malam yang telah ditentukan. Dalam menerima latihan kejiwaan Subud ini saudara-saudara sekalian sangat diperlukan, agar dalam hatinya jangan menggambar-gambarkan sesuatu, jangan pula menyama-nyamakan kepada sesuatu, juga jangan ada pengharapan, agar lekas dapat menerima dan lain-lainnya, melainkan menyerah kepada kebesaran Tuhan dengan rasa hati yang ikhlas, yang sabar.

Saudara-saudara sekalian mungkin telah menginsyafi, mungkin telah mendengar juga bagaimana yang telah dinasehatkan oleh para nabi, yang telah dibicarakan dan diucapkan dalam gereja, dalam mesjid, dalam mana pun juga, bahwa Tuhan adalah satu, tidak laki-laki dan tidak wanita, berkuasa, tetapi tidak memakai alat seperti kita, sungguh berkuasa dan maha mengetahui. Karenanya, saudara sekalian, percayalah, bahwa Tuhan akan memberikan kepada saudara sekalian, apabila Saudara sekalian percaya, menyerah kepada kebesaranNya dan kekuasaanNya.

Karena yang demikian itulah, maka dapat menyelami dan mempersatukan kepribadianNya dengan segala yang diciptakan; misalnya : barang-barang, tumbuh-tumbuhan, hewan, manusia, air, api, dan lain-lainnya. Tuhan dapat mempersatukan kepribadianNya itu. Jadi, bukan manusia saja yang didekati Tuhan, bukan manusia saja yang diliputi kekuasaan Tuhan. Meskipun benda, meskipun

5

LOS ANGELES

15 JULY 1959

Source: Recording number 59 LAX 1

Ladies [and gentlemen], tonight Bapak is going to explain the things that are essential for you in receiving the latihan you have been doing on the appointed evenings. In receiving this Subud spiritual training it is very necessary that you don't imagine anything in your hearts; also don't compare this latihan with anything else. And don't have any hopes of being able to receive quickly and so on, simply surrender to the greatness of God with a feeling of patience in your hearts and a willingness to let go.

Maybe you are aware of and have heard what the prophets taught, which is spoken of and read out in churches, the mosques, and many other places: that God is one; that God is neither male nor female; that God has authority; that God does not make use of instruments like ours; and that God is truly powerful and all-knowing. For these reasons, have faith that God will provide for you as long as you trust in God, and surrender to God's greatness and God's might.

Because God is like that, God can immerse Himself in everything He has created and unite His Selfhood with them. For example, God can unite His Selfhood with material objects, plants, animals, human beings, water, fire, and everything else. So it's not only human beings to whom God is close. God's power envelops not only human beings, but also material objects, plants and

tumbuh-tumbuhan, hewan juga diliputi oleh kekuasaan Tuhan. Dan apa sebab kekuasaan Tuhan telah meliputi ke dalam diri manusia dan lain-lainnya, manusia belum dapat menerima dan merasakan? Karena kejauhan antara manusia dengan Tuhannya disebabkan akal-fikirannya, disebabkan nafsunya, disebabkan hatinya. Itulah karenanya, maka, apabila saudara-saudara sekalian sungguh-sungguh dapat menghentikan kenafsuannya, dapat menghentikan akal-fikirannya, dapat menghentikan hatinya yang selalu menggambarkan ini dan itu, akan segera dan dengan mudahnya kekuasaan Tuhan yang telah meliputi ke dalam diri itu dapat ditangkapnya atau dapat diterima dan dirasakan.

Untuk menjelaskan ini baiklah Bapak terangkan sebelum-belumnya saudara sekalian jadi. Sebelum badan ini tercipta, sebelum badan ini jadi pada waktu itu masih di dalam keadaan *ruh*, yaitu dalam keadaan jiwa hidup, daya hidup. Dan daya hidup tidak bersifat sebagai sekarang ini – ialah bentuk sebagai manusia, bentuk sebagai hewan, bentuk sebagai ini dan itu – masih merupakan isi atau daya hidup. Dan sesudah daya hidup itu memasuki sifat yang baru, yaitu Bapak terangkan : sifat sebagai air, ialah air yang datang dari kumpulnya laki-laki dan wanita. Pada saat masuknya daya hidup ke sifat yang masih sifat air itu di situ pun belum terbentuk di mana kepala, di mana badan, di mana kaki, di mana hati dan lain-lainnya.

Jadi, terang, bahwa ke sekian saja, misalnya pada waktu yang demikian saja, manusia belum dapat mengerjakan akal-fikiran dan hati dan nafsunya, karena sifat-sifat itu belum nampak dengan jelas. Sesudah terjadi demikian, lambat-laun air yang cair itu makin kumpul, makin menjadi, yang akhirnya nampak sebagai sifat manusia, yang masih dalam kandungan ibunya atau orangtuanya. Yang akhirnya sampai pada saatnya dilahirkan ke bumi ini, ialah sebagai anak kecil yang baru dilahirkan yang disebut bayi. Dan jelas sudah bagaimana bentuk-bentuknya yang sempurna, ialah kepala, badan, kaki, dan lain.

Pada saat yang demikian anak yang sekecil itu belum dapat melihat dengan terangnya, belum juga dapat mendengarkan suara sesuatu, belum juga dapat mencium bau-bauan, belum juga dapat merasakan bagaimana rasanya gula dan lain-lainnya, melainkan diterima apa yang datang kepada dirinya. Meskipun belum menerima sesuatu yang ada dalam bumi ini, anak yang sekecil itu nampak seringkali di mukanya, seakan-akan ada yang dirasakan

animals. Why then, if God's power encompasses the human self and other creatures, are human beings unable to be aware of it and to feel it? The causes of this distance between human beings and their God are their thinking, desires and heart. That's why, if you can truly suspend the working of your desires, the working of your thinking, and the fantasizing of your hearts, soon you will be able to sense the power of God enveloping your inner being; you will be able to grasp it – receive it and feel it.

To make this clear, it would be as well for Bapak to explain how it was at the beginning, before you came into being. Before this body was created, before this body came into being, you were still a spirit. In other words, you still had the nature of a living soul or life force. And this force did not have the qualities it has now; it had neither human, animal, nor any other kind of form. Its nature was still that of an essence, of a life-force. Then this life force entered into a new form, which can be described as water; that is, the water that arises through the union of man and woman. At the moment when this life force entered into the form that still resembled water, there was, as yet, no sign of where the head, torso, legs, heart and the other organs would be.

This makes it obvious that, at that moment in time, a human being is unable to use their thinking, heart and desires, since these features have not yet appeared. Eventually this watery liquid coalesces and takes shape and finally appears as a foetus within the mother's womb. Finally the moment comes when it is born on this earth as a little newborn child, a baby. Now the complete form is visible: the head, torso, legs and the rest.

At that moment, such a small child is still unable to see clearly, still unable to hear any sounds, and still unable to smell any odours. Nor can they taste what the flavour of sugar, or anything else is like. All they can do is accept whatever happens to them. Yet, although such a small child is unable to make out anything that is in this world, their faces often seem to show that they're feeling pleased about something. They show that they're feeling distressed about

senang, ada yang dirasakan susah, ada yang dirasakan menderita, juga ada yang dirasakan gembira. Tetapi sebenarnya bukan tidak dapat merasakan sesuatu yang terasa gembira, susah, dan menderita. Tetapi sebenarnya dapat merasakan itu, ialah segala sesuatu yang datang dari jiwanya. Artinya anak yang kecil itu dapat melihat, bukan penglihatan dunia ini, tetapi dapat melihat bagaimana dunia jiwa yang telah ditinggalkan karena masuknya ke sifat-sifat yang baru itu. Karena itu anak yang sekecil itu sangat *gevoelig* sekali.

Lambat-laun, hari ke hari, minggu ke minggu, dan selanjutnya, anak yang kecil itu mulai lihat, mulai dapat melihat bentuk-bentuk dunia, dapat melihat bentuk-bentuk suara dan lain-lainnya, mulai meninggalkan hubungan dengan jiwanya. Ditambah makin lama makin besar, otaknya bekerja, hatinya bekerja, seluruh rasa-perasaannya bekerja, sehingga akhirnya sama sekali terputus hubungan rasa dirinya dengan jiwanya yang sebenar-benarnya.

Maka tidak mengherankan, bahwa sesudah menjadi besar dan menjadi orang tua, cara memikirkan bagaimana jiwa, cara memikirkan 'bagaimana aku sebelum aku terpengaruh oleh dunia' tidak mudah dilakukan. Karena otak, hati, rasa-perasaannya telah terisi keadaan yang berkisar dalam dunia ini, sehingga untuk menggambarkan sesuatu yang benar tidak mungkin dapat dilak-sanakan, malahan gambaran-gambaran dunia yang selalu berkisar itu tercantum dalam otak, tercantum dalam hati dan rasa-perasaannya. Sehingga, apabila memikirkan bagaimana Tuhan itu dan bagaimana pula malaikat itu, juga surga itu apa, mungkin cara menggambarkan bagaimana Tuhan digambarkan sebagai manusia yang duduk di kursi, yang ditabur berlian, intan, dan surga yang digambarkan mungkin seperti tempat yang sejuk, yang bagus, yang ada airnya, ada ini dan itunya, yang kesemuanya itu tidak menjauhi daripada gambaran-gambaran yang telah ada dalam dunia ini.

Itulah karenanya, maka agar saudara-saudara sekalian dapat menemukan sesuatu sebelum terpengaruh oleh dunia, saudara-saudara sekalian diperlukan, agar dapat membersihkan apa yang ada, yang berbekas dalam otak, apa yang berbekas dalam hati dan apa pula yang berbekas dalam rasa-perasaan. Sesudah saudara sekalian dapat meningkat atau dapat sampai yang ke sekian itu atau ke tempat yang demikian itu, yaitu dapat mengalami sebagai ketika masih *baby* sebelum terpengaruh oleh dunia, barulah saudara sekalian dimulai hubungan dengan jiwanya, yaitu *contact* dengan

Child makes with connection one world loves and it with another

something, that something is making them suffer, or making them feel joyful. This is because, in reality, they are not incapable of feeling things that make them experience joy, sadness and suffering. They can really feel those things, all of which arise from their soul. This means that a small child can see, but not the sights of this world. What they can see is the world of the soul, the world they have left behind when entering into this new state of life. That's why such a small child is very, very sensitive.

Eventually, from day to day, week to week, and so on, a child begins to see, begins to be able to discern the forms of this world; they become able to discern sounds and the like, and begin to relinquish the connection with their soul. Furthermore, as with time the child grows, their brain works, their heart works, all their feelings work, until finally they reach the point where the connection between their inner feeling and their true soul breaks off completely.

Thus it's not surprising that after the child has grown up and become an adult it is not easy for them to think about questions like: 'What is the soul like? What was I like before I came under the influence of the world?' Because the brain, heart and feelings are already filled with the concerns of this world, these faculties have no way of picturing anything true. On the contrary, what is firmly implanted in the mind, the heart and the feelings, are the images of this world, which is always in motion. The result of this is that when a person wonders what God is like, or what angels are like, or even what heaven is, then in all likelihood that person's way of picturing God will be to imagine Him as a man, sitting in a chair studded with diamonds. And perhaps heaven is pictured as a cool, fresh place, a splendid place, with flowing water and other things – none of these fantasies being much different from the images of what exists in this world.

That is why, in order to rediscover, while in this world, what it was like before you came under its influence, you need to be able to cleanse yourselves of everything: everything that has left traces on your minds, everything that has left traces on your hearts, and everything that has left traces on your feelings. Only when you have progressed or reached such a level, or such a place – in other words, when you've been able to experience what it was like when you were still a baby, before you came under the world's influence – only then will you begin to be connected to your soul, be in

jiwanya. Dan apabila sudah dapat *contact* dengan jiwanya, barulah di situ baru saudara-saudara dimulai *contact* dengan kebesaran Tuhan yang telah meliputi seluruh daya-daya hidup yang menjadi peserta dan menjadi serba-serbinya hidup makhluk dalam bumi ataupun di lain tempat. Tuhan mengetahui seluruhnya itu.

Jadi, saudara sekalian – bukan harus, tetapi – sudah demikian semestinya, melalui tiga fase, yaitu : fase pembongkaran pengaruh dunia sampai ke alam *baby*; lantas dimulai fase yang kedua, persiapan, ialah sesudah di tingkat *baby* hubungan dengan jiwanya; yang ketiga, ialah fase pengetahuan, pengertian, keinsyafan hidupnya, karena telah mendapat *contact* dengan Tuhan.

Maka teranglah, bahwa teori-teori yang telah ada dalam pikiran, yang telah ada dalam hati dan rasa-perasaan, tidak mungkin dapat dijalankan, karena untuk jalan kembali ke situ tidak dibutuhkan teori-teori dan pengetahuan akal-fikiran yang berkembang di dunia ini, tetapi dibutuhkan kebersihan akal-fikiran ini, ialah agar dapat menerima kembali rasa suci sebagai anak kecil yang masih belum berdosa.

Memang otak, hati, rasa-perasaan kita perlu kita kerjakan, perlu kita hidupkan, karena ketiga-tiganya itu adalah alat bagi hidup kita untuk dapat mempersiapkan segala sesuatu bagi kebutuhan kita di dunia ini. Tetapi bukan itu diperuntukkan untuk menginsyafi jiwanya, untuk menginsyafi hidup sesudah mati atau sebelumnya terjadi, karena memang itu sudah lain-lain tempatnya. Jadi, bukan perlu dipisahkan, tetapi harus diinsyafi, bahwa dalam hidup kita ada perpisahan antara bekerjanya 'aku' sebagai manusia dengan otak, hati, dan rasa perasaan, bekerjanya Tuhan atas jiwa kita lepas daripada hati, otak, dan rasa perasaan.

Demikianlah, sehingga apa yang Bapak katakan kejiwaan ini, kejiwaan yang telah saudara-saudara sekalian lakukan dan terima adalah sesungguhnya itu pekerjaan Tuhan. Saudara-saudara sekalian hanya dapat menerima bagaimana yang telah dikerjakan Tuhan dalam dirinya. Itulah yang disebut dalam dunia ini pekerjaan Tuhan atau *godsdienst*. Yang disimbolkan untuk mengerjakan itu ialah karena manusia berbakti kepada Tuhan, disimbolkan di gereja, di mesjid. Gereja sebagai simbol rumah dalam diri kita, mesjid sebagai simbol rumah dalam diri kita. Jadi, terang, bahwa untuk menda-

3 stage development to connect with soul.

contact with it. And when you have obtained a contact with your soul, only then will you begin to have a contact with the greatness of God that encompasses all the life forces – the companions and the resources of creatures of this world as well as of elsewhere. God knows them all.

So all of you – not that you *must*, but this is the way it's supposed to happen – will pass through three phases. First is the phase of breaking down worldly influences until the world of babyhood is reached. Then a second phase is begun, the preparatory phase, which means that once one has reached the level of babyhood a connection is made with the soul. The third is the phase of knowledge, understanding and awareness of your life, which comes as a result of having made contact with God.

It is clear that the theories already present in the thinking, already present in the heart and in the feelings, cannot possibly be brought into play; for to return to the state just described requires neither theories nor the intellectual knowledge that has developed in this world. Instead, what is needed is for the mind to be made clean, so that once again you can receive the pure, immaculate feeling you had in early childhood when you were still without sin.

Certainly our brains, hearts and feelings are things we need to employ, things we need to bring to life, because these three are the tools we need to use in our lives; they enable us to take care of all our needs in this world. But they are not to be used for becoming conscious of the soul, for becoming conscious of the life after death or the life before life – for indeed these are different spheres. So, it's not that we have to separate ourselves from them, but rather we have to be aware that in our lives there is a difference between the work of 'I' as a human being using a brain, heart and feelings, and the working of God on our soul, free from the heart, the brain and the feelings.

So what Bapak calls this spiritual way – the spiritual way that you are already putting into practice and receiving – is really God's work. All you can do is receive and accept what God has worked within you. In the world, this is called 'God's work', or *godsdienst* [Du: God's service, religion]. The symbol for carrying out that work is human beings worshipping God in a church or mosque. The church is a symbol of a house within our self. The mosque is a symbol of a house within our self. So it's clear that to arrive at a worship of God that will enable the soul to be worked upon by

patkan kebaktiannya kepada Tuhan, agar jiwanya dapat dikerjakan oleh Tuhan menjadi jiwa yang sempurna, yang baik, manusia perlu bakti, perlu berbakti di gereja, di mesjid, atau bakti yang sebenarnya dalam dirinya masing-masing.

Demikianlah apa yang diperlukan dalam latihan kejiwaan kita Subud ini : agar saudara-saudara sekalian menyerah. Hanya menyerahkan dirinya kepada Tuhan, sebagai kalau di gereja, kalau di mesjid. Kalau di mesjid manusia tidak diperlukan cari-cari di mana Tuhan, melainkan menyerah. Demikian pula dalam mesjid, manusia yang bersalat di mesjid tidak diperlukan mencari-cari Tuhan di mana-mana. Tidak. Melainkan menyerah kepada Tuhan. Karena dianggapnya tempat itu − baik mesjid maupun gereja − adalah tempat di mana kekuasaan Tuhan telah meliputinya.

Itulah sebab-sebabnya, maka bagi saudara-saudara sekalian − agar dapat selekasnya menerima yang diperlukan bagi hidupnya − janganlah selalu menguatkan akal-fikirannya yang mencari ini, mencari itu. Karena akal-fikiran, hati, nafsu, dan rasa-perasaan manusia hanya sampai ke batas yang fase yang pertama. Apalagi yang fase yang kedua. Apalagi fase yang ketiganya. Akan tidak terlaksana.

Jangan saudara-saudara sekalian khawatir, bahwa tidak dengan teori akan tidak sampai pada yang ditujunya. Saudara-saudara mungkin tidak lupa. Nabi Isa, dia menerima wahyu dari Tuhan, ia dapat mengetahui hal-hal di luar akal-fikiran manusia, bukan karena teori, bukan karena belajar, tetapi karena penyerahannya, karena kesuciannya. Jadi, senjata bagi manusia untuk mendapatkan wahyu dari Tuhan, untuk mendapatkan sesuatu di luar akal-fikirannya tidak lain daripada menyerah dengan rasa hati yang suci. Tidak ada lain! Jadi, apabila saudara sekalian sungguh-sungguh cinta kepada Tuhan, sungguh-sungguh menyerah, sungguh-sungguh tidak memikirkan apa-apa melainkan diterima dan menerima, akan diberilah oleh Tuhan segala sesuatu yang dibutuhkan di luar dugaan, di luar akal-fikiran.

Untuk mendapatkan kebersihan otak, hati dan nafsu dan rasa-perasaan banyaklah sudah di antara umat manusia yang berusaha dalam hal itu dengan meninggalkan segala sesuatu, misalnya : dengan meninggalkan segala kesenangannya. Malahan ada yang meninggalkan isteri dan anaknya, pergi ke tempat yang sunyi dalam rimba, di bawah gunung, di tepi laut. Demikianlah cara manusia

God, and changed into a perfect or a good soul, human beings need to worship, they need to worship in a church, in a mosque; that is to say they need true worship, each within his or her own self.

Therefore, what you all need to do in this Subud spiritual training of ours is to surrender. All you need do is surrender your self to God as if you were in church, or as if you were in the mosque. When a person is in the mosque they are not required to search, looking for God; they merely need to surrender. In the mosque, when a person is performing the Islamic prayer, there is no need to hunt for God everywhere. No. There is nothing to do but surrender to God. This is because the worshipper considers that place – whether it is a mosque or a church – to be a place where they are encompassed by God's power.

This is why, in order to receive what you need for your life as quickly as possible, you should not always give prominence to your thinking, which looks for this or that. The thinking, heart, passions and feelings of a human being can reach only to the borderline where the first phase begins; they are even more useless for the second phase; and even more so for the third phase. It won't happen.

None of you should worry that if you don't use theories you won't reach your goal. Maybe you remember that Jesus received revelations from God. He was able to know things that were beyond the knowledge of the human mind, not by way of theorising or because he'd studied, but because of his surrender, because of his purity. So the means for human beings to obtain revelations from God, to obtain things beyond the mind's capacity, is none other than to surrender with a pure and holy feeling in the heart. There is no other way. So, if you all really and truly love God, if you really and truly surrender, really and truly refrain from thinking about anything at all and just receive and accept, then God, beyond your expectations, beyond the scope of your minds, will give you everything you need.

To obtain purity of brain, heart, passions and feelings, many people have made an effort to give up everything – giving up all pleasures. Some have even abandoned their wives and children and gone to desolate places, in the jungle, the mountains or on the coast. These are ways human beings adopt in order to calm their hearts and minds, in order to cleanse away everything that has left

untuk dapat menenteramkan hati dan akal-fikirannya, untuk dapat membersihkan segala yang berbekas-bekas dalam otak, hati dan akal-fikirannya itu.

Demikianlah beratnya untuk dapat menemui kebersihan rasa dirinya, untuk dapat membersihkan diri seluruhnya yang dalam hakekatnya bagi manusia sekarang sangat sukar dapat dilaksanakan yang di sekitar hidupnya penuh dengan hal-hal yang selalu menekan, selalu mempengaruhi hati dan akal-fikiran manusia, sehingga – mau tidak mau – manusia terpaksa ingin ini, ingin itu, mau menghendaki ini dan itu, memikirkan ini dan itu. Maka dengan lahirnya Subud ini sungguh bahagialah kita manusia, bahwa kita di tengah-tengah masyarakat dunia yang begini hebatnya, yang tak mungkin dan tak mudah dapat dicegahnya pengaruh dunia ini, kita dapat menerima sesuatu yang memudahkan jalan kita untuk bakti kepada Tuhan yang sebenar-benarnya. Hanya saudara-saudara sekalian diperlukan, agar sabar, menyerah, percaya, cinta kepada Tuhan lebih daripada cinta dan percayanya kepada keduniaan.

Ucapan Bapak ini sama dengan banyak orang mengatakan : "Kalau orang suka dan menghendaki dicintai orang lain, harus cinta kepada dirinya. Kalau orang menghendaki agar lainnya kasih-sayang kepada dirinya, juga harus kasih-sayang kepadanya." Demikianlah juga bagi saudara sekalian. Saudara sekalian meng-harapkan cinta Tuhan kepada dirinya, saudara sekalian harus cinta kepada Tuhan. Saudara mengharapkan, agar dikasih-sayang oleh Tuhannya, juga demikian saudara sekalian harus kasih-sayang kepada Tuhan Yang Maha Esa lebih daripada dirinya sendiri. Apabila saudara sekalian telah melakukan yang demikian, Tuhan akan mengetahui. Tuhan maha bijaksana dan maha kasih-sayang. Sehingga saudara akan lekas dapat menerima apa yang diperlukan bagi dirinya.

Dan apa yang diberikan Tuhan kepada saudara sekalian, apabila telah dapat melaksanakan yang demikian itu tadi? Ialah Tuhan akan memberi dan membimbing saudara sekalian ke seluruh dirinya. Misalnya, saudara akan terbimbing dalam hal bagaimana jalan, kalau berjalan yang baik. Saudara akan terbimbing bagaimana cara, kalau melambaikan, kalau mengerjakan, yaitu menggerakkan tangannya. Saudara akan terbimbing bagaimana cara memikir, cara berpikir. Saudara akan terbimbing bagaimana cara merasakan, menggam-barkan, sesuatu. Sehingga benar-benar, saudara sekalian, saudara sekalian akan menemukan, menemukan petunjuk dalam dirinya

a trace in their brains, hearts and thinking.

   That's how hard it is to find purity of the inner feeling, to be able to cleanse one's whole being. In truth it is extraordinarily diffi-cult for people to achieve this today, for their lives are filled to the brim with things that constantly put pressure on their hearts and minds. Things influence them to the point where they are forced willy-nilly to desire this, desire that; wish for this, wish for that; think about this matter or that. So how fortunate we are with the birth of Subud. In the midst of this frenetic society in which we live, in this world whose influences it is almost impossible to fend off, we have been able to receive something that makes it easy for us to worship God truly. You only need to be patient, to surrender, to believe in and to love God more than you love and believe in worldly things.

   What Bapak is saying here has been expressed by others as follows: 'If a person wishes to be loved by another, he or she must love that person too. If you want others to treat you compassion-ately, you must also treat them with compassion.' It's the same with you. You want God to love you – you must in turn love God. If you want God to show you compassion, then you must love the One God more than you love yourself. If you can do this God will know. God is All-wise and All-compassionate. You will be able to receive quickly what you need for yourself.

Do unto others as you would wish done to yourself.

   And what will God give you if you can do what has just been described? God will give you guidance throughout your whole being. For example, you'll be guided in walking, in the right way to walk. You'll be guided in how to wave, in how to use your hands, in how to move them. You'll be guided in how to think. You'll be guided in feeling about something and visualising it. In other words you will discover guidance within yourselves, guidance you will never lose and that will never disappear.

yang tidak dapat dihilangkan, dilenyapkan.

Juga dalam membimbingnya untuk sampai ke batas-batas yang diperlukan sudah tentu akan membawa kebaikan apa yang salah, yang terdapat dalam dirinya – misalnya, sakit dan sebagainya – akan dirinya itu menjadi baik kembali. Jadi, saudara sekalian, bukan hanya hidup jiwanya, tetapi hidup pula rasa-perasaannya dengan keadaan yang sehat, yang utama, yang baik. Demikianlah kenyataannya, maka Subud ini bukan merupakan tempat untuk menyembuhkan orang. Tidak. Salah anggapan orang itu. Mungkin karena buku dari Saudara Rofé yang menceritakan ini dan itu, sehingga orang banyak menerka, bahwa Subud ini adalah suatu kumpulan yang hanya menyembuhkan orang sakit. Tidak. Subud ini adalah sebenarnya sifat kebaktian manusia terhadap Tuhan atas kehendak Tuhan dalam saat manusia dapat menenteramkan hatinya, nafsunya, akal-fikirannya dan menerima kekuasaan Tuhan yang seukur dengan kekuatan manusia itu.

Dan apabila saudara sekalian telah dapat menginsafi apa yang telah Bapak ucapkan ini, benar-benar saudara sekalian merupakan Subud, yang berarti sifat manusia yang bersusila, yang berbudhi, dan berdharma. Artinya : susila, ialah manusia yang berperikemanusiaan sejati atas kehendak Tuhan. Budhi artinya kekuatan daya hidup yang meliputi dalam diri manusia, yang ada dalam diri manusia, yang dapat dikenalnya. Ketiga, dharma, artinya sungguh-sungguh menye-rah kepada kebesaran Tuhan. Dan saudara sekalian sungguh-sungguh dirinya merupakan *instrument God*.

Demikian, maka dalam Subud tidak bersifat atau Subud bukan bersifat agama, karena sungguh telah penuh, sungguh telah cukup nasehat-nasehat yang berada dalam agama masing-masing. Yang sekarang ini diperlukan hanya tinggal mengerjakan itu, mempraktekkan itu. Jadi, Subud ini ialah sesuatu yang mempraktekkan bagaimana yang telah dinasehatkan oleh para nabi dan bagaimana pula yang telah diterima oleh para nabi : firman-firman, yaitu sabda-sabda dari Tuhan Yang Maha Esa.

Maka Subud tidak menyalahi salah satu daripada agama. Tidak. Malahan bagi umat Kristen akan mengetahui dengan sebenar-benarnya bagaimana yang sebenarnya dikerjakan oleh Nabi Isa, oleh Kristus. Demikian juga Islam akan dapat menginsafi bagaimana Islamnya yang sebenarnya.Karena kesemuanya itu hanya menuju ke satu, ke arah ke satu, ialah Tuhan. Tuhanlah Yang Maha Esa untuk segala dan seluruh makhluk yang telah diciptaNya.

being healed

Also, of course, the guidance needed to reach the necessary level will bring about the repair of whatever is wrong within your self. For example, illnesses and the like, which affect you, will be healed. So it is not only your soul but also your feelings that will live in a state that is healthy, excellent and good. But, in reality, Subud is not for people to come to for healing. No. People who think that are mistaken. Maybe it's because of [Husein] Rofé's book, which tells all kinds of stories, that many people imagine Subud to be a body that only engages in curing sick people. It's not. In reality the nature of Subud is worship of God, by God's will, so that when human beings can calm their hearts, desires and thinking, they can receive the power of God in accordance with their strength.

And once you have really become aware of the meaning of what Bapak has been saying, then you are really Subud, which means human beings who have the qualities of *susila*, *budhi*, and *dharma*. The meaning of these words is this: *susila* is a human being who by God's will is truly humane; *budhi* is the power that comes from the life force that encompasses a human being, which exists within them, and which they can recognise. The third, *dharma*, means being truly surrendered to the greatness of God – and then you will really become an instrument of God.

Therefore Subud is not a religion. The various religions have already given in full all the advice [we need]. It is truly sufficient. All that's needed now is to live them, to put them into practice. So Subud simply puts into practice what the prophets advised, what the prophets received – the commands, the messages of the One God.

So Subud does not go against any of the religions. No. In fact, Christians will come to know what was really accomplished, by Jesus, by the Christ. Similarly Muslims will become deeply conscious of what Islam really is. This is because all the religions have only one aim, only one direction, and that is God. God is the One and the Almighty One for each and every creature He created.

Sekianlah ucapan Bapak pada malam ini. Bapak sudahi sampai sekian saja. Bahkan, ya, sudah jauh malam. Mungkin saudara-saudara sekalian telah capai. Dan akan Bapak sambung pada malam berikutnya nanti yang akan diumumkan. Tidak lain Bapak harapkan, agar ucapan yang singkat ini dapat memberi sedikit kepuasan kepada saudara sekalian dan Bapak ucapkan selamat malam. Terima kasih. *Thank you very much.*

This is the end of Bapak's words for this evening; he will end his talk here. It seems it's already quite late, and maybe you are tired. Bapak will continue on another evening, which will be announced. He hopes that these brief words were able to give you some satisfaction, and he says good night. Thank you very much.

6

LOS ANGELES

16 JULI 1959

Sumber : Rekaman 59 LAX 2

Tuan-tuan dan nyonya sekalian, Bapak memberi penerangan tentang jalan kejiwaan. Lebih dahulu Bapak hendak menerangkan seperlunya tentang keadaan para pembantu pelatih di dalam kedudukannya.

Sebenarnya saudara-saudara yang Bapak tunjuk sebagai pembantu pelatih itu merupakan penunjukan darurat, artinya : pertolongan, karena mengingat jauhnya Bapak di Indonesia dengan sini, sehingga tidak memudahkan segala sesuatu yang harus Bapak kerjakan sendiri. Sebab sebagai pembantu pelatih semestinya bukan hanya membuka dan memimpin latihan para saudara-saudaranya, juga harus dapat mengetahui keadaan yang dilatih atau keadaan yang dibuka; juga dapat menjawab pertanyaan-pertanyaan dari saudara-saudaranya yang diajukan. Umpamanya pertanyaan tentang keahliannya, tentang pekerjaannya, tentang bagaimana keadaan. Demikian sebenarnya sudah cukup dijawab oleh pembantu pelatih.

Maka saudara-saudara sekalian Bapak harapkan, agar memberi penerangan kepada... (*tak jelas*). Janganlah dikiranya, bahwa sesudah mengerjakan latihan tiga-empat bulan, lima bulan lantas minta dijadikan pembantu pelatih atau pembuka, karena saudara-saudara sendiri yang telah Bapak tunjuk merupakan masih pembantu pelatih darurat. Agar mereka insyaf, bahwa sebenarnya sebagai pembantu pelatih harus bertanggung jawab dalam keadaan kejiwaan yang diharuskan banyak menerimanya lebih dahulu dan dapat menginsyafi benar-benar, agar mereka akhirnya dapat dengan

Helper understanding of those doing Catihan.

6

LOS ANGELES

16 JULY 1959

Source: Recording number 59 LAX 2

Real Helpers can answer questions.

Ladies and gentlemen, Bapak is going to give an explanation about the spiritual way, but first he would like to explain what you need to know about the helpers and their role.

Actually, your appointment by Bapak as helpers is an emergency measure, so that you can help out, since, given the distance from here to where Bapak lives in Indonesia, it is not easy for Bapak to do everything himself. Because, as a helper, you should be able to do more than just open people and accompany their latihan; you should be able to understand the state of those who are doing latihan and of those who are being opened. You must also be able to answer the questions asked by members, such as questions about their talent, their work, and how they are. Really the helpers should be able to deal with such things.

So, brothers and sisters, please explain to the… [*inaudible*] that they mustn't think that after doing latihan for three, four or five months, they can ask to be appointed helpers or openers, because even you yourselves, whom Bapak has appointed, are still only emergency helpers. This will make the members aware that in fact helpers have to take responsibility in spiritual matters. Therefore, before they can eventually be seen to be helpers – with a certificate sent by Bapak setting out these requirements – they will first need to receive more, and be able to be truly aware.

sendirinya menunjuk dirinya sebagai pembantu pelatih yang disertai surat yang dikirim oleh Bapak untuk menetapkan apa yang diperlukan itu tadi.

Maka Bapak ulangi lagi kepada saudara sekalian pembantu-pembantu pelatih yang ada di sini Bapak harapkan, agar jangan hanya melulu membuka dan menyampingi latihan, tetapi perlu menerima latihan sendiri. Juga jangan dirasa dan dianggapnya, bahwa dirinya telah benar-benar *volleerd* – umpamanya – dalam hal kejiwaan yang telah diterimanya.

Demikianlah pendahuluan dari ucapan Bapak ini yang akan Bapak susul dengan penerangan tentang jalan kejiwaan, agar saudara-saudara sekalian dapat menginsyafi bagaimana keadaan sebenarnya yang ada dalam kejiwaan itu.

Sebagai para saudara-saudara telah mendengarkan *talk* Bapak kemarin malam, bahwa untuk dapat menginsafi daya jiwa apa yang telah menduduki dalam diri saudara-saudara sekalian, diperlukan lebih dahulu melewati fase yang pertama, ialah kebangkitan seluruh tubuhnya. Karena dengan kebangkitan seluruh tubuhnya itu berarti menggoyangkan, menyucikan, melepaskan cengkeraman, tekanan daya-daya rendah yang selalu membelenggu atau mencengkeram, menekan pada seluruh anggota atau seluruh rasa diri saudara sekalian.

Akal-fikiran, hati dan rasa-perasaan tidak mungkin dapat mengetahui bagaimana atau siapa yang menduduki, ada dalam dirinya, karena otak, hati dan lain-lainnya adalah sifat yang baru, yang ada sesudah sifat baru itu diadakan atau sesudah jiwa mema-suki ke dalam sifat manusia yang masih berupa air. Sehingga ke-nyataannya jiwa lebih mengenal badan. Badan belum mengenal jiwanya, apabila badan itu belum sungguh-sungguh bersih dari pengaruh-pengaruh dunia yang dialami sejak kecil sampai menjadi besar dan orang tua.

Sudah tentu, meskipun jiwanya – umpama Bapak gambarkan : – jiwa hewani, tetapi karena diperlengkapi dengan sifat manusia – artinya dengan otak, dengan hati, dengan rasa-perasaan, dengan seluruh tubuh manusia ini – , sudah tentu cara bertindak, ya, sebagai manusia. Sebaliknya badan hewan – umpamanya *dog*, umpamanya anjing – , tetapi jiwanya jiwa manusia, tentu saja dalam bertindak tidak lebih tidak kurang daripada bagaimana tindakan anjing.

Umpamanya Bapak gambarkan saja seperti piano. Piano bisa bunyi – *thing, thung*, do, re, mi; anak kecil *menuthuk*, mengetok itu,

So Bapak would like to repeat to all of you helpers here that you should not just open people and accompany their latihan. You also need to receive your own latihan. And don't get the idea that you are already, as it were, fully qualified in the spiritual field.

Those were some preliminary remarks, which Bapak will now follow with explanations about the spiritual path, so that all of you can become aware of how things really are in the spiritual realm.

As you heard Bapak say in his talk last night, in order to become aware of which life forces have made their home within your self you will need to go through the first phase, which is the reawakening of the whole body. This is because the awakening of your whole body shakes, purifies, and releases the grip – the pressure – of the lower forces that normally tie up, restrict and oppress your whole body and your whole inner feeling.

The thinking mind, the heart, and the feelings cannot possibly discover who or what occupies our self, because the brain, the heart and the rest are all newcomers. They only arrived after the new being was created, after the soul had entered into the human being when it was still in the form of water. So the reality is that the soul knows the body better. And the body won't know the soul until it has been cleansed of all the worldly influences it experienced from the time it was small until it grew up and reached adulthood.

If, for example, a person has an animal soul, since it has been provided with a human nature – meaning, with a brain, with a heart, with feelings, with a complete human body – it will of course act in the way a person does. On the other hand, an animal body, for example a dog, even if it contains a human soul, will of course act like a dog – no more and no less.

It's like a piano: a piano can make sounds like – ting, tong, do, re, mi. If a small child strikes the keys, it will go – do, re, mi. If it is

ya, do, re, mi; orang tua yang pandai piano, kalau mengetok, ya, do, re, mi. Sama saja. Demikian juga piano yang rusak, yang tidak bisa dipukul bunyinya, sehingga *thuk, thuk, thuk* saja; meskipun orang yang memukul itu komponis, ya, terpaksa tidak bisa ada suaranya, karena yang *dithuthuk* itu sudah rusak. Demikian. Jadi meskipun jiwanya itu manusia, apabila berada dalam tubuh dan badan hewan, ya, seperti hewan. Demikian juga jiwa hewan berada dalam tubuh manusia, iya, sebagai manusia.

Karena itu hal kejiwaan tidak dapat diraba dan difikirkan dengan otak, hati dan nafsunya. Karena otak, hati dan nafsu, kehendakan, pendek kata seluruh tubuh ini hanya merupakan alat belaka bagi jiwa yang ada dalam diri. Dengan latihan yang selalu dikerjakan dan akan dikerjakan saudara sekalian akan dapat dirasa, juga akhirnya akan dapat diketahui siapa yang menduduki dalam dirinya, sehingga kesalahan-kesalahan itu dengan sendirinya akan berobah menjadi baik, hingga sungguh-sungguh diri saudara sekalian diduduki oleh jiwa manusia.

Jadi, umpama saja saudara dengan fikirannya, dengan hatinya, dengan nafsunya, sehingga dapat kemurahan Tuhan dinaikkan ke sorga, umpamanya begitu, ya, tentunya saudara akan... *kecélik*... tahu artinya?... akan keliru, *lha!*..., akan salah sangka. Disangkanya yang naik sorga itu 'aku manusia', padahal yang naik sorga bukan 'aku manusia', tetapi 'aku hewan'. Karena itu di dalam kitab-kitab manapun juga juga disebutkan, bahwa bukan hanya manusia saja yang naik sorga, meskipun benda, meskipun tumbuh-tumbuhan, meskipun hewan juga naik sorga. Ya, mestinya bagi saudara sekalian bukan demikian yang diinginkan. Yang diinginkan tentunya agar saudara sekalian sebagai manusia naik ke sorga.

Jadi, teranglah, bahwa soal kejiwaan berlainan sekali dengan soal pengertian akal-fikiran, hati dan kehendakan... dan nafsu kehendakan. Maka tidak salahlah, bahwa para Nabi – terutama bagi saudara sekalian Nabi Isa – selalu menasehatkan, agar manusia menaati janji-janji Tuhan dengan sungguh-sungguh menyerah dan sungguh-sungguh tawakal dan ikhlas dan mencintai kepada kebesaran Tuhan dan kekuasaan Tuhan. Tindakan dan kesungguhan rasaperasaan manusia yang demikian itu diperlukan, agar dapat mengurangi keangkaramurkaannya, yaitu yang selalu hanya membiarkan saja nafsunya, yang selalu membiarkan saja amarahnya, yang selalu membiarkan saja hatinya yang tidak-tidak, yang ingin berlebihlebihan dan sebagainya. Dengan demikian akhirnya bekerjanya

A higher soul in a lower body will behave well a lower a higher [handwritten annotation]

an adult who knows how to play the piano, it will still go – do, re, mi. It's just the same. While if the piano is broken and the notes can no longer be played, it just goes thud, thud, thud. Even if a composer plays it, it will still not play the notes, because it is broken. That's how it is. So even if a soul is human, in an animal body it will act like an animal; and an animal soul in a human body will act human. *Pain, heart, desires, will-Are all tools of soul.* [handwritten annotation]

This is why things that relate to the soul cannot be fathomed, or thought about, using the brain, the heart and the desires. Because the brain, heart, desires, and the will – and the whole of this body – are nothing more than tools of the soul that is within us. But with the latihan you are doing, and will continue to do, eventually you will be able to feel, and to know, who it is that is occupying your being. What is wrong will spontaneously change for the better, until your being will truly be occupied by a human soul.

So, let's just suppose that with your thinking mind, your heart and your desires you are raised to heaven through the grace of God. You would assume that 'I, the human being' have gone to heaven; but you would be mistaken, for in fact what has gone is 'I, the animal.' Because all the holy books concur that it's not only human beings who go to heaven; so do material objects, plants and animals. But that is certainly not what *you* want – what *you* wish for of course is to go to heaven as human beings.

Wish to go to heaven as human being not animal. [handwritten annotation]

It's clear then, that the realm of the soul is utterly different from the realm that is understood by the mind, the heart, the will, and the desires. So it was no mistake that the prophets – in your case Jesus in particular – always taught that human beings ought to fulfil their promises to God by truly surrendering, trusting and submitting, and loving God and God's greatness and power. That kind of attitude and sincerity of the human feelings is necessary in order to reduce our greed – that which within us always gives in to our desires, to our anger and to our unreasonable wishes, and wants to have more than we need, and so on. In this way, the working of the brain – meaning the thinking mind – and the heart with its desires will gradually become more and more peaceful. Finally, they will

otak, yaitu akal-fikiran, hati dengan nafsu kehendakan menjadi tenteram, tenteram, tenteram, yang akhirnya sungguh-sungguh tenteram dan dapat menerima *contact* dari daya hidup yang sebenarnya menjadi juru pembimbing, menjadi juru penasehat dalam rasa diri saudara-saudara sekalian.

Untunglah bagi saudara sekalian dan Bapak sendiri, bahwa *contact* yang diperlukan sesudah hati kita tenteram dan berhenti – sebagai tadi dalam usaha manusia yang Bapak katakan – telah dapat kita terima sekarang. Jadi, teranglah, bahwa Subud ini adalah sesuatu yang sungguh-sungguh menguntungkan bagi manusia sekarang, hingga dapat mengerjakan kebaktiannya terhadap Tuhan dengan mudah, karena Tuhan telah memberikan ini kepada manusia pada abad yang sekarang ini. Maka bagi saudara sekalian atau bagi anggota Subud khususnya hanya tinggal menerima saja. Jangan lagi difikirkan, jangan lagi dicari-cari bagaimana jalannya yang benar dan bagaimana nanti dan bagaimana kemajuannya; tidak perlu dicari, karena ini sudah anugeraha Tuhan, bahwa kita hanya tinggal menerima daripada cari-cari.

Kalau saudara-saudara menengok kebelakang, artinya menengok di luar Subud, orang-orang hanya diberi tahu oleh kiyai, hanya diberi tahu oleh siapa yang dipercaya dalam gereja, bahwa "Saudara – kalau baca ini – nanti naik sorga." Demikian saja sudah banyak orang percaya dengan keyakinan dalam hatinya akan naik sorga pula. Padahal... sedangkan bagi saudara sekalian pemberitahuan itu bukan dari manusia kepada saudara, tetapi dari Tuhan yang ada dalam dirinya sendiri, misalnya dari kekuasaan Tuhan yang telah ada dalam dirinya sendiri, yang memberi petunjuk kepada saudara-saudara sekalian.

Maka semestinya saudara harus percaya kepada dirinya sendiri daripada kata-kata orang lain. Mungkin yang mengatakan itu malahan belum sendiri mengalami bagaimana sorga dan neraka itu sebenarnya. Maka, apabila mereka ditanya : "Apakah ini benar demikian?", dia menjawab : "Ini bunyi kitab demikian. Jadi, kitab telah mengatakan demikian, mestinya, ya, betul."

Memang, memang benar yang disebut dalam kitab itu. Tetapi jangan dilupakan, saudara sekalian, bahwa yang dikatakan di al-Quran atau di kitab itu antara Muhammad dengan Tuhan, antara Nabi Isa dengan Tuhan. Jadi, bukan Tuhan kepada saudara-saudara sekalian atau kepada orang lain! Memang benar apa yang dikatakan dalam al-Quran itu, tetapi itu ditujukan kepada Muhammad,

truly be at peace, and be capable of receiving a contact with the life force that can truly guide us and truly be our counsellor within our inner feeling.

It's lucky for you, and for Bapak as well, that now, once our heart is at peace and has stopped working, we are able to receive the contact we need – [a contact] no different from the one Bapak described that is the result of human effort. So it's clear that Subud is something really beneficial for people today. Because God has given this to human beings in this present century, it has become easy for them to worship God. So all you have to do – all Subud members have to do – is receive. Don't think about it any more. Don't go on looking for the right way, or wonder how it will go and how you will progress. There's no need to look for that. That is God's gift to us – that we can stop searching and just receive.

If you look back, meaning if you look outside of Subud, you will see people being told by the Muslim teachers, or by whoever they trust in the church: 'If you recite this, you will go to heaven.' Just from that, there are a lot of people who believe, who are convinced in their hearts, that they will go to heaven. But in your case, you are not being told by a person but by God, who is within your own being. It comes from the power of God, which is already present within your own selves, and which gives indications to each of you. _Trust oneself only!_

So you ought to trust yourself rather than the words of others. It may well be that the person talking has not yet personally experienced what heaven and hell are really like. So, if they are asked, 'Is that really true?' they'll answer 'that's what the holy book says, and if the holy book says it, it must be true.'

Of course what the holy books say is true. But don't forget that what it says in the Quran, and what it says in the Bible, is between Muhammad and God, and between Jesus and God. It's not God talking to you, or to others. What it says in the Quran is really true, but it's directed to Muhammad, for Muhammad could understand, be deeply conscious of, and receive the words of God. It's the same

karena Muhammad telah dapat mengetahui, menginsafi dan menerima firman-firman dari Tuhan. Demikian juga dalam kitab, Nabi Isa telah dapat menerima firman-firman dari Tuhan itu. Tetapi itu untuk Nabi Isa. Belum lagi untuk orang lainnya, yang belum sebagai Nabi Isa,... (*tak terdengar*)

Maka dikatakan, bahwa yang tahu malaekat – yang tahu itu mengerti – , ialah malaekat; yang tahu bidadari, juga bidadari. Yang tahu sorga tentu ahli sorga. Umpamanya saja Bapak gambarkan. Yang banyak-banyak berkumpul dengan orang yang kaya tentu orang kaya; yang berkumpul dengan raja tentu raja, tidak mungkin saudara-saudara kumpul, jalan-jalan sama-sama dengan raja. Itu tidak. Jadi, memang demikianlah. Karenanya, maka dalam Subud diberikan bimbingan dari Tuhan, agar saudara-saudara sekalian dapat mempersatukan fase-fase atau mempersatukan dengan apa yang menjadi tingkatannya selalu.

Jadi, kalau saudara sekalian, – umpama saja! bukan Bapak mengatakan kepada saudara sekalian; umpama saja – : saudara sekalian berjiwa hewani. Tentu tidak akan dapat kumpul dengan jiwa manusia. Ya, tentu saja kumpul dengan jiwa hewani. Dan tentunya sorganya juga sorga hewan, bukan sorga manusia.

Hal yang demikian ini, maka perlu saudara-saudara melanjutkan latihannya, agar dapat meningkat-ningkat sehingga sampai pada tingkatan manusia yang diinginkan oleh saudara-saudara sekalian. Dengan pengharapan Bapak, agar jangan dikerjakan akal-fikirannya, karena akal-fikiran itu di dalam kejiwaan mewujudkan perintang bagi kemajuannya.

Jadi, seperti Nabi Isa, bukan ia seorang yang pandai. Tidak. Dia atau almarhum itu adalah sifat manusia yang berjiwa manusia yang sempurna dan berperasaan yang suci dan murni. Dan dalam gambar-gambar, terkadang di bioskop, digambarkan jalan Nabi Isa begini dan lihat ke atas. Ya, bagi orang-orang lain yang belum sepadan dengan Nabi Isa mengatakan : "Lihat apa begitu?", hingga banyak orang yang meniru, tetapi sebenarnya Nabi Isa dia begini melihat memang tahu dan melihat atas itu. Jadi, terangnya, orang-orang itu hanya meniru bagaimana tingkah-laku seseorang daripada sungguh-sungguh menyelami keadaannya. Misalnya, sebagai saudara melihat orang kaya. Saudara hanya dapat meniru tingkah-lakunya orang kaya, tetapi belum kaya sendiri.

Jadi, terangnya, saudara tidak akan dapat mengikuti Yesus ke sorga, apabila saudara sekalian belum sama dengan yang dipilih.

with the Bible. Jesus was able to receive the words of God. But they were for Jesus, not for others who are not yet like him …[*inaudible*].

That's why they say that the only ones who know angels, who know and understand them, are the angels. Those who know the *bidadari* [female angels] are also the *bidadari*. Those who know heaven are those who dwell there. Let Bapak illustrate: certainly, most of the people who mingle with the rich are other rich people. Those who socialise with royalty are, of course, royalty. It's not possible for you to mix with kings, to go strolling about with kings. It's not; that's the reality of it. And that's why in Subud all of you are constantly guided by God to become one with the stage, with the level, to which you belong.

So if you – this is just an example, Bapak isn't saying it's true of you, it is just as an example – let's say you had an animal soul: of course it wouldn't be able to associate with human souls. Yes, it would associate with other animal souls; and its heaven would also be the animal heaven, not the human one.

This is why you must continue with your latihan, so you may rise to the human level, which is what you wish for. And Bapak hopes that you will not use your minds in this, since in the spiritual realm the mind is an obstacle to progress.

Take Jesus, for instance – he wasn't a learned man. No. He was a person with a perfect human soul, whose feelings were pure and clean. In pictures, and sometimes in films, Jesus is pictured as walking like this [*gesture*], and looking up. People who aren't of the same level as Jesus may ask, 'What can he see, doing that?' and many people imitate it. But actually when Jesus did that, and was looking up, he could really see what was up there. So clearly, they are only imitating his actions instead of actually experiencing his state. It is like looking at rich people – all you can do is imitate their behaviour, because you yourself are not rich yet.

So, clearly, you won't be able to follow Jesus to heaven as long as you are not yet the same as him – the one you believe in. In the

Demikian – umpamanya – saudara akan sungguh-sungguh merasakan bagaimana dokter itu, karena saudara telah mempelajari kedokteran, ahli kedokteran itu sampai penghabisan, sampai dapat diploma dokter. Maka dikatakan oleh para Nabi : "Janganlah umat manusia hanya meniru-niru saja yang tidak menjalankan yang sebenarnya." Dan itu di dalam Islam dikatakan : "Janganlah hanya suara saja, tetapi harus beramal."

Ini sedikit-sedikit akan Bapak tinjaukan para saudara sekalian, agar meskipun sedikit-sedikit saudara akan dapat membuktikan bagaimana kemajuan dalam dirinya hal latihan-latihan yang telah dikerjakan dan diterima selalu. Banyak omong-omong, banyak bicara-bicara, malahan menambah kacau dalam akal-fikiran. Sedangkan yang diperlukan sebenarnya praktek, yaitu mempraktekkan bagaimana caranya menerima.

Sekarang, tuan-tuan sekalian dan nyonya-nyonya, Bapak harapkan menerima dan duduk sebagai yang masih dalam duduknya saja, tetapi sebagai kalau berlatih, yaitu tidak memikirkan sesuatu apa dan menenteramkan hatinya dan menerima apa nanti yang Bapak ucapkan. (Testing)

same way, you will really feel what it is like to be a doctor only if you study medicine right to the end, right up to the moment when you get your diploma. That's why the prophets said, 'Don't be people who just imitate instead of doing what is right.' And why in Islam it is said, 'Don't just talk – you must do good deeds.'

Bapak will test a little of this with you, so that even though it will only be a little, you will be able to get some proof of what progress you've made within yourself regarding the latihan that you are receiving. A lot of talking, a lot of words, will only make your thinking more confused. What we really need is to apply it; that is, to get practice in how to receive.

Now, ladies and gentlemen, Bapak would like you to receive. Stay seated where you are, but in a state of latihan – which means not thinking about anything and quietening your heart – and receive whatever Bapak is going to say. [*Testing*.]

7

LOS ANGELES

18 JULI 1959

Sumber : Rekaman 59 LAX 3

Tuan-tuan dan nyonya sekalian, lebih dulu Bapak mengucapkan selamat datang para hadirin. Selanjutnya sebelum Bapak menerangkan tentang jalan kejiwaan yang telah dilakukan oleh para saudara sekalian, baiklah Bapak menerangkan sesuatu yang perlu diinsyafi oleh tuan-tuan dan nyonya-nyonya sekalian.

Bukan Bapak melarang kepada sekalian para saudara berlatih sendiri di rumahnya masing-masing, tetapi karena saudara-saudara sekalian belum menginsyafi bagaimana akan akibatnya yang berjalan dalam kejiwaan, maka Bapak harapkan agar saudara sekalian sementara waktu janganlah berlatih sendiri di rumah, baik berlatih sama-sama dengan kawan lain yang dilayani oleh para pembantu pelatih.

Juga jangan dahulu berlatih sendirian dengan suaminya yang sekamar, artinya setempat, juga waktu yang sama. Karena dengan itu, dengan adanya demikian itu akan menimbulkan juga sesuatu yang tidak diinginkan. Maka Bapak harapkan, kecuali apabila dalam keadaan yang memaksa, misalnya saudara-saudara dari yang jauh dari sini yang tempatnya belum ada *branch* dan tidak mudah didatangi oleh para *helper* dari sini, dapat itu dikabulkan berlatih sendiri di rumah sekalian dengan menggunakan lonceng. Pertama, isterinya dahulu ke kamar, sesudah setengah jam diketok pintunya lantas ganti yang laki-laki. Demikian, berganti isterinya yang menjaga sampai setengah jam berlatih dan diketok pula.

Bapak harapkan jangan sekali-kali tergesa-gesa, terburu nafsu, artinya : yang menghendaki agar selekasnya dapat banyak yang

7

LOS ANGELES

18 JULY 1959

Source: Recording number 59 LAX 3

Ladies and gentlemen, first Bapak would like to welcome all of you. Before he explains the spiritual way you have been practising, it would be as well for Bapak to explain some things that you need to be aware of.

Bapak does not forbid you to do the latihan at home by yourselves, but, because you are not yet aware of the consequences of what happens on the spiritual way, he hopes that for the present you won't do the latihan alone at home. It is best for you to do the latihan together with your friends, accompanied by the helpers.

Also, you shouldn't yet do the latihan with your spouse in the same room and at the same time, because doing so could lead to undesirable consequences. This is what Bapak would suggest, except where conditions dictate otherwise. For example, those of you who live far from here, where there is no group as yet and where it is hard for the helpers to visit, you are allowed to do the latihan alone at home using a clock. First the wife goes into the room, then after half an hour the husband knocks on the door and takes his turn. The wife times his latihan and then knocks on the door after half an hour.

Bapak hopes that you won't ever be in a hurry, urged by your ego, wanting to receive a lot and progress in your latihan as quickly

diterima dan dapat maju dalam latihannya. Karena dalam menerima latihan ini – yang sebagai Bapak katakan – adalah berdasarkan kemurahan dan keridhoan Tuhan, tidak lain daripada perlu bagi kita membesarkan penyerahannya, membesarkan ketawakalannya dan sabarnya daripada kita selalu masih menggunakan kenafsuan kita, kehendakan kita yang ingin lekas dapat menerima dan mengetahui.

Demikianlah penerangan Bapak sebelum Bapak menerangkan selanjutnya. Maka sekarang akan Bapak lanjutkan bagaimana sebab-sebabnya, maka kita atau saudara sekalian tidak diharuskan dan diperlukan membesarkan kehendaknya, menguatkan kehendaknya untuk dapat mengetahui dan menerima apa yang telah diterima dalam latihan.

Latihan yang telah saudara-saudara terima adalah latihan itu yang dibangkitkan, yang dikehendaki oleh Yang dipersembah, artinya oleh Tuhan. Dengan demikian, maka segala sesuatu akan dikerjakan dan hanya Tuhanlah yang memutuskan sesuatu apa yang diperlukan bagi saudara-saudara sekalian. Bapak katakan, bahwa segala sesuatu hanya Tuhan yang menentukan. Bukan Bapak mengatakan yang demikian itu berarti Tuhan selalu bekerja bagi manusia. Tidak. Tuhan telah menentukan garis-garisnya bagaimana yang perlu dijalankan dan dijalankan oleh manusia dengan memberi kuasa dan menguasakan daya hidup yang dekat kepada kebesaran Tuhan, yang menjadi pelindung daripada sekalian para makhluk, di antaranya manusia. Dan daya hidup yang menjadi pembimbing segala sifat – di antaranya manusia – , ialah yang memberi jalan sebagai membuka pintu, sebagai membuka jalan bagi manusia, agar manusia sedikit demi sedikit jiwanya terbangkit dan dapat mengetahui dan menginsyafi bagaimana keadaan peserta-pesertanya, sehingga mereka manusia dapat mengatur hidupnya, baik di dunia maupun hidup sesudah mati nanti.

Sebagaimana yang pernah Bapak ucapkan dan katakan, bahwa rasa-perasaan manusia yang telah tua lama terpisah dengan rasa-perasaan yang suci, yang dapat berhubungan langsung dengan jiwanya. Dan keadaan yang demikian itu telah berjalan sejak saudara-saudara sekalian masih menjadi anak yang kecil – bayi – sampai besar, sampai menjadi orang tua. Dan dalam hal yang demikian lamanya atau dalam waktu yang demikian lamanya saudara-saudara sekalian lebih mendekat kepada keduniaan daripada kejiwaan. Sehingga seluruh yang menjadi pengisi otak, hati

God's set guidelines for humans and all living things

as possible. Because, as Bapak said, receiving this latihan is based on the grace and blessing of God. And the only thing we need to do is to surrender more, and be more accepting and patient, rather than always using our desire and our will, which would like to receive and understand quickly.

Why we do not strengthen our will to receive.

Those were some explanations before Bapak goes on to other things. He will now continue to talk about why we are not required to intensify or strengthen our will in order to understand and receive what comes to us in the latihan.

Dimunge.

The latihan you have received is a training that is awakened and willed by the One you are worshipping, in other words, by God. Thus everything will be done for you, and it is only God who will decide what it is that each of you needs. Bapak just said that it is God who decides everything. In saying this, he doesn't mean that God is constantly directing human beings. No. God has set out the guidelines for what has to be done for and by the human race, and has delegated their implementation to a life force close to God's power: a life force that is the protector of all creatures, including humans. And this life force, which is the guide for all living things including humans, is the one that opens the door and the way for human beings, enabling their soul, little by little, to awaken, recognise and become aware of the nature of their [inner] companions. This makes them able to bring order to their lives, both in this world and after death.

As Bapak has said, the feelings of a grown-up person have been separated for a long time from the pure feeling that is able to be directly in touch with his or her soul. And this has been your situation from the time you were small children – babies – right up into your adulthood. And during this long period you have all grown closer to this world than to the world of the soul. Consequently, your brains, hearts and feelings are now completely filled with images of worldly things and traces left by the world.

dan rasa-perasaan adalah gambaran-gambaran atau *vlek-vlek*, bekas-bekas keduniaan.

Maka tidak mengherankanlah, bahwa soal akal-fikiran dan *hati-perasaan* terpaksa saudara-saudara gunakan untuk dapat menginsyafi dan mengerti bagaimana kejiwaan atau jiwa yang menjadi pengisi sebelumnya sifat itu terjadi. Jadi, kesemuanya itu masih merupakan teori yang diambilnya dari pengalaman-pengalaman yang beredar dan berada dalam dunia ini. Sedangkan untuk dapat menginsyafi kejiwaan adalah dibutuhkan, agar manusia, agar saudara-saudara sekalian dalam rasa-perasaannya dapat kembali sebagai pada waktu sebelum terkena pengaruh dunia yang sebagai Bapak katakan tadi. Sesudah tuan-tuan, nyonya sekalian dapat berada dalam fase yang kedua, ialah fase sebelum terkena pengaruh dunia, barulah saudara-saudara sekalian akan dapat merasakan siapa dan apa sebenarnya yang menjadi pengisi sifatnya, yaitu menjadi pengisi seluruh gerak hidup.

Tentunya saudara-saudara sekalian akan mengira, bahwa sifat manusia tidak mungkin dapat terisi jiwa bukan-manusia, karena tidak dapat difikirkan. Tetapi dalam kenyataannya tidak adalah sesuatu yang tidak mungkin, karena − meskipun manusia yang dalam akal-fikirannya merasakan dan menganggapnya, bahwa sesuatu makhluk yang utama dan dapat berfikir jauh-jauh, tetapi − dalam soal kejiwaan, dalam soal ketuhanan seluruh pengertian, seluruh keinsyafannya sesungguhnya belum berarti, sehingga bagaimanapun juga tidak akan dapat mengetahui dan menginsyafi kesalahan-kesalahan yang telah diderita, kesalahan-kesalahan yang telah dimiliki dalam kepribadiannya.

Maka tidak salah, bahwa dalam dunia ini telah ada percontohan-percontohan, kalau saudara-saudara sekalian suka melihat dan sudah dapat melihatnya. Dimana-mana ada arca, ada bentuk-bentuk bangunan, bentuk badan manusia yang berkepala hewan, ada juga bentuk badan hewan yang berkepala manusia, ada pula bentuk badan tumbuh-tumbuhan yang berkepala manusia, demikian juga bentuk badan manusia yang berkepala tumbuh-tumbuhan. Demikian juga di India, di Asia banyak terdapat orang-orang lebih percaya kepada hewan daripada manusia sendiri, misalnya seperti buaya dipercaya sebagai dewa dan sapi dipercaya sebagai dewa pula. Demikian berarti, bahwa meskipun badannya itu hewan, namun terisi jiwa manusia dan terisi jiwa lebih utama dari manusia itu sendiri.

Return to a state before the world is.

So it's not surprising that you now have no choice but to use your thinking and the feelings of your heart to become aware of, and to understand your soul. But in fact this was your content before these other attributes came into being. So any [understanding] of that kind is nothing more than a theory drawn from experience of things that exist in this world. Whereas, to become conscious of the world of the soul, your feelings would have to return to how they were before they were affected by this world, as Bapak said just now. Only when you are in the second phase – the way you were before coming under the influence of the world – will you be able to feel who and what is the true content of your nature, the content that fills all the movements of your life.

1st PHASE – P107
aware of world of soul.

Of course you wouldn't think it's possible for a human being to contain a soul that is not human, because you can't conceive of such a thing. But in reality nothing is impossible. Although in their minds human beings may consider themselves to be creatures of high degree, whose thinking can reach very far, with regard to the world of the soul – the realm of God – all their understanding and awareness is, in reality, meaningless. So there is no way they will be able to know and become aware of the faults from which they have suffered, faults that are part of their nature.

In truth there are illustrations [of this] in the world if you care to look and if you have the ability to see them. Everywhere there are statues and buildings in the form of human bodies with animal heads, or animal bodies with human heads. There are also those in the form of plants with human heads, or human bodies with plants for heads. And in India and Asia there are many people who believe more in animals than in human beings. For example crocodiles are believed to be gods, and cows are believed to be gods. Such things mean that, although those animals may have animal bodies, their content is a human soul, and there are even those with souls higher than the human level.

Animals with human souls

Juga ada teori-teori yang menceritakan, bahwa manusia ini asalnya dari hewan; lambat laun makin baik, makin baik yang akhirnya menjadi manusia. Demikian itu bukan sebenarnya, bahwa bentuk manusia ini yang dahulu tidak sebagai manusia. Memang sejak adanya manusia bentuknya manusia. Jadi, yang dimaksudkan dalam teori-teori dan yang dimaksudkan dalam percontohan arca-arca atau gambar-gambar – sebagai tadi yang telah Bapak katakan – bukan sifat lahirnya, bukan sifat kasar ini, tetapi jiwanya.

Sebab, kalau tokh benar teori itu yang manusia ini asalnya dari hewan atau dari tumbuh-tumbuhan, tentu sekarang masih ada *restant-restant*nya yang setengah jadi, tiga perempat jadi atau seperempat jadi. Terang, bahwa sekarang sudah tidak ada *restant-restant* itu. Berarti, bahwa sesungguhnya tidak demikian. Demikian, terang, bahwa kesemuanya itu dimaksudkan tidak lain daripada keadaan jiwa. Jadi, jiwa manusia yang ada dalam sifat manusia itu belumlah dapat ditentukan apakah sebenarnya jiwa manusia yang bertempat di sifat manusia ataukah jiwa di bawah jiwa manusia yang berkuasa atau menjadi pengisi sifat manusia itu.

Untuk dapat membongkar kesalahan-kesalahan itu, untuk pula dapat menginsyafi kesalahan-kesalahan yang ada dalam dirinya manusia tidak akan dapat mengerjakan itu, kecuali kekuasaan Tuhan yang telah meliputinya, ialah kalau tidak dengan bimbingan daya hidup yang menjadi pembimbing kita dalam diri kita... *(tidak terrekam)* ...menerima dan memiliki kebenaran-kebenaran semestinya yang perlu bagi kepribadian kita. Apa sebab demikian? Karena bagi kita – bagi saudara sekalian – bukan hanya asing saja, tetapi tidak mungkin dapat mengerjakan. Sebab yang memegang pucuk pimpinan, artinya yang berkuasa dalam pribadinya, dalam dirinya, adalah daya yang rendah, daya yang di bawah daya manusia. Meskipun daya di bawah manusia itu di dalam garis daya hidup seluruhnya adalah daya hidup yang terbawah, tetapi karena bertempat, karena menduduki di tempat badan manusia yang sempurna dalam mengerjakan apa-apa... lapangan apapun di dunia ini, tentu saja akan bekerja sebagai manusia. Tidak akan bekerja sebagai hewan, umpamanya.

Jadi, sifatnya seluruh anggota manusia dimulai dari otak, hati, rasa-perasaan sampai seluruhnya merupakan alat belaka yang diper-alat, yang dikerjakan oleh daya rendah, apabila daya rendah yang ada di dalamnya. Adapun sifat-sifat daya-daya itu di dalam bekerjanya juga serupa dengan bagaimana keadaan yang telah dipercontohkan

There are also theories that claim the human race originated from animals, advancing by slow degrees until finally becoming human. It is not really true that the form of human beings long ago was not human. For as long as there have been human beings, they have had a human form. So the truth behind such theories, and the meaning symbolised by the statues Bapak was just speaking about, are not related to the outer form – to this physical form – but to the soul.

If that theory was correct in saying that the human race originated from animals or plants, there would certainly still be remnants of that process, in the form of half-evolved, three-quarters evolved, or quarter-evolved human beings. It's clear that these remnants don't exist, which means that it really didn't happen in that way. It's obvious that all these things refer simply to the state of the soul. So one can't be sure whether the soul within a person is a truly human soul in a human body, or a subhuman soul that is filling and is in charge of a human form.

People will not be able to undo these flaws, or even become aware of them within their self, except through the power of God that encompasses them; that is, unless they are guided by the life force that guides us from within. ...[Section missing] [It is only this that enables us] to receive and to possess the truth we need for our individuality. Why is that? Because for us – for all of you – it is not just strange, but impossible to do. The reason is that the highest authority, the one in charge within your individuality, within your self, is a low force, a force lower than the human force. Even if this subhuman force is the very lowest, it will of course still function like a human being, because it is occupying a human body that can do anything in this world, no matter what. It won't function like an animal, for instance.

So all the parts in a person, starting with the brain, the heart, the feelings and all the rest, are nothing more than tools used by the low force, if that is what is present within. The way these low forces work is also exemplified by the way people behave in their life in this world. Take the material force: the attribute of material

bagi manusia sendiri dalam hidupnya di dunia ini. Misalnya daya yang rendah : kebendaan. Sifat kebendaan adalah sifat yang tak tahu-menahu. Jadi, kursi tidak akan tahu meja, apabila manusia tidak mendekatinya. Demikian juga meja tidak akan mengenal kursi, apabila manusia tidak merangkaikannya atau tidak mengenalkannya. Terang, bahwa daya kebendaan adalah suatu daya yang tidak tahu-menahu antara ia dengan lainnya, sehingga benar-benar merupakan daya yang rendah dan buruk. Apabila itu ada dalam diri manusia sehingga memperalat seluruh manusia, manusia akan bertabiat tidak suka tahu-menahu tentang kawan, saudara dan lain-lain. Tidak akan menaruh kasih-sayang kepada sesama hidup, hanya memburu nafsu, keunggulan, kemenangan, keenakan, kemewahan di dalam dirinya.

Adapun daya tumbuh-tumbuhan, apabila itu sampai menjadi penguasa dalam diri manusia, manusia akan bertabiat murka. Artinya murka : juga tidak hanya tidak suka mengalah kepada orang lain, tetapi selalu mencari kelebih-lebihan, selalu memburu-buru kemenangan dan kejayaan. Hampir juga bersamaan dengan daya di bawahnya, tetapi ditambah dengan lebih kuat cara murkanya, cara *eerzucht begeerte* untuk mendapatkan sesuatu yang lebih daripada lainnya.

Dan daya hewani, apabila itu menguasai atau menjadi penguasa dalam diri manusia, manusia akan selalu memburu dan mengejar kesenangan hatinya, terutama dalam sesuatu hubungan antara laki-laki dan wanita, wanita dengan laki-laki. Jadi, selalu tebal *hartstocht*nya, tebal keinginannya dan tebal kenafsuannya untuk berkumpul dan juga bertabiat murka dan tidak suka mengalah dan juga suka mengejar kemenangan dan kemewahan dirinya sendiri.

Yang keempat, ialah daya orang itu sendiri, yang disebut daya *jasmaniyyah*. Apabila daya itu berkuasa dalam diri manusia, manusia akan bertabiat – kecuali mementingkan dirinya sendiri, juga – seakan-akan menganggap dirinya penuh kuasa, seakan-akan menganggap dirinya sebagai sesuatu yang dapat mencipta sesuatu. Maka ada dalam sejarah kenabian menceritakan dalam waktu hidup Firaun – Farao – mengaku dirinya sebagai Tuhan, memaksa kepada abdi-abdinya, janganlah menyembah Tuhan lain kecuali dirinya itu, ya, Firaun itu. Demikianlah, apabila manusia diduduki jiwa orang, meskipun jiwa orang itu tingkat yang utama sudah bagi masyarakat manusia, tetapi manusia akan lebih meninggikan, *menengankan*, mengutamakan kepandaiannya daripada kodrat-kodrat atau

things is that they are not aware of each other. A chair will not be aware of the table unless some human being brings them together. Likewise, the table will not be aware of the chair unless a human being connects them or introduces them to each other. So it's clear that the material force has no awareness of anything else; it's truly a *low* force, and it's bad if it is within the human self and controlling a person's whole being. The character of such a person will be such that they will have no concern for their friends, relatives or anyone else. They will have no love for their fellow creatures and will only follow their own desires, pursue their own excellence, their own victory, pleasure and luxury.

2   As for the vegetable force: if it gains power within the human self, the person will be greedy. Greedy means that such a person will not only not want to give in to others, but will always try to gain an advantage and chase after victory and glory. It's almost the same as the force below it, but its greed and its ambition to get more than others is stronger.

3.   And when the animal force dominates a human being, they will always pursue pleasure, especially in the relationship between man and woman, or woman and man. Such a person will be very passionate, will have a strong desire for sexual union; they will also be greedy, unwilling to give in, fond of pursuing conquest and self-indulgence.

4.   The fourth is the force of people themselves, called the *jasmani* force. If this force is in charge in a person's self, then besides being self centred, they will appear to consider themselves to have full authority; to believe that they are capable of creating something. That's why, in the history of the prophets, it is said that when Pharaoh was alive he regarded himself as God, and forced his servants to worship no gods but him. Yes, no gods but Pharaoh. That's how it is when a person is occupied by a soul of this level. Even though this is already a high level for human society, such a person will still give more honour and weight to his or her own learning than to the will or power of God, which should have authority over their being and over their life.

daripada kekuasaan Tuhan yang semestinya berkuasa atas dirinya, atas hidupnya.

Ada lagi daya hidup yang disebut *ruhaniyyah*. Adalah itu daya hidup yang lebih kuasa daripada sekalian daya hidup yang telah Bapak katakan tadi. Sehingga, apabila daya hidup yang demikian itu berada dalam diri manusia, manusia akan dapat menginsyafi bagaimana hubungan hidupnya antara hidup di dunia ini dan hidup sesudah mati, karena daya hidup *ruhaniyyah* adalah daya hidup yang meliputi seluruh empat daya-daya hidup, termasuk daya orang sendiri. Berarti, bahwa saudara sekalian, apabila berjiwa yang demikian itu, akan dapat menginsyafi kebenaran tentang Tuhan dan kekuasaanNya.

Untuk dapat menginsyafi segala sesuatu apa yang telah Bapak katakan itu tadi tidak lain daripada apabila saudara sekalian dapat atau di dalam pribadinya terpisah antara gambaran-gambaran yang telah tertanam dalam otaknya, gambaran-gambaran dunia yang telah tertanam dalam hatinya, segala gambaran-gambaran apa yang telah tertanam dalam rasa-perasaannya. Maka dalam latihan kejiwaan ini diperlukan, agar saudara sekalian lebih menyerahkan kepada Tuhan Yang Maha Esa daripada berfikir sendiri. Karena memang soal kejiwaan bukan soal fikiran, tetapi soal ketuhanan. Artinya : hanya dapat dikerjakan oleh kekuasaan Tuhan sendiri. Sedangkan otak, hati dan rasa-perasaan saudara memang diperlukan, agar itu digunakan untuk dapat melayani hidupnya di bumi ini sesuai dengan sifat-sifat yang mudah rusak dan mudah berubah.

Dengan terpisahnya kedua itu − yaitu sesudah saudara sekalian dapat memisahkan antara bekerjanya akal-fikiran dan bekerjanya jiwa yang ada dalam dirinya − , maka saudara sekalian akan dapat menginsyafi bagaimana keahlian-keahlian semestinya bagi saudara masing-masing untuk dapat mengerjakan sesuatu yang selalu dapat hubungan dengan jiwa manusianya.

Bagi saudara sekalian sudah tentu hatinya mengingini, agar rasa-perasaannya, agar pengertiannya, agar keinsyafannya tidak nanti menjadi lupa, karena menghadapi maut, menghadapi mati. Memang yang demikian itu dikehendaki Tuhan, agar manusia menghadapi matinya atau dalam alam kematian, janganlah sampai menjadi buta, janganlah sampai menemui kegelapan. Karena itu, maka diperlukan, agar manusia sebelum mati seluruh rasa-dirinya dapat hidup kembali sebagai sediakala ketika masih belum terpengaruh oleh keduniaan. Dan dengan demikian rasa-perasaan yang

5. There is another life force, which is called *rohani*. It is more powerful than all the other forces Bapak spoke of earlier, so if this force is present in a human being, he or she will be able to be aware of the connection between their life in this world and their life after death. This is because the *rohani* life force encompasses all four other life forces, including the force of people themselves. This means that if you have a soul like that, you will be aware of the reality of God and God's power.

The only way for you to understand everything Bapak has just been saying, is for you to separate your self from the images of the world implanted in your brain, heart and feelings. So in the latihan you need to surrender to God rather than use your mind. This is because all that concerns the soul is not in the realm of thought but in the realm of God, which means that only the power of God can deal with it. You need to use your brains, hearts and feelings to take care of your life on this earth, which is fragile and changeable.

Through the separation of these two things – in other words, after you have become able to distinguish between the working of the mind and the working of the soul within you – you will be able to become aware of the kind of skill each of you ought to have, the skill that will enable you to work while remaining continuously connected with your human soul.

Of course you would all like to be sure that your feelings, your understanding and your awareness remain conscious as you face death. That is in fact the will of God: that human beings should not be blind, or in darkness as they face death, and as they pass through death. For this reason it's necessary that before human beings die, their entire inner feeling should be restored to life, as it was before they were influenced by this world. And this pure inner feeling, which has been brought back to life, will be able to carry everything that is within them – their understanding, their awareness,

suci – yang telah hidup kembali – dapat membawa segala sesuatu yang ada pada dirinya, misalnya : pengertian, keinsyafan, rasa-perasaan ke alam manusia yang sempurna, ialah alam – atau Bapak katakan umpamanya dunia – yang lebih mulia, lebih utama, lebih besar daripada dunia yang selalu atau yang telah didiami oleh manusia atau yang telah saudara sekalian diami sekarang ini.

Adapun daya-daya rendah yang telah menduduki – umpamanya – ke diri pribadi kita, sesudah saudara-saudara sekalian dapat meningkat keatas, akan sendirinya terlepas dan akan kembali ke kedudukannya yang semestinya. Dengan demikian berarti, bahwa saudara sekalian – apabila dahulu telah diduduki daya yang rendah, misalnya hewan atau tumbuh-tumbuhan – tidak akan lagi bertabiat yang tidak baik atau hanya *menguja*, memburu nafsu saja, tetapi akan bertabiat lebih mengutamakan kebaktiannya terhadap Tuhan di samping bekerja sebagai manusia biasa.

Karena, meskipun daya-daya rendah itu karena kelalaian manusia, sehingga menjadi perintang bagi hidupnya, sehingga menjadi halangan bagi perjalanan kemajuan untuk menuju ke kebenaran, tetapi sangat perlu bagi hidup manusia, sangat perlu bagi susunan jiwa. Sebagai umpama saja : tanah, air, angin dan api, meskipun keempat-empatnya itu antara satu dengan lain berten-tangan. Umpama ada air, tetapi lantas ada api. Tentu air dan api tidak dapat dicampurnya, karena api ada air, apinya tidak bisa menyala; dan apabila ada air dan ada api, dari besarnya api, airnya bisa juga habis. Tetapi meskipun demikian, tokh keempat itu dapat nanti saling tolong-menolong sifatnya, apabila dapat mengerjakan. Misalnya : tanah tidak akan menjadi batu, apabila tidak dicampur dengan air, dengan angin atau dengan api. Jadi, yang penting bagi hidup bukan soal daya itu merintangi dan menjadi perintang dan lain-lainnya, melainkan manusia diwajibkan pandai mengaturnya. Manusia sebagai rokh yang utama diwajibkan dapat menempatkan tenaga-tenaga di bawahnya yang semestinya, sehingga merupakan kerjasama atau harmonis di dalam hidupnya.

Dalam latihan yang telah saudara terima di situ akan berjalan segala sesuatu dengan teratur. Jangan saudara-saudara sekalian mengira, bahwa kelambatan yang diterima mungkin dikehendaki Tuhan, memang dirinya diharuskan lambat. Tidak. Tuhan maha tahu, Tuhan akan mengerjakan sesuatu pada diri manusia yang tidak mengurangi ini, tidak melebihi lainnya. Sehingga cara bekerja dalam diri masing-masing secara teratur. Jadi, tidak nanti dipaksa

their feeling – and take it to the perfect human world. Bapak
would describe that world as more glorious, more excellent and
greater than the world they were living in – the world where you
are living now. *Rising to higher level allows will detach lower forces?*

As for the low forces that occupy your inner being: once you
are able to rise to a higher level they will spontaneously detach
themselves and return to where they ought to be. This means that
if previously you were inhabited by a low force – let's say from the
animal or vegetable level – afterwards you will no longer have a bad
character, or just indulge your passions. Instead you will give
priority to your worship of God, as well as doing your work as a
normal person. *4 elements can cooperate*

Although, due to people's negligence these low forces have
become an obstacle in their lives and in their progress towards the
truth, they are very necessary for human life, and very necessary in
the makeup of the soul. As an analogy, think of earth, water, air and
fire; these are incompatible with each other. For instance, if you
have water and fire you can't mix them together; either the water
will put out the fire or, if it is big enough, the fire will vaporise the
water. But in spite of this, these four can also co-operate and help
each other – if one is able to bring this about. For example, earth
does not become hard as stone unless it is mixed with water, with
air, or with fire. So what is important for our life is not the problem
of these low forces holding us up – being an obstacle – but the fact
that human beings have a responsibility to be good at managing
them. A human being, as the highest soul, is responsible for
arranging the lower level energies in the right way, so they co-
operate harmoniously in his or her life. *astrology / elements*

Managing elements
In the latihan you receive, all this will proceed in an orderly
manner. Don't imagine that the slow pace of your receiving is due
to God's will. No. For you it has to be slow. God is All-knowing.
God will work on a person's being in a way that will cause no
shortage of this, no excess of that. As a result the process will be
orderly in each person. So the low forces, whose effect on people
is to impart various kinds of bad characteristics, are not eliminated

daya rendah – yang selalu mendayai manusia sehingga manusia
bertabiat begini, begini, begini jeleknya – harus dipergikan. Tidak.
Pergi, pergi juga, tetapi dengan cara yang teratur, sehingga di dalam
diri manusia tidak akan timbul sesuatu yang gempar. Artinya
gempar itu : sesuatu yang tidak diinginkan. Umpama dunia, ya,
revolusi, umpamanya begitu. Tetapi karena dalam diri, ya, revolusi
diri. Jadi, ya, jangan sampai nanti ada revolusi di dalam dirinya itu,
sehingga saudara sekalian terlatih dalam latihan, pelan, pelan, pelan,
pelan. Demikian.

Dan kalau terjadi revolusi dalam diri – ialah yang biasa
dikatakan krisis – , sungguh tidak menyenangkan sekali. Saudara-
saudara sendiri mungkin – kalau melihat – lantas takut, tidak lagi
datang, tidak lagi ikut berlatih. Karena melihat tingkah-laku dan
sepak-terjang saudara yang krisis itu sungguh-sungguh tidak jauh
daripada, ya, orang gila, umpamanya begitu!

Sedangkan krisis atau revolusi dalam diri itu belum merupakan
penghabisan, belum merupakan penyelesaian, baru berontak. Jadi,
kalau sudah selesai berontaknya, ya, karena tidak dapat apa-apa –
umpamanya – , kembali lagi. Kembali ke tempat aslinya yang masih
perlu berlatih lagi, masih perlu menerima latihan lagi. Jadi, itu
hanya merupakan berontak, pemberontakan dalam dirinya sendiri,
yaitu krisis itu tadi. Itulah karenanya, Bapak harapkan, agar saudara-
saudara sekalian yang berperasaan sabar dan percaya atas keadilan
Tuhan Yang Maha Esa, bahwa Tuhan mengetahui segala sesuatu itu.
Jadi, apabila saudara sekalian menerima latihan dengan sabar dan
menyerah, akan menambah lancarnya bekerjanya pembimbing diri
kita di dalam diri kita itu. Dengan demikian sehingga lenyapnya
atau kembalinya daya rendah yang telah berkuasa dalam diri kita
secara teratur. Jadi, mundur teratur, bukan mundur dengan paksa
sehingga nanti berontak. Tidak. Jadi, mundur teratur, artinya dengan
sukarela dan suka dan senang sekali diperintah kembali. Begitu.
Sehingga   dalam   susunan   hidupnya   sungguh-sungguh
mendatangkan kesejahteraan, ketertiban dan keharmonisan
seluruhnya yang tidak mengecewakan.

Sudah tentu saudara-saudara sekalian mengingini sangat, agar
dapat menerima sesuatu dari Tuhan secara yang *kalm*, yang
tenteram, yang tidak kentara, tetapi sungguh-sungguh nyata sebagai
halnya Nabi Isa. Memang. Tetapi jangan dilupakan, bahwa sifat
manusia yang dapat menerima pemberian Tuhan... (*Rekaman
terputus*) ...keadaannya tidak berobah sama sekali sehingga betul-

[handwritten margin note at top: Lower forces will depart in orderly way will not turn...]

by force. No. They will depart, they will certainly depart, but in an
orderly way, without causing turmoil within the person concerned.
'Turmoil' means something undesirable. In terms of world affairs it
would be something like a revolution; but as it's within one's self,
it would be a sort of inner revolution. So, to avoid such an inner
revolution within you, the latihan trains you slowly, slowly, slowly,
slowly. That's how it works.

[handwritten: A crisis ... need behaviour became change is forced – not at God's pace for one]

If an inner revolution, which we usually call a crisis, *should*
occur, it's really very unpleasant. Maybe if you saw it you'd be
frightened and stop coming; you wouldn't come for latihan any
more. Because if you see the behaviour and actions of a person in
crisis, it's really not very far from, say, the behaviour of a mad
person. *[handwritten: Crisis only results in Rebellion and no pain]*

Furthermore, a crisis or a revolution within the self is not the
end of it; it is not a resolution, only a rebellion. So when the rebel-
lion is over they haven't received anything, they are back where
they were. They are back in their original state where they still
need to do more latihan. So this crisis is just a rebellion within the
self. Therefore Bapak hopes that all of you will be patient, have faith
in the justice of God, and believe that God knows everything. If
you receive the latihan with patience and surrender, this will help
to ease the work of the One who guides us within our being. Then
the disappearance the low forces that have been in charge within
ourselves – their return to their rightful place – will be orderly.
They will retreat in an orderly way, as opposed to being forced out
in a way that causes them to rebel. They'll make an orderly retreat,
doing it voluntarily, gladly, delighted to be ordered back to where
they belong. That's how it is. Then, within the hierarchy of the life
forces, they will bring about well-being, order and the harmony of
the whole, in a way that will not be disappointing.

Of course, you would all very much like to receive something
from God in a state of calm, of peace; something not
conspicuous but real, as it was with Jesus. Of course. But don't
forget that the kind of human being who can receive God's
gifts…[*recording interrupted*] … their state doesn't change at all. So
they are truly complete. If he used to wear a necktie, he still wears

betul utuh. Dulu biasa pakai dasi tetap pakai dasi; dulu biasa pakai celana *stof*nya baik tetap pakai celana *stof* baik; dulu biasa ingat dan suka memelihara anaknya dan bininya, ya, tetap masih difikirkan. Ya, memang begitulah. Memang yang dikehendaki Tuhan atas diri manusia, agar manusia dapat menerima pemberianNya sebagai Nabi Isa sebagai Bapak gambarkan ini tadi. Dan jangan dilupakan, bahwa manusia dalam keadaan yang demikian itu – karena telah diberi dan telah dapat memiliki rokh atau daya hidup yang suci, yang sungguh- sungguh berhati sabar, tawakal, ikhlas – , lebih percaya kepada kebesaran Tuhan daripada lain-lainnya.

Demikian memang telah menjadi keinginan manusia umumnya, agar dapat memiliki sesuatu dengan keadaan yang sempurna, dengan keadaan yang baik. Itulah, saudara-saudara sekalian, maka Bapak harapkan kepada saudara sekalian, agar latihan yang telah dikerjakan dan diterima ini jangan dianggapnya sebagai suatu latihan untuk mengejar wahyu, mengejar kepandaian, mengejar keberuntungan dan lain-lain, tetapi dirasa, dianggapnya, bahwa latihan ini adalah suatu kewajiban yang mutlak bagi saudara sekalian : berbakti kepada Tuhan. Kalau saudara telah berperasaan demikian, berarti saudara-saudara sekalian sungguh-sungguh berbakti kepada Tuhan, sungguh-sungguh menjadi abdi Tuhan, menjadi hamba Tuhan, yang akhirnya akan diterimaNya masuk ke dalam gerbang atau alam yang semestinya bagi manusia yang sempurna.

Kalau saudara-saudara ingat kepada sesuatu manusia atau sesuatu orang yang belum mengerti tentang kebenaran kebaktian ke arah mana semestinya dan apa sungguh-sungguh ada kekuatan yang tersimpan dalam diri manusia yang tidak mudah dapat dirasakan dan diterima, sedangkan manusia yang hanya tinggal percaya saja, belum dapat mengetahui hal-hal yang semestinya, sudah begitu menaruh kepercayaan kepada Tuhan, sehingga saban siang-malam berbakti secara *awuran* saja asal sungguh-sungguh percaya kepada Tuhan, apalagi bagi saudara-saudara sekalian yang sedikit-banyak sudah menerima dan mendapat saksi-saksi begitu, kenyataan, bahwa dalam dirinya masing-masing adalah kekuatan ghaib yang tersimpan dalam dirinya itu! Jadi, semestinya saudara-saudara sekalian lebih rajin, lebih sungguh-sungguh mengerjakan latihan kebaktian ini, karena telah menerima dan mendapat kenya-taan-kenyataan, meskipun sedikit – umpamanya – yang terasa olehnya masing-masing.

So, the person who is susceptible to God's gift of change will have developed certain characteristics which may need to alter and which were there before — and perhaps good qualities ✳

a necktie. If he used to wear trousers cut from good cloth, he still wears trousers cut from good cloth. If he used to think about and look after his wife and children, he still thinks about them. Yes, that is how it should be. Truly, what God wants is for human beings to be able to receive God's gifts the way Jesus did, in the way Bapak just described. And don't forget, that human beings in that state will have more faith in God than in anything else. This is because they have been given and possess a pure spirit, a life force that is truly patient, accepting and submitted.

which identified him/her for God's selection

Of course most people would like to have things that are complete and in good condition. [But,] brothers and sisters, Bapak hopes that none of you will regard this latihan as a training for getting divine revelations, knowledge, prosperity and so on, but that you will feel and believe that this latihan is an absolute obligation for you, for worshipping God. Once you have this feeling it will mean that you are really worshipping God, that you have really become God's servant, who will finally be allowed to enter through the gate, into the world that is right for a perfect human being.

✳

Enter through the Gate
If one has been given of God's power look above for growth — not below to earthly people, things!

Remember that there are people who, as yet, don't understand about the reality of worship and where it should be directed; they do not know for certain whether, hidden within the self of human beings, there really is a power that cannot easily be felt and received. Yet these people who just believe, without *knowing* anything, have such a great faith in God that day and night they worship in a way that is mechanical but full of belief in God. How much more then should you [believe], who have to some extent had proof of the reality of an invisible power within your being. So you should be more diligent, more sincere, in doing your training in worship, because you have received proofs that you have felt for yourself, even if only a little.

mechanical worship

✳ the experience of the reality of God from ardu is secured.
People believe in God who have had no evidence and pray mechanically.

Jadi, janganlah tergesa-gesa mengingini, agar lekas dapat *menya-takan* sesuatu atau dapat banyak menerima. Jangan. Karena saudara-saudara tidak akan nanti dapat menerima apa yang diberi Tuhan kepada saudara sekalian secara teratur, secara yang tidak akan menimbulkan sesuatu yang tidak diinginkan sebagai yang telah Bapak gambarkan tadi.

Dan juga, saudara sekalian, jangan lekas-lekas tanya dengan apa dan bagaimana syaratnya akan dapat dengan selekasnya menerima dan baik. Karena – umpama orang hendak menulis – dalam dirinya belum ada persiapan komplit. Artinya kertasnya belum ada, *stalpen* belum ada, tinta belum ada, meja belum ada, malah mencoret saja belum bisa. Jadi, apabila saudara mengingini supaya lekas dapat dengan cara bagaimana, berarti itu hanya ingin, keinginan hati. Dan selamanya akan tinggal keinginan saja daripada kenyataan. Jadi, terang, bahwa keinginan itu tidak akan dapat terlaksana, dapat sampai pada tujuannya, apabila tidak dijalankan dengan kenyataan, artinya : tidak dilakukan. Jadi, perlu, saudara sekalian, bekerja dari-pada bicara. Atau perlu *dinyatakan*, dilakukan daripada diinginkan dalam kehendakan saja. Karena Tuhan mengetahui, bahwa persi-apan belum nampak sama sekali dalam dirinya. Jadi, apabila dijawab, ya, dengan bagaimana, karena saudara mencoret saja belum bisa. Kalau sudah bisa, *papie*nya belum ada, *stalpen*nya belum ada, tinta belum ada. Jadi, nanti kalau itu sudah komplit, mungkin tidak usah ditanya sudah mencoret sendiri: *thek, thek, thek, thek, thek.* Jalan sendiri.

Demikianlah soal kejiwaan. Sungguh-sungguh di luar akal-fikiran. Sebagai yang telah Bapak katakan tadi, memang kejiwaan atau soal kejiwaan adalah pekerjaan Tuhan. Karena disebut *Godsdienst.* Jadi, teranglah, bahwa latihan yang telah kita terima dan kita kerjakan semata-mata itu pekerjaan Tuhan yang kita harus menerima pada waktu-waktu kita berlatih.

Dan pekerjaan Tuhan atas diri kita itu sesungguhnya bukan untuk Tuhan, tetapi untuk perbaikan-perbaikan diri kita sendiri, yang akhirnya dapat mendatangkan keselamatan kita untuk hidup di dunia ini, maupun hidup sesudah mati nanti. Sebagai pula yang telah disabdakan oleh para Nabi, bahwa 'untuk dapat memiliki keselamatan hidupnya, baiklah manusia lari ke Tuhan dan Tuhan selalu ada pada dirimu. Dan ingatlah, bahwa untuk mendekatkan kamu dengan Tuhanmu, kamu perlu membawa hatimu yang suci, rasa-perasaanmu yang sungguh-sungguh cinta, sabar dan tawakal

So don't be in a hurry, wanting to have an experience, or to receive a lot. Don't do that, because if you do you will not be able to receive whatever God gives you in a calm, orderly manner; in a way that will avoid the sort of undesirable consequences Bapak just described.

Nor should you be in a hurry to ask in what way and under what conditions you can receive rapidly and well. Supposing you want to write, but don't have all the necessary equipment. In other words, there is no paper, no pen, no ink, no table, and you don't even know how to draw a line. So if you wanted to be able to do it quickly in some way, that's only a desire, a wish of the heart. And it will remain just that, as opposed to becoming a reality. It is clear that this wish will not be realised, or be accomplished, if it is not brought into reality — if you do nothing about it. So, brothers and sisters, it is necessary to work at it instead of talking about it. You need to make it real, to make it happen, rather than just wishing for it. God knows that there is no preparation evident within you; if God said, 'Yes', how could you do it, since you can't even draw a line? And if you could, you still have no paper, pen or ink. But later, when all that is ready, you won't even have to ask, you will just start writing — scribble, scribble, scribble, scribble — it will go by itself.

That's how it is with spiritual [growth]; it is truly beyond the mind. As Bapak said earlier, the life of the soul and spiritual problems are God's work. [That's why] they are called *godsdienst* [Du: God's service, religion]. So it's clear that the latihan we have been doing is entirely the work of God, and this is what we must accept when we do it.

And God's work on our selves is truly not for God's benefit, but for our own. Ultimately it will bring us well-being for life in this world as well as in the hereafter. As the prophets said, 'To enjoy well-being in life, human beings should take refuge in God; and God is always present within you. And remember, to be close to God you need to have a clear heart, and feelings that truly love God's greatness, feelings that are patient, and full of trust in Him.'

kepada kebesaran Tuhan.'

Sekianlah, tuan-tuan, nyonya sekalian, penerangan Bapak – bukan teori ini! – penerangan Bapak tentang kejiwaan yang Bapak ucapkan pada malam ini. Mudah-mudahan penerangan Bapak yang singkat ini dapat sedikit memberi kepuasan kepada sekalian tuan-tuan dan nyonya-nyonya.

Sambil Bapak mengucapkan terimakasih banyak dan selamat malam.

Ladies and gentlemen, this is Bapak's explanation – not a theory! – Bapak's explanation this evening about the spiritual way. And he hopes that this short explanation will give you some satisfaction.

Bapak says thank you and good night.

8

LOS ANGELES

21 JULI 1959

Ceramah kepada pembantu pelatih

Sumber : Rekaman 59 LAX 4

Tuan-tuan dan nyonya-nyonya sekalian, sebelum Bapak menerangkan tentang kejiwaan terlebih dahulu saya bicarakan tentang bentukan *comité*, agar saudara-saudara sekalian − karena tuan-tuan dan nyonya sekalian ini merupakan pembantu pelatih atau calon pembantu pelatih − sehingga dapat menunjuk siapa di antara para saudara-saudara yang baru atau yang agak lama, yang patut ditunjuk sebagai ketua, wakil ketua, sekretaris, wakil sekretaris, bendahara, wakil bendahara dan pembantu *comité*. Orang-orang yang ditunjuk ini tidak perlu dilihat karena banyaknya latihan yang telah diterima, akan tetapi orang-orang yang rajin datang, yang − misalnya − aktif dan orang-orang yang sungguh-sungguh dapat mengerjakan dan suka bekerja dalam *comité* organisasi Subud yang ada di sini.

Dan bentukan *comité* tidak Bapak samakan dengan di lain-lain tempat, karena mengingat adanya pembantu pelatih sudah cukup. Jadi, diberitahukan atau ditunjuk dan ditetapkan untuk bekerja paling sedikit satu tahun mulai pada hari penunjukan itu. Dan sesudahnya menjalani *comité*... pekerjaan *comité* satu tahun atau lebih ya, bagaimana dianggap perlu untuk mengganti − anggota-anggota *comité* yang telah dihentikan itu sebagai suatu − ya, bukan anugeraha, tetapi suatu promosi, begitu − dengan sendirinya menjadi pembantu pelatih. Bapak mengharapkan, agar saudara-saudara seluruhnya

8

Selection for Committee

Ladies and gentlemen, before Bapak explains about the spiritual way, he would like to say something about forming the committee. As you are all helpers or candidate helpers, you are able to choose from among new members and those who have been coming for some time, those who are suitable to become chairman, vice-chairman, secretary, assistant secretary, treasurer, assistant treasurer, and additional committee members. These people should not be picked with regard to how long they have been doing the latihan, but according to how regularly they attend. Choose people who are active and really able, and who would like to work on the committee of the Subud organization here.

Bapak is not forming the committee here in the same way as in other places because there are already enough helpers here. So the committee will be appointed to serve for at least one year from the time of their appointment. After they have served for one year or longer – whenever you consider it necessary to replace them – they will automatically become helpers, not as a reward but as a sort of next step. Bapak would like you all to think about it, and make arrangements at the next general meeting to choose people to be on the committee.

nanti memikirkan dan berusaha di dalam *meeting* – kapan nanti diadakan *meeting* umum – , supaya memilih saudara-saudara yang akan duduk di *comité.*

Dan kedudukan pembantu pelatih dan calon pembantu pelatih dalam persaudaraan kita ini sebagai penasehat kepada *comité* itu, sehingga apa yang dikerjakan *comité* nanti dan program-programnya, kalau *comité-comité* itu sudah yang baru itu, dapat membentuk sendiri, Bapak pujikan syukur sekali. Tetapi kalau belum dapat, supaya saudara-saudara yang bekas *comité*, yang sekarang menjadi pembantu pelatih dan calon pembantu pelatih itu, memberi petunjuk, memberi nasehat bagaimana cara-caranya mengatur dan bagaimana pula caranya mengadakan peraturan-peraturan yang baik untuk di Los Angeles sini, yang sesuai dengan hukum-hukum di negara ini.

Karena Subud ini – ya, bagaimana kehendak Tuhan yang telah Bapak terima – kita perlu di samping bakti kepada Tuhan bekerja masih di dalam dunia ini, yaitu kita masih perlu mengerjakan otak dan hati dan nafsu, tetapi melulu untuk keduniaan, karena kejiwaan atau hal kejiwaan sudah ada sendiri, yaitu Tuhan sendiri yang akan mengerjakan itu. Jadi, bagi kita sudah suatu *kemayaran,* suatu keringanan, bahwa dalam hidup kita telah ada *splitsingen*, ada pembagian antara pekerjaan kita yang patut kita kerjakan dan dapat kita kerjakan dan sifat pekerjaan kejiwaan yang tidak dapat kita kerjakan, hanya Tuhan sendiri yang mengerjakan itu.

Demikian kehendak Tuhan pada manusia. Karena itu, maka Subud ini bukan suatu pendirian atau suatu *broedersehap* yang hanya melulu mistik. Tidak. Subud ini ialah kebaktian kita terhadap Tuhan sebagai yang telah dikehendaki Tuhan, yang tidak meninggalkan keduniaannya. Buktinya : kita dapat menerima ini di dalam keadaan kita yang masih utuh; misalnya masih bekerja, masih ingat ini, masih ingat itu. Jadi, terang bahwa Subud ini sebagai yang telah dikehendaki Tuhan dan sesuai pula dengan apa-apa yang telah diterima oleh para nabi, para utusan pada jaman dahulu kala, bahwa bagi Islam dikatakan *wa-l-dunia wa-l-akhirat*, artinya juga dunia, juga akhirat. Jadi, kita harus dapat mengerjakan itu dalam waktu kita masih hidup di dunia.

Karena apa? Banyak orang yang masih... *(tak jelas satu kata)*, yaitu kalau orang sudah masuk ke dunia mistik atau alam mistik atau masyarakat mistik, orang lantas melupakan kewajiban-kewajiban di dunia ini. Demikian juga para agama – bukan Bapak

The helpers and candidate helpers in our association have the position of advisors to the committee. If the new committee is able to do its work and develop its programmes by itself, Bapak will be very grateful [to God]. But if they are not yet able to do this, former committee members, who have now become helpers and candidate helpers, should give guidance and advice as to how to arrange things and make by-laws suitable for Los Angeles, and which are in line with the laws of this state.

For as Bapak has received, it is God's will that in Subud, as well as worshipping God, we still have to work in this world. We still need to use our brain, our heart and desires, but only for worldly matters. What concerns our spiritual life is already taken care of, meaning that God Himself will do the work. So it's easy and light for us, because in our life there is a division between the work we can and should do and the spiritual work, which we cannot do and only God can do.

This is God's will for human beings. So, Subud is not an association or brotherhood that is only mystical. No. Subud is our worship of God as God wills it to be, without abandoning our worldly obligations. The proof of this is that we can receive this [latihan] in a state where we are fully engaged; for example, when we are still working, still thinking of this and thinking of that. Clearly, Subud is as God wills it to be, and it is also in line with what was received by the prophets, the messengers in times long ago. In Islam there is the saying: '*wal dunia wal akhirat*', which means 'both this world and the hereafter'. So, we have to be able to do it while we are still living in this world.

Why is that? There are many people who still... [*inaudible*], that is, when people enter the mystical world or associate with mystics, they forget their obligations in this world. Also, in religion – Bapak is not criticising religion, no – but many religious people do

mencela agama; tidak! tetapi – banyak-banyak orang yang beragama hanya melulu bakti kepada Tuhan. Hanya melulu bakti kepada Tuhan dengan mengadakan tempat untuk bakti itu, misalnya mesjid, gereja dan lain-lain.

Keadaan demikian lambat-laun akan dapat dimengerti oleh umum dan manusia, umpamanya. Buktinya : sampai sekarang! Sekarang banyak orang yang telah terpelajar, yang telah banyak bekerja fikirannya untuk mengetahui ini dan itu. Orang-orang itu sudah tidak lagi percaya. Percaya akan apa? Percaya akan kebaktian itu yang dipastikan harus demikian. Dan diperlukan pula meninggalkan kewajiban dunia. Sehingga akhirnya – ya, pada akhir-akhir sekarang ini – banyak orang yang mengikuti agama menjadi orang yang terlantar, menjadi orang yang suka menerima, mudah menerima sesuatu. Malahan banyak mengatakan, bahwa sebaik-baiknya kaya di dunia, baik kaya di akhirat; sebaik-baiknya mulia di dunia, lebih baik mulia di akhirat. Sehingga di dunia sengaja memiskinkan dirinya, sengaja merendahkan tingkat hidupnya dan menerima apa saja yang ada, apa saja yang dapat.

Dengan kesalahan-kesalahan yang telah diterima – mungkin juga kesalahan yang telah memberi nasehat – sehingga banyak terdapat – lebih-lebih di dunia Islam, Bapak sendiri mengetahui dan tahu dan mengakui kemerosotannya seperti di Persia, di lain-lain – banyak orang-orang yang terlantar, banyak orang-orang yang hidupnya susah. Karena apa? Karena salah nasehat yang diterima itu, ialah dikatakan, bahwa : "Guna apa di dunia mencari-cari barang yang lebih-lebih, mencari kekayaan yang berlimpah-limpah, mencari pangkat yang tinggi-tinggi dan mencari kemuliaan yang tidak-tidak, sedangkan itu semuanya akan ditinggalkan. Dan akan lebih utama bagi kamu sekalian kemuliaan di hidup sesudah mati nanti." Dengan nasehat demikian dan salahnya menerima itu, sehingga diturut. Yang akhirnya kejadian seperti sekarang ini. Banyak orang-orang yang suka menerima nasibnya yang jelek itu, nasibnya yang rendah itu. Padahal tidak demikian kehendak Tuhan. Tuhan tidak menghendaki manusia, supaya manusia itu tidak menggunakan akal-fikirannya, tidak menggunakan hatinya, tidak menggunakan segala apa yang ada pada dirinya. Tidak. Tuhan memberi kepada manusia : "Kerjakanlah, manusia, segala anggotamu secara hidup yang dapat mencukupi kebutuhanmu".

Dan karena kesalahan penerimaan itu, sehingga nasehat-nasehat itu dapat digunakan oleh orang-orang yang memang pandai.

They take passive refuge in religion and beliefs and retire from active participation in this world — they miss the point, they remain poor and do not try to adjust their circumstances.

nothing but worship God. They just worship God and build places for their worship – mosques, churches, and so on.

Eventually, people in general will be able to understand this. The proof of this is that now, many learned people, whose minds have worked very hard to acquire all kinds of knowledge, don't believe any more. Believe in what? They don't believe in the kind of worship they are told has to be that way, abandoning their worldly obligations. Moreover, there are many people who follow religion who have become backward and accepting; they have become people who easily accept whatever happens. Many of them even say that, however good it may be to be rich in this world, it is better to be rich in the hereafter; however good the glory of this world may be, the glory of the hereafter is better. So, in this world, they intentionally stay poor and lower their standard of life, and accept whatever there is – whatever they get.

neglecting our lives because we wrongly believe all of this to be...

Through these misunderstandings, and perhaps the misunderstandings of those who gave them advice, there are many backward people who have a very hard life. This is especially true in the Islamic world. Bapak himself knows and acknowledges the decline of these people, in Persia, for instance, and elsewhere. Why is it? It's because of the wrong advice they have been given. For example: 'Why should you seek more things in this world than you need, or an abundance of wealth, or high position and prestige that have no meaning, when you will leave them all behind one day? The glory of life after death will be better for you.' Through such advice, and the misunderstanding of those who accept and follow it, things have turned out as they are now, with many people willingly accepting their miserable fate. Whereas in fact this is not God's will. God does not wish humans to live without using their minds, their hearts and everything that is in them. No. God has provided for human beings: 'Human being, be alive and use all the parts of your body to fulfil your needs.'

And because of this misunderstanding, people who are really clever can use this advice to exploit those who are willing to accept

Sehingga banyak orang yang pandai-pandai itu memperbudak orang-orang yang suka menerima nasibnya yang jelek itu. Sedangkan dikatakan di dalam sejarah nabi, di dalam nasehat-nasehat para nabi itu dikatakan demikian : "Sebahagia-bahagianya orang yang menemukan kebahagiaan hidupnya di dunia ini lebih bahagia orang atau manusia yang dapat berbakti kepada Tuhan secara yang sungguh-sungguh." Jadi, dengan demikian, teranglah, bahwa apabila orang atau manusia dapat menemukan sesuatu sampai ke Tuhan — misalnya dapat sungguh-sungguh terima dari Tuhan apa yang dimaksudkan dalam agama — , seluruh anggota akan hidup. Dengan hidupnya seluruh anggota, bukan hanya fikirannya saja yang mencari uang, yang mencarikan hasil, tangannya sendiri dapat mencari di mana uang itu, di mana caranya dapat uang, itu tangannya sendiri bisa dimanfaatkan.

Lha, wong nyata! Kenyataan demikian, saudara-saudara sekalian, terdapat dalam Subud ini. Kalau saudara sudah dapat menerima Subud ini sesungguhnya, kalau saudara menjadi *handelaar* : "Ini laku atau tidak, kalau saya jual di New York?" "Tidak." Tidak akan dijual. "Kalau ini laku...!" "Laku!" Ini bisa menjawab : "Laku di New York." Jadi, semua sudah diberi jalan oleh Tuhan. Demikian juga yang ahli pertanian. Biji pohon yang akan berbuah baru ditanam saja sudah dap... dapat dilihat. Ini nanti, kalau sudah jadi pohon dan berbuah, buahnya baik, banyak. Dia tahu juga mana yang ditanam pohonnya tidak baik, tidak akan berbuah bagus, tidak perlu ditanam.

Jadi, segala apa yang dikerjakan telah diperhitungkan oleh dalam, oleh kekuasaan Tuhan. Demikian juga lagi. Yang ahli pertukangan membikin meja. Meskipun meja itu sama, tetapi karena, tuan-tuan dan nyonya-nyonya, yang membikin meja itu bukan karena hatinya, tetapi karena jiwanya, ditaruh di toko, banyak orang yang melihat meja itu. "Meja itu sama, *kok* lain sekali!? Kenapa *kok* saya suka sekali sama meja itu?" Sehingga meja itu jadi rebutan orang, artinya sangat laku. Dengan demikian saudara akan dapat mengerjakan meja itu sebanyak mungkin, supaya dapat menerima uang lebih banyak.

Jadi, terang, bahwa Tuhan mengasih-sayangi manusia tidak tanggung-tanggung. Bukan dikasih-sayang, dijadikan manusia, lantas disuruh begini saja. Tidak. Dijadikan tentu berguna dan ada gunanya. Harus menjadi manusia yang berguna. Jangan sampai jadi manusia tidak berguna.

their miserable fate, and to treat them like slaves. Whereas, in the stories of the prophets, the advice they gave was: 'As fortunate as a person is who finds happiness in this world, more fortunate still is the person who is able to truly worship God'. It is clear from this, that if a person can find something that reaches God, and can really receive from God what is meant in religion, all the parts of his or her body will become alive. Then, it won't be only his thinking that helps him find money and make a profit. Even his hands can find money and the way to get it; even his hands can be used to good advantage.

Bapak says judgment will improve through the latihan

This is really true. The reality of it, brothers and sisters, is experienced in Subud. So, once you are able to receive Subud properly, if you are a merchant: 'Will this sell or not in New York?' [*Gesture.*] 'No.' So you won't sell it. 'Will *this* sell?' [*Gesture.*] 'Yes.' You can receive the answer, 'This will sell in New York'. In all things God has already provided the way. Similarly, if you are a farmer, when you plant a seed for a fruit tree you will be able to see: 'Later, when this grows into a tree it will bear a lot of good fruit.' You will also know which seeds will produce poor trees that will not bear good fruit, so you won't plant them.

Receiving well influence how we deal in the money

Everything you do will be considered from within, by the power of God. It will also be like that for a carpenter who special-izes in making tables. The table he makes may be the same as others, yet, because the person making it is moved by his soul and not his heart, when it is put on display in the shop many people look at it: 'That table is the same and yet somehow it's so different. Why do I like it so much?' Many people will be after it and the table will sell quickly. Then he can make as many of them as possible and earn more money.

Clearly, God's love for human beings is not half-hearted. God does not love human beings, create them, and then tell them to stay just as they are. No. They are certainly created to be useful, and they have a use. They must become useful people. They mustn't become useless.

the Soul that makes y decides

Itulah bedanya Subud ini dengan lain-lain. Karena itu, Subud ini tidak dikatakan agama, Subud ini tidak dikatakan *mistiek*. Tidak. Tetapi – kalau dalam bahasa Belanda – Bapak katakan *mistiek wetenschappelijk* atau *geestelijk wetenschappelijk*. Jadi, ya, *wetenschap*, ya, *geestelijk*, karena kita berlatih demikian. Kita tidak berlatih tidak demikian. Tidak. Kalau berlatih perlu : "Aaaa, naa, naa, naa..." Dan dapat dipisahkan. Yang *spiritueel* itu : God; yang *wetenschappelijk* manusia. Dan bekerja dalam diri manusia satu. Diri manusia satu terisi *spiritueel* yang dikerjakan Tuhan di sini, *wetenschap* yang dikerjakan manusia di sini.

Jadi, Subud ini tidak menghendaki, agar anggota Subud ini lantas saban hari saban malam : "Allah, Allah, God, God, God...", agar lantas dapat uang. Tidak ada. Tuhan tidak akan memberi uang dari atas : "Ini manusia, uang!" Tidak ada. Tuhan tidak akan memberi uang kepada manusia. Tidak. Jadi, kalau manusia hanya begini saja saban hari saban malam, tidak dapat apa-apa. Karena itu Tuhan memberi petunjuk dalam diri manusia : "Kerjakanlah dirimu itu sehingga semuanya hidup!"

Itulah karenanya, maka di Subud dihidupkan semua anggota, agar ini mengenal wajib, agar kaki mengenal wajib, agar kepala mengenal wajib, agar mata mengenal wajib, telinga mengenal wajib, hidung mengenal wajib, mulut mengenal wajib. Jangan hanya fikiran saja mengenal wajib. Tidak. Seluruhnya mengenal wajib. Jadi, sesudah mengenal wajib akan tahu bagaimana aku. Sehingga mata bisa melihat di mana makanan itu yang untuk saya dan mencukupi. Telinganya bisa mendengar di mana ada orang yang menjual ini dan dijual ini dan dapat saya makan dan dapat saya terima. Demikian juga lain-lain anggotanya.

Dengan demikian akan sungguh-sungguh bernama. Dan akan sungguh-sungguh memiliki dan mempunyai nama baik dan bersih. Itulah karenanya, maka orang di dunia ini cari nama. Kalau orang sudah dapat nama, tidak perlu uang itu banyak bagi kapital itu. Tidak usah banyak kapital dicari itu, karena namanya sudah baik. Demikian di dalam keadaan sebenarnya.

Nama itu apa sebenarnya? Karena itu umumnya – baik di sini maupun di Indonesia – orang menamakan orang atau orang mencari namanya sendiri disesuaikan dengan pekerjaannya. Kalau ahli pertanian, untuk namanya : segenap atau seluruh nama-nama

That is the difference between this Subud and other [ways].
That's why Subud is not called a religion. Subud is not called a
mystical way. No. But in Dutch, Bapak calls it *mistiek wetenschappelijk*
[Du.: mystical and scientific], or *geestelijk wetenschappelijk* [Du.: spir-
itual and scientific]. It is both *wetenschap* [Du.: science] and *geestelijk*
[Du.: spiritual], because that is how we are trained. When we do the
latihan we are made to go: 'Aa-naa-naa-naa.' And we can make a
separation: the spiritual is God's [work], the science is human
[work]; and both go on within the self of one human being. The
self of one human being contains the spiritual work done by God
here, and the science acquired and used by the human being here.

So, Subud does not require Subud members [to pray] every day
and every night 'Allah, Allah, God, God, God' to obtain money. It's
not like that. God will not give you money from above: 'Here,
people, here's some money'. That doesn't happen. God doesn't give
money to human beings. No. So, if you just pray like that every day
and every night, you will get nothing. God gives guidance within
the self of humans: 'Use the whole of your being so that all of you
is alive.'

That is why in Subud all the parts of our body are brought to
life; then this [body] knows its duty, the legs know their duty, the
eyes know their duty, the ears know their duty, the nose and mouth
know their duty. It should not be only the thinking that knows its
duty. No. The whole [body] should know its duty. And once it
knows its duty, it will know 'how I am'. So the eyes can see 'where
is the food for me that will satisfy me?' The ears can hear 'where is
the person who is selling something I can eat and that is acceptable
to me ?' And similarly with the other members of our body.

The result will be that you will really make a name for your-
self. And you will have a name that is good and clean. People in
this world want to have a [good] name. Once they have one, they
won't need a lot of money for capital. They won't need to look for
a lot of capital because they already have a good name. That is really
how it is.

What is a name, really? Both here and in Indonesia, people are
often given a name, or look for a name, that is suited to their work.
A farmer might take a name from any of the trees he works with.
Someone who works in an office might take the name of some-

pohon yang diperlukan bagi nama dirinya. Kalau orang bekerja di kantor, nama-nama apa yang ada di kantor. Kalau orang bekerja – umpama ahli meja dan sebagainya – juga demikian. Itulah sebab-sebabnya, maka nama-nama itu sesuai dengan apa yang telah diker-jakan pada zaman dahulu kalanya. Seperti di negeri Belanda ada orang yang namanya Westbroek, ada orang yang namanya Kousenkauwer, ada orang yang namanya Steenberg dan sebagainya, karena itu semuanya disesuaikan dengan pekerjaannya. Itu ada hakekatnya yang sebenarnya, ialah jiwa yang diambil. Jadi, apabila saudara sekalian ini jiwanya telah sungguh-sungguh jiwa manusia, saudara sekalian akan menjadi orang yang ternama. Kalau sudah saudara-saudara sekalian menjadi orang yang ternama, siapa yang melihat, tersenyum; yang melihat, kasih sayang.

Itulah sebab-sebabnya, maka Bapak anjurkan kepada saudara-saudara yang duduk dalam *comité*, agar dalam *comité* kecuali mencatat adanya para anggota – para saudara-saudara – dan mencatat pula, apabila ada kontribusi masuk, uang. Dan dapat menghubungkan dalam soal persuratkabaran antara satu negara dengan negara lain atau antara sini dengan lain-lainnya. Dan juga dapat memasukkan sesuatu yang perlu dibaca oleh sekalian para saudara. Perlu juga disamping itu mendirikan suatu *bedrijf*, suatu perusahaan. Dan sebagai kapital dari perusahaan itu saudara-saudara dapat menghimpun secara gotong-royong dari anggota-anggotanya. Itu dijadikan kapital dan dikerjakan. Nah, hasilnya dari pekerjaan yang telah dikerjakan itu dapat nantinya disumbangkan kepada kas Subud, juga dapat nanti diberikan kepada yang telah memberi kapital, memberi *aandeel* kepada badan perusahaan itu, sehingga keperluan-keperluan yang perlu dikerjakan oleh *comité*, oleh pembantu pelatih – untuk pergi ke sana, pergi ke sini – dan untuk mempersiapkan rumah untuk tempat latihan; dan untuk mempersiapkan apa-apa yang dianggap perlu bagi persaudaraan di sini, tidak perlu uang dari mana-mana, tetapi uang dari penda-patannya perusahaan yang telah dibentuk itu.

Dan juga dapat menempatkan sebagai tenaga-tenaga dalam perusahaan itu saudara-saudara kita sendiri, sehingga – pertama – kita dapat meringankan beban-beban para saudara. Jadi, kita tidak selalu lantas orang datang mesti bayar. Bapak anggap itu – bukan nanti dirasa berat, tetapi – mungkin karena datang mesti harus bayar itu kadang-kadang tidak ada uang, tidak perlu datang; takut datang dan tidak berlatih. Jadi, jangan demikian. Jadi, untuk meringankan

thing in the office. It's the same for a carpenter who makes tables, and so on. That is the reason why people's names correspond to the work done [by their ancestors] in the past. For instance, in the Netherlands, there are people who were called Westbroek, or Kousenkouwer, or Steenberg and so on, because these are all names that corresponded to their work. In fact this expresses a reality, for it expresses their soul. So, if your soul has become a truly human soul, you will become well thought of. And if you are well thought of, whoever sees you will smile, whoever sees you will love you.

For these reasons, Bapak proposes to those of you who sit on the committee that, besides your committee work – keeping a register of members and a record of incoming contributions and finances, and communicating with other countries by newsletter, including articles that all members should read – besides all this work, the committee needs to establish a business, a company. The capital for the company can be raised with the help of your members' contributions. The capital is then put to work, and the profits can be divided between the Subud group funds and those who put up the capital, who bought shares in the company. Then, for the cost of the work of the helpers and the committee – going here and there, providing a house for latihan, and providing what-ever you consider necessary for your group here – you won't need money from other sources; you can take it from the income of the company.

We can also employ our own members in the company. In this way we are able to lighten the burden for the members and not make them pay every time they come. It's not that everyone will feel it as a burden, but Bapak considers that, if they have to pay every time they come, there will be times when they have no money and therefore won't come and do the latihan. They will feel uncomfortable and so they won't come to the latihan. So, this is to

bagi saudara sekalian, saudara-saudara lainnya yang tidak mampu membayar dan perlu juga datang untuk berlatih dan berbakti.

Jadi, pekerjaannya saudara-saudara itu di dalam *comité* itu sebagai contoh, bahwa kita di samping kita menerima latihan, kebaktian kita terhadap Tuhan, tokh tidak melupakan bagaimana keperluan kita bekerja dalam dunia ini sebagai biasa orang hidup. Karena dalam penerimaan kita Subud ini terang, bahwa di dalam kita mengerjakan sesuatu akan terisi daya hidup sebagai penunjuk jalan apa yang telah dilakukan.

Demikianlah penerangan Bapak tentang perlunya diadakan *comité* dan perlunya pula orang-orang yang duduk di dalam *comité* itu, agar dapat melayani segala sesuatu yang menjadi keperluan hidupnya bersama. Kalau Bapak terangkan lebih lanjut, akan banyak pula; misalnya : yang perlu dikerjakan oleh *comité* itu bukan hanya akan dapat mendirikan gedung sendiri untuk tempat latihan saja, tetapi − kalau dapat − mendirikan sekolahan, mendirikan rumah untuk orang miskin, agar dapat orang miskin itu dididik secara Subud, sehingga hidup semua seluruh anggotanya dan dapat bekerja. Jadi, Subud bukan berusaha, tetapi mengharap pertolongan Tuhan, agar dapat mengusahakan manusia yang tidak mampu bekerja menjadi mampu bekerja dan dapat bekerja. Atau orang pemalas menjadi orang yang tidak pemalas lagi.

Jadi, terang, bahwa tujuan Subud dan isi Subud ini bukan mendidik orang menjadi pemalas dan hanya menggantungkan saja kepada takdir. Tidak. Tuhan bukan menakdirkan manusia... (*tak jelas*) ...kaya. Tuhan menakdirkan manusia hidup dengan seluruh anggotanya yang sempurna dan dapat bekerja. Jadi, kalau ada anggota Subud yang : "Bagaimana Pak, saya ini? Susah!"

"Kenapa?"

"Sudah tidak dapat pekerjaan dan tidak bisa makan, mencari pekerjaan tidak bisa. Bagaimana?"

Subud tidak demikian. Kalau sungguh-sungguh Subud telah ada dalam dirinya, tahu di mana pekerjaan ada, tahu di mana nasi, tahu di mana *bread*. Karena ini sudah *instinct*. *Instinct* sudah. Sudah bau, mencium baunya di mana makanan itu.

Coba, saja saudara sekalian timbang dan fikirkan sendiri. Yang burung! Burung itu hewan. Malam mengoceh : "Cuit, cuit, cuit, cuit..." Pagi bangun, terbang. Dapat makanan. Kembali *ngocèh* lagi. Tetapi kalau orang, *kok* sampai tidur malam, bangun pagi, cari pekerjaan tidak dapat?! Sedangkan orang di atas hewan! Kenapa

make things easier for all of you, and for those who are unable to pay but need to come to worship and do the latihan.

The work of those who are on the committee is an example for us that besides receiving the latihan – our worship of God – we should not forget our need to work in the world; to live as people normally live. It is clear, that through our receiving in Subud we will be guided in whatever we do by the life force that fills us.

This is Bapak's explanation about the need to form a committee, and the need for people who work on the committee to be able to provide everything required for your life as a group. If Bapak were to go on, there is a lot more. For example, not only does the committee need to work to put up its own building for doing latihan; it should also set up a school if it can, and a place for the poor. Then poor people can be educated the Subud way, bringing to life every part of their body so they are able to work. It's not that Subud tries to change them, but we pray that God will help them, so that people who can't work become able to work, or people who are lazy are not lazy any more.

Subud should not teach people to be lazy.

So, it is clear that the aim of Subud, and the essence of Subud, is not to teach people to be lazy and depend on fate. No. God does not decree that people… [_inaudible_] rich. God decrees that human beings should live with every part of their body, and be able to work. So if a Subud member asks, 'What am I to do, Pak? I'm having a difficult time.'

'Why?'

'I don't have any work, so I can't eat; and I can't find a job. What can I do?'

That's not Subud. If he really had Subud inside him, he would know where there is work; he would know where to find rice or where there is bread, because the instinct would be there already. He would smell where the food is.

Consider, for a moment, the birds. Birds are animals. At night they chirp, 'Tweet-tweet-tweet-tweet'. In the morning they wake up, fly off, get some food, come back and chirp some more. But people: how come that they sleep at night, get up in the morning, look for work and can't find anything? And yet, people are higher

Subud brings all that is needed.

tidak bisa lebih pandai daripada hewan itu?

Jadi, kejadian demikian bukan salah Tuhan, Tuhan tidak memberi. Salahnya manusia sendiri kenapa tidak dapat menemukan sesuatu yang dapat menghidupkan seluruh anggotanya. Dan sesuatu yang mendapatkan sehingga seluruh anggotanya menjadi hidup, itu tidak lain daripada apa yang telah diterima para saudara itu di dalam Subud ini, ialah *contact* dari kebesaran Tuhan di luar akal-fikiran dan hati. Dan itu sebenarnya dan semestinya harus ditemu, juga harus didapat juga di gereja atau di mesjid, di mana para penganut-penganut nasehat itu selalu berada. Dan apa sebab tidak didapat, Bapak tidak perlu menerangkan dan tidak suka menerangkan. Itu salahnya sendiri. Karena itu kita sudah dapat dalam Subud itu sendiri.

Demikian kelanjutan daripada pembentukan anggota-anggota dalam *comité* yang disertai dengan penerangan-penerangan sehingga sampai agak panjang sedikit. Agar saudara sekalian yang ditunjuk dalam *comité* nanti tidak terasa kecewa hatinya yang dirasakan, bahwa ditunjuk dalam *comité* yang mengerjakan biasa itu nanti dikiranya melepaskan kebaktiannya atau melalaikan kebaktiannya atau mengurangi cara menerima dalam latihannya. Dan keadaan yang demikian itu sungguh-sungguh sesuai dengan adanya lambang Subud, yaitu Susila Budi Dharma, karena lambang Subud itu adalah lambang sifat manusia yang berperikemanusiaan; artinya : yang berkondisi sebagai manusia yang sebenar-benarnya, yang terisi di dalam dirinya daya hidup yang berkuasa, yang dapat membimbingnya dan sungguh-sungguh menyerah kepada kebesaran Tuhan yang cinta kepadanya. Rasanya tidak perlu Bapak terangkan tentang arti Susila Budhi Dharma, karena sudah Bapak terangkan itu tadi. Tidak perlu.

Sekarang akan Bapak lanjutkan tentang kejiwaan yang telah diterima dan dilakukan oleh sekalian para saudara. Sesungguhnya dalam menerima latihan kejiwaan ini tidak diperlukan, agar saudara sekalian ada rasa hati yang mengharapkan lekas-lekas dapat < tak jelas berapa kata, tertindih batuk> dan lekas-lekas dapat mengetahui hal-hal yang diinginkan, karena keinginan dan kehendakan yang demikian itu bukan melekaskan dan melancarkan jalannya latihan − misalnya apa yang akan diterimanya − , malahan membuntu. Artinya membuntu, memperlahan-lahankan dalam menerimanya apa yang diberikan Tuhan kepada saudara-saudara sekalian.

Animals, survive?
better than people!
Subud brings what is needed

than animals. Why then aren't they cleverer than animals?

This is not God's fault, it's not that God is not giving. It's the fault of human beings themselves. Why can't they find something that can bring every part of their body to life? And the thing that makes it possible for all parts of one's body to become alive is none other than what you have received in Subud: a contact from the greatness of God, beyond the thinking mind and heart of human beings. This is really what people *should* find and receive in churches and in mosques, where the followers of advice congregate. Why don't they get it? Bapak doesn't need to explain this and doesn't wish to explain it – it is their own fault. But we already have it in Subud.

Worship does not end if one is on committee

This fairly long explanation was for the committee, in order that those who are appointed should not feel disappointed and have the idea that, when they are appointed to the committee and work on ordinary things, they are giving up their worship, or neglecting their worship and reducing their receiving in the latihan. Your situation is actually in accordance with the symbol of Subud: that is, *Susila Budhi Dharma*. This is a symbol of a human being who is truly humane, meaning someone who has the condition of a true human being, contains within themself the powerful life force that can guide them, and who sincerely surrenders to the greatness of God who loves them. Bapak feels it is unnecessary to explain the meaning of *Susila Budhi Dharma* here, because he has already explained it.

Now Bapak will continue about the spiritual way you have received and are practising. In receiving the latihan you don't need to have any feeling in your heart of hoping to receive quickly, or being able to know quickly the things you want to know. Any such desire and wish will not speed up your latihan – make it easier to receive something, for example – but will block it instead. 'Block it' in the sense that it will slow down your receiving of what God gives to you.

Impatience to progress will block progress.

Jadi, cara menerima dan cara mengerjakan latihan itu, agar saudara sekalian rasa-perasaannya merdeka sekali. Artinya merdeka itu : sunyi daripada segala pengaruh, pengaruh dari apa-apa atau pengaruh dari hatinya sendiri. Umpama saja saudara telah mempelajari soal apa – kejiwaan – yang dari ahli ini, ini, ini, lantas dalam latihan kadang-kadang ingat kepada itu. Dan dalam, ya, tumbuhnya atau timbulnya ingat itu saudara lalu mengira-ngirakan dan menyamakan itu dengan apa yang akan diterima di dalam latihan itu. Cara yang demikian atau keadaan yang demikian itu akan malahan membuntu dan tidak akan dapat menghasilkan sesuatu apa dalam menerima latihan.

Jadi, sifatnya saudara-saudara dalam latihan itu sifat yang betul-betul sifat penerima. Adapun yang diberi apa nanti oleh Tuhan itu tergantung kepada Tuhan sendiri, karena Tuhan mengetahui ukuran kita, ukuran manusia. Dengan demikian melancarkan pekerjaan kekuasaan Tuhan yang ada dalam diri dan memerdekakan rasa-perasaan kita yang akan dapat dirasakan, ialah suatu perasaan yang sungguh-sungguh bersih dan tenang.

Rasa-perasaan yang bersih, yang tenang, yang merdeka, memberi kenyataan pada diri kita terasa suatu perasaan yang bukan *nice*, bukan enak saja, tetapi nikmat dan manfaat. Dan bermanfaat. Jadi, terang, kalau saudara sekalian menerima atau menjalankan latihan itu terasa tidak demikian, berarti hati dan fikiran saudara sekalian masih menjadi penggoda. Jadi, kalau sesungguh-sungguh menerima latihan, di dalam menerima latihan itu tidak ada lain perasaan, atau rasanya itu *zalig* dan, ya, *zalig* itu. Dan ketahuilah ke*zalig*an, kenikmatan itu mendatangkan kesehatan badan seluruhnya, sehingga saudara-saudara sekalian akan dengan sendirinya bercahaya. Jadi, tidak nampak sebagai orang hidup, cahaya seperti orang mati. Tidak. Cahaya hidup, artinya sungguh-sungguh bersinar. Jadi, bagi saudara-saudara yang sudah tua akan tidak terlihat tuanya. Ya, bukan umurnya lantas dikurangi. Tidak. Akan tetapi tidak terlihat sebagai orang tua. Apalagi yang masih muda.

Jadi, kenyataannya, manusia bakti kepada Tuhan, apabila cara baktinya kepada Tuhan itu memang dikehendaki Tuhan sebagai kita dalam Subud ini, bukan akan membawa keselamatan kita dalam hal kita mencari penghidupan saja, tetapi juga seluruh anggota kita menjadi bersih, menjadi baik, menjadi sehat kembali. Dan sudah tentu jiwa kita menjadi jiwa manusia yang sungguh-sungguh, sehingga kita dapat membedakan antara daya ini, daya itu yang

The way to receive and do the latihan is for your feelings to be very free. 'Free' means still and empty of all influences, whether from outside or from your own heart. For example, suppose you have studied something spiritual from this or that teacher, and then sometimes in the latihan you remember it. As you remember it, you take to thinking about it and comparing it with what you are going to receive in your latihan. Such a condition will just block you; you won't be able to obtain anything in receiving the latihan.

God gives according to our capacity

Your position in the latihan is truly that of one who receives. As for what God will give us, that is up to God Himself, because God knows our capacity – the capacity of human beings. If we have this attitude, it makes the work of God's power within us easier, and sets free our feelings so we will be able to experience a feeling that is really clean and peaceful.

Feelings that are clean, peaceful and free give us a reality within our being that doesn't just feel nice, but feels blissful and also beneficial. So it's clear that if you don't feel like that when you receive the latihan, it means your heart and thinking are still disturbing you. When you are truly receiving the latihan there is nothing but a heavenly feeling. And you should know that this heavenly, blissful state brings health to the entire body, so you will have a natural radiance. You will not look like someone who's alive yet looks dead. No, it is the glow of life, meaning truly radiant. So those of you who are old will not look your age. It's not that your age will be reduced. No. But you won't look like old people. This is even more true for those who are still young.

'Glow of life' appearance a   *due to latihan*
Natural Radiance.

In reality, when human beings worship God and the worship is truly by God's will, as with us in Subud, not only will it bring us well-being in seeking our livelihood, but also all the parts of our body will become clean, good and healthy again. And certainly our soul will become the soul of a true human being, who is able to distinguish between this force and that force within our being. And eventually we will be able to manage them within our self.

well being related to livelihood

telah ada dalam kita yang akhirnya kita dapat mengaturnya itu di dalam diri kita.

Demikianlah, saudara sekalian, penerangan tentang kejiwaan. Tidak perlu Bapak lanjutkan banyak-banyak, karena penerangan-penerangan yang banyak itu bukan menambah baiknya dalam latihan saudara sekalian, malahan nanti – kalau sampai masuk dalam pikiran – malah menjadi perintang juga dalam latihannya.

Sekarang Bapak mulai dengan peninjauan, yaitu *test*, agar saudara sekalian dapat mulai sedikit demi sedikit menginsyafi bagaimana daya-daya itu... bagaimana pengaruh daya-daya itu di dalam dirinya nanti. Tetapi dengan pengharapan, janganlah kalau sesudahnya di*test* begini, lantas nanti ada pertanyaan: "Bagaimana saya *kok* tidak bisa? Apa sebab ini dan itu?" Tidak. Jangan dikatakan demikian, karena semuanya itu tergantung pada dirinya masing-masing. Jadi, kalau belum dapat menerima, ya, sudah. Diterima saja, belum dapat menerima. Tetapi terus berlatih. Nanti akhirnya dapat menerima. Jangan nanti lantas tanya Bapak : "Apa ada cara lain yang istimewa untuk mendapatkan lebih banyak dan dapat lekas menerima *test-test* itu?" Tidak. Jangan. Tidak ada cara lain kecuali latihan dengan rajin.

Brothers and sisters, that is Bapak's explanation about the spiritual way. It is not necessary for him to go on too long; a lot of explanations will not improve your latihan. If they enter into your thinking they may even become an obstacle in your latihan.

Now Bapak will start the testing, so you can, little by little, begin to become aware of the forces, and the influence of these forces within your self. But after the testing, please do not ask, 'Why can't I do it? Is it because of this or that?' No. Don't say that, because it all depends on the self of each one of you. If you can't receive yet, never mind. Just accept it – you can't receive yet. But continue doing the latihan and eventually you will be able to receive. And don't ask Bapak, 'Is there another special way to get more, and to be able to receive the tests quickly?' No. There is no way other than doing the latihan diligently. [Testing]

9

LOS ANGELES

24 JULI 1959

Sumber : Rekaman 59 LAX 5

Tuan dan nyonya sekalian, pada malam ini Bapak hendak melan-jutkan penerangan-penerangan yang perlu didengar oleh para sekalian saudara, agar dengan penerangan-penerangan tentang keji-waan ini – bukan menambah, tetapi – dapat mengerem kehen-daknya yang sungguh menginginkan lekas dapat menerima dan lekas dapat mengerti.

Sebagai yang telah Bapak katakan, bahwa latihan kejiwaan adalah latihan kejiwaan yang berarti latihan isi daripada hidupnya saudara sekalian. Jadi, bukan melatih fikiran, bukan melatih hati, bukan melatih anggota-anggota sekalian, tetapi adalah latihan yang dikerjakan Tuhan atas diri saudara masing-masing. Dan saudara sekalian hanya tinggal menerima bagaimana yang telah dikerjakan Tuhan dalam dirinya itu, agar dapat diinsyafi sedikit demi sedikit, yang akhirnya merupakan petunjuk dan pembimbing.

Bapak katakan, bahwa latihan kejiwaan ini hakekatnya kebaktian saudara-saudara sekalian terhadap Yang Maha Esa. Jadi, teranglah, bahwa kebaktian manusia terhadap Tuhan adalah suatu kewajiban yang mutlak, sehingga banyak di antaranya umat manusia yang mengerjakannya, misalnya di gereja, di mesjid dan lain-lain. Maka dengan demikian seharusnya para saudara sekalian menjalankan latihan kejiwaan ini serupa dengan saudara, kalau menjalankan kebaktian di mesjid, di gereja dan lain-lain.

Mereka berduyun-duyun datang ke tempat itu berbakti. Dalam kebaktian mereka di tempat itu hanya *menyanggakan* kepercayaan,

9

LOS ANGELES

24 JULY 1959

Source: Recording number 59 LAX 5

Ladies and gentlemen, this evening Bapak will continue giving the explanations you need to hear. He hopes that, rather than making you more knowledgeable, these explanations about the spiritual life will instead put a brake on your strong wish to be able to receive quickly and understand quickly.

As Bapak has said, the latihan is a training of the soul, which means that it is a training of the content of your life. So it isn't a training for your thinking, your heart, or the other parts of your body; it is a training for the being of each one of you, carried out by God. All you need do is receive whatever God does within your self, so that, little by little, you can become aware of the One who will eventually be your guide and counsellor.

Bapak is saying that the latihan is, in truth, your worship of the One Almighty. Clearly, it is an absolute obligation for human beings to worship God, which is why many people do it in churches, mosques and other places. Therefore you should do the latihan just as you would do your worship in the mosque, in church, or in other places of worship.

People throng to these places to worship. In their worship they rely simply on the belief that God will know when their heart is

bahwa dengan hati yang ikhlas, hati yang cinta kepada Tuhan, Tuhan akan mengetahuinya. Dan dengan pengharapan karenanya, agar Tuhan oleh kebaktiannya itu memberi jalan yang baik, apabila akhirnya nanti sampai pada hari yang ditentukan, yaitu mati. Mereka percaya, bahwa apabila sungguh-sungguh berbakti kepada-Nya – meskipun belum dapat diketahui bagaimana Tuhan dan bagaimana kekuasaanNya – akan memberi ampun, akan member-sihkan segala kesalahan yang dideritanya. Demikian. Lebih-lebih bagi saudara sekalian yang sedikit banyak telah menerimanya, kesungguhan kekuasaan Tuhan yang meliputi dalam diri – baik di dalam maupun di luar diri manusia – saudara-saudara telah dapat menerimanya yang dirasanya sebagai sesuatu yang asing.

Tuhan telah memberi kepada sekalian para saudara sesuatu yang mudah dikerjakan. Pemberian Tuhan yang semudah itu Bapak harapkan jangan diabaikan, karena biasanya hati manusia : sesuatu yang mudah didapat tidak diperhatikan dengan sungguh-sungguh. Sama dengan umpama saja saudara sekalian bersekolah atau belajar. Pelajaran yang didapat dalam sekolahan itu sungguh-sungguh baik dan dapat melekaskan, sehingga saudara sekalian menjadi orang yang pandai. Tetapi kadang-kadang karena di tempat pelajaran itu tidak perlu *mbayar*, tidak perlu membayar atau andaikata membayar dengan sedikit sekali, kebanyakan hati orang menganggap yang demikian itu tidak begitu berat atau tidak diperlukan sekali. Karena suatu pelajaran yang tidak dengan bayaran yang tinggi, yang banyak, kadang-kadang pelajaran yang tidak usah bayar cara bela-jarnya juga tidak keras, tidak tekun sekali. Tetapi andaikata ada suatu tempat pelajaran yang sama pelajarannya, yang sama akhirnya tentang terjadinya, tetapi di tempat itu diberi, ditetapkan, agar orang-orang harus membayar sekian banyak, keadaan yang demikian itu malahan bagi orang-orang yang belajar : sungguh-sungguh dikerjakannya, karena di tempat itu tempat pelajaran yang dengan membayar tinggi sekali.

Demikian. Maka Bapak harapkan pemberian Tuhan kepada saudara sekalian yang semudah ini diterimanya sebagai suatu anugeraha, suatu keuntungan luarbiasa, bahwa kita telah dapat menjalankan sesuatu yang sungguh-sungguh berguna bagi hidup saudara dengan jalan yang mudah sekali kita kerjakan. Bagi saudara-saudara sekalian tentunya telah menginsyafi apa yang Bapak katakan ini. Dan mungkin saudara-saudara sekalian tidak akan menganggapnya – karena latihan ini semudah-mudahnya –

sincere and loves God. They hope that as a result of their worship God will grant them a good journey when they eventually come to their appointed day; that is, when they die. They believe that if they worship God sincerely – even though they cannot yet know what God and God's power are like – God will forgive them and will clean away all the faults from which they suffer. It should be even more like that for all of you, who have, to a greater or lesser extent, received the reality of God's power that envelops the self of human beings both on the inside and the outside. You have been able to receive it, and are aware it is something different.

Don't appreciate what comes easily or is free.

God has given you something that is easy to practise. Bapak hopes you will not neglect this gift of God that is so easy for you, for usually the human heart doesn't pay much attention to something that's easy to get. It is the same as when you go to school to study. The instruction you receive at the school is really good and can quickly make you into an educated person. But many people don't take it seriously or consider it important, because they don't have to pay for their schooling or only pay very little. When the instruction doesn't cost a lot, or when you don't even have to pay at all, you don't work so hard and you don't persevere. But suppose there is a place of learning with the same instruction, leading to the same results, but it is stipulated that people must pay a considerable amount. In that case the students would work seriously because the fees are very high. It is like that.

So Bapak hopes you will receive this gift from God to you all, which is so easy, as a blessing – as an extraordinary good fortune. It enables you to do something really useful for your lives in a way that is very easy for you. Of course you all understand what Bapak is saying here. And perhaps you will not presume that because this latihan is very easy, it is something that cannot give you satisfaction. Bapak hopes that you won't harbour any such notions within you.

dianggap sesuatu yang tidak dapat memberi kepuasan kepada saudara sekalian. Bapak harapkan keinsyafan yang demikian tidak ada dalam diri saudara-saudara sekalian.

Sesungguhnya tidak ada sesuatu pelajaran atau sesuatu perjalanan yang semudah mendekati Tuhan dan didekati Tuhan. Yang saudara-saudara sekalian baru mencari sesuatu yang mudah saja – umpamanya pohon, batu dan lain-lain – saudara-saudara sudah perlu memikirkan dan juga perlu mengerahkan tenaganya sehingga terasa payahnya, terasa sukarnya. Sedangkan mendekati Tuhan tidak demikian. Malah sebaliknya. Untuk dapat dekat kepada Tuhan dan Tuhan dapat mendekati saudara-saudara sekalian saudara harus yang merdeka sekali hatinya; artinya : jangan memikirkan sesuatu apapun, rasakan dirinya sendiri; karena kemudahan dan kedekatan Tuhan kepada saudara sekalian lebih dekat, apabila saudara sekalian melihat dengan matanya; lebih dekat, apabila saudara mendengarkan sesuatu dengan telinganya; lebih dekat pula, kalau saudara memikir sesuatu. Tuhan lebih dekat. Karena itu Bapak selalu mengatakan, bahwa Tuhan mendahului daripada sekalian yang dahulu, mengakhiri daripada sekalian yang terakhir. Berarti, bahwa tidak ada sesuatu yang dekat kepada rasa diri manusia melebihi kedekatan Tuhan kepada manusia.

Jadi, teranglah, bahwa yang menjauhkan antara rasa-perasaan manusia dengan *contact* kebesaran Tuhan yang selalu meliputi dalam diri manusia tidak lain daripada akal-fikiran, hati, nafsu kehendakan manusia itu sendiri. Karena itu, maka banyak sudah contoh-contoh sebagai sifat atau sebagai seseorang yang ingin dan menghendaki, agar dapat menerima *contact* kebesaran Tuhan, agar dapat memiliki sesuatu yang ajaib orang memerlukan mengasingkan dirinya di tempat yang sunyi. Di situ orang yang demikian itu menjauhkan akal-fikirannya yang selalu bekerja, menjauhkan hati kehendaknya yang ingin ini dan itu, agar dengan jalan demikian akal-fikirannya tidak bekerja lagi; hati, nafsu kehendakan demikian pula. Dan akan menjadi tenteram rasa dirinya. Dengan ketenteraman itu akan terasa dekatnya Tuhan kepada dirinya.

Jadi, kedekatan Tuhan kepada manusia adalah, apabila manusia telah dapat menenteramkan akal-fikirannya, nafsu dan kehendakannya. Sedangkan hal yang demikian, yang dilakukan oleh para orang dengan susah payahnya, telah kita dapat di dalam keadaan kita. Ya. Jadi, teranglah, bahwa dengan adanya atau lahirnya Subud ini hakekatnya Tuhan memberi sesuatu yang mudah bagi kita dan

God goes before and after all.

Truly there is no course or journey that is as easy as approaching God and being approached by God. Even when you look for something that is easy [to find] – a tree, a rock, for example, or something like that – you have to think, you have to summon up energy; you feel the fatigue, the difficulty of it. Whereas approaching God is not like that; it is just the opposite. To be able to be close to God and for God to be able to approach you, you have to feel very free. In other words, you should not think about anything, just feel your own self. For the closeness of God to each of you is closer than when you see with your eyes, closer than when you hear something with your ears, and closer than when you think about something. God is closer than that. That's why Bapak always says that God goes before everything that is before, and comes after everything that is after. This means there is nothing closer to a person's inner feeling than the closeness of God.

God is closer - when able to quieten thinking

So it is clear that what creates a distance between people's feelings and their contact with the greatness of God, which always envelops human beings, is none other than their thinking, their heart and their desires. It is for this reason there are so many instances of people who long to be able to receive a contact with the power of God, to have something miraculous, and who to this end consider it necessary to go off and isolate themselves in quiet, lonely places. Once there, these people put aside their thinking, which is constantly at work, and they put aside their heart and their will, which want this and want that. And in this way their thinking, their heart and desires stop working; their inner feeling becomes peaceful. And in that peaceful state they feel God's closeness to them.

So God is close to human beings when they are able to quieten their thinking mind, desires and will. And we have received this – for which all those people have endured such hardships – just as we are. Therefore it is clear that with the coming of Subud, God is giving us something that is easy. And we really should practise what God has made so easy for us, with sincerity, with patience, and

kita perlu dan harus melakukan kemudahan Tuhan kepada kita itu dengan sungguh-sungguh, dengan rasa yang sabar, menyerah dan percaya akan pemberian Tuhan yang tadi.

Bukan diharuskan, agar tuan-tuan, nyonya sekalian membuang kepandaiannya, melenyapkan kepandaiannya yang telah didapat dalam pelajaran masing-masing. Tidak. Hanya diperlukan, agar saudara sekalian dalam mengerjakan latihan dan menerima latihan itu janganlah menggunakan akal-fikiran secara biasa; misalnya secara cari pengetahuan-pengetahuan dunia. Malahan lebih pandai saudara dapat dalam pengertian biasa secara dunia, lebih utama, karena keluasan kepandaian akal-fikiran atau otak yang didapat di dunia ini merupakan pertanyaan; merupakan pertanyaan, jangan merupakan alat untuk mencarinya. Jadi, apabila nanti sudah saudara-saudara sekalian – sudah sampai pada waktunya – dapat menanyakan apa yang telah dipelajari, yang telah diterima dalam dunia ini, akan dapat balasan, akan dapat jawaban oleh Tuhan satu demi satu, satu persatu. Sehingga saudara-saudara sekalian akan dapat menginsyafi gunanya belajar atau gunanya apa yang telah dipelajari.

Saudara-saudara sekalian tentunya telah insyaf, bahwa kepandaian manusia, pengertian manusia didapat dalam pengalaman dari hari ke hari, bulan ke bulan, tahun ke tahun, abad ke abad seperti Bapak gambarkan. Dua-tiga ribu tahun yang lampau – umpama saja hal kedokteran – telah ada orang yang dapat menyembuhkan orang sakit. Dan mungkin pada waktu itu juga telah disebut semacam dokter, begitu, karena dapat menyembuhkan orang sakit. Tetapi pengalaman orang pada waktu itu belum begitu luas, karena masih sedikitnya orang yang sakit, karena memang orangnya belum banyak dulu. Dan juga orang-orang yang sakit itu atau orang-orangnya dunia ini yang dimakan belum juga banyak campurannya, yang dikerjakan pun juga belum banyak warnanya, modelnya, dan kelakuannyapun demikian juga belum sebanyak sekarang ini. Makin hari, makin bulan, makin tahun, makin ganti abad, pengalaman selalu ada. Sampai sekarang ini. Maka teranglah, bahwa pengertian yang didapat dalam dunia ini adalah pengertian pengalaman yang telah didapat oleh manusia itu. Tetapi bagi orang yang baru belajar, ya, diterima dan dirasakan adalah suatu pengertian baru, pengertian yang utama atau yang elok, begitu, tetapi sesungguhnya semuanya itu dari pengalaman-pengalaman.

Demikian juga halnya dengan kejiwaan yang saudara-saudara

with surrender and faith in God's gift.

*Questioning with intelligence is good but
the mind does not provide instrument for answers*

You don't have to throw away your intellect, to discard the
knowledge you have acquired in your studies. No. But, when you
do the latihan and receive the latihan, do not use your thinking
mind in the ordinary way – the way you seek worldly knowledge,
for instance. Actually, the more intelligent you can be in the
ordinary, worldly sense, the better. Because the breadth of the
learning that your mind – your brain – acquires in the world comes
from questions. It consists of questions. It is not the instrument for
finding the answers. So, one day, there will come a time when you
can ask about the things you have studied and acquired in the
world. You will get an answer, a reply from God, to each of your
questions, one by one. Then you will understand the benefit of
studying, and of what you have learned.

No doubt you are aware that human knowledge and under-
standing are gained from experience, day after day, month after
month, year after year, century after century. Bapak will illustrate
this. In medicine for example, two or three thousand years ago
there were people who were able to cure the sick. Who knows, at
that time they may also have been called something like 'doctor',
because they could cure sick people. But their experience in those
times was not yet very broad, because there were not so many sick
people – indeed there weren't many people at all in those days.
Also, the people ate simple food then, with few ingredients. There
were not so many different kinds of work for people to do, and
their behaviour wasn't as varied as today. As the days, months and
years went by – with the passing of the centuries right up to the
present time – people gained more and more experience. Clearly,
the understanding obtained in this world is an understanding
gained from the experiences people have had. People who have just
studied it consider it is a new understanding – an amazing
and beautiful discovery – whereas in fact it is all the result of
accumulated experience.

It is like that also with the spiritual way you have received and

telah terima dan latih. Juga berdasarkan pengalaman. Hanya
pengalaman dalam latihan kejiwaan ini adalah pengalaman atau
sesuatu pengalaman yang tidak diterima oleh akal-fikiran, hati dan
nafsu kehendakan, tetapi diterima oleh rasa-perasaan diri yang telah
tidak dipengaruhi oleh akal-fikiran, hati, nafsu kehendakan.

Jadi, apabila saudara sekalian hanya membicarakan soal kejiwaan
yang tidak dialami sendiri, yang tidak diterima sendiri, berarti,
bahwa apa yang telah didapat oleh saudara adalah pengalaman akal-
fikiran, pengalaman hati, nafsu kehendakan, bukan pengalaman
yang diterima oleh rasa diri sebagai pada waktu saudara-saudara
sekalian masih kecil, masih belum terpengaruh pengaruh dunia.

Dan karena sesuatu yang diterima oleh rasa diri sudah seperti
itu merupakan penerimaan dari aliran jiwa manusia, dari aliran
Tuhan Yang Maha Esa, sehingga dapat memulai atau menjadi
permulaan, menjadi pembimbing dalam segala apa yang saudara
sekalian rasakan. Misalnya saudara hendak begini – umpamanya – ,
di situ akan saudara terima bagaimana semestinya harus dikerjakan
dan bagaimana semestinya harus dilakukan yang sungguh-sungguh
dapat menghasilkan, yang sungguh-sungguh dapat memuaskan rasa
dirinya, hatinya dan perasaannya.

Bapak contohkan saja begini. Umpama saudara-saudara
sekalian telah mengerjakan penggambaran, yaitu *schilderen*. Dalam
mengerjakan *schilderen* itu, apabila saudara telah dapat menerima –
tetapi, sebagai telah Bapak katakan, dapat menerima di dalam kete-
nangan hati, rasa-perasaannya – saudara akan dapat menggambar
sesuatu yang sungguh-sungguh akan berguna dan sungguh-
sungguh diperlukan bagi masyarakat dan sungguh-sungguh
memuaskan baik hati saudara sendiri, maupun hati orang yang
melihat dan yang membelinya.

Demikian juga umpama – lagi – saudara-saudara sekalian
adalah suatu *schrijver*, suatu ahli pengarang watak-watak manusia
dan ahli pengarang pula bagaimana cara menggambarkan kelakuan
manusia : "yang begini jadi begini, yang begitu jadi begitu". Dalam
waktu saudara mengerjakan itu, apabila saudara telah menerima
ketenangan rasa dirinya, saudara akan dapat menulis dan
mengarang, yang siapa membaca buku itu dan siapa pula membaca
karangan saudara – bukan hanya tertarik hatinya saja, tetapi –
seakan-akan apa yang dituliskan itu sungguh-sungguh terjadi dan
dapat menggambarkan tabiat-tabiat yang sungguh-sungguh cocok
dengan apa yang telah digambarkan di dalam buku itu. Jadi,

practise. It too is based on experience. However, the experience in this latihan is not experience received by the thinking, the heart and the desires, but by the inner feeling when it is not influenced by the thinking, heart and desires.

So, if you just discuss spiritual matters, which you have not experienced yourself or received yourself, what you have is an experience of the mind, an experience of the heart and desires. It is not an experience received by the inner feeling, such as you had when you were still small and not yet influenced by this world.

And, because whatever is received by the inner feeling is from the human soul and comes from God, it can be a beginning or starting point, a guide in everything you experience. For example, if you want to do something, at that moment you will receive how it should be done, how to do it so it can be really beneficial and really satisfy your inner feeling, heart and feelings.

Painting from ones being — receiving!

Bapak will give an example. Say you are working at a picture – a painting. If you can receive while you are painting – but receive, as Bapak said, when your heart and feelings are at peace – then you will be able to paint something that will be really beneficial and needed by society. And it will truly satisfy your own heart and the hearts of the people who see it, as well as the one who buys it.

Special qualities exhibited a work of art.

It is also like that if, for instance, you are a writer who portrays human characters and describes people's behaviour: this kind of person will behave like this and that kind of person will behave like that. If, when you are doing that, you have received peace in your inner feeling, you will be able to write in such a way that whoever reads your book or your writing is attracted by it. Moreover, it will seem as though what you have written really happened, and the reader will be able to describe characters who really match those described in the book. So it is clear that you will be able to describe or sum up the characters of people exemplified in your writing.

terangnya saudara akan dapat menggambarkan atau menyimpulkan kewatakan-kewatakan manusia yang diperumpamakan dalam karangan itu.

Demikian juga satu percontohan lagi bagi saudara-saudara yang bekerja di kantor. Dari ketenangan rasa dirinya saudara akan dapat menemukan sesuatu saat hingga saudara dapat menemukan kemudahan dalam mengerjakan pekerjaan itu. Contoh-contohnya telah ada. Ada salah satu saudara – ya, bukan salah satu saja; banyak! – yang sudah sungguh-sungguh menerima ketenangan rasa dirinya. Pekerjaan-pekerjaan dulu yang dikerjakan sampai setengah bulan, satu bulan baru dapat selesai dan pekerjaan yang perlu dibawa di rumah perlu dikerjakan, sekarang sudah tidak lagi demikian cara bekerjanya, karena mereka telah menerima dan mengetahui mana yang perlu, mana yang tidak, mana yang menghasilkan dan mana pula yang tidak menghasilkan. Mana yang perlu didahulukan dan mana pula yang tidak. Demikian. Tetapi sebelumnya itu hingga mengerjakan pekerjaannya sampai setengah bulan dan sampai lama pula, karena pada saat sebelumnya itu belum dapat menemukan di mana yang perlu dikerjakan dan di mana yang dapat menghasilkan dan di mana pula yang perlu dilekaskan dan mana pula yang perlu dipelan-pelankan. Semuanya dikerjakan sekaligus dengan tergesa-gesa, sehingga bukan hanya memakan waktu, tetapi sebagian besar tidak berhasil yang memuaskan.

Dengan tidak dikenal kenyataan-kenyataan yang ada pada dirinya dalam mengerjakan sesuatu – bukan hanya tidak menghasilkan sesuatu yang memuaskan hatinya saja, tetapi juga – mengurangi kesehatan badannya, karena dapat dikatakan hanya mengerjakan sesuatu yang dapat dikerjakan dengan ini saja perlu pakai lain-lainnya. Jadi, kebanyakan manusia itu mem*forceer* atau menyalahi kepada kemerdekaan anggotanya sendiri.

Bapak gambarkan umpamanya begini. Saudara akan memasang satu pigura kecil. Hanya perlu pakai satu atau dua butir paku dengan satu martil yang kecil pula. Itu sudah cukup untuk menempatkan pigura di situ. Tetapi karena saudara belum mengerti caranya bagaimana bekerja yang demikian itu, sehingga hanya memasang pigura kecil, hanya cukup dengan paku dua atau satu dengan martil kecil, saudara pakai atau bawa gergajinya, bawa *pasah*nya, bawa martil besar, martil kecil, bawa ini dan itu. Pendeknya segala alat yang ada pada diri saudara dibawa semuanya.

Dengan demikian saudara akan membuang waktu yang tersia-

Working differently and more productively from things. Seeing the SYSTEM.

There is another example for those of you who work in an office. From the peace of your inner feeling you will be able to experience times when you find it easy to do your work. There are instances of this. There is someone – well, not just one, but many – who have really received this peace in their inner feeling. Before, it would take them two weeks to a month to do a certain job and it still wouldn't be finished; they even had to take their work home and do it. But now they don't work that way any more, because they receive and know what is necessary and what isn't; what will be productive and what will not be productive; what needs to be given priority and what does not. It's like that. Previously, the work took them two weeks or even longer because, at the time, they weren't yet able to perceive what was important and what would be productive; what needed to be done right away and what could wait. They would do everything at once and in a hurry. So not only did it take time, but most of the work was unproductive and unsatisfactory.

Using unnecessary time and energy.

If you are unaware of the reality of what you have within you, not only will the work you do fail to bring you satisfaction, it will harm your physical health. This is because, for a job that could be done with just this [*gesture*], you use everything else as well. In this way most people coerce the various parts of their body and restrict their freedom.

Bapak will illustrate this. You are going to hang up a small picture. You need just one or two nails and a small hammer. That is enough to put the picture up. But because you don't know how to do this kind of work, in order to hang a small picture that requires just a couple of nails and a small hammer you bring a saw and you bring a plane; you bring a large hammer and a small hammer; you bring this and you bring that. In short, you bring along all the tools you have.

In this way you waste time, and you force parts of your body to

sia dan akan mem*forceer* anggotanya sendiri yang tidak diperlukan bagi pekerjaan itu. Demikian, umpamanya dalam diri saudara sekalian. Saudara ingin melihat barang, atau ingin melihat bioskop umpamanya. Yang perlu melihat matanya dan hatinya juga. Tetapi dalam melihat bioskop itu melupakan kewajiban dan melupakan kemerdekaan lain-lain anggotanya. Yang akhirnya bukan hanya satu kali melihat bioskop saja umpamanya, saban malam, malah dua, tiga kali saban malam itu. Jadi, memaksa lain-lain anggotanya, agar ikut serta kebutuhan matanya yang hendak melihat itu. Umpama begitu. Sehingga akhirnya anggota-anggota lain, karena dipaksa untuk mengikuti sesuatu yang tidak pada tempatnya, akan mengakibatkan kesakitan, kekurangan dalam kekuatannya. Demikianlah. Dalam latihan kejiwaan Subud ini, maka perlu anggota dipakai, agar dengan kebangkitan seluruh anggota itu satu demi satu mengenal kewajiban dan bekerjanya masing-masing yang akhirnya tidak dapat dipaksa oleh satu dan lainnya, sehingga dalam peraturan bekerja di antara seluruh anggota badan itu dapat secara teratur, bekerja masing-masing pada tempatnya sendiri-sendiri, yang akhirnya sungguh-sungguh dapat merupakan suatu kerjasama yang sifatnya harmonis.

Demikian juga cara memikir Tuhan. Saudara sekalian tidak akan dapat mengerjakan otaknya untuk memikir Tuhan. Itu bukan karena tidak menghendaki, tetapi tidak dapat dengan sendiri otak dikerjakan untuk memikir Tuhan, karena otak telah dibangkitkan, telah dihidupkan, sehingga sifat otak, sifat yang sungguh-sungguh merdeka dan tahu wajib dan tahu sampai di mana harus bekerjanya. Sehingga untuk memikirkan Tuhan otak sendiri – umpamanya seperti orang sama orang, orang ke orang – akan menjawab : "Oh, itu saya tidak bisa. Aku tidak akan dapat dan suka mengerjakan itu, karena itu bukan pekerjaan saya dan itu bukan pekerjaan yang semestinya harus kita kerjakan." Umpama orang! Hal ini atau kejadian yang demikian akan saudara alami nanti, apabila saudara sekalian sungguh-sungguh melakukan latihan ini yang hakekatnya sebagai kebaktian saudara-saudara sekalian terhadap Tuhan Yang Maha Esa.

Keadaan yang demikian bukan begitu nyatanya, andaikata seperti orang ke orang! Tetapi di dalam kesungguhannya, dan kenyataannya telah Bapak alami dan juga dialami oleh para pembantu pelatih sendiri, karena pembantu pelatih sedikit banyak telah mulai dibersihkan, telah mulai dibangkitkan anggota-anggotanya itu.

work that are not required for the job. That's how it is with you. You want to see something; you want to see a film, for example. What needs to see it are your eyes – and your heart, too. But in watching the film they forget the responsibilities and the rights of the other parts of the body. And in the end they see a film, not just once, but every night – or even two or three times a night. So you force the other members to participate in the need of the eyes that want to see it. So, in the end, it will cause sickness and a loss of strength in the other members, because they are forced to follow something that is out of place. That's how it is. That's why in the Subud latihan you need to use all parts of your body, so that through their awakening, one by one, each of them will get to know its duty and its work. Then, eventually, they will not be able to coerce one another, but they will be able to work together harmoniously, in an orderly way, each in its own place.

all parts of body work together.

The same applies to thinking about God. You will not be able to use your brain to think about God. Not because you don't want to, but because the brain, of itself, can no longer be used to think about God. For when the brain has been awakened, has been brought to life, it is completely free; it knows its duty and how far it should work. So, [when asked] to think about God, the brain itself – if you compare it to a conversation between people – will reply: 'Oh, I can't do that. I wouldn't be able to do it and I don't want to do it, because it's not my work and it isn't the work we should be doing.' That's if it were a person. One day you will experience something like this, if you are sincere in doing this latihan, which in truth is your worship of the One God.

In reality it is not so obvious – not like people talking to each other. But Bapak has truly experienced the reality of it. So have the helpers, because the helpers are to a greater or lesser extent beginning to be cleaned, and the parts of their body are beginning to be awakened. When they are face to face with someone who

Apabila mereka menghadapi atau berhadapan dengan seseorang yang banyak fikiran – yang selalu memikirkan sesuatu apa, lebih-lebih memikirkan Tuhan! – , meskipun hanya berhadapan saja, terasa sakit sekali dalam otaknya. Jadi, terang, bahwa perasaan atau rasa yang demikian memberi arti, bahwa soal ketuhanan tidak semestinya difikirkan. Soal kejiwaan pun demikian juga. Soal Tuhan itu hanya dapat diterima, karena kemurahan Tuhan, kemurahan Yang Maha Esa dengan sesudahnya hati dan akal-fikiran, nafsu tidak dikerjakan, berhenti dan dapat terhenti dan dihentikan.

Serupa itu – umpamanya lagi – , apabila seluruh anggota badan saudara sekalian telah bangkit, telah dapat menjadi merdeka atau menginsyafi tentang kewajiban dan kemerdekaannya masing-masing. Saudara apabila melihat bioskop – Bapak ulangi lagi – , ya, orang melihat, boleh. Tidak ada larangannya orang melihat itu, asalkan ada aturannya, ada ukurannya. Dan apabila itu dipaksa, umpama lantas saban malam terus lihat bioskop saja, anehnya mata lantas sakit, misalnya. Kalau tidak sakit – umpamanya – , saban masuk ke gedung bioskop mulai tidur; saban masuk ke gedung bioskop, mulai tidur. Jadi, datang ke bioskop tidak ada gunanya sama sekali.

Demikian kenyataan-kenyataan anggota-anggota badan yang telah dapat menemukan kemerdekaan pribadinya lagi. Demikian juga, umpamanya lagi – maafkanlah kepada saudara sekalian – , apabila saudara biasa sekali minum, umpamanya. Dengan latihan yang telah dilakukan itu, apabila anggota-anggotanya telah hidup kembali – sebagai tadi telah Bapak katakan telah dapat menginsyafi kewajiban, kenyataan apa yang perlu dimilikinya – , akan menjadikan dirinya tidak suka lagi minum. Karena baik mulut, maupun hatinya, demikian juga perutnya, tidak suka menerima lagi. Jadi, terangnya, bahwa sesudah seluruh anggota ini bangkit dan dihidupkan oleh kekuasaan Tuhan satu demi satu akan mengerti, akan menginsyafi bagaimana seharusnya mereka bekerja dan bagaimana seharusnya mereka tidak bekerja, sehingga satu demi satu mengenal hukumnya masing-masing.

Dengan demikian sehingga sesuai sekali apa yang telah dikatakan oleh para nabi dan para utusan, bahwa kekuasaan Tuhan adalah di dalam segala apa yang ada pada kita, misalnya di dalam seluruh anggota manusia. Maka dikatakan, bahwa Tuhan adalah 'pada kamu atau pada dirimu'. Itulah sebab-sebabnya, maka orang yang takut kepada Tuhan, orang yang sesungguhnya menghormat

thinks a lot – who is always thinking about something, let alone about God – their brain will feel very painful through just being near the person. Such experiences show that it is not appropriate to think about God or about spiritual matters. Anything to do with God can only be received through the grace of God, the grace of the One Almighty, when the heart and mind and desires are not being used and have come to a standstill.

Furthermore, when all the members of your body have awakened, and each one is able to be free and aware of its duty and freedom, then, when you see a film – Bapak returns to this example – yes, you can watch a movie; there's nothing against people seeing a movie, as long as there is some discernment and it is kept within limits. But, if you force it and you go to the cinema every night, strangely enough, your eyes will start to hurt. Or, if they don't hurt, then every time you go into a cinema you will fall asleep. So there will be no point at all in going.

That is what happens when parts of your body have been able to find their own freedom again. To take another example – sorry, brothers and sisters – it will be similar if you are in the habit of drinking a lot. Through the latihan you are doing, once the organs of your body are alive again, they will, as Bapak said earlier, become aware of their duty and of the reality they need. This will make you dislike drinking, because your mouth, your heart and your stomach won't like it any more. So it is apparent that once all these members have woken up and, one by one, have been brought to life by God's power, they will understand and be aware of how they should work and how they shouldn't work. One by one, each will come to know its own law.

What the prophets and messengers said is very much in line with this. They said that the power of God is within everything in us, within all the parts of a human being. They said that God is in you, in your self. That is the reason why people who fear God, people who really respect, praise or exalt God, are those to whom God's power is already close and whom God loves. This is why it

atau memuja atau pertinggi ketinggian Tuhan hanya orang yang telah didekati oleh kekuasaan Tuhan dengan sudah dicintaNya. Karenanya, maka dikatakan orang yang takut kepada Tuhan dan cinta kepada Tuhan hanya orang yang sungguh-sungguh beragama. Hanya itu suatu kata-kata saja, tetapi yang dimaksudkan sungguh-sungguh agama yang telah diikuti, yang telah dipeluk itu merupakan petunjuk dalam dirinya sebagai kalau kita menerima *contact* Tuhan dalam latihan-latihan yang kita kerjakan.

Maka tidak mengherankan dan akan memungkinkan yang sesungguh-sungguhnya, kita sekalian akan dapat dirobah tabiat-tabiat kita yang tidak baik menjadi yang baik, apabila sungguh-sungguh kita dapat menerima petunjuk-petunjuk dan perintah-perintah Tuhan yang ada pada diri kita dan kita dapat sungguh-sungguh menginsyafi, karena seluruh anggota kita telah dapat dihidupkan kembali oleh kekuasaan Tuhan. Itulah sebenarnya yang dicari manusia atau dengan kata lain : yang kita cari. Karena keadaan-keadaan yang ada dalam diri manusia, yang belum dapat diketahui, hakekatnya merupakan penyakit dalam diri manusia. Dan penyakit itu yang sebenarnya, ialah penyakit jiwa. Dan tidak ada seseorang yang dapat menjadi dokter untuk menyembuhkan penyakit jiwa itu, kalau tidak Tuhan sendiri.

Karena itu, maka bagi tuan-tuan sekalian dan nyonya sekalian, agar penyakit jiwanya atau jiwanya yang masih belum sungguh-sungguh baik itu dapat dikembalikan dalam kedudukannya yang baik sebagai sediakala – bukan diperlukan, tetapi – Bapak harapkan, agar sungguh-sungguh saudara-saudara sekalian berperasaan syukur kepada Tuhan Yang Maha Esa, menyerah yang sesungguh-sungguhnya dan cintailah Tuhan dengan penuh kepercayaan, dengan sabar, tawakal dan ikhlas. Agar tuan-tuan dan nyonya sekalian dapat selalu menerima dalam latihannya, selalu dapat menerima pengalaman-pengalaman yang selalu datang dan selalu dihadapi dan akhirnya menjadi insyaf atas kepribadiannya manusia. Karena Nabi Isa sendiri pada waktu yang lampau – khususnya – sifatnya tidak lain daripada hanya menerima kebesaran dan perintah dari Tuhan.

Dan kesehatan badan kasarnya pun bagi saudara-saudara sekalian dapat terpelihara, karena pandai mengatur kerumahtangg-gaannya, yaitu yang ada dalam dirinya sendiri. Dan tuan-tuan dan nyonya sekalian akan sungguh-sungguh menjadi tuan-tuan rumah dan nyonya-nyonya rumah yang sebenarnya. Tidak lagi yang pegang pucuk pimpinan dalam kerumahtanggaannya adalah daya-

is said that someone who fears God and loves God is a person who is truly religious. That is just a word. What is really meant by true religion is one that you follow and embrace until it becomes a guide within yourself, as when we receive the contact of God in the latihan we practise.

Sickness is sickness of the Soul —
depression.

So it is not surprising, and it really is possible, that our bad character can be transformed and become good if we are really able to receive God's guidance and instructions within our self; if we can become truly aware. This is because every part of us has been restored to life by God's power. And this is really what people are looking for – what we are all looking for. Because the inner state of human beings, which as yet they are unaware of, is actually sick. That sickness is in truth a sickness of the soul. And there are no doctors to heal that sickness of the soul except God.

(Depression – refusal to deal with Something which should be dealt with!

This is not an obligation, but Bapak hopes that, in order to cure that sickness and to restore your soul, which is not yet good, to its original good state, you will really have a feeling of gratitude to God. You will really surrender and love God with complete faith, with patience, acceptance and willingness to let go. In this way, you will always be able to receive experiences in your latihan through which you will eventually become aware of your human individuality. For example, Jesus, long ago, had the nature of someone who simply received God's greatness and God's commands.

True Householder

And the health of your physical body will also be taken care of, because you will know how to manage the household that is within your own being. You will become the true householder. The one in charge within your household will no longer be the low forces, which should be governed and not govern.

daya rendah yang semestinya harus diperintah, bukan memerintah. Demikianlah nasehat-nasehat Bapak kepada saudara sekalian dan penerangan-penerangan bagi saudara sekalian yang mengenai kejiwaan dengan pengharapan, agar tuan-tuan dan nyonya sekalian sungguh-sungguh bakti kepada Tuhan dengan jalan latihan ini, karena latihan ini adalah suatu kenyataan bagi kebaktian manusia terhadap Tuhan. Dan Bapak harapkan, agar latihan yang telah dikerjakan jangan dirasa sebagai suatu keadaan yang sebagai beban, tetapi dirasa dan diterima adalah itu suatu kewajiban yang sungguh-sungguh, yang mutlak, karena kebaktian saudara sekalian terhadap Tuhan berarti memelihara dirinya sendiri. Bukan untuk Tuhan.

Di samping itu, saudara sekalian, bekerjalah yang seaktif-aktifnya dalam masyarakat manusia sebagai biasa, agar saudara sekalian dapat hidup di bumi ini sebagai manusia biasa, tetapi dalam kenyataannya adalah suatu manusia yang telah dapat menginsyafi hidupnya nanti sesudah mati. Sekianlah ucapan Bapak pada malam ini sebagai akhiran daripada *talk-talk* Bapak di sini. Mungkin tahun lain, lain lagi dan Bapak dapat datang kembali ke sini, akan Bapak beri *talk* lagi tentang jalan kejiwaan. Dan tidak lain Bapak mengucapkan selamat tinggal kepada saudara sekalian dan mengharap, agar saudara sekalian diberkahi Tuhan dapat melaksanakan kebaktiannya dengan seksama.

Dan terimakasih banyak Bapak sampaikan kepada saudara sekalian yang sungguh-sungguh telah memberi pelayanan selama Bapak di sini dengan sebaik-baiknya.

This is Bapak's advice to all of you, with explanations about spiritual matters, in the hope that you will worship God sincerely by way of this latihan. For this latihan is the reality of a human being's worship of God. Bapak hopes you won't feel the latihan you do as a burden, but feel and accept it as a real and absolute obligation. For your worship of God means that you are taking care of your own selves. It is not for God.

Besides that, brothers and sisters, work as actively as you can in human society in a normal way. You live on this earth like ordinary people, even though in reality you are already aware of your life after death. That is all Bapak has to say this evening, the last of Bapak's talks here. Perhaps another year Bapak will be able to come back again and give you further talks about the spiritual path. It only remains for Bapak to say good-bye to you all, and to ask God to bless you so that you can perform your worship diligently.

And Bapak says thank you very much to all of you for being so hospitable while Bapak has been here.

NORWAY

10

OSLO

1 AGUSTUS 1959

Sumber : Rekaman 59 OSL 1

(*Bagian awal tak terekam*) ...erat hubungannya dengan jiwa daripada hubungannya dengan keduniaan.

Makin hari, makin minggu dan makin bulannya *baby* yang sebelumnya itu belum mengenal dunia, lambat-laun mengenal keduniaan; dapat melihat, mendengar, mencium dan lain-lainnya. Mulailah pada saat itu hubungan dengan jiwanya terpisah atau terbuntu. Lebih-lebih sesudah anak itu akhirnya menjadi besar dan otak, hati dan nafsunya sudah bekerja, ialah pandai memikir, pandai merasakan, pandai mengangan-angan atau menggambarkan sesuatu, makin terbuntu sama sekali hubungan rasa-perasaannya dengan jiwanya yang dahulu dapat mengenalkan suasana-suasana di luar dunia ini.

Itulah yang menjadi sebab yang sungguh-sungguh dapat dikatakan utama, karena apa manusia yang sudah tua dan besar-besar ini tidak dapat dengan selekasnya menghubungkan rasa dirinya dengan jiwa. Karena seluruh rasa dirinya, baik yang mengenai penglihatannya, pendengarannya, ciumannya, rasa-perasaannya, fikirannya, hatinya, nafsunya, seluruhnya telah terisi suasana dunia daripada suasana hidup sebelum ada di sini atau hidup sesudah mati. Juga karena demikian... yang demikian itulah

10

OSLO

1 AUGUST 1959

Source: Recording number 59 OSL 1

The Separation of the child of soul!

[*Beginning of talk not recorded.*] [...And you can see that this is true in a new-born baby, where the connection between body and soul is still very strong because the baby is not yet influenced by the outside world. In such a new born baby you see that sometimes they are happy, sometimes they are sad and sometimes they are annoyed.][6]

As the days, weeks and months go by, a baby – at first unaware of this world – gradually becomes aware of it through their senses of sight, hearing, smell and so on. At the same time, their connection with their soul begins to separate or become blocked. This happens all the more once a child grows older and their brain, heart and desires start to work, so that they become good at thinking, feeling and imagining things. Where previously they were aware of the ambience beyond this world, now the connection between their feeling and their soul is almost completely cut.

That is the main reason why grown-up people cannot instantly make a connection between their inner feeling and their soul; it is because the whole of their inner feeling – which is connected with their seeing, hearing, smelling, feeling, thinking, and their heart and desires – is filled with the ambience of this world rather than that of the world before birth and after death. That is also the reason why the feelings of human beings are far from the power of God but close to the conditions of this world. Therefore it is not surprising

sehingga rasa-perasaan manusia jauh daripada kekuasaan Tuhan, tetapi dekat kepada keadaan dunia. Maka tidak mengherankan, apabila banyak di antara umat manusia menggambarkan bagaimana Tuhan dan kekuasaanNya dan bagaimana sorga dengan keadaannya yang digambarkan sebagai seseorang yang bagus, yang duduk di tempat yang serba bagus, dan rumahnya lebih-lebih daripada rumah raja, dan sorga digambarkan sebagai tempat yang baik sekali panoramanya dan dipandang sebagai suatu tempat yang *heilig*.

Demikianlah gambaran fikiran dari manusia itu. Karena manusia tidak dapat menggambarkan sesuatu lebih daripada apa yang telah dialami, yang telah menjadi pengisi daripada rasa dirinya seluruhnya itu. Itu sudah terang salah. Sudah terang, bahwa tidak tepat yang demikian itu, karena Tuhan bukan sebangsa manusia. Kalau Tuhan sebangsa manusia, Tuhan tidak akan dapat mencipta manusia dengan alam semesta, sedangkan Tuhanlah yang mencipta manusia dengan seisi seluruhnya, baik yang dapat dilihat maupun yang belum dilihat oleh mata kepala manusia.

Tetapi manusia yang telah disucikan hatinya, manusia yang telah dikehendaki Tuhan, dapat melihat bagaimana kekuasaan Tuhan itu sebagai yang telah digambarkan dan diberitahukan atau diceritakan dalam buku ketika Nabi Isa menghadapi mautnya mengatakan demikian : "Ayahku, Tuhan, kenapa Engkau meninggalkan aku?" Jadi, terang, bahwa Nabi Isa pada waktu itu sungguh-sungguh melihat dan mengenal Tuhannya, yang diumpamakan ayahnya itu. Dan apa sebab Nabi Isa demikian keadaannya? Karena memang Nabi Isa dikehendaki Tuhan sebagai manusia yang suci, sebagai manusia yang sungguh-sungguh taat kepada kebesaran Tuhan.

Itulah karenanya, maka dalam latihan kejiwaan Subud ini kita dikehendaki Tuhan, agar kita sungguh-sungguh percaya kepadaNya dan dapat menerima bagaimana bekerjanya kekuasaan Tuhan dalam diri manusia lepas daripada akal-fikiran, hati dan rasa kehendakan saudara-saudara sekalian. Saudara-saudara sekalian, mungkin terasa ada ragu-ragu dan *samar-samar* dengan pengiraan, bahwa kebangkitan dalam latihan kita Subud ini, mungkin ada aliran yang terdapat di dalamnya, aliran daripada kekuatan yang tidak baik bagi diri kita. Tetapi sebenarnya sebaliknya. Kita berlatih, kita menerima latihan itu tidak bersyarat; artinya tidak dengan apa-apa yang kita sajikan kepada kebesaran Tuhan, melainkan dengan kekosongan. Jadi, mustahil sekali, apabila kita menerima sesuatu dalam keadaan

that many people, when they picture God and God's power, and the way things are in heaven, portray God as a handsome human being sitting in a glorious place, living in a house that exceeds the palace of any king. And heaven is visualised as a place of magnificent panoramas and is considered to be a holy place.

That is the kind of picture made by the human mind, because human beings cannot picture anything that is beyond their own experience, the experience that has formed the content of their entire inner feeling. It is clearly mistaken; it is clearly not like that, because God is not of the same kind as human beings. If God were of the same kind as human beings, God could not have created the human race along with the rest of the universe. Whereas, in fact, it is God who has created them, together with everything in them, both the visible part and the part that is invisible to their physical eyes.

But people whose hearts have been purified, those whom God has willed, are able to see what God's power is like. As it is told in the book, when Jesus was facing death he said, 'My father, God, why have you left me?' So it is clear that, at that time, Jesus could truly see and know God, whom he likened to his father. And why was he able to do that? It was because he had indeed been willed by God to be pure and truly obedient to God's greatness.

That is why, in the latihan, God wills us to have complete faith and be able to receive how the power of God works within our self, free of our thinking mind, heart and will. Maybe you feel worried or have doubts, and imagine that the awakening we experience in our latihan has within it a current coming from a force that is not good for our being. In fact it is just the opposite. We do the latihan, we receive the latihan, unconditionally. This means doing it without our offering anything to God's greatness, other than our emptiness. If we receive something in that empty state, it is not possible for any influence or will to enter into it. Certainly not.

kita yang kosong, lantas terisi sesuatu yang ada pengaruhnya, ada kehendaknya. Sudah tentu tidak.

Peribahasanya, kalau orang hendak mencari uang, tentu membawa uang; artinya harus ada uangnya. Misalnya, kalau mau, kalau menghendaki, agar dagangannya *berlaku*, janganlah segan-segan mengeluarkan uang untuk mengadakan reklame dan sebagainya. Demikian juga, kalau orang hendak pandai, tentu harus mengeluarkan segala tenaga, segala kekuatan akal-fikirannya. Demikianlah. Jadi, apabila kita menghendaki sesuatu yang tidak dengan kehendakan, artinya yang kita akan dapat sesuatu yang tidak terisi hati, akal-fikiran, artinya tidak terisi pengaruh, ia itu tidak akan terisi daya yang dikatakan *magic*.

Terangnya Bapak katakan, bahwa daya-daya rendah di bawah daya manusia — ialah daya hidup kebendaan, tumbuh-tumbuhan, hewan dan manusia sendiri — selalu erat hubungannya dengan akal-fikiran, hati, nafsu dan rasa-perasaan manusia. Jadi, apabila manusia masih menggunakan itu — katanya untuk mencari Tuhan — tentu rasa dirinya akan selalu terpengaruh oleh daya-daya rendah yang sejalan dengan hati, akal-fikiran dan nafsunya itu.

Maka apabila kita di dalam sesuatu yang tidak menggunakan akal-fikiran, hati dan nafsu kita, teranglah, bahwa rasa diri kita tidak akan terpengaruh oleh daya-daya rendah yang selalu mempengaruhi rasa diri kita itu. Dengan keadaan demikian rasa diri saudara-saudara sekalian akan sungguh-sungguh dapat menerima bagaimana bekerjanya kekuasaan Tuhan dalam dirinya masing-masing. Dan dalam penerimaan saudara sekalian akan tidak tercampur dengan suasana yang ada di dalam dunia ini.

Sudah tentu, tuan-tuan, nyonya sekalian, tidak ada sesuatu jalan atau usaha bagi manusia yang tidak memakan atau membawa waktu itu. Seluruhnya, seluruh usaha — baik ini maupun itu — selalu membawa dan menghendaki waktu. Itulah karenanya, maka diperlukan bagi tuan-tuan, nyonya-nyonya sekalian, agar dirasa dalam hatinya dengan kesabaran, dengan ketawakalan, dengan keikhlasan. Tetapi percayalah, bahwa Tuhan akan memberi kepada saudara sekalian, apabila saudara sekalian menaati janji-janjinya.

Sebagai tadi Bapak telah mengatakan jiwa saudara sekalian mulai ditinggalkan sejak kecil. Sedangkan sejak kecil sampai menjadi orang, menjadi besar sampai menjadi orang tua terisi keduniaan. Jadi, teranglah, bahwa bagi saudara yang umurnya lima puluh tahun, enam puluh tahun atau empat puluh, telah empat

There is a proverb that says, if someone wants to make money they must carry some money; meaning that they must already have some. For example, if they want their merchandise to sell, they mustn't be reluctant to spend money on advertising and so on. Similarly, if you want to acquire a skill, you need to put all your effort and all your mental power into it. That's how it is. So if we do something that is not from our will, the result will not be filled with the heart and mind, meaning there will be no influence in it, and it will not contain any force of the kind usually called 'magic'.

Bapak wants to say clearly that the forces below the [perfect] human level – that is, the material, vegetable, animal and the ordinary human force – are always closely connected with the mind, heart, desires and feelings. Thus if people use them to look for God – or so they say – then of course their feeling will always be influenced by these low forces, which work through the heart, the mind and the desires.

So if we are in a state where we are not using our heart, our thinking mind and desires, then clearly our inner feeling will not be influenced by those low forces that otherwise always influence us. Under these conditions, your inner self will truly be able to receive how the power of God works within you, and your receiving will not be mixed with the ambience of this world.

It is certain, ladies and gentlemen, that there is no path or endeavour that doesn't take time. Everything, every undertaking, whatever it is, always requires time. That is why all of you need to have a feeling of patience, trust and sincere submission in your hearts. And have faith that God will give to you, if you keep your promises.

As Bapak said just now, you started neglecting your soul when you were small. From the time you were children until you became adults you have been filled with the things of this world. So it's clear, for those of you who are fifty, sixty or forty years old, that you have neglected your souls, you have not been in touch with your

puluh tahun ditinggalkan jiwanya itu, telah empat puluh tahun atau lima puluh tahun telah tidak lagi hubungan dengan jiwanya. Tetapi makin erat hubungannya dengan suasana keduniaan.

Hal itu sama dengan – umpamanya – saudara-saudara mempunyai mobil, tetapi tidak tahu siapa yang punya itu. Tahu-tahu sudah di rumahnya. Dan saudara pakai selalu. Tidak tahu. Kalau ditanya : "Siapa yang punya itu?" "Saya tidak tahu yang punya siapa, karena belum tahu yang punya itu." Dengan demikian akhirnya sama dengan keadaan saudara sekalian. Saudara semestinya di*stuur*, diperalat, dipergunakan oleh jiwa yang menjadi pengisinya, tetapi saudara belum mengenal siapa yang mengisi saya dan siapa yang pegang kuasa dalam diri saya itu. Itulah karenanya, maka dalam latihan kejiwaan ini kita dikehendaki Tuhan, agar saudara sekalian mengenal siapa yang pegang kemudi dalam dirinya masing-masing.

Hati dan akal-fikiran saudara sekalian mengerti hal itu; misalnya, kalau saudara punya sesuatu, tentu dicari, difikirkan, dari mana, siapa, siapa yang membikin, siapa yang membuat, harganya berapa dan perlunya apa. Demikian keduniaan. Jadi, kalau memikir keduniaan, memang dengan mudah, karena itu memang pekerjaan akal-fikiran, hati dan rasa-perasaan manusia untuk dapat mengerti dan menginsyafi

Tetapi jiwa, saudara lupa, bahwa : "Aku begini, tentu ada yang mengadakan. Aku begini, tentu ada yang memulai bagaimana aku dapat begini." Itu belum dicari. Itulah perlunya, maka latihan keji-waan ini, agar saudara dapat menemukan, agar dapat ketemu kembali dengan siapa aku, aku yang pegang pimpinan dalam diriku seluruhnya. Cara memperkenalkan kembali kepada sebenarnya aku, Tuhan telah menunjukkan dan memberi bimbingan, ialah sifat latihan yang saudara sekalian terima.

Dan apa sebab tidak segera lantas pandai, tidak segera lantas bisa ini-itu? Dan kenapa dimulai dengan gerak-gerak kakinya dan tangannya? Sebab mulai saudara bergerak tangannya, kakinya dapat maju, melihat, sudah terkena oleh keduniaan. Jadi, perlu dimulai dari permulaan. *Cara* saudara menulis. Kalau saudara menulis permulaan dipelajari di sekolahan tulisan A begini macamnya, begitu, nanti besar, kalau menulis A-nya tetap begini saja terus. Itulah sebabnya, jadi, tidak boleh merobah sesuatu di tengah-tengah. Tidak boleh. Harus dimulai dari sini, permulaan.

souls for forty or fifty years, but you have been very closely connected to the environment of this world.

It is as if, for instance, you have a motor car but do not know who its owner is. It suddenly appeared in front of your house so you use it all the time. If anyone asked you, 'Who owns that car?' [You would answer,] 'I don't know.' In the end it is the same with your situation. You ought to be steered and used by your soul, which is your content, but you do not yet know 'who is within me and who is in charge within me.' That is why in the latihan we are willed by God to learn who is the driver in each one of us.

Your hearts and minds understand that if you own something you are bound to look for it and think about it: where it came from, who made it, who manufactured it, how much it costs and what it is for. That is how it is in this world. So it is easy to think about this world, because that is the job of the thinking mind, the heart and the feelings – to know and to understand.

But when it comes to the soul, you have forgotten that 'I exist, so there must be a cause of my existence; I exist, so somewhere there must be a source, which made it possible for me to be here.' That is something you haven't figured out yet. And that is the purpose of this latihan: for you to be able to find again, to be reintroduced to 'who I am, I who am in charge of everything within me'. It is God who is showing you and guiding you in getting reacquainted with your true 'I'. That is the function of the latihan you are receiving.

And why is it that you are not able to do it right away - able to do this and that? Why does it have to start with the movement of your hands and feet? It is because from the moment you started to move your hands and feet, to move forward, and to see, you were already affected by this world. So you need to begin at the beginning, just like learning to write. When you learn to write at school, you write 'A' like this. So when you grow up, you go on writing 'A' in just the same way. That's the reason why you cannot change something by starting half-way along. You can't do that. You

Demikianlah cara Tuhan mendidik, membimbing manusia, agar manusia mengenal jiwanya yang bekerja sebenarnya dalam dirinya, sehingga manusia dapat bertindak secara manusia yang sempurna. Contohnya, sebagai Nabi Isa atau nabi lain-lainnya yang menjadi contoh bagi umat manusia seluruhnya.

Jadi, saudara-saudara sekalian menerima latihan itu tidak terus-menerus lantas : *"Au-au-au..."* saja. Tidak. Memang dimulai dari demikian, karena permulaan mulai : *"Aaèk-aaèk..."* sudah kena pengaruh dunia itu. Sehingga akhirnya apa : *"Awè-awè-awe-awè..."* itu dunia semua. Ini semua dibersihkan, agar dari permulaan bersih, terima bagaimana jiwa sebenarnya mengerjakan diri kita yang bukan karena nafsu keduniaan.

Bapak mengerti, menginsyafi tentang keadaan sekalian saudara, bahwa hati, akal-fikiran saudara sekalian merasa tidak tahu-menahu atau merasa sebagai sesuatu yang tidak dapat difikirkan. Karena apa? Karena akal-fikiran dan hati, rasa-perasaan saudara sudah lebih tua daripada jiwanya, sudah lebih lama bekerja dalam diri manusia daripada jiwanya itu. Jadi, perbandingannya : saudara sudah umur empat puluh tahun, empat puluh tahun bekerjanya akal-fikiran, hatinya, sedangkan jiwa baru dilahirkan sekarang atau paling lama satu tahun sudah. Jadi, bagaimana dapat bersamaan? Tetapi akhirnya dengan kesabaran saudara sekalian akan sampai pada batasnya, sehingga bersamaan jalan sebagai yang dicontohkan Nabi Isa.

Bukan dikehendaki Tuhan atau bukan sebenarnya yang dimak-sudkan dalam Subud ini, bahwa tuan-tuan, nyonya sekalian harus menjauhkan akal-fikiran, menjauhkan hati kehendaknya. Tidak. Bukan itu perlu dijauhkan, perlu dibuang. Tidak. Perlu disisihkan, agar bekerjanya dalam memperbaiki jiwanya tidak terhalang dan tidak terganggu.

Saudara-saudara sendiri dapat memikirkan. Kalau saudara hendak bikin meja, tentu apa yang telah dibikin, umpamanya kursi, harus diberhentikan. Jadi, salah satu harus diberhentikan, perlu bekerja itu. Jadi, tidak mungkin dapat dikerjakan terus sama-sama membikin kursi, membikin meja di dalam waktu yang sama, lantas jadi. Tidak mungkin, karena tangannya cuma dua, fikirannya cuma satu, otaknya tidak bisa banyak, kecuali kalau dikerjakan oleh orang banyak meja itu.

Demikian juga... demikianlah contohnya bagi saudara sekalian. *Dalam* dapat bekerja yang tidak terganggu, apabila akal-fikiran dan

have to start here, at the beginning. That is the way God educates and guides human beings, so they can get to know their souls, which are supposed to work within their being, and can behave as true human beings should. As an example, look at Jesus or any of the other prophets who have set an example to the human race.

So you will not always be making sounds like 'Ow-ow-ow...' in latihan. No. But it does start like that, because from the time you made your first sounds, 'Aa-aa...' you were already beginning to be influenced by the world. At the end of the day this 'Ow-ow-ow...' [in the latihan] is all from the world. It is all being cleansed, so that from the beginning you are clean, and able to receive how your true soul uses your being in a way that does not come from the desires of this world.

Bapak understands and is aware of your situation. He knows that your hearts and thinking minds feel they don't want to know about this, or feel that it is something they cannot think about. Why is that? It is because your thinking mind, heart and feelings are older than your soul; they have worked longer than your soul. You are forty years old, your mind and your heart have been working for forty years, whereas your soul has only just been born, or at most it was born a year ago. So how could they work together? But, if you can be patient, you will eventually arrive at the point where they operate together in the way demonstrated by Jesus. *soul and heart can work together*

It is not God's will, nor is it in fact the intention in Subud, that you should avoid using your thinking minds or the will of your hearts. No. It is not necessary to avoid them or to get rid of them. They just need to be put aside so the work of repairing your soul is not impeded or disturbed.

You can figure it out for yourselves. If you want to make a table, first you have to stop work on the chair, or whatever else you were working on. You have to stop work on one or the other; that's how it is. It isn't possible to make a chair and a table at the same time and get them both done. You can't do it, because you have only two hands and one brain, which can't do many things at the same time – unless you have a lot of people who can work on making the tables.

This is how it is for you. Your inner can work if it is not disturbed, if your heart and thinking mind can be put aside. But

hati saudara dapat disisihkan. Tetapi sesudahnya ini bekerja, ini bekerja lagi. Juga demikian. Karena itu disimbolkan, bahwa dalam hidup selalu ada perjodohan antara hari dan malam, wanita dan laki-laki, besar dan kecil, baik dan tidak, jauh dan dekat. Meskipun pohon, meskipun benda, ada jodohnya. Karena kalau tidak ada jodohnya, tidak akan menjadi sesuatu yang diperlukan ada di dunia ini.

Maka agar dalam penerimaan saudara sekalian dapat lancar sebagai kehendak saudara-saudara sekalian, baiklah akal-fikiran, hati dan nafsunya jangan diikut-sertakan. Dibiarkan dengan penyerahan, dengan sabar, dengan percaya kepada Tuhan. Nanti bekerja sendiri itu. Kenyataan-kenyataan daripada apa yang telah Bapak katakan ini akan saudara sekalian alami nanti di belakang hari atau di belakang waktu sesudah saudara sekalian sampai pada saatnya demikian.

Saudara sekalian, ceramah Bapak pada malam ini Bapak sudahi sampai sekian saja dahulu. Dan akan Bapak lanjutkan pada hari Senen malam, juga sehabis latihan. Maka tidak lain Bapak harapkan, agar ceramah Bapak yang sesingkat ini dapat sedikit memberi kepuasan kepada saudara sekalian. Dan Bapak ucapkan terima kasih.

once [the inner work] is done they can work again. That's how it is. This is symbolised by the fact that in life there are always partnerships: between day and night, woman and man, great and small, good and bad, far and near. Even trees and material objects have their partners. If they didn't, they would not exist in this world.

Therefore, in order that your receiving can go well – as you would all like it to – it is better to keep your mind, heart and desires from taking part in it. Just leave it to God, with surrender, patience and trust in God, and it will work by itself. Later on, at some point in the future when the right time comes, you will all experience the reality of what Bapak has been saying to you tonight.

Brothers and Sisters, Bapak will now end his talk for this evening. He will continue it on Monday evening, once again after the latihan. He hopes that this short talk has given you some satisfaction, and he thanks you.

11

OSLO

3 AGUSTUS 1959

Sumber : Rekaman 59 OSL 2

Tuan-tuan, nyonya-nyonya sekalian, Bapak melanjutkan penerangan tentang mengenai jalan kejiwaan yang telah bisa dilakukan oleh pada saudara sekalian.

Sebagaimana yang telah Bapak terangkan pada malam yang lampau – yang lalu – , bahwa jiwa adalah pengisi atau pengemudi dalam diri manusia. Sedangkan pengisi daripada diri manusia itu tidak dapat diketahui dengan menggunakan otak, hati, nafsu dan rasa-perasaan manusia.

Itu sudah selayaknya atau sudah semestinya, karena bagaimana otak, hati, nafsu dan perasaan manusia dapat mengetahui jiwanya, sedangkan jiwa menjadi pengemudi dan penguasa, sehingga sifatnya seluruh anggota yang ada pada diri manusia merupakan alat belaka daripada jiwa itu? Maka tidak dengan pertolongan Tuhan atau tidak dengan pemberian Tuhan sehingga dalam diri kita ada aliran daya yang maha agung, yang maha kuasa, kita tidak mungkin dapat dihindarkan dari jiwa – andaikata jiwa – yang rendah, yang telah menduduki dalam pimpinan diri kita.

Untuk sedikit dapat dimengerti bagaimana jiwa-jiwa yang mempengaruhi ke dalam diri kita manusia, Bapak dapat menggambarkan. Umpamanya saja jiwa kebendaan. Apabila jiwa kebendaan itu berkuasa dalam diri manusia, manusia akan bertabiat – artinya bertabiat ialah gerak seketika yang tidak dapat dicegah dan dimengerti oleh hati dan akal-fikiran manusia – yang menampakkan suka membikin atau membuat kenistaan orang lain dan suka

11

OSLO

3 AUGUST 1959

Source: Recording number 59 OSL 2

the Soul is the Driver.

Ladies and gentlemen, Bapak will continue his explanations of this spiritual way, which you are already able to follow.

As Bapak explained the other night, the content within the human self – or that which sits in the driver's seat – is the soul. And this content cannot be known by using the human brain, heart, desires, or feelings.

This is as it should be, and as it has to be. For how could the human brain, heart, desires, or feelings know the soul, when the soul itself is in the driver's seat and in charge, meaning that every part of the human self is nothing more than that soul's instrument? So, without God's help, without God's gift of a current flowing within us from a very great and very mighty power, there would be no possibility of our freeing ourselves from our soul if, say, a low soul had taken charge within our selves.

To make it possible to understand a little about the souls that influence the human self, Bapak can describe them. For example, there's the material soul. If the material soul is in charge within a human self, the person will have a character… by 'have a character' Bapak means an instantaneous impulse that cannot be curbed or understood by the human heart and mind… which displays itself as a fondness for humiliating others and harming them; for completely

menyalahi orang lain, tidak tahu-menahu tentang kebaikan *laku* bagi seseorang, membenarkan hanya pendiriannya sendiri atau kemauannya sendiri; misalnya sebagai sifat benda itu : yang tidak tahu-menahu tentang kawan yang ada di kanan-kirinya, melainkan memburu hidupnya sendiri dengan jalan bagaimanapun juga.

Lain lagi ialah jiwa tumbuh-tumbuhan yang di dalam susunan hidup adalah lebih tinggi daripada jiwa kebendaan itu. Apabila jiwa tumbuh-tumbuhan itu mempengaruhi ke dalam diri manusia, sehingga manusia bertabiat murka, selalu memburu dan mengejar keuntungan dirinya sendiri dan tidak segan-segan dan tidak terasa kecewa, apabila melihat kawannya yang melarat atau yang nista atau yang menderita, hanya juga memerlukan kepentingannya dirinya sendiri dan suka sekali mengharap kemenangan bagi dirinya sendiri.

Yang ketiga ialah jiwa hewani, agak lebih tinggi daripada jiwa tumbuh-tumbuhan dan jiwa kebendaan. Apabila jiwa hewani itu mempengaruhi ke dalam diri manusia, manusia akan bertabiat – yang juga tidak dengan kesadarannya, karena pengaruh tabiat itu memang kuat sekali – manusia bertabiat yang ingin sekali memburu dan mengejar kesenangan dan keenakan rasa dirinya, terutama dalam hal kumpulnya laki-laki dan wanita. Sungguh terasa senang dan sering melakukan bersetubuh dengan wanita yang tidak memandang dan memikirkan bagaimana akan akibatnya.

Yang keempat ialah daya jasmani dikatakan, ialah daya orang. Apabila daya jasmani – daya orang – itu mempengaruhi ke dalam orang itu sendiri, yaitu dalam rasa diri, sehingga orang bertabiat hanya mementingkan dan membanggakan kepandaian otak dan hatinya, sehingga akhirnya tidak menaruh kepercayaan – hampir dikatakan sama sekali – kepada kebesaran Tuhan, kepada Tuhan, atau kepada siapa yang telah menciptakan hidupnya atau dirinya dalam dunia ini.

Yang kelima ialah disebut daya hidup *ruḥaniyyah*, ialah daya hidup dari sesuatu makhluk yang lebih tinggi daripada manusia – mudahnya dikatakan – ialah makhluk atau makhluk yang sempurna. Apabila daya itu mempengaruhi ke dalam diri manusia, manusia dalam hidupnya selalu ingat kepada kebesaran Tuhan dan selalu ingat kepada Tuhan dan selalu ingat kepada Yang Maha Esa, yang telah menciptakan dirinya, sehingga bagi mereka banyak waktu untuk dapat menerima pemberian dari Tuhan yang dapat

2 Vegetable Soul centre Intellect
Emotion man 2

ignoring the good things done by others; and for regarding only
one's own position, one's own desires, as right. This is like the *A.*
nature of a material object: caring nothing about the friends *EB*
around you, just pursuing your own life by any means possible.

Man No 2 - Vegetable. Greed - Lacks compassion

   Another one is the vegetable soul, which in the hierarchy of *for others*
life is higher than the material soul. If the vegetable soul influences
the human self, then that person will be greedy, always pursuing
personal gain, and feeling no discomfort or compassion when they
see friends in great poverty, misery or suffering. Such people will
also only be concerned with their own interest, and will very much
want to win and get everything for themselves.

Man No. 3 Animal (pursuit of pleasure - Emotional)
Emotion

   The third is the animal soul. It is a bit higher than the vegetable
soul and the material soul. If the animal soul influences a person,
that individual will have the character — and this is also unconscious
because this influence is really very strong — of very much wanting
to pursue the pleasure and delight of their inner feeling, especially
involving the union of man and woman. This kind of man will
enjoy and frequently engage in sexual union with women without
caring or thinking about the consequences.

Man No 4. Human. (believing in power of self)
Intellect.

   The fourth is the *jasmani* force. It is called the human force. If
the *jasmani* force, the human force, influences an individual — that
is to say influences his or her inner feelings — then that person will
place great emphasis on, and be very proud of, their own heart and
mind, with the consequence that they do not believe — one could
almost say not at all — in God's greatness, in God, in the creator of
their life or self in this world.

man No. 5 Life Force. God is present in life.

   The fifth is called the *rohani* life force. It is the force of a
creature higher than human. To give it a simple name, it could be
called a perfect creature. If that force influences a human being,
then in their life they will always remember God's greatness, and
constantly remember God who created them. These people will
find plenty of time for receiving such of God's gifts as they may be
able to receive.

diterimanya.

Ada lagi daya di atasnya, ialah yang ke enam, ya, dan yang ke tujuh, tetapi tidak perlu Bapak terangkan, karena terlalu jauh. Hanya Bapak sedikit dapat memberi penerangan, bahwa daya yang ke enam, yang ke tujuh – yang lebih tinggi daripada daya yang ke lima itu – , ialah yang disebut rakhmani dan rabbani. Hanya Bapak terangkan, bahwa daya hidup yang disebut rakhmani lebih kuasa daripada yang ke lima, yaitu rokhani. Sedangkan rokhani itu saja sudah menguasai kepada daya hidup *jasmaniyyah*, yaitu daya hidup manusia. Yang ke tujuh sudah tentu lebih kuasa daripada yang keenam dan kelima. Karenanya, maka tidak perlu Bapak terangkan; tidak lain nanti malahan menambah banyak fikiran bagi saudara-saudara sekalian.

Karena, apabila saudara sekalian sudah terpengaruh oleh daya yang ke lima yaitu rokhani dan dapat dibawanya oleh daya rokhani itu ke alam rokhaniah yang lebih besar, lebih tinggi, lebih kuasa daripada dunia ini akan dengan sendirinya menaik ke tempat yang lebih tinggi lagi.

Di luar daripada daya tujuh yang telah tersusun dalam hidup besar adalah lagi daya hidup sebagai penyuluh, sebagai pembimbing, sebagai penghubung, agar daya-daya itu antara satu dengan lain dapat saling menginsyafi dan mengerti dan dapat saling berkenalan, tahu-mengetahui, ialah daya hidup yang disebut Ilofi. Dan ada lagi satunya – sebagai peserta daripada yang ke delapan itu, Ilofi – , ialah yang dikatakan daya *Qudus*, Rokh Qudus.

Daya hidup Yang Maha Besar – yang disebut Ilofi dan Qudus itu – itulah yang selalu membuka jalan bagi daya-daya hidup tujuh itu – atau di antaranya manusia – , agar manusia dengan bimbingannya, dengan tuntunannya manusia dapat terhindar atau dapat memisah-misahkan pengaruh daya-daya yang ada dalam dirinya. Juga daya yang demikan itu – yang disebut Ilofi atau *Holy Spirit* – , adalah itu yang telah diterima dan dirasakan oleh sekalian para saudara dalam latihan selalu. Sehingga dengan adanya daya itu rasa diri saudara sekalian terasa terbangkit. Maka teranglah, bahwa keadaannya daya hidup Yang Maha Agung itu, yang ada dalam diri saudara sekalian, tidak dapat saudara fikirkan, tidak dapat saudara mengertikan, kecuali saudara hanya mengikuti jejak-jejaknya yang telah bekerja dalam diri masing-masing.

Dan apa sebab daya Yang Maha Agung – yang lebih daripada daya tujuh itu semuanya; sedangkan daya lima, enam, tujuh, sudah

There are still more above that one; they are the sixth and seventh. But there is no need for Bapak to explain them, because they're too far away. Except that Bapak can tell you that the sixth and the seventh forces, which are higher than the fifth, are called the *rahmani* force and the *rabani* force. Bapak will only say that the force called *rahmani* is higher than the fifth, the *rohani*; whilst the *rohani* itself already has complete power over the *jasmani* life force – the human force. Of course the seventh is higher than the sixth and the fifth. This is why there's no need for Bapak to explain them; all it would do would be to give you a lot to think about.

If you were already under the influence of the fifth force, the *rohani* force, and were taken by it to the *rohani* world, which is greater, higher, and more powerful than this world, then you would spontaneously ascend to a still higher place.

Outside the seven forces that make up the great life, there is still another life force, a giver of light, a guide, a maker of connections that enable the other forces to be aware of and understand one another – to know one another. It is the life force called *ilofi*. And there is yet another one, the companion of the eighth, the *ilofi*. This one is called the *qudus* force, or *ruh qudus*.

It is these sublime life forces, the *ilofi* and *qudus*, that constantly open the way for those seven life forces – including the human. Through their guidance human beings can avoid or sort out the influences of the forces within them. It is the force called *ilofi* or Holy Spirit that you receive and you feel in your latihan. It is this presence that causes your inner feeling to come to life. What is clear is that you cannot possibly think about the nature of these sublime forces within your being, nor can you understand them. All you can do is to follow where they lead as they work within you.

And why is it that these sublime forces, which are greater than all the other seven – and remember that the fifth, sixth, and seventh

jauh sekali daripada kita! – apa sebabnya daya itu berada dalam diri kita? Karena memang telah menjadi kehendak Tuhan, Tuhan memberi pertolongan kepada manusia, terutama pada abad sekarang ini. Manusia makin lama makin terkacau baik akal-fikiran maupun hatinya, karena disebabkan kemajuan akal-fikirannya dan kejauhan hati perasaannya.

Daya-daya tujuh yang telah Bapak ceritakan itu, semestinya tujuh itu semuanya mempengaruhi ke dalam rasa diri manusia. Tetapi karena manusia – terutama pada zaman sekarang ini – lebih banyak memikirkan dunia daripada memikirkan hidup sesudah mati atau daripada memikirkan Tuhan, kebesaran Tuhan, banyak di antara daya-daya itu yang mempengaruhinya ke dalam diri manusia ialah daya kebendaan, daya tumbuh-tumbuhan dan hewan. Sedangkan daya manusia sendiri dapat dikatakan terlalu tipis sekali. Buktinya demikian ialah, bahwa di dunia ini banyak di antara umat manusia yang bertabiat tidak suka mengalah dan suka selalu memburu dan mengejar kemenangan dirinya sendiri, baik dalam pikiran, *percaturan*, maupun di dalam mengejar keuntungan.

Lain daripada hidupnya para nabi pada zaman yang telah lama lampau. Mereka suka mengalah, mereka suka sabar, mereka suka percaya dan mereka juga tidak selalu mengikuti nafsunya. Maka bagi para nabi pada zaman yang lampau yang telah lama selama itu, masih banyak dipengaruhi daya hidup yang di atasnya daya manusia.

Orang suka mengalah bukan berarti kalah, tetapi malah hakekatnya lebih pandai daripada orang yang bisa mengalahkan atau menang itu. Demikian juga orang suka sabar, bukan berarti lantas putus asa. Tidak. Berarti sungguh-sungguh tenang dalam rasa dirinya menantikan pemberian dari Tuhan secara yang sungguh-sungguh atau secara yang ikhlas. Demikian juga sifat mengalah, mendidik dan membangkitkan rasa hati atau rasa-perasaan melalui jalan yang jujur. Memang demikianlah kehendak Tuhan bagi manusia. Agar manusia dapat menerima sesuatu yang perlu bagi hidupnya, manusia diperlukan, agar dapat memiliki tabiat yang suka mengalah dan suka sabar dengan rasa hati yang sejujur-jujurnya.

Sifat demikan atau sifat tabiat yang demikian itulah yang telah dimiliki oleh para nabi, yang telah menjadi pemimpin dan penunjuk jalan bagi umat manusia sampai sekarang. Tetapi manusia pada abad sekarang ini, meskipun telah dapat nasehat yang demikian, tidak mungkin dapat menjalankan, karena telah sangat

forces are already very far beyond us – why is it that these forces are present within our selves? It is because that is truly the will of God. God is helping human beings, especially at this time when people's minds and hearts are increasingly confused, due to the progress of their minds and their distance from their feelings.

All seven of the forces that Bapak has been telling you about should have some influence within people's inner feeling. But because people – especially nowadays – pay more attention to this world than to the life after death, or to God and God's greatness, the outcome is that the forces having the greatest influence within the human self are the material, vegetable and animal forces, whilst even the human force has very, very little influence indeed. Proof that this is so is the large number of people in the world who hate to give in and who always try to get their own way, not only in the field of ideas and debate, but also in the pursuit of profit.

It is different now from how the prophets lived long ago. They were willing to give way. They were patient, they were trusting, and they weren't the constant slaves of their passions. So the prophets long ago were still mainly influenced by the life forces above the level of the human force.

When a person gives way to another, it isn't the same as being defeated. In reality, such a person is more intelligent than one who is able to defeat someone or to win. It's the same with people who are patient; it doesn't mean that they just give up. No. It means they are genuinely peaceful in their inner feeling, while waiting for God's gifts in complete sincerity and without any ulterior motives. Similarly, giving way educates and trains our heart and feelings to be honest. Indeed that is God's will for human beings. In order to be able to receive what they need in their lives, they must be willing to give in and be patient, with a very honest heart.

This kind of nature, this kind of character, was possessed by the prophets, who have led and guided the human race up until the present. But human beings nowadays, although they have received this kind of advice, cannot possibly put it into practice because they are so intensely influenced by the progress of the age and their

terpengaruh oleh kemajuan zaman atau oleh kemajuan keadaan. Dan kemajuan zaman itu juga oleh manusia sendiri yang mengerjakan dan yang membuatnya. Itulah sebab-sebabnya, maka sukar sekali bagi umat manusia sekarang ini untuk dapat memiliki tabiat-tabiat sebagai yang telah dimiliki oleh para nabi dalam zaman yang telah lama lampau. Sehingga mau tidak mau rasa-perasaan manusia yang sekarang ini telah menjadi mangsanya daya-daya rendah yang mudah sekali mempengaruhi dan memasuki ke dalam rasa diri manusia.

Itulah sebab-sebabnya – Bapak katakan – atas kehendak Tuhan Yang Maha Esa mungkin dirasaNya perlu sekali bagi atau waktu sekarang ini, abad sekarang ini, memberikan sesuatu, agar dapat memudahkan bagi kita, cara kita berbakti kepadaNya dengan jalan yang sebenar-benarnya. Dan pertolongan yang Bapak katakan ini telah terbukti, ialah dalam latihan yang telah saudara sekalian terima pada saat atau pada waktu hati, akal-fikiran dan nafsu berhenti. Karena dengan terhentinya akal-fikiran, nafsu dan hati kehendakan, berarti terhentinya pula pengaruh dari daya-daya rendah yang selalu mempengaruhi ke dalam rasa diri saudara-saudara sekalian. Dan daya Yang Agung yang telah Bapak katakan Ilofi tadi akan mengerjakan selalu ke dalam rasa diri atau ke dalam diri saudara sekalian, agar daya-daya yang tidak semestinya menjadi pemimpin dalam diri saudara sekalian kembali ke tempat semestinya.

Dan bagaimana bekerjanya Rokh Ilofi di dalam diri kita : tidak memerlukan pembantu atau bantuan dari akal-fikiran, hati dan kehendakan manusia atau saudara sekalian, karena dengan bantuan akal-fikiran, nafsu dan hati kehendakan bukan menambah lancarnya, tetapi malahan menggelapkan atau memperlahan-lahankan cara Rokh Ilofi itu bekerja di dalam dirinya. Dan juga sebagai yang telah Bapak katakan, bahwa kejiwaan bukan soal pengetahuan yang dikerjakan dengan otak, hati dan nafsu, melainkan kejiwaan hanya dapat dikerjakan oleh jiwa yang lebih kuasa, yang dapat memperkuasai seluruh daya-daya itu.

Bapak gambarkan umpama begini. Ada seorang nama A, umpamanya. Jiwanya *matter*, jiwanya benda. Karena jiwa itu menjadi pengisi daripada dirinya, tentu saja seluruh anggotanya diperalat oleh jiwa itu. Seluruh anggota yang telah diperalat itu di antaranya otak, hati dan rasa-perasaan. Jadi, apabila A itu menghendaki, agar dapat menjadi baik, kehendakan yang telah keluar, yang telah bangkit itu tidak lain daripada dibangkitkan oleh daya rendah itu.

environment. And this progress has been brought about and produced by human beings themselves. That's why it is extremely difficult at present for people to have a character like that of the prophets of long ago. As a result, whether they like it or not, the feelings of human beings at the present time have become the prey of the low forces, which can very easily influence and enter into their inner feelings.

That is why Bapak says it is God's will – perhaps God feels it is very necessary for the present time – to give something that will make it easy for us to worship God in the right way. And this help Bapak is speaking of has been proved in the latihan you all receive whenever your heart, mind and desires stop working. For the stopping of the thinking mind, passions, and the desires of the heart also implies the stopping of the influence of the low forces that normally influence your inner feeling. And then the sublime force, which Bapak called *ilofi*, can always work within you, within your inner feeling, so that the forces that ought not to be in charge within you return to the place where they belong.

Mind & desires will slow down the growth of the Holy Spirit.

And the way the *ilofi* spirit works within your being requires no assistance from your thinking mind, heart or will; for their assistance will not make the work of the *ilofi* spirit in your being easier, but rather will obscure it and slow it down. As Bapak said, spiritual matters aren't intellectual problems to be worked out by the brain, heart and passions. They can only be worked out by a greater soul, which has all the forces in its power.

Bapak will illustrate this with an example. Let's say there's a certain person named A: A has a material soul, the soul of a material object. Since this soul is the content of A's whole being, it's obvious that all the parts of A's self will be used and manipulated by that soul. Among them are the brain, heart and feelings. So if A wants to become a good person, this desire that has appeared or arisen within A can only have originated from that

Sehingga tidak mungkin daya rendah itu mencari usaha untuk membunuh dirinya, untuk membunuh sendirinya... dirinya sendiri. Tentu tidak. Tentu akan membelokkan kejurusan lain, agar kedudukannya sebagai penguasa dalam dirinya tetap selalu masih ada dan tetap berada, tetap berkuasa. Karena itu tidak mungkin A itu tadi dapat diperbaiki jiwanya, apabila tidak dengan pertolongan dari daya agung yang telah menjadi pemimpin, penyuluh, pembimbing, petunjuk bagi manusia atau bagi A itu.

Sebagai kenyataan, apakah dengan akal-fikiran dan hati kehendakan dapat melenyapkan atau dapat menggeserkan jiwanya yang rendah itu atau tidak, Bapak contohkan, ialah, bahwa tidak kurang-kurang orang yang berusaha, agar dapat menerima wahyu dari Tuhan, agar dapat menerima mengetahui jalan hidupnya yang sebenar-benarnya, dengan mengurangi makan dan tidur, juga dengan mengurangi segala kesenangannya seperti manusia... kesenangan manusia di dunia ini. Tetapi akhirnya setelah bertahun-tahun mereka mengalami yang demikian itu hasilnya bukan menemukan jalan yang benar untuk ke Tuhan atau menuju ke Tuhan, melainkan hasil yang membahayakan bagi masyarakat, ialah yang disebut *magic*, yaitu *black magic* dan lain-lain. Demikian usaha-usaha manusia itu apabila hanya menyandarkan kepada kehendakan yang keras, kepada kemauan yang keras, yang tidak diketahui 'siapa sebenarnya yang ada di belakangku, siapa yang sebenarnya yang menjadi pemimpin, menjadi yang memperalat akal-fikiran dan hatiku ini?'

Demikianlah sukarnya − yang tak mungkin dapat dikupas − , karena siapa yang dapat mengetahui kebenaran dalam kebenaran? Artinya : siapa yang dapat mengetahui kesalahan dalam kesalahan hatinya, kecuali yang ada lebih dalam daripada sekalian yang ada di dalam diri kita, yaitu daya agung yang melingkari dan meliputi dan menjadi pembimbing dan penyuluh bagi segala daya-daya hidup yang tersusun itu?

Jadi, terangnya, daya rendah yang telah menjelma dalam diri manusia sehingga merupakan pengusaha dalam diri manusia gambarannya sebagai orang yang ber*masker*. Orangnya itu jiwa, *masker* itu diri manusia. Sehingga saudara-saudara sekalian diperalat, dibawa ke mana-mana, dikerjakan begini-begitu, tidak terasa, tidak sadar, bahwa rasa-perasaan maupun seluruh anggotanya telah diperalat oleh daya yang bukan daya manusia.

Maka kenyataannya, − maafkanlah, saudara-saudara sekalian − tidak kurang-kurang dalam dunia ini orang yang terpelajar, yang

A low soul cannot alter without the influence of the Holy Spirit.

soul cannot alter without the influence of the Holy Spirit. (Sublime Force)

low force. Now it's not possible that this low force would be looking for a way to commit suicide, to kill its own self. Of course not. Of course it will turn that desire in a different direction, to ensure that it will continue to be in charge of A's being forever, and will always remain in power. That is why it's not possible for A's soul to be improved without the help of the sublime force that is the guide, the giver of light, the counsellor of A and of all human beings.

As for the reality of whether the mind, heart and will are able to get rid of, or push aside such a low soul or not, here is an example. There are many people who make an effort to receive a revelation from God, and to receive and understand their right path in life by means of fasting, going without sleep, and cutting down on all human pleasures in this world. Yet finally, after years and years of experiencing such things, the outcome is not that they find the true way leading to God, or come closer to God, but find instead a result that is a menace to society – like magic, black magic and things like that. Such are the results of human efforts that depend only on strong will power or a strong desire, without knowing: 'Who is really behind me? Who is really in charge? Who is really using my mind and heart?'

Personal will power will not bring one to God – only to wrong things.

That's how difficult it is. These matters cannot be analysed, because who can know the truth within the truth? Meaning, who can know the errors within the errors of the heart? None except that which is deeper than all else within our selves; the sublime force that surrounds, envelops, guides and directs all the life forces on all levels. *= The Holy Spirit*

So it's clear that the low forces manifesting within the human self are agents within our being. It could be compared to a person wearing a mask: the person is the [particular] soul, the mask is the human self. So you have been manipulated. You have been taken all over the place, used in this way and that way, without feeling it, without being aware that your feelings and everything within you have been manipulated by forces that are not human.

The reality is – excuse me for saying so – that there are many educated people in this world who are truly intelligent and under-

Forces that manipulate us.

sungguh-sungguh orang pandai, yang mengerti hukum, tetapi masih menjalankan sesuatu yang salah, yang menyalahi hukum. Juga tidak kurang-kurang orang yang bagus bentuk badannya, yang mestinya menjadi seseorang yang sungguh-sungguh patut dipuji, tetapi masih melakukan sesuatu atau bertindak yang tidak baik. Demikian itu bukan kesalahan manusia itu sendiri, tetapi karena manusia masih diperalat oleh daya rendah yang berkuasa dalam dirinya itu. Dan karena itu banyak-banyak di antara mereka sesudahnya terlanjur apa yang telah dilakukan barulah terasa kecewa dan..., ya, terasa kecewa.

Itulah, maka dalam latihan kejiwaan kita Subud ini, dalam kita menerima bagaimana bekerjanya yang ada dalam diri kita, hati, akal-fikiran, nafsu kita bukan sebagai dilalaikan, tetapi sungguh-sungguh dipisahkan, agar itu tidak lagi membawa pengaruh dari daya-daya rendah yang berkuasa dalam dirinya itu. Jadi, bukan Bapak menghendaki, agar saudara sekalian tidak memakai akal-fikiran-nya dan hatinya. Tidak. Tetapi dalam kejiwaan ini tidak semestinya akal-fikiran dan hati dipergunakan ke dalam itu, karena kejiwaan ini bukan pekerjaan akal-fikiran, hati dan nafsu manusia, melainkan bekerjanya kekuasaan Tuhan yang telah bekerja di dalam diri manusia.

Maka Bapak selalu menjawab – apabila ada pertanyaan dari saudara sekalian – : "Bagaimana caranya untuk dapat melekaskan menerima dalam latihan ini?" Bapak jawab : "Tidak ada syarat-syaratnya, kecuali percayalah kepada kebesaran Tuhan dan menyerah yang sebesar-besarnya, karena Tuhan akan mengerjakan segala sesuatu yang ada dalam diri saudara sekalian seukur dengan kekuatan yang ada pada tempat itu."

Contohnya dalam hal ini ialah seperti para nabi-nabi yang telah Bapak katakan tadi, di antaranya Nabi Isa sendiri. Dimana dia belajar? Dan bagaimana cara Nabi Isa berusaha untuk menemukan Tuhan dan kuasaNya itu? Tidak ada. Karena Nabi Isa telah dikehendaki Tuhan, agar dapat menjadi petunjuk bagi umum, bagi manusia, sehingga dipengaruhi daya agung yang ada dalam diri Nabi Isa, sehingga Nabi Isa bertabiat jujur, suka mengalah, berterimakasih kepada Tuhan, taat kepada Tuhan, percaya adanya kekuasaan Tuhan.

Demikianlah ucapan Bapak sebagai penerangan kejiwaan pada malam ini. Bapak sudahi sampai sekian saja dahulu, akan Bapak sambung nanti malam Sabtu, ya. Nanti Sabtu? Oh..., nanti Jumat.

Educated people can have very low souls   *Jesus* 2 / 205

stand the law, but who still do things that are wrong and violate it. Likewise many people who are good looking, who ought to be worthy of admiration, nevertheless behave badly. This is not the fault of the people themselves, it is caused by their being manipulated by the low forces, which are in control within their selves. Many of them feel remorse only after they have done something [wrong].

That's how it is. That's why in our latihan in Subud, when we are receiving how our inner content works, our hearts, thinking minds and passions are not ignored, but they are truly separated, so they no longer convey the influence of the low forces that are in control within the self. So it's not that Bapak doesn't want you to use your minds and hearts. No. But it is out of place for the mind and heart to be used in what concerns the soul, because spiritual matters are not the work of the human mind, heart and passions, but the work of the power of God, which works within the human self.

So if you ask, 'How can we speed up our receiving in this latihan?' Bapak always replies, 'There are no means for that except to believe in the greatness of God and surrender as completely as possible, because God will work on everything within you in accordance with the measure of your strength.'

God knows our capacity!   *Jesus*

An example of this is the way it was with the prophets Bapak spoke of earlier, Jesus among them. Where did [Jesus] study? Nowhere. And what was the method by which he tried to find God and his power? None. Because Jesus was willed by God to become a guide for people – for human beings – he was under the influence of the sublime force present within him. As a result he was honest, willing to give way, grateful and obedient to God, and had faith in God's power.

That is Bapak's explanation of spiritual matters for tonight. He will end at this point and will continue later, on Friday night. Bapak hopes that you will really forgive him if he said anything

Dan Bapak harapkan, agar saudara sekalian mempermaafkan banyak-banyak, apabila ada kata-kata Bapak yang tidak pada tempatnya. Dan Bapak ucapkan terima kasih.

that was out of place. And Bapak says thank you.

12

OSLO

7 AGUSTUS 1959

Sumber : Rekaman 59 OSL 3

Tuan-tuan dan nyonya sekalian, pada malam ini Bapak hendak melanjutkan penerangan tentang kejiwaan, agar tuan-tuan, nyonya sekalian dapat sedikit lebih menginsyafi bagaimana seharusnya bertindak dalam latihan selalu.

Sebagaimana yang telah Bapak terangkan, bahwa latihan keji-waan Subud ini adalah sebetulnya kebaktian kita manusia terhadap Tuhan, berdasarkan kehendak Tuhan sendiri yang memberi tuntunan, memberi bimbingan dalam diri kita. Karena itu, maka Bapak harapkan kepada sekalian para saudara janganlah sekali-kali menggunakan secara menggunakan kepandaiannya untuk menyalurkan atau untuk memberi jalan bagaimana bekerjanya kekuasaan Tuhan dalam dirinya masing-masing. Memang sifatnya latihan kejiwaan Subud ini, apabila dilihat sepintas lalu dengan tinjauan pengertian dari kelahiran, banyak persamaan dengan lain-lain, umpamanya dengan spiritis, magnetis dengan lain-lainnya. Memang dalam permulaan – sebagai gerak-gerak itu – kelihatannya sama dengan lain-lainnya.

Bapak umpamakan saja seperti… umpama piano yang dibu-nyikan. Meskipun piano itu dibunyikan, diketok oleh suatu orang yang ulung sekali dalam mengerjakan atau dalam mengetok piano itu, juga sama saja halnya dengan orang yang baru belajar setengah tahun – umpamanya – mengetok piano itu, karena memang yang diketok itu masih menghendaki atau masih berada dalam tingkatan yang rendah.

12

OSLO

7 AUGUST 1959

Source: Recording number 59 OSL 3

Ladies and gentlemen, this evening Bapak would like to continue his explanations about the spiritual way, so you can be a little bit more aware of what you should do or how you should be in the latihan.

As Bapak has explained, this Subud spiritual training is actually our worship of God, based on the will of God, who gives us guidance and direction within. For this reason, Bapak hopes you will never make use of your intelligence to direct or create a way for the working of God's power within you. It is true that looked at superficially, from the outer point of view, there are many similarities between the Subud latihan and other [ways]; for example, spiritualism, magnetism and so forth. Certainly, in the beginning the movements, for instance, might appear to be similar to those of other [ways].

Bapak can illustrate this with the example of making sounds on a piano. If someone who is a top professional pianist strikes one key, it's the same as when someone who has only been learning for, say, six months, strikes the same key. This is because striking notes is still on a very elementary level.

Atau Bapak gambarkan – mungkin lebih terang – umpama anak yang baru belajar sekolah, yang baru belajar menulis. Meskipun gurunya itu profesor, tokh sama saja cara memberi pelajaran kepada anak itu, karena anak itu baru mulai belajar menulis. Jadi, meskipun gurunya itu profesor, akan sama saja halnya dengan guru yang tidak profesor, karena permulaan anak menerima pelajaran itu berdasarkan, ya, permulaan caranya orang menulis. Baru nanti sesudah anak itu meningkat, meningkat, meningkat pelajarannya, sehingga sampai pelajaran yang tinggi, barulah dapat diketahui, bahwa pelajaran yang didapat dari guru biasa terasa kurang. Perlu mencari lagi guru yang lebih tinggi, yaitu profesor.

Demikian juga yang ada dalam latihan kejiwaan ini. Saudara-saudara belum dapat merasakan dan menerima sampai di mana pelajaran-pelajaran atau macam latihan-latihan lainnya yang dianggap sama dengan Subud ini. Hanya bedanya antara kepandaian akal-fikiran dengan keinsyafan yang didapat dari Tuhan.

Bahwa untuk dapat menginsyafi dan mengerti pengajar-pengajarnya yang sungguh-sungguh ulung, yang sungguh-sungguh dapat wahyu dari Tuhan itu, perlu ditinjau dari sudut kejiwaan. Sedangkan saudara-saudara sekalian belum sampai pada tingkatan yang dapat meninjau bagaimana sifat jiwa yang telah ada dalam pengajar-pengajar itu. Kalau lahirnya, yaitu kepandaian biasa – akal-fikiran – , saudara-saudara dapat melihat karena diplomanya, karena *akte*nya yang menyatakan, bahwa itu profesor atau guru besar. Tetapi kejiwaan, saudara tidak dapat mengetahui dengan jalan demikian, melainkan, apabila sendiri telah dapat menanyakan kepada Tuhan, barulah dapat mengetahui sampai di mana dan bagaimana keadaan sebenarnya pengajar itu di dalam kekuasaan Tuhan. Demikian perbedaan antara kepandaian akal-fikiran untuk lahir dengan ketinggian atau keluhuran yang didapat dalam kejiwaan. Jadi, terangnya, ketinggian kita dalam *spiritueel* – dalam latihan kejiwaan ini – hanya ditetapkan dan diputuskan dan diberitahu oleh Tuhan sendiri. Tidak dari orang. Maka tentang benar dan tidaknya apa nanti yang didapat di belakang hari, semestinya saudara-saudara perlu dapat bertanya sendiri kepada Tuhan, apabila sudah sampai pada batasnya, sehingga betul-betul apa yang telah dijalankan ini dikehendaki Tuhan atau memang jalan yang sebenarnya yang menuju ke Tuhan.

Kita tidak dapat mengoreksi, lebih-lebih membuka jalan untuk melancarkan bekerjanya kekuasaan Tuhan yang ada dalam diri

Or, Bapak might illustrate it – to make it clearer perhaps – with a child just starting school who is learning how to write. Even if the teacher is a professor, the way the child is taught will be the same, because the child is just beginning to learn to write. So it would be the same if the teacher were not a professor, because what is being taught is the beginning of learning how to write. Only later, after a child's studies have advanced to a higher level, will it become evident that the lessons they can get from an ordinary teacher are no longer adequate. A higher-level teacher is needed – a professor.

The same is true in this spiritual training. You may consider other teachings and practices to be similar to Subud, but you are not yet able to feel and receive how far they could take you. There is a difference between the cleverness of the mind and the awareness obtained from God.

To recognise and know teachers who are truly adept and inspired by God, you have to test it from the spiritual point of view. But you have not yet reached the level where you can test what kind of soul those teachers have. In your outer life, with regard to ordinary ability that relates to the intellect, you can tell from their diploma or certificate that they are professors or university lecturers. But with regard to the spiritual life you cannot know by such means. Only if you yourself are able to ask God can you find out a teacher's true level and state from the point of view of God's power. That is the difference between the ability of the thinking mind for the outer life and a high level or nobility attained in the spiritual life. Clearly, God alone determines and reveals our level in the spiritual life – in the latihan – not other people. So you yourself should be able to ask God about the rightness of what you will obtain [if you follow a particular teacher], so that when you get to the end, what you have followed will have been according to God's will – the right way that leads to God.

Finding a teacher's true level.

We cannot correct the work of God's power within us, let alone open the way to make its work easier, because if we could, it would

saudara-saudara sekalian, karena, apabila kita dapat memberi jalan, dapat membuka jalan, agar bekerjanya di dalam itu menjadi lancar, berarti, bahwa yang bekerja dalam dirinya itu bukan kekuasaan Tuhan, tetapi nafsu dari orang itu sendiri. Mungkin – entah ada kata-kata dalam Inggris atau tidak – sebenarnya jiwa itu bukan sukma. Artinya jiwa bukan sukma : jiwa itu bukan keadaan manusia, pribadi manusia, meskipun dalam halusnya. Tetapi – mungkin dalam bahasa Inggris entah ada entah tidak, tetapi – yang Bapak maksudkan jiwa : jiwa itu bukan sukma, sehingga jiwa itu tidak berbentuk. Dan apabila jiwa itu tidak berbentuk, bagaimana cara sifat yang berbentuk memberi jalan kepada jiwa itu? Tidak mungkin dapat memberi jalan, karena sifatnya tidak dapat, tidak sesuai dengan keadaan jiwa yang sebenarnya.

Jadi, jiwa itu adalah daya hidup yang mengisi, yang membang-kitkan atau yang mengadakan, sehingga betul-betul bekerja sifat yang ada itu, ialah sukma. Dan sukma adalah badan halusnya dari badan kasar ini. Dan badan halus – sukma – adalah sebenarnya itu bukan satu, tetapi lima. Karena itu dikatakan saudara lima, ialah yang sifatnya hitam, yang dua sifatnya merah, yang tiga sifatnya kuning, yang empat sifatnya putih, yang lima sifatnya *bruin* atau berwarna *bruin*. Itu, meskipun saudara sekalian kulitnya putih, tetapi adakalanya menemui sebagai saudara sendiri sifatnya, tetapi kehitam-hitaman. Dan juga dapat adakalanya ketemu dengan sebagai saudara sendiri juga yang sifatnya merah, kuning, putih dan *bruin*.

Dikatakan saudara lima itu menempati, menduduki dalam hati manusia dan merupakan nafsu, ialah nafsu aluwamah – ya, ini – sukar sekali ini – , kedua nafsu amarah, ketiga nafsu supiah, keempat nafsu mutmainah dan kelima adalah nafsu – bukan nafsu, tetapi – kesucian.

(*Bapak mengoreksi penterjemah:*) Yang kelima itu *verzameling*nya... Merupakan persatuan.

Kalau Bapak salin dengan kata-kata lain, aluwamah itu murka, amarah itu angkara dan supiah itu keinginan dan mutmainah itu kesadaran atau ketenangan dan yang kelima ialah persatuan dari keempat nafsu itu. Dan sifat-sifat yang demikian, yang mungkin adakalanya saudara sekalian dapat bertemu dengan itu, bukan hanya nampak di kulitnya saja yang hitam, yang merah, yang kuning, yang putih dan *bruin* itu, tetapi seluruh sampai ke dalamnya juga hitam, juga merah, juga kuning, juga putih, juga *bruin*. Kenyataan demikian

mean that our own will was working in us, not God's power. Who knows, maybe there are words for this in English, maybe not, but actually the *jiwa* [soul] is not the *sukma* [fine body]. The *jiwa is* not the human being, or the individuality of the human being, even in the finest sense. Maybe it exists in English, maybe not, but when Bapak says *jiwa*, he does not mean *sukma* − the *jiwa* has no form. So, if the soul has no form, how could something with a form open the way for the soul? It cannot possibly do so, because its nature doesn't correspond to the true nature of the soul.

FINE BODIES

So, the soul is the life force that fills, awakens, and gives life to this − the fine body − so that it really works. And the *sukma* is the fine body of this coarse physical body. Actually, there is not just one fine body, but five. That's why [in Java] they talk about five brothers. The first is black, the second is red, the third yellow, the fourth white, and the fifth brown. So although you have a white skin, there will be a time when you may meet someone who is you, but black. And you may also meet someone who is you, but red, yellow, white, or brown.

These five brothers are said to occupy, or reside in, the human heart, and represent the passions. They are: *aluwamah* − this is [all] very complicated − the second, *amarah'*; the third, *supiah*; the fourth, *mutma'inah*; and the fifth is not a passion, but a state of purity.

[*Bapak, interrupting the interpreter:*] The fifth is a collection, a combination [of the others] as well… It forms a unity.

If Bapak uses other words, *aluwamah* is avarice; *amarah* is self centredness; *supiah* is desire; *mutma'inah* is awareness or peace; and the fifth is a unity of these four passions. These entities, which you may be able to meet one day, do not just appear black, red, yellow, white, or brown on their skin. The whole of them, even inside, is also black, red, yellow, white or brown. This reality impresses upon us that human beings on this earth − whether black, red, yellow, white or brown − are actually one; one humanity, one origin.

itu memberi kesan, bahwa manusia di bumi ini – baik yang hitam, merah, kuning, putih, *bruin* – sebenarnya satu. Satu manusia, satu asal.

Jadi, Bapak ini pernah melihat Bapak ini hitam sekali seperti Negro. Dan Bapak pernah melihat Bapak ini merah sekali seperti Indian. Dan pernah Bapak melihat juga seperti Bapak juga kuning, seperti biasanya di sini *ras* yang kuning itu *Chinese* dan *Japanese*. Dan Bapak pernah melihat juga seperti Bapak ini putih sekali, seperti orang Eropa – terutama seperti orang di Norway sini – , juga Bapak pernah melihat seperti Bapak ini yang sepadan kulitnya dengan Bapak ini. Demikianlah, bahwa Tuhan telah memberi kenyataan kepada manusia, bahwa meskipun hitam, meskipun merah, putih, kuning dan *brown*, tokh itu bersaudara. Satu. Kumpul di dalam dirinya. Demikian, saudara-saudara sekalian, nanti akan dapat menyaksikan itu. Maka Bapak harapkan, janganlah takut-takut, apabila nanti di belakang hari ketemu dengan itu, karena itu memang saudaranya sendiri. Bukan saudara hanya sekandung, tetapi saudara keluar sama-sama dan nanti di kubur sama-sama.

Dan itu dapat sering kali dicium baunya, karena juga berbau sebagai biasa yang dapat dicium. Tetapi, ya, kalau hidung saudara sekalian tajam sekali untuk dapat menciumnya itu! Kalau saudara kadang-kadang mencium bau yang tidak enak sekali – *lha, wong* tidak enak sekali baunya itu! seperti bau kambing yang ...*gèmbèl* itu apa, arti *gèmbèl* itu?... – itu bau dari saudara yang hitam. Dan kadang-kadang tercium baunya yang seperti *bakaran beenderen,* itu ialah bau dari saudaranya yang nampak warnanya merah. Dan kalau mencium bau lagi yang baunya seperti bau ikan laut – *amis* – , itu bau dari saudaranya yang berkulit kuning. Kalau mencium lagi bau yang seperti bau *stof* – *stof,* seperti *kalk, stof kalk* – , adalah itu bau dari saudaranya yang berwarna putih. Dan kalau saudara mencium bau lagi yang baunya seperti bau *lempung. Lempung* itu... *hè?*... *lempung* itu..., ya, *lempung* itu *clay, clay. Brown body.* Karena itu adalah *verzameling* dari sekalian bau-bau itu.

Maka Bapak katakan demikian, mungkin saudara-saudara sekalian pernah mencium bau yang demikian itu. Hanya tatkala mencium bau itu belum mengerti apa itu dan bagaimana keadaannya. Dan itu semuanya – saudara itu – bekerja sama-sama dengan saudara, sehingga saudara itu dapat dikatakan seia-sekata dalam segala hal.

Dan itu pula yang banyak dikerjakan oleh para ahli kebatinan

It has happened that Bapak has seen himself very black, like a black man. And he has seen himself very red, like a [North American] Indian. And he has seen himself yellow, too, in this case like the Chinese and Japanese. And he has also seen himself very white, like a European – just like people here in Norway. Also, Bapak has seen himself with a skin like his own. In this way God gives real evidence to human beings that, even though they are black, red, yellow, white, or brown, they are siblings – brothers. They are one. They are all there together, within the self. That is how it is; and you will be able to witness it. Bapak hopes you won't be frightened if you meet them one day, because they are your own brothers. Not brothers from the same womb, but born together and eventually buried together.

5 Smells related to 5 Bodies

Sometimes you can smell them, because they have an odour too, like things you can normally smell – but only if your nose is sharp enough to smell them. If you ever smell a very unpleasant smell – oh, it smells very unpleasant, like the smell of a shaggy goat – that's the odour of the black brother. And sometimes you may smell an odour like that of bones burning. That is the smell of your red brother. And if you smell a fishy smell like sea fish, that's the smell from your yellow brother. If you smell a smell like that of dust, like chalk – chalk dust – that's the smell from your white brother. And if you smell an odour like the smell of clay, it is from your brown body, and that is the combination of all the smells.

Bapak has been speaking about this because perhaps you have smelled an odour like one of these, but when you smelled it you didn't know what it was or where it came from. All of them – those brothers – work with you; so you might say that they are of one accord [with you] in everything.

These are also used a lot by mystics or ascetics. For these four

atau ahli bertapa. Karena itu, maka saudara-saudara yang keempat... lima itu juga sering-sering membangkitkan hati, membangkitkan rasa diri manusia, rasa diri saudara sekalian untuk bekerja atau untuk mengerjakan sesuatu yang akan dikerjakan, membangkitkan semangat. Dan apabila saudara dapat mengerjakan itu, ya, saudara akan menjadi seorang yang dikagumi oleh orang lain, karena dapat menaikkan tali ke atas dengan tidak ada *canthèlan*. Dan juga dapat memindahkan barang dengan tidak diraba dan tidak diangkat. Juga banyak yang terjadi, juga banyak yang dikerjakan seperti di Afrika, ialah ada suatu benda yang dapat diturunkan hanya begini saja (*ibu jari dan jari tengah Bapak digerakkan sehinga menimbulkan bunyi*), turun sendiri. Dan itu di dalam pengetahuan manusia yang terpelajar diganti atau disalin dengan kata-kata lain, ialah yang dikatakan spiritis, hipnotis, magnetis, okultis dan sebenarnya kebaktian.

Itu, apabila saudara hanya hendak melulu mengerjakan rasa dirinya – yang ada di dalam – secara diatur oleh kekuatan nafsu atau akal-fikiran saudara sendiri. Tetapi jangan dilupakan, bahwa, apabila saudara sekalian selama hidup di bumi ini mengerjakan nafsunya itu sungguh-sungguh dengan kuatnya, dalam kematian nanti – akan menghadapi maut – saudara akan tertutup jalan yang sebenarnya, yang dapat menuju jalan ke Tuhan atau jalan yang menuju ke tingkatan yang lebih tinggi daripada dunia ini. Karena nafsu empat kejadian ke lima itu hanyalah berada selama saudara sekalian hidup dengan dirinya ini dalam dunia. Sedangkan sebenarnya yang diperlukan, agar saudara sekalian dapat memasuki gerbang alam yang utama – yaitu alam manusia yang sempurna – perlu mempersatukan seluruhnya itu sehingga menjadi satu yang Bapak katakan *bruin* itu. Dan di situlah baru saudara dapat kontak yang sebenarnya apa yang Bapak katakan, yaitu kontak dari daya hidup yang kuasa.

Maka teranglah, bahwa latihan kejiwaan yang telah kita terima kita sudah dikehendaki Tuhan, sudah diberi wahyu kepada Tuhan, pertama kita menerima secara kebaktian itu kepada Tuhan terlepas daripada gangguan atau pengaruh dari nafsu empat itu. Dan dalam latihan kejiwaan yang telah kita terima ini kita tidak lain daripada menerima dan merasakan bagaimana bekerjanya kekuasaan daya yang kuasa itu di dalam diri kita. Kita tidak boleh memikir, tetapi kita perlu ingat. Jadi, kita tidak boleh lupa, tetapi tetap ingat, tetapi jangan mempergunakan akal-fikiran dan hati,...agar kita dapat merasakan bagimana cara bekerjanya daya yang kuasa itu di dalam

or five brothers very often awaken your heart, awaken your inner feeling, to work or do something you have to do. They awaken your energy. And if you could use them, you would be able to impress other people, because you could make a rope stand up by itself without any support. And you could move objects without touching them or lifting them. Also – this happens a lot and they do it a lot in places like Africa – you could make an object fall down just by doing this [*Bapak snaps his fingers*]; it would fall down by itself. Among educated people such things are given various names, such as spiritualism, hypnotism, magnetism, occultism; and they even consider it to be worship.

That is how it is if you only want to make use of your inner feeling – what is within you – by means of the strength of your own passions and thinking mind. But don't forget that if you use your passions really strongly during your life on this earth, later on when you die – when you face death – the true path, the way that leads to God, to a level higher than this world, will be closed to you. Because these four passions, which together become the fifth, are there only as long as you are living with this self of yours in the world. But, to be able to go through the gates to the noble world of the complete human being, you have to unite them all so they become one – as Bapak said – brown. Only in that state do you obtain the true contact Bapak speaks of, the contact from the life force that has authority.

So it is clear that in the latihan we have received, God has willed for us and given us a revelation to receive, for the first time, a way of worshipping God free from the disturbance or influence of the four passions. In this spiritual training, we receive and feel how the power of that great force works within us. We are not allowed to think, but we must be conscious. So, we never lose consciousness. We have to be conscious all the time, but not use our thinking mind and heart, so we can feel how that great force works within us. Thus, we can always feel and be aware of any change of soul within us from a low soul to a higher soul.

diri kita. Jadi, tentang pergantian jiwa yang ada dalam dirinya – dari jiwa rendah ganti menjadi jiwa yang lebih tinggi – kita selalu dapat merasakan dan selalu dapat menginsyafinya.

Dan pada akhirnya saudara sekalian akan dapat menginsyafi bagaimana rasa-perasaan dan keinsyafan, apabila terperdaya oleh daya rendah, daya benda; dan bagaimana rasa-perasaan dan kein-syafan saudara sekalian, apabila terpedaya oleh daya tumbuh-tumbuhan; demikian oleh daya hewan; demikian pula oleh daya orang sendiri; dan bagaiman rasa-perasaan dan keinsyafan, apabila telah terperdaya oleh daya yang lebih tinggi daripada manusia. Agar saudara sekalian dapat mempergunakan segala itu. Bukan saudara dipergunakan oleh daya-daya itu. Itu memang dibutuhkan bagi saudara sekalian atau dibutuhkan bagi manusia hidup di bumi ini, karena saudara tidak akan dapat hidup yang bahagia, apabila tidak ada benda, apabila tidak ada tumbuh-tumbuhan, apabila tidak ada daging, dan apabila pula… apabila tidak ada orang. Hidup sendiri tidak bisa hidup.

Tetapi saudara tidak lagi mencampur-adukkan itu. Umpamanya, saudara perlu pakai pakaian. Bukan orang yang diper-lukan berpakaian. Tidak. Bukan daging yang diperlukan pakaian. Juga tidak. Dan juga bukan makan-makanan, tetapi benda yang diperlukan pakaian itu. Demikian juga caranya mencari. Jadi, daya yang mencari dalam dirinya itu seharusnya yang cocok dengan yang ada di luar. Sehingga dengan demikian tidak akan menga-caukan kesungguhan bakti manusia terhadap Tuhan. Jadi, kesung-guhan bakti kepada Tuhan itu di atas segala apa yang menjadi kebu-tuhan manusia di bumi ini.

Umpama, Bapak gambarkan secara orang berumah tangga. Yang pergi ke pasar harus ada sendiri, yaitu daya-daya rendah itu; yang masak-masak harus ada sendiri; yang membersihi rumah juga harus ada sendiri; yang pegang kekuasaan dalam rumah itu harus ada sendiri, yaitu tuan rumah. Jangan nanti tuan rumah malahan belanja ke pasar, membersihkan rumah, sedangkan yang pegang kuaco dalam rumah tangga yang mestinya pergi ke pasar dan yang mestinya mencuci rumah itu.

Kalau Bapak terangkan bagaimana daya-daya itu mempe-ngaruhi ke dalam rasa diri kita – umpama saja daya benda – , tadi Bapak katakan, bahwa daya – yaitu jiwa – itu tidak berbentuk. Sehingga masuknya ke dalam diri kita ini masuk ke seluruh tubuh

Need higher forces this life

Eventually, you will be able to experience how your feelings and awareness are when a low force influences you: the force of material objects; or the force of plants; the animal force; or the force of people; and how you are when a force higher than the human influences you. As a result, you will be able to use all the forces and not be used by them. These forces are really necessary for you, for human beings in their life on this earth, because you could not live happily if there were no material things: no plants, no meat, and no people. If you were alone, you would not be able to live.

Acknowledging management (proper) of forces and what they serve.

But eventually you won't get them all mixed up any more. For example, you need clothes to wear. It's not the person [the human force] that needs to have the clothes. No. It's not the flesh [animal force] that requires the clothes. It's not the foods [vegetable force] but the material [in you] that requires the clothes. This also applies to looking for [the clothes]: the force inside you that does the looking should correspond to what it is outside, [meaning, the thing that you are looking for]. That way, it won't disturb your devotion to the worship of God. So our devotion to the worship of God is above every kind of human need here on this earth.

Bapak will illustrate this with an example of the way someone manages a household. There should be someone who goes to the market. There should be someone who does the cooking. There should be someone who cleans the house. These are the low forces. And there should be someone who has authority in the house; that is, the master of the house. It shouldn't happen that the master of the house goes to do the shopping in the market, or cleans the house, while those who ought to be going to the market or doing the cleaning take control of the household.

To explain how these forces influence our inner feeling, take the material force: Bapak said earlier that a force – that is, a soul – has no form. So when it enters us, it gets into our whole body, both the coarse and the fine: for example, through the bones, the flesh,

kita, baik yang kasar maupun yang halus; misalnya : baik tulang-tulangnya dan daging-dagingnya dan urat-uratnya sampai ke hatinya, ke otak, sampai ke mana saja semua dimasuki. Sehingga kebangkitan kehendakan dari manusia itu itu telah digerakkan oleh daya, siapa yang menggerakkan di dalamnya itu. Jadi, andaikata daya benda menggerakkan, sehingga seluruhnya ini bekerja, ya, sebagai apa yang telah mengisi di dalamnya itu, yaitu sebagai benda.

Maka tidak menyalahkan dan mengherankan, bahwa umumnya manusia sekarang ini sembilan puluh sembilan persen atau sembilan puluh persen banyak memikirkan soal kebendaan daripada tidak. Karena yang mengisi dalam dirinya sebagai penguasa, sebagai pendorong, ialah jiwa benda yang telah bertamasya dalam diri manusia. Sehingga, apabila sedikit-sedikit menghendaki mencari jalan ke Tuhan, ya, masih diaturnya sebagai apa yang telah ada dalam dunia ini; misalnya dengan perhitungan dan sebagainya. Itu tidak lain daripada sifat-sifat benda yang dimasukkan dalam otak atau akal-fikiran yang memperhitungkan bagaimana jalan yang benar untuk menuju ke Tuhan itu.

Kalau saudara sekalian sudah agak lama berlatih, mungkin Bapak dapat mengerjakan *test* ini untuk dapat menyatakan apakah yang Bapak katakan ini sungguh-sungguh terjadi dan selalu dialami dalam latihan kejiwaan Subud. Kelanjutannya Bapak baik terangkan dahulu.

Apabila daya tumbuh-tumbuhan mempengaruhi ke dalam diri saudara sekalian, saudara sekalian akan lebih dekat di dalam *energie*nya atau dalam kepribadiannya itu kepada tumbuh-tumbuhan daripada lainnya. Dan dapat saudara-saudara sekalian menyaksikan dan merasakan bagaimana daya tumbuh-tumbuhan itu berada dalam rasa-perasaan kita dan bagaimana pula rasa-perasaan kita sesudah terbawa oleh daya tumbuh-tumbuhan itu ke alamnya. Demikian juga daya hewani. Saudara akan dapat merasakan dan menginsyafi bagaimana daya hewani itu mempengaruhi rasa diri kita, sehingga rasa diri kita dapat merasakan dengan sebenarnya. Juga rasa-perasaan dan kepribadian kita dapat kita saksikan atau dapat kita terima, apabila terbawa olehnya ke alamnya, yaitu alam hewani.

Demikian juga dengan daya orang sendiri. Saudara akan dapat menginsyafi dan mengetahui bagaimana daya orang itu memasuki rasa-perasaan kita dan bagaimana apabila rasa-perasaan kita dan keinsyafan kita terbawa oleh daya itu ke alamnya, yaitu alam dunia.

the Nature of the Force that fills us varies determine ... the force ... etc. the ... fills us ... determin ... work

the blood vessels, even to the heart and the brain, until it has entered every part of us. So when a wish arises in a person, it is motivated and set in motion by whatever force within him or her. Suppose the motivating force is material, then the whole of that person will work according to what has filled them, which in this case is something material.

1, Material Influence — in its form — ITS FORM

So we can't blame people. Nor is it surprising that these days, generally speaking, human beings think about material things ninety-nine percent or ninety percent of the time. Because what fills their selfhood as the commanding power and motivator is the material soul, which is having a picnic within the human self. So, if they have the slightest wish to seek the way to God, they make arrangements for it as if it were something in this world; for instance, by making calculations and such like. That is simply the nature of the material force, which has entered their brain or mind and is calculating the right way to go to God.

If you had already been doing the latihan for some time, perhaps Bapak would have been able to test with you to verify whether what Bapak has been saying really happens, and whether it is experienced in the latihan. For now Bapak will go on with his explanation.

2 Vegetable influence — its form

If the vegetable force influences you, then in your energy or personality you will be closer to plants than to other [forms of life]. You will be able to witness and feel how the vegetable force acts in our feelings, and also how our feelings are when the vegetable force carries them away to its world. Similarly with the animal force: you will be able to feel and be aware how the animal force influences our inner feeling, so that our inner feeling can really feel how it is. Also, we can witness and receive how our feelings and personality are if they are carried away to its world, that is, the animal world.

3, ... the animal ... life form

the Human Force envelops ... us

It is the same with the force of people. You will be able to be aware and know how the force of people gets into our feelings, and how it is when that force carries our feelings and awareness away to its world. Also, when the force higher than human – the *rohani*

Juga, apabila daya lebih tinggi daripada manusia, yaitu rohani. Apabila itu mempengaruhi ke dalam rasa diri kita, kita dapat menerimanya dengan kenyataan, kesadaran. Dan kita dapat selanjutnya menginsyafi dan merasakan bagaimana, apabila rasa-perasaan kita terbawa olehnya ke alam rohani itu.

Dengan demikian kita dapat merasakan dan mengetahui bagaimana kenyataan, keenakan bertempat dia atau bertempat tinggal atau berdiam di masing-masing alam daripada daya itu. Dengan demikian pula saudara-saudara tentu akan dapat memilih di mana yang enak, yang lebih bahagia daripada lain-lainnya. Sehingga saudara tidak − bukan diperlukan, tetapi − tidak ada nanti sesuatu paksaan yang tidak dengan kesadarannya sampai berinkarnasi ke benda, ke tumbuh-tumbuhan, ke hewan atau ke orang sendiri, tetapi pulang ke alam yang bahagia, yang dikatakan alam manusia yang sempurna.

Itu semua dikerjakan oleh kekuasaan Tuhan, dikerjakan oleh daya kuasa yang telah diturunkan oleh Tuhan ke dalam diri manusia, lepas daripada akal-fikiran manusia atau lepas daripada segala nafsu yang ada dalam diri manusia atau yang menjadi saudara manusia itu. Karena itu para nabi − ya, bagi saudara sekalian ialah Nabi Isa − tidak pernah mengatakan tentang nafsu ini dan itu, melainkan hanya menghadapi kekuasaan Tuhan, satu dan sendiri. Karena sifat nabi adalah suatu sifat sebagai simbol, bahwa kepribadian nabi itu adalah di luar nafsu sekaliannya itu.

Dikatakan Nabi Isa warnanya hijau. Berarti hijau : belum… sifat yang belum terpengaruh oleh apapun juga. Kebiasaan para anak-anak sekolah sebelum masuk jadi *student*, yaitu dihijaukan dahulu, maksudnya supaya hijaunya itu dibuka, sehingga dapat dimasuki pengaruh, yaitu : baru bernafsu. Hijau itu berarti adalah sifat yang belum dapat menggunakan pengaruhnya atau belum bernafsu atau yang belum terpengaruh oleh sesuatu apa dari luar. Jadi, sifatnya Nabi Isa adalah suatu sifat yang tidak terpengaruh oleh siapapun juga dan juga tidak mempengaruhi kepada apapun pula, melainkan bakti kepada Tuhan.

Demikian, karenanya, maka Bapak selalu mengharapkan kepada saudara sekalian dalam menerima latihan ini baiklah diterima saja apa yang diterima. Jangan difikirkan dan jangan juga dicari-cari bagaimana jalannya dan sebaiknya, tetapi perlu diterima dengan rasa-perasaan yang tenang, yang suci, agar dapat merasakan bagaimana bekerjanya daya yang agung itu di dalam diri saudara

force – influences our inner feeling, we are able to receive it with clarity and awareness; and we can be aware and feel how it is when it carries our feelings away to the *rohani* world.

In this way we can feel and know the truth: how pleasant it really is to dwell or stay in the worlds of each of these forces. In this way too, you will surely be able to choose which one of them is more pleasant and happier for you than the others. So there will be no compulsion to reincarnate in a material object, a plant, an animal, or a person without you being aware of it. Instead you will be able to go home to that blessed world they call the world of the complete human being.

All this is done by the power of God – the powerful force that God has sent down to humankind – free from the human intellect and from all the passions, those siblings within the self of a human being. That is why the prophets – for you, that would be Jesus – never spoke about this passion or that passion, but only turned towards the power of God, one and alone. Because the prophets' nature was as it were a symbol that their individuality was beyond all the passions.

Jesus' colour is said to be green. Green signifies a nature that is not yet influenced by anything. It is the custom [in Indonesia] that before schoolchildren enter university as students, they are 'greened'. The idea is that their 'greenness' is rubbed away, so that influences can enter them – in other words, only then do they have passions. Green signifies a nature that does not use its influence or the passions, and is uninfluenced by anything from outside. So Jesus was not influenced by anyone, and he did not influence anyone, but only worshipped God.

That's why Bapak hopes that when receiving the latihan you will just receive what you receive. Don't think about it; don't try to find the right way or how it should be, but receive with peaceful, pure feelings so you can feel how the Great Power works within your being.

masing-masing.

Bapak mengerti, bahwa akal-fikiran saudara perlu digunakan dan perlu juga dipakai untuk mengerti barang sesuatu. Tetapi jangan dilupakan, bahwa otak kita yang telah bertahun-tahun kita hidup di dunia telah terisi suasana dunia, sehingga apa yang kita kerjakan dari otak kita yang dikatakan berfikir atau memikir itu tidak lain daripada akal-fikiran yang telah kita dapat atau buah bekerjanya otak kita yang telah kita dapat selama kita ada di alam dunia ini. Memang otak kita perlu kita pakai dan memang keinsyafan kita perlu kita miliki dan keinsyafan itu adalah dalam otak kita. Tetapi otak kita dengan keinsyafan yang telah kita miliki sekarang ini adalah keinsyafan otak yang terjadi dari segala sesuatu yang beredar dalam dunia ini, sehingga keinsyafan otak kita untuk dapat menginsyafi bagaimana hidup kita sesudah mati tidak dapat kita gunakan dengan buah otak kita yang didapat dari dunia ini, melainkan buah dari otak kita sesudah dibersihkan dari segala apa yang telah kita alami dalam dunia ini, sehingga dapat aliran pengertian yang dari Tuhan Yang Maha Esa, yang juga memasuki ke dalam otak kita.

Dan sifatnya akhirnya nanti sebagai ada pembagian bekerja; misalnya dalam otak itu, satu, terisi pula gerak atau daya yang khusus memikirkan dunia; dan juga dalam otak itu ada gerak apa ada bagian yang dapat memikirkan, menginsyafi hidup sesudah mati. Itulah maka ada contohnya sebagai pada waktu hidupnya nabi... Nabi Isa yang telah lama lampau. Bukan Nabi Isa itu tidak berfikir. Berfikir! Bukan Nabi Isa tidak berakal. Berakal! Bukan Nabi Isa tidak merasa-rasakan sesuatu, yaitu mengerjakan hatinya. Mengerjakan hatinya! Tetapi jangan dilupakan, Nabi Isa berfikir bukan karena isi yang didapat dari dunia ini untuk berfikir Tuhan. Nabi Isa berakal bagaimana caranya baik di sorga nanti, hidup sesudah mati nanti, bukan akal yang di dapat di dunia ini, tetapi dapat aliran dari dunia atau dari alam yang lebih tinggi atau dari Tuhan; juga demikian halnya dengan hatinya.

Maka di dalam Islam itu ada nama-nama lain dari biasanya. Biasanya ialah tempat nafsu yang ada di bawah dikatakan tempat rahasia biasa. Tetapi sesudah manusia dinaikkan, dibersihkan, dinobatkan oleh Tuhan dalam kedudukan sebagai manusia yang sempurna, dapat pergantian nama – tidak lagi nama rahasia, tetapi – *Bait-al-Muḥarram*. Hati manusia demikian juga. Sesudah dinobatkan, dibersihkan sebagai manusia yang sempurna, dari hati

Bapak understands that you need to use your thinking mind, that you need to use it for understanding things. But don't forget we have been living in this world for years and years with our brain, and it is filled with the atmosphere of the world. So, whatever we do from our brain – what we call the thought process – is nothing but the result of the thinking we have acquired in this world. Indeed, it is necessary for us to use our brain; we need to have understanding and awareness, and our awareness is in our brain. However, the awareness of our brain as we now have it, is an awareness that comes from everything that goes on in this world. So we cannot use it to become aware of how our life will be after death. We can only do that once our brain has been cleaned of everything we have experienced in this world, so that we can receive a flow of understanding that enters our brain from God.

Eventually there will be, as it were, a division of work. For instance, in the same brain there will be a movement or force that is especially for thinking about the world, and also a movement or part that can think about and be aware of the life after death. There is an example of this in Jesus' life, in times long ago. It's not that Jesus didn't think, he did think. It's not that Jesus didn't use his intelligence, he did. It's not that he didn't use his heart to feel things, he did. But do not forget: Jesus did not use the worldly content [of the brain] to think about God. Jesus used intelligence for how to be well in heaven – in life after death – but not the intelligence he acquired in this world. He received understanding from a higher world, from God. It was the same with his heart.

In Islam there are names [for the parts] that are different from the ordinary ones. Ordinarily, the place of the passions that is below is called the private parts. But after God has raised, cleaned, and enthroned someone in the position of a complete human being, there is a change of name. The name for that place is no longer 'private part' but *bait al muqaddas*. Similarly with the heart of a human being: after someone has been cleaned and enthroned as a

diganti namanya jadi : *Bait-al-Muqaddas.* Otaknya demikian juga. Sesudahnya bersih, dinobatkan oleh Tuhan, bukan lagi otak namanya, tetapi *Bait-al-Ma'mur.*

Dan itu semuanya akan nanti dapat saudara-saudara terima dan rasakan dan insyafi. Bukti saja sekarang! Meskipun belum seluruhnya itu dapat diinsyafi, belum seluruhnya dapat dirasakan, tetapi ada bukti-bukti yang telah nyata pada diri saudara sekalian. Saudara-saudara sekalian yang telah berlatih − umpamanya sudah setengah tahun berlatih begitu saja, apalagi sudah satu tahun berlatih! − , apabila saudara dekat kepada saudara lainnya yang belum pernah berlatih, saudara terasa pusing sekali kepalanya. Berarti, bahwa otak saudara sudah mulai dibersihkan, sehingga berdekatan dengan kepala orang lain yang belum dibersihkan, hingga terasa sakit. Itu sebagai bukti, bahwa memang otak kita perlu juga dibersihkan atau dalam otak kita perlu juga dibersihkan, agar mana yang salah dilenyapkan, dan mana yang mestinya ada di sini ditempatkan di situ, dan mana pula yang perlu ditempatkan di situ ditempat yang mana yang sudah bersih.

Saudara-saudara tentunya tidak mengira, bahwa kadang-kadang saudara bertanya kepada Bapak. Ya, saudara mungkin dirasakan 'perlu saya bertanya, karena ada soal yang tidak dapat saya kupas sendiri, saya ketahui, saya terangkan sendiri' dan saudara bertanya itu dengan pikirannya. Bagi saudara sekalian mengajukan pertanyaan itu tidak apa-apa, karena caranya yang dipikirkan biasa saja. Tetapi Bapak yang menerima itu : sebelum saudara bertanya kepada Bapak sudah kepala Bapak seperti terkena batu kecil yang dilemparkan : *'thèrrr...',* begitu. Jadi, saudara bertanya itu hakekatnya lebih dahulu melempari batu − meskipun kecil − , tetapi kepada Bapak dulu. Lha, itu Bapak rasakan! Tetapi Bapak tidak bilang apa-apa, karena Bapak tahu, bahwa itu saudara tidak mengira dan belum menginsyafi.

Tetapi meskipun demikian, − bukan Bapak takut atau tidak suka − tidak jadi apa, karena Bapak dapat menerima itu dengan keadaan yang tidak mengurangi sesuatu apa, artinya tidak sampai menderita. Tidak. Hanya oleh keadaan yang demikian itu Bapak segera dan sekejap mata dapat menangkapnya, bahwa saudara bertanya itu masih sembilan puluh persen atau lebih dari akal-fikiran, belum dari rasa dirinya yang sungguh-sungguh bersih. Demikian sebagai contoh kepada saudara sekalian, bahwa saudara

The genetalia, Heart, brain, are all re-named after their cleaning

complete human being, the name is changed from heart to *bait al muḥarram*. Likewise with the brain: after God has cleaned and enthroned someone [as a complete human being], the name for it is no longer brain but *bait al ma'mur*.

One day you will be able to receive feel and be aware of all this. You have evidence even now. Even though you are unable to be aware and feel it all completely, you have already had some clear evidence. Those of you who have been doing latihan for six months, and even more those who have already done it for a year: when you are near someone who has never done latihan, you really get a headache. This means your brain has begun to be cleaned, so when you are close to someone whose head has not been cleaned yet it is painful. That is a proof that our brain, or its content, needs cleaning so what is wrong is eliminated, and what is here but needs putting there, is put there, in a place that is already clean.

Of course, you would not imagine that sometimes when you ask Bapak something... you probably feel, 'I need to ask this because it's a problem I can't solve or clarify for myself', and you put the question with your thinking. Well, it's nothing for you to put the question, because you're just thinking in the ordinary way. But for Bapak, who is at the receiving end, before you ask he feels as if someone is throwing pebbles at his head. So each time you ask, in reality – even though they are small ones – you are throwing pebbles at Bapak. He feels them. But Bapak doesn't say anything because he knows you don't realise it and are unaware of it.

In spite of that, Bapak isn't afraid of it nor does he mind. It doesn't do him any harm, and doesn't cause him any suffering. No. But from this, he is immediately able to grasp that the question you are asking is still ninety percent or more from your thinking, and not from your inner feeling, which is clean. This is an example for you, because one day you will experience the same as Bapak.

sekalian akhirnya akan mengalami serupa dengan keadaan Bapak ini. Jadi, saudara sekalian akhirnya jangan terasa susah, apabila kadang-kadang menghadapi seseorang terasa seketika itu susah sekali hatinya. Sebab apa demikian? Karena orang yang ada di depannya itu susah sekali. Dan adakalanya pula saudara berhadapan dengan seseorang, gembira sekali hatinya. Demikian juga menyatakan, bahwa orang yang ada di depannya itu hatinya gembira, karena telah menerima entah apa, begitu. Jadi, hal demikian itu akan dapat dialami oleh saudara sekalian. Maka Bapak harapkan, Bapak ingatkan, janganlah nanti dirasa susah dan dirasa khawatir, apabila menemui kejadian yang demikian itu.

Dan selanjutnya, adakalanya saudara-saudara – ya, Bapak harapkan demikian – adakalanya rasa-perasaannya saudara tenteram, luas dan bahagia sekali. Dan pada saat itu saudara tentu bertanya : "Apakah aku demikian ini?" Seketika itu juga saudara dapat menerima, bahwa saudara dikehendaki Tuhan menghadapi suasana di luar dunia, yaitu sorga, umpamanya. Jadi, terang, bahwa saudara akan sampai ke sorga, apabila saudara sudah bersorga. Saudara tidak akan sampai ke alam yang bahagia, apabila belum menemui itu sewaktu saudara ada di dunia ini. Dan saudara tidak akan dapat bertemu dengan malaikat, apabila saudara belum sungguh-sungguh berhadapan dan menemui dan berjumpa atau menjumpai malaikat itu.

Sehingga – bukan Bapak katakan pasti, tetapi – seratus persen sudah tidak akan keliru siapa yang dihadapi dan ke mana pula saudara akan pergi dan dituju. Sebagai saudara sekalian, karena umumnya umat Kristen, tentu nabinya Isa, sehingga akhirnya sungguh-sungguh dapat menghadapi kepadanya dan dapat merasakan bagaimana keadaan Nabi Isa pada saat ini atau saat ditemuinya : bahagia atau tidak? Dan dapat diterima dan terwujud dalam diri saudara sekalian. Dan dapat merasakan perbedaannya antara Nabi Isa dengan tuan A yang telah tersohor namanya dalam *spiritueel*. Saudara akan dapat merasakan bagaimana perbedaannya itu. Sehingga saudara tidak akan lagi memiliki suatu perasaan yang waswas dan ragu-ragu, karena sudah menerima suatu basis yang pasti, yang tetap dari Tuhan Yang Maha Esa, yang ada dan yang diterima dalam dirinya.

Maka Bapak harapkan, karena saudara sekalian dapat dikatakan baru mulai menerima pemberian Tuhan itu dalam latihan, Bapak harapkan buangkanlah segala apa yang telah terpikir itu, percayalah

So do not be upset when you are facing someone and your heart feels very sad. Why do you feel like that? It is because the person in front of you is very sad. There may also be times when you are facing someone and you feel very happy inside. This experience makes it clear that the person in front of you is happy, perhaps because he or she has received something or other. You will be able to experience such things. Bapak hopes, and reminds you, that you should not feel sad or troubled if something like that happens to you. *Heaven on Earth.*

Then there will be times – yes, Bapak hopes so – when your feelings are peaceful, wide and very happy. Of course, at such times you wonder: 'Is this me?' At that moment, if it is God's will for you, you may receive a feeling beyond this world, in other words, heaven. Clearly, you will get to heaven if you already have heaven [within you]. You will not reach that blessed world if you haven't experienced it while you are in this world. And you will not be able to meet an angel if you have never really met an angel face to face before.

Doubt expelled.

So Bapak isn't saying it's certain, but you will not be one hundred percent mistaken about who you are facing, where you are going, and your destination. As most of you are Christians, of course your prophet is Jesus; so one day you will really be able to come into his presence and experience how he is at the time you meet him. Is he happy or not? You will be able to receive, and [the answer] will manifest within you. And you will be able to feel the difference between Jesus and Mr. 'A', whose name is well-known in spiritual matters; you will be able to feel the difference. So you will no longer have any feeling of anxiety or doubt, because you will have received from the One Almighty God a sure, lasting foundation within you.

So Bapak hopes – because one can say that you have just begun to receive the gift of God in the latihan – that you will throw away everything you have been thinking about and have faith that God

bahwa Tuhan Maha Kuasa, Tuhan Maha Tahu, Tuhan akan mengatur diri saudara, Tuhan akan mengatur kesalahan-kesalahan yang ada dalam diri saudara menjadi baik dan mengatur segala kenodaan yang didapat, yang dimiliki saudara-saudara sekalian menjadi suci, menjadi bersih dan diampuni oleh Tuhan.

Sekian uraian Bapak tentang kejiwaan. Akan Bapak sambung sedikit lagi dengan *test*. Mungkin saudara sekalian akan kecewa, apabila tidak ada *test* pada hari atau pada malam penghabisan ini.

is Almighty, God is All-knowing, and that God will put your self in order. God will put right the faults that are in you and will remove all the blemishes you have, so you become clean and pure, and are forgiven by God.

That is the end of Bapak's explanation about spiritual matters. He will go on a bit longer with some testing, as you would perhaps be disappointed if there wasn't any testing on this last evening. [Testing]

UK

13

COOMBE SPRINGS

9 AGUSTUS 1959

Rapat dengan Kepala Seksi

Sumber : Rekaman 59 CSP 1

Bapak : *Nak'*, program yang dibicarakan sekarang ini?

Mas Sjafrudin Achmad (Penerjemah) : Tentang pertanyaan-pertanyaan mereka.

Bapak : Oh, pertanyaan mereka! Dari bagian-bagian?

Mas Sjafrudin Achmad (menterjemahkan) : Yang ditanyakan ini yang direncanakan Mr. Bennett, yang sudah dikatakan kepada orang-orang ini semua, bahwa ini tadinya diusulkan kepada Bapak mengenai kedudukan daripada tiap-tiap ketua seksi dan bukan Bapak yang bertanggung-jawab tentunya – katanya – , karena Bapak sudah menyetujuinya.

Bapak : Ya.

Mas Sjafrudin Achmad (menterjemahkan) : Dan direncanakan pekerjaan itu setiap hari menurut acara yang sudah ada. Setiap seksi itu bersidang diketuai oleh ketua seksinya masing-masing. Dan di waktu pagi hari mereka bersidang pukul delapan tiga puluh dan waktu Bapak datang jam sebelas di sana mereka menanyakan soal-soal yang perlu dikemukakan kepada Bapak. Apa itu memang

13

COOMBE SPRINGS

9 AUGUST 1959

Meeting with Section Chairs[8]

Source: Recording number 59 CSP 1

organization

Bapak: What are we going to discuss now?

Sjafrudin Achmad (interpreter): Their questions.

Bapak: Oh, their questions. From the sections?

John G. Bennett: First of all would you say [to Bapak] that I told them that this suggestion about chairmen is not something for which Bapak is responsible, but is a proposal I made in order to make the work convenient, and therefore we can't come back and ask Bapak what we ought to do. But at the same time we would like guidance from Bapak as to the way in which this should be done.

Bapak: Yes.

JGB: What I had thought was that everyone could meet in the morning at half past nine with the chairman of that section – each day a different section – and then find out on what questions they wish guidance from Bapak. Then, when they come at eleven o'clock, the chairman could say to Bapak: 'Can you give us guidance on such-and-such questions?' Then in his talk Bapak will

begitu, Pak?

Bapak : Ya, ya, ya... Memang sudah....

Mas Sjafrudin Achmad : Dan mereka juga membutuhkan bimbingan dari Bapak sekarang ini tentang garis besar pekerjaan-pekerjaan.

Mas Sjafrudin Achmad (menterjemahkan) : Dia menanyakan tentang : dalam pandangannya semua yang bersangkut dengan acara konggres ini bersangkut-paut dengan soal keuangan, katanya. Jadi, soal itu yang... yang...

Bapak : Memang penting dalam organisasi.

Mas Sjafrudin Achmad (menterjemahkan) : Katanya, yang lebih... lebih penting menurut pengalamannya mungkin dari cabang-cabang lain ada bermacam-macam pengalaman, tetapi yang dialami mereka di Amerika : penting mengetahui, bagaimana jalan menemukan keuangan itu. Bukan sumbernya, tetapi caranya yang penting.

say what is necessary. Is that right?

Bapak: Yes, yes. That's right.

JGB: Then, if Bapak says yes, perhaps we could say, that *that* procedure is in order. [To Paul Anderson] The question you raised – perhaps you'd like to speak of it now?

Paul Anderson: Which question is that?

JGB: The question you raised about the material resources connected with anything that has to be undertaken.

PA: Oh, yes. In looking over the projects it has occurred to me that at the back of all the various considerations there is a financial spectre – let's put it that way – or a financial consideration, which makes what we want to do possible, or which we must bear in mind when considering everything we hope to accomplish. So, in a certain sense, all our deliberations will be coloured by that consideration.

Bapak: Of course that is important in the organisation.

JGB: [To PA] And you also said that it might be necessary… there would have to be a new approach to the question. Would you say what you mean about that?

PA: Yes. Well, I had asked the question whether, in groups elsewhere, there had come a period when the ordinary methods of financing their activities had exhausted themselves and they were now faced with a different approach to the problem of financial resources. I don't know about any other place, but I know that has happened in the States, and we are either at that point, where we will have to raise money in somewhat different ways from how we have done before, and by reaching in different directions. It is not so much the sources, but the ways that are important here.

Bapak : Ya. Dan caranya itu nanti dapat dipertimbangkan, agar dapat dilakukan di masing-masing tempat – misalnya – , tentu saja berbeda. Tetapi caranya mendapatkan itu dapat nanti dipertimbangkan oleh sekalian...

Hanya, begini. Apa yang Bapak pandang sebaiknya. Daripada menjalankan sesuatu yang serupa dengan *Leger des Heils* dan lain-lainnya yang merupakan hanya mengharapkan sumbangan-sumbangan itu tidak Bapak mufakat dengan demikian. Agar dapat diusahakan masing-masing tempat cara mendapatkan uang itu. Mengadakan suatu *bedrijf*. Dan kapital dari *bedrijf* itu dapat diambilnya secara kolektif dari masing-masing anggota, dari anggota seluruhnya. Jangan dari orang luar. Dari anggota itu sendiri.

Sehingga Komite merupakan membimbing, agar anggota-anggotanya dapat bekerja, dapat mengerjakan yang menghasilkan bagi hidupnya. *Dus,* agar masing-masing anggota menginsyafi bagaimana cara orang bekerja. Dengan demikian menunjukkan, bahwa kita dalam Subud ini – disamping kita mengerjakan pekerjaan sebagai biasa orang – kita tidak melupakan kebaktian kita terhadap Tuhan. Jadi, sungguh-sungguh dapat dikatakan, bahwa Subud ini bukan hanya mementingkan soal hidup sesudah mati saja, tetapi – meskipun di dunia – kita pentingkan juga.

Mas Sjafrudin Achmad (menterjemahkan) : Dia minta pertimbangan dan mengemukakan pandangannya sendiri mengenai usaha-usaha kemanusiaan, mengenai sekolah, mengenai *ziekenhuis* dan sebagainya. Di dalam hal ini katanya ada dua kemungkinan

[handwritten: DO NOT RELY ON ONLY CONTRIBUTIONS FROM MEMBERS — SET UP ENTERPRISE]

Bapak: Yes. Those ways can be considered in the various places – of course they are all different. But the ways to raise [the money] is something you can all discuss.

However, Bapak feels that rather than doing something like *Leger des Heils* [Du.] and such [movements] do, relying only on contributions – Bapak doesn't agree with that – it would be better to try and earn money in all these various places by setting up an enterprise. The capital for the enterprise can be obtained from all the members; not from outsiders but from our own members.

The committees should give the lead, so that the members can work, can do something that will bear fruit for their lives. Then each of them can become aware of how a person works. In that way we shall show that, besides working like other people, we in Subud do not neglect to worship God. So it can truly be said that Subud does not attach importance only to the life after death, but that we also consider our life in this world to be important.

Anwar Zakir: But would this not conflict with the state Subud is now in, in America, as a non-profit corporation?

JGB: No.

PA: No. Legally, a non-profit corporation can engage in any business so long as it doesn't return any profit to itself; in other words, it distributes it to all the members or to some organisation which they're interested in.

JGB: Were there any other things about the duties of the chairmen on which you wanted guidance from Bapak? [To Sir Victor Goddard] I think, actually, we should ask Bapak about what you had in mind.

Sir Victor Goddard: What I said was that it seems to us that there are two approaches that can be made, and one of them, to me and to many people, seems more like the Subud spirit. That is the way of infiltrating, of gradually seeping into organisations: into schools,

yang terlihat olehnya, yaitu tentang mendirikan sendiri dan yang
satu lagi, yang menurut pendapatnya ini, yang sekarang ini menurut
kader-kader yang ada di Engeland terutama, supaya anggota-
anggota Subud yang sudah bekerja di lapangan organisasi-organisasi
yang telah ada, sekolah-sekolah dan sebagainya, supaya mereka itu
secara berangsur-angsur dapat memberikan semangat Subud itu
kepada sekolah-sekolah yang di mana mereka bekerja, pada murid-
muridnya dan sebagainya. Dengan demikian, katanya, memang
kelihatan agak mudah bertindak, tetapi di samping itu juga rasanya
ini yang menurut jalannya yang kelihatan di sini.

Bapak : Memang begitu jalannya. Kalau kita sengaja mendirikan
sekolahan Subud dahulu, mungkin agak sukar, karena mengingat
kekuatan kita yang belum ada – pertama –; dan kedua kali, juga kita
belum mempersiapkan segala sesuatu itu. Terutama bagi guru-
gurunya. Dan jalan yang kedua, Bapak mufakat itu. Dan cara guru
Subud yang ada di sekolahan-sekolahan masing-masing – bukan
memberi semangat kepada murid-muridnya – , tetapi karena guru
tentu... gurunya itu guru Subud, artinya orang itu sudah berlatih,
sehingga dengan sendirinya mempengaruhi murid itu. Dan
setidak-tidaknya murid itu mendekat kepada jiwanya atau
terbangkit ingat kepada Tuhan.

Dan apabila sekolahan telah didirikan Subud sendiri-sendiri,
telah dapat, sehingga mulai dari kepala pengajar sampai pembantu-
pembantunya Subud semua, tentu *leerplan*, yaitu sifat pelajaran yang
dipelajarkan dalam sekolahan Subud itu, tidak akan berbeda dengan
sekolahan-sekolahan lain. Jadi, tidak ada mengajar itu lapangan

into hospitals and nursing homes, old people's homes; gradually getting Subud people, one by one, into these organisations and hoping that the effect of those people on the organisations, and on the people they meet, will gradually be to make the whole of that thing become a Subud creation. That isn't because it's easier – it *is* easier, I think, a little bit – but because it seems to be more natural to the system. And that is why I personally favour that, unless I am guided to think otherwise.

JGB: You mean – talking about starting a school – rather than starting a Subud school, to try little by little to turn existing schools towards Subud?

SVG: I know there are many teachers now in England who are already having an effect on their colleagues and on their pupils; they are finding that they are better teachers. And this will be observed, and gradually some schools will become Subud schools. Whereas if we were to start in this country – with the state schools competing with us – to make a new organisation, we should find it difficult to get all the Subud teachers to come together to one place and start again. All those difficulties would be very much greater. I would like to know if we could be guided on that idea.

Bapak: Indeed, that is the way. If we start by setting up a Subud school, it may be quite difficult. First, because [materially] we are not yet strong enough, and second, because we haven't prepared everything that's [needed], especially regarding the teachers. As for the second way, Bapak agrees with that. The Subud teachers who are in these various schools, it is not that their pupils will be more motivated[9] but because their teachers are in Subud – meaning that they already do the latihan – the pupils will spontaneously be influenced. At the very least they will come closer to their souls, and will be awakened to an awareness of God.

But once Subud has been able to set up schools of its own, so that from the principal down to the assistants all are in Subud, the curriculum, what is taught in these schools, will be no different from what is taught in other schools. So there will be no lessons about Subud. No, none. The lessons will follow the normal

Subud itu. Tidak ada. Jadi, pelajaran tetap pelajaran sebagai biasa. Hanya karena itu sekolahan didirikan oleh Subud dan segenap gurunya memang anggota Subud, sehingga dapat lebih mempengaruhi kepada jiwa anak-anak itu. Dan dapat guru-guru itu menyalurkan kepada anak-anak itu kejurusan mana yang semestinya, karena setidak-tidaknya guru yang terjadi dari anggota-anggota kita yang telah lama berlatih dapat meninjau bagaimana ahli-ahli daripada murid-murid itu. Sehingga murid-murid itu dapat disalurkan kejurusan yang semestinya.

Dalam kedokteran – andaikata uang dapat cukup untuk mendirikan lagi *hospitaal* – , juga dalam *hospitaal* tidak hanya saudara-saudara Subud – orang-orang Subud saja – ditempatkan di situ, tetapi juga orang yang ahli dalam lapangan itu; misalnya sungguh-sungguh dokter yang *gediplomeerd*, yang ada diplomanya. Dan yang utama, apabila dokter itu di samping dia mempunyai diploma, juga telah anggota dari Subud ini. Sehingga di samping pengertian biasa, dia dapat sudah menerima juga dari dalam. Dan dengan demikian dokter itu dapat mengerjakan untuk menyembuhkan pasien itu. Bukan hanya menyembuhkan sehabis sembuh lantas tidak tahu-menahu tentang kejiwaan dan akhirnya menjadi kebiasaan masuk ke *hospitaal* lagi, tetapi karena dalam mengobati itu diikuti dengan latihan, sehingga orang itu akhirnya sesudahnya sembuh menjadi masak dan dapat sendiri mengetahui bagaimana penyakitnya itu. Dan akhirnya orang itu dengan sendirinya tidak lagi pergi ke dokter lagi apabila sakit, cukup diobati sendiri. Jadi, tujuannya dalam *hospitaal* itu, agar manusia dapat mengoreksi, dapat menyembuhkan dirinya sendiri atas kepercayaan sendiri kepada Tuhan dan menguatkan orang itu sehingga percaya kepada Tuhan dan berbakti.

Mas Sjafrudin Achmad (menterjemahkan) : Dia mengatakan, Bapak sudah menerangkan sebentar ini mengenai bagaimana semangat Subud itu di dalam sekolahan, mengenai guru dan mengenai rumah sakit. Dia juga ingin tahu, bagaimana kalau hal ini kita mengenai *business*, mengenai dagang.

curriculum. So, when a school is established by Subud, and all the teachers are Subud members, they will be able to have a greater influence on the children's souls, and they will be able to guide the children into the directions that are right for them. For if the teachers are our members, who have done the latihan for a long time, they will be able to test about their pupils' talents, so they can be guided into the right field of study.

In the medical field – supposing we get enough money to also establish hospitals – the hospital will not only employ Subud members, but also the appropriate professionals; for instance, qualified doctors with diplomas. But it would be best if, besides having diplomas, these doctors are also Subud members; then besides having the ordinary kind of knowledge, they will also be able to receive from within. In this way they will be able to care for and heal their patients, who will not then leave the hospital unaware of the spiritual aspects of their healing, only to keep returning to the hospital again and again. Because their healing was accompanied by the latihan, they will become self-sufficient and gain an understanding for themselves about their illness. Eventually these people will no longer have to go to the doctor every time they are sick. They will be capable of healing themselves. So the aim of these hospitals will be to enable people to correct themselves and cure themselves through self-confidence [based on] their faith in God – by strengthening them so that they believe in and worship God.

Question: I would like to know about the application of the Subud transformation to a commercial enterprise. The application – in the thing we have spoken of, the Subud transformation in a school and in a hospital – the application of this transformation of Subud in a commercial enterprise.

JGB: Which already exists, you mean? One which already exists, or the sort Bapak spoke about?

Question (cont.): What Bapak spoke about: created by Subud.

Bapak : Ya, juga itu. Demikian. Usaha atau pendirian *comité* dalam lapangan mencari uang itu bukan hanya untuk mencukupi kebutuhan Subud saja, tetapi dapat memberi contoh kepada anggota-anggota, bahwa di samping kita bakti kepada Tuhan kita pandai mencari uang, pandai mencari jalan untuk kebahagiaan hidupnya. Sebenarnya anggota Subud – lebih-lebih yang telah lama berlatih – heran sekali dan sungguh menyolok sekali, apabila sampai tidak dapat menemukan pekerjaan atau lapangan hidup yang sungguh-sungguh menjamin hidupnya. Jadi, sebenarnya sebagai anggota Subud yang telah agak lama begitu, dapat menginsyafi 'ke mana aku pergi dan bagaimana cara aku bekerja untuk menyelamatkan hidupku dan untuk menjamin hidupku'. Nah, di situlah *comité* – anggota *comité* – bekerja, agar dapat memberi contoh kepada anggota-anggotanya, bahwa kita di dalam kebaktian kita – bakti kepada Tuhan ini – telah juga diberi tunjuk oleh Tuhan bagaimana cara kita menyelesaikan hidup kita di dunia ini yang baik-baik dan yang dapat menjamin hidup kita.

Mas Sjafrudin Achmad (menterjemahkan) : Tadi mengenai sebelum Bapak datang tadi sudah dibicarakan oleh Mr. Bennett, apakah betul pengertiannya tentang di dalam perjalanan konggres ini nanti, bahwa Bapak membicarakan dari sudut kejiwaan pekerjaan-pekerjaan yang akan dilaksanakan; dan mengenai segi administratif dan bagaimana cara mengerjakannya ikut *pasrah*kan kepada mereka membicarakannya.

Bapak : Ya.

Mas Sjafrudin Achmad (menterjemahkan) : Katanya dr. Ruzo memperhatikan keadaan di Amerika Selatan, itu di sana dikhawatirkan : sekarang ini Subud masih sedikit orangnya. Tetapi dia melihat tentunya dalam waktu yang singkat akan makin lama makin bertambah banyak. Selama waktu masih sedikit sekarang ini tidak ada, belum kelihatan betul, tetapi kalau sudah ada, itu karena misalnya itu orang sangat fanatik kepada agama, kalau Roma

DEFINITION OF ENTERPRISE (handwritten)

Bapak: Yes, that's the same; it's also like that. The effort of the committee to make money is not just to meet the needs of Subud, it is also to give an example to the members; to demonstrate that besides worshipping God we are also good at making money and good at finding ways to make our lives happy. In fact it would be really surprising and really extraordinary if Subud members – especially those who have been doing latihan for a long time – couldn't find work or a field of activity to provide for themselves properly. So in fact, long-time Subud members are able to understand 'where I must go and how I must work for my well-being and to provide for my life.' That is how the committee – the members of the committee – should work, so as to demonstrate to the members that in our worship of God we are also guided in finding the right way of dealing with our life in this world, a way that can provide us with a livelihood.

JGB: I think that we are asking Bapak questions that really belong to the congress. I don't know whether there are any others that you wanted to ask about how the practical side of your work is to be done?

[*There is a request to circulate a transcript of this meeting.*]

JGB: The thing I would like to ask Bapak – we spoke about it before he came – was whether I'm right in understanding that Bapak will give general indications from the spiritual side but when it comes to the practical, administrative arrangements – how something is to be done, for one side or another – *that* Bapak wishes to leave to the sections, to the committees and so on. Is that right?

Bapak: Yes.

JGB (translating a question spoken in French): What Dr. Ruzo said was that inevitably the question of the relationship of Subud with the Roman Catholic Church will arise. And he thinks that now, while Subud is very small, it will not be a question, but he expects a big expansion in South America very quickly; and as soon as Subud begins to be important and people come to it in big numbers, then the Roman Catholic Church will take a position.

Katolik, itu nanti bisa dianggap sebagai sesuatu yang seperti berlawanan. Begitu. Dan dia mengharapkan, apakah tidak baik kesempatan yang sekarang ini dengan adanya konggres ini, supaya mencapai suatu pernyataan, suatu *statement*, yang dapat dibaca oleh orang-orang semua. Dan *statement* itu bagaimana nanti menurut pendapat Bapak untuk menghindarkan kemungkinan salah faham di belakang hari.

Bapak : Ya. Memang, kalau ditinjau dari sudut akal-fikiran, memang sesuatu, yang bukan sukar, tetapi suatu perjalanan yang selalu melalui duri-duri atau melalui keadaan yang tidak diinginkan, sebagaimana yang telah terjadi pada waktu-waktu zaman yang telah lama lampau. Tidak hanya *overgang*nya dari agama ke agama saja, tetapi *overgang*nya dari *zelfde* agama, agama yang sama, tetapi antara Room dengan Protestan saja sudah banyak sekali – apa namanya itu?... – huru-hara, pengorbanan yang tidak sedikit. Memang untuk membongkar sesuatu kepercayaan sungguh sukar sekali. Tidak hanya di kalangan Keristen saja, meskipun Islam. Sampai sekarang saja di Indonesia orang-orang Islam masih memandang Subud ini suatu... suatu pendirian atau suatu cara yang munafik, artinya itu yang menyalahi agama. Itu sudah tentu.

Karena itu, kita sekarang ini untuk dapat kita berjalan dengan baik tidak perlu kita merasa atau berharapan tergesa-gesa, tetapi pelan-pelan, agar mereka tidak perlu kita hendaki, kita paksa, tetapi mereka dengan sendirinya memeluk ini, dengan sendirinya membelok ke kita. Sebab begini. Subud ini latihan yang dibangkitkan oleh kekuasaan Tuhan. Dan kekuasaan itu membangkitkan dalam diri manusia, sehingga manusia dengan sendirinya hatinya mau tidak mau tentu kejurusan Tuhan seperti yang telah dikehendaki itu.

Bapak gambarkan saja seperti di sini. Orang yang belum pernah sama sekali mengetahui bagaimana Islam, orang yang belum pernah sama sekali menyebut nama Allah, tetapi sesudahnya latihan, latihan, latihan... terima; orang menyebut sendiri : "Allah, Allah, Allah..." Jadi, pengakuan itu bukan pengakuan dipaksa atau dipengaruhi dengan secara propaganda, tetapi pengakuan ikhlas dari hatinya karena dibangkitkan oleh kekuasaan Tuhan yang ada dalam dirinya.

And, in some cases, apparently quite without reason, it has condemned such movements as the YMCA, and said that Catholics shouldn't belong to this. Dr. Ruzo feels that the occasion of an international congress like this would be a right one for making a statement about what Subud is, which could always be given to people, so they would know that this was agreed by the international congress of Subud, as Bapak wishes it to be stated. So then it could be seen that this is not something which can be against the faith of people who belong to the Church.

Bapak: Yes. Indeed, looked at from the mind's point of view, it is not only difficult but it is a journey that always passes through thorns and unpleasant experiences – just as it was in the past. It happens not only in the transition from one religion to another but even with a transition within the same religion. Between the Roman Catholics and Protestants there was a lot of conflict and many casualties. It is indeed very difficult to break down a belief. It is so not only in Christianity, but even in Islam; even now in Indonesia, many Muslims regard Subud as some kind of heresy, meaning that it is against religion. They certainly do that.

That is why we should not feel any need for hurry, or hope for speedy results. In order for things to go well for us we need not use our wills for any of this, or use any force. People will accept this of their own accord, and of their own accord they will turn to us. For this is how it is: this Subud, this latihan, arises because of the power of God, and that power causes an inner awakening of the human self, so that people's hearts will be bound – whether they want to or not – to turn towards God, as God has willed they should do.

Bapak can illustrate this with what happens here. People who know nothing at all about Islam, and who have never uttered the name of Allah, once they have received the latihan for some time spontaneously say, 'Allah, Allah, Allah.' They have not been forced to make that declaration, nor have they been influenced by propaganda; it is genuine and comes from their heart, which has been awakened by the power of God within them.

Itulah. Jadi, senjata Subud ini untuk dapat diikuti dan didekati oleh khalayak ramai, bukan suatu propaganda dan pengaruh, tetapi kemauan Tuhan yang ada dalam diri manusia. Karena itu, sedikit demi sedikit kita membuka orang. Orang itu dengan sendirinya ke Subud atau tidak, tetapi nanti akan bangkit sendiri dari jiwanya.

Dan bukti lagi seperti di Ceylon. Di Ceylon. Di Ceylon ada agama Buddha, Keristen, Islam, Hindu. Sesudahnya masuk Subud ikut latihan, yang dulu antara Buddha dengan Hindu : begini ; antara Islam dengan Keristen : begini; Keristen dengan Hindu : begini; pendek kata itu bunuh-membunuh. Tetapi sesudah masuk Subud sekarang : begini. Karena insaf, bahwa satu Tuhan, satu manusia.

Adapun agama itu adalah cara untuk mendekat kekuasaan Tuhan. Cara! Tetapi cara, belum dapat ditentukan cara itu benar atau tidak, atau menghasilkan atau tidak. *Lha*, sekarang ini ada Subud itu, sehingga dengan Subud ini dekat kepada kekuasaan Tuhan. Bagi mereka lebih nyata, apabila Keristen, juga Keristen yang benar-benar Keristen; dan apabila Islam, Islam yang benar-benar Islam. Karena benarnya Islam dan benarnya Keristen dan benarnya Buddha : satu *God* untuk manusia, bukan berapa-berapa *God*. Itu. Jadi, kita ini bersenjata hanya dari Tuhan, tidak dari manusia. Karena itu, kita sebenarnya tidak membutuhkan − Bapak kerapkali mengatakan − tidak membutuhkan propaganda. Karena ini kemauan Tuhan.

Sekarang diambil bukti-buktinya. Mungkin dari dulu sampai sekarang juga, belum pernah kejadian suatu cara, suatu agama, yang disiarkan dalam waktu yang singkat seperti Subud ini. Subud ini baru tersiar dalam waktu baru dua setengah tahun paling lama, hampir sudah seluruh pelosok dunia, meskipun belum semua manusia. Kalau ini tambah lagi seratus tahun − jadi, seratus dua setengah tahun − , mungkin sudah separuh daripada dunia ini Subud sungguh-sungguh. Dibandingkan dengan Keristen. Keristen menjalarnya ke bumi ini sesudah tigratus tahun. Islam kira-kira tigratus tahun. Jadi, kalau Subud ini dapat mencapai waktu yang seratus dua setengah tahun, sudah cepat daripada Keristen dan Islam. Ya.

Mas Sjafrudin Achmad (menterjemahkan) : Jadi, pendapatnya

That's how it is. So the means whereby the general public is attracted to Subud and joins it is neither propaganda nor influence, but is the will of God within the human self. As a result we open people a few at a time. Whether they decide to join Subud or not is something that will awaken spontaneously from their soul.

There is more evidence, as in Ceylon. In Ceylon they have Buddhism, Christianity, Islam and Hinduism. Before they joined Subud, between the Buddhists and Hindus it was like this [*gesture*]; between Muslims and Christians, like this [*gesture*]; between Christians and Hindus, like this [*gesture*]. In short, they were killing each other. But after they joined Subud they are like this [*gesture*], because they are aware that God is One and human beings are one.

As for the religions, they are ways to get close to the power of God. They are *ways*. With a *way* one cannot be sure whether it is right or not; whether it will produce results or not. Now there is Subud, and through Subud we are close to God's power. So it becomes more real: if they are Christians, they will be true Christians; if they are Muslims, they will be true Muslims. For the truth of Islam, the truth of Christianity, the truth of Buddhism is that there is one God for all humankind – not different Gods. That's how it is. So our means [to attract people] is only from God, not from human beings. That is why – as Bapak often says – we really have no need for propaganda, for this is the will of God.

Now let us look at the evidence. Maybe up to now it has never happened that a way or a religion has spread in such a short time as Subud. In the course of barely two and a half years, Subud has spread to almost every corner of the world, even though it has not yet reached the whole of humankind. So if we add another hundred years – to make it a hundred and two and a half years – maybe by then half the world will be truly Subud. If we compare it with Christianity, that took three hundred years to spread over the earth; and Islam also took around three hundred years. So if Subud can do it in a hundred and two and a half years it will have been faster than Christianity or Islam. Yes.

JGB: Are there any other things that we want to ask Bapak about before we begin?

Eugenio Pastor Freixa: Well, I have a little scruple. Should I be

sendiri dan juga umumnya pendapat anggota-anggota di Spanyol –
katanya – yang mereka memang semuanya masih baru, ada perasaan
di sana itu terhadap usaha-usaha lahir dari Subud ini. Dan sejauh
mungkin, hanya kalau akan ada juga – katanya – hanya sekedar
untuk memperkembangkan kehidupan di dalam, kehidupan batin.

Bapak : Ya, mengerti itu Bapak. Ya, begini halnya. Karena itu
Bapak terangkan tentang ini sedikit.

Apa sebab bagi orang-orang yang terpelajar tidak begitu mau
percaya kepada agama, baik agama Keristen, Islam dan lain-lainnya?
Karena agama sampai ini hari belum dapat menunjukkan, bahwa
kebaktian Tuhan itu dapat memberi jalan bagi manusia untuk
hidup yang bahagia di bumi ini. Sedangkan Subud, apabila telah
dapat menerima sungguh-sungguh apa yang didapat dalam latihan
Subud itu, manusia akan dapat menerima bimbingan dari Tuhan
bagaimana untuk menyelamatkan hidupnya dan bagaimana untuk
menjamin hidupnya sekeluarga dengan selamat dan bahagia. Kalau
umumnya telah dapat dibuktikan demikian – banyak orang
demikian – , orang akan masuk Subud, karena dapat petunjuk
untuk hidupnya, untuk mendapatkan kebahagiaan hidupnya. Itu
sudah terang. Jadi, terangnya, bahwa umumnya manusia ini –
sekarang ini – lebih dahulu *voordeel*nya dulu, keuntungannya dulu
yang di depan mata. Itu! Memang!

Jadi, kita Subud ini akan dapat nanti memberi petunjuk kepada
seseorang, agar seorang dapat menerima keuntungan bagi dirinya
sendiri-sendiri, barulah kebaktian kepada Tuhan. Memang
demikian! Karena itu Subud Bapak aturnya sekarang ini, agar dalam
Subud diadakan *comité* dan organisasi, dan sifatnya bekerja, sehingga

chairman when my attitude, and the attitude of the people in Spain, is negative towards the external organisation and the commercial enterprises and so on, as we consider for the present moment that we are too young in this movement, in this development, and therefore everything that might be done in the West may probably be due to the wish of the mind and not really of the higher self?

JGB: Are you speaking for yourself in Spain or for everywhere?

EPF: For everywhere. Not organisation. We feel that the organisation must be only what is indispensable to allow the spiritual action to grow, but no more.

JGB: And not to have any enterprises, any undertakings?

EPF: We think so. *Religion has failest man?*   MAN

Bapak: Yes, Bapak understands [what you mean]. Here is how it is; Bapak will explain this a bit further.

Why is it that educated people do not really want to believe in religion – whether it is Christianity, Islam or the others? Because so far the religions have not yet been able to demonstrate that the worship of God can provide a way for people to live happily in this world. Whereas in Subud, if people are really able to receive what can be found in the latihan, they will be able to receive guidance from God as to how to make their lives secure, and provide a safe and happy life for their families. If we can demonstrate that – if many of us can do that – then people will join Subud in order to find indications to guide their lives. That is clear. So, for people today, they must see the benefit first, clearly, in front of their eyes. There it is [gesture] – it's true!

So, in Subud we will later be able to show people an example of how they can receive a benefit for themselves; only then will they worship God. That is really how it will be. That is why Bapak is now arranging that in Subud there should be committees and an organisation – and that we should work – so we can show to the

kita dapat menunjukkan kepada dunia – kepada masyarakat manusia – , bahwa kita ini di samping kita bakti kepada Tuhan, tokh kita masih dapat bekerja untuk mencari uang, mencari makan dengan saksama.

Mas Sjafrudin Achmad (menterjemahkan) : Juga dari segi *moraal* yang diperlukan bagi orang-orang yang bekerja dalam lapangan bisnis – karena dulu orang bersih boleh dibilang cara mencari uang dan sebagainya. Apa semangat ini juga Bapak maksudkan supaya ini juga terdapat di zaman sekarang ini, disalurkan ke dalam orang-orang yang mencari uang.

Bapak : *Yes!* Bapak katakan, umpama ini. Ini umpama saja! Komunis. Meskipun komunis tidak percaya Tuhan, percaya kepada materiil – serba materiil – , tetapi kalau dia atau komunis itu suka masuk Subud, akan terhenti komunisnya, akan lenyap komunisnya, menjadi komunis yang berTuhan. Jadi, terang, bahwa Subud ini akan merobah, bukan hanya tabiat saja, tetapi *dalam* jiwa manusia. Sehingga manusia mau tidak mau akan ke situ, karena ini adalah kekuatan dan kehendak Tuhan. Sudah ada. Di Indonesia ada komunis. Iya. Dulu tidak percaya. "Aaakh, saya tidak percaya Tuhan ada! Tidak ada Tuhan itu! Omong kosong!"
"Iya. Soalnya tuan suka masuk Subud atau tidak? Boleh coba-coba saja!"
"Ya, kalau coba, boleh. Tetapi, aaakh, aku tidak akan percaya!"
"Sudahlah masuk saja! Coba-coba saja dulu tiga malam."
Sesudah Bapak buka, tiga malam berturut-turut.
"Habis bagaimana?"
"Akh, percaya Tuhan ada sekarang!" (*Ketawa.*)

Mas Sjafrudin Achmad (menterjemahkan) : Dia mengemukakan, kalau mungkin dirobah besok, sedikit, acaranya mengenai pokok pembicaraannya, karena ini yang mengemukakan dari Spanyol tadi itu mengenai pendapat itu dan penerangan yang Bapak berikan itu penting sekali dan itu setiap orang ingin mendengarkannya. Dia beri contoh : yang waktu di Amerika enam bulan yang lalu hal-hal kelihatan tidak mungkin atau tidak terlihat kemungkinannya, tetapi belakangan – sekarang ini – malah terjadi.

world and to human society that besides worshipping God, we are still able to work in order to earn money and truly obtain our livelihoods.

Question: Would you please ask Bapak if doing these commercial enterprises or whatever you want to call it, is this also a proof to encourage the business people – who do not have the moral standard they had... [*inaudible*] ago – to see that we can have prosperous businesses whilst being clean and being proper. Because, especially today, the business people need this encouragement as they are nearly all crooks. I hate to put it bluntly, but the... [*inaudible*] has gone very far today.

Bapak: Yes. Bapak will give an example: a communist. A communist does not believe in God, only in matter; yet if a communist is willing to join Subud, he or she will stop being a communist. Their communism will disappear, or they will turn into communists who believe in God. So it is clear that Subud will change not only people's behaviour but what is in their souls. So, whether they want to or not, they will end up that way, because this is the power and the will of God. This has already happened. In Indonesia there was a communist; he did not believe. 'Oh, I don't believe there's a God. There is no God – that's all nonsense!'

'The point is,' Bapak said, 'are you willing to join Subud or not? You can just try it.'

'I'm willing to try it, but... oh, I'm sure I won't believe.'

'That's all right, just start, and try it for three nights.'

He agreed and Bapak opened him. He came for three nights. 'How was it?'

'Ah, now I believe there is a God.' [*Laughter.*]

Question: May I ask Bapak a question? I wonder if Bapak would consider changing the order of things tomorrow morning and have Bapak open this congress with what was said here. This is a general feeling.

JGB: What feeling?

Question (cont.): This feeling of why we are here and what we

Hal ini disebabkan, karena kebutuhan dan karena memang ada hasrat untuk itu dan memang dibutuhkan. Lantas ada kesanggupan untuk mengerjakannya. Demikian juga, kalau orang-orang semua mendengarkan apa yang Bapak terangkan tadi, seperti jawaban dari pertanyaan orang Spanyol itu, mungkin sikap umumnya juga dari orang-orang akan berubah. Sehingga, bila datang waktunya yang memerlukan, keperluan-keperluannya akan mengikuti dengan sendirinya.

Bapak : Dalam kata pendahuluan besok... *Finished?* (*Ketawa.*)

are attempting to do now. And it would seem to me that because of this – this not looking ahead but looking only at the moment now, from our heads – that if Bapak would talk, even just briefly, about what he would like to see come out of this congress, even though its completion isn't possible now, at least it could be a beginning. And I'm quite aware from what has been happening in the United States – things that six months ago we thought were absolutely impossible are now happening – that they are happening because of two things: the need for them, and along with the need, coming the means.

And this I feel too, and I also wanted to say: that all of us chairmen must be mindful of this, if we have had these experiences. And if Bapak would consider this, then, when we go about our work, perhaps as a result of it we will approach it with a considerably different attitude.

Bapak: In the introductory words tomorrow... Finished? [*Laughter.*]

JGB: Thank you very much, Bapak.

14

COOMBE SPRINGS

10 AGUSTUS 1959

Kongres Subud Sedunia I

Sumber : Rekaman 59 CSP 2

Mas Syafruddin Achmad (menterjemahkan) : Pertemuan pagi ini tadi membicarakan ada tiga persoalan pokok, terutama mengenai : apa betul ini... (*tak jelas*) ...ada organisasi nasional? Apa maksud dan tujuannya? Dan karena terlihat ada perbedaan persoalan di tiap-tiap negeri — itu tentu ada — , ini mungkin ada membawa suatu hal-hal yang agak sukar bagi organisasi internasional, karena ada perbedaan-perbedaan nasional dan hukum di tiap-tiap negeri berbeda-beda. Dan selain daripada itu di dalam tiap kebangsaan sendiri ada *groep-groep* yang perlu diperhatikan pertumbuhannya, yang kadang-kadang juga persoalannya seperti hubungan nasional dengan inter-nasional. Apa bisa *groep-groep* itu berdiri, jangan sampai terdesak kadang-kadang oleh kenasionalan. Itu mengenai yang pertama.

Yang kedua, katanya, mengenai pekerjaan dan bagaimana cara menghubungi Bapak yang Bapak kehendaki secara organisatoris? Apa bisa setiap *groep* atau setiap cabang terus saja langsung kepada Bapak? Dan apakah supaya ini diatur secara nasional, supaya ini betul-betul berjalan secara organisatoris dan supaya organisasi dengan jalan begini juga kuat. Katanya, di dalam soal ini tadi mereka tidak membicarakan mengenai soal keuangan. Itu mungkin di Konggres ini nanti ada seksi lain.

Dan soal yang ketiga, yang mereka anggap penting ialah mengenai cara memberi penerangan, yakni kepada orang banyak. Ini penting, supaya ini dipusatkan, supaya ini dilakukan secara baik

14

COOMBE SPRINGS

10 AUGUST 1959

First Subud World Congress

Source: Recording number 59 CSP 2

Reynold Osborn: This morning, Bapak, we met and very briefly discussed national organisation. Out of that came several questions, and I will take each question... [*inaudible*]:

The first perhaps is, what is a national organisation? There is a need for a statement of purposes and objectives. In each country the problems are different. And will the national laws in each country make for separation from the international brotherhood?

One question was brought up: can there be independent groups within a country, and how can it be ensured that a national organisation won't crush a small group? We have this concern also in the United States. There is, in some localities, a great fear that they will not be able to operate as they want to operate and, Bapak, there are instances in the United States where perhaps the way they want to operate is not according to the way they perhaps should operate. Their opinions may differ considerably from an overall feeling and attitude of... [*inaudible*].

The work of the national organisation and the arrangements in it. The arrangements for Bapak; how Bapak wishes to be contacted. Should that contact be made from a central, national place, or from individual places? The question was, what would be the best way for Bapak to be contacted through the organisation?

There was the suggestion for the need of a strong organisation, and that Bapak perhaps can talk about this.

dilakukan dari sudut nasional. Dan mengenai hal ini mereka semua sependapat dengan suara bulat dari yang mengemukakan ini.

Ada yang lupa saya tadi menterjemahkan sedikit. Selain daripada maksud dan tujuan organisasi nasional saja, apakah Bapak juga sudi menerangkan mengenai tujuan dari maksud umum daripada organisasi Subud.

Saya kira ... (*tak jelas*)

Bapak : Tuan-tuan dan nyonya sekalian, sebelum Bapak menjawab dan memberi penerangan kepada saudara-saudara sekalian perlu Bapak mengucapkan sebagai pendahuluan ucapan syukur kepada Tuhan Yang Maha Esa yang telah memberkahi kita kita dapat menyusun suatu konggres – meskipun belum merupakan konggres yang sebesar-besarnya – , tetapi dapat dikatakan sudah dapat dilaksanakan dengan keadaan yang baik dan memuaskan.

Konggres yang sekarang diadakan di London ini adalah konggres yang kedua kalinya daripada konggres Subud, Susila Budhi Dharma. Memang dalam mengerjakan dan melaksanakan sesuatu pekerjaan sebagai permulaan selalu menghadapi kesukaran dan selalu belum dapat menyiapkan sesuatu yang sungguh-sungguh dibutuhkan bagi badan itu atau organisasi itu. Tetapi mudah-mudahan di kemudian hari selanjutnya akan lebih baik, akan lebih seksama daripada yang sudah-sudah.

Bapak juga tidak lupa mengucapkan banyak-banyak terimakasih kepada sekalian para pengusaha, artinya para pengatur, sehingga konggres ini dapat diaturnya dengan rapi, dengan rajin, dengan baik. Demikian juga Bapak ucapkan terimakasih kepada sekalian para pendatang, ialah para utusan-utusan dari cabang-cabang dari mana-mana tempat yang sudah mengadakan waktu untuk dapat mengunjungi konggres ini, agar dapat memeriahkan dalam konggres atau hubungan kita antara satu dengan lain. Meskipun Bapak katakan tadi konggres ini belum merupakan konggres yang sebenar-benarnya sebagai persatuan kebaktian kita manusia dalam bumi ini, tetapi Bapak pandang dan Bapak rasa sudah dapat menjadi lambang dan tanda, bahwa persaudaraan kita – umat manusia di bumi ini untuk berbakti kepada Tuhannya yang menciptanya – dapat dikatakan sudah berjalan dengan sebaik-baiknya.

We didn't touch on the financial side of it at all; this will come later.

The one thing that was apparently agreed upon – at least there seemed to be no difference of opinion – had to do with the answering of enquiries and the providing of information, which could be handled at a top level, from a national organisation.

Unless Mr. Brown has something to add to this, I believe I've covered it.

Bapak: Ladies and gentlemen, before Bapak answers and gives you explanations, Bapak needs to begin by giving thanks to the One Almighty God, who has blessed us and enabled us to organise a congress. Although it is not yet a huge congress, it has been well prepared.

This congress now being held in London is the second congress of Subud; that is, *Susila Budhi Dharma*. It is true that in starting something new we always encounter difficulties and are unable to provide all that is really needed for the new organisation, but we hope that the future will bring improvement.

And Bapak doesn't forget to thank very much those of you who did the preparatory work, and organised the congress so efficiently, diligently and well. He also thanks all those who have come as delegates from the groups in various countries, who have set aside the time to attend the congress, to participate and deepen the bonds between us. Although, as Bapak just said, this congress does not yet truly represent humanity united in the worship of God, nevertheless, Bapak considers and feels it is a sign that our community – human beings in this world who worship God who created them – is making very good progress.

Selanjutnya Bapak sambil menjawab pertanyaan dari Saudara Ketua bagian Umum juga menguraikan bagaimana, apa yang menjadi tujuan Subud yang telah dikehendaki Tuhan di dunia ini. Memang dalam susunan organisasi, apabila itu dinasionalkan, sehingga dapat dikatakan dipersatukan seluruh badan-badan atau seluruh cabang-cabang di mana-mana tempat, tidak mungkin, karena satu-satu negara mempunyai hukum, mempunyai dasar dan aturan sendiri-sendiri. Maka sesungguhnya persaudaraan Subud ini bukan merupakan suatu organisasi, tetapi merupakan suatu *broederschap* di antara umat manusia di seluruh bumi ini. Dan macam organisasi yang selalu dikatakan itu bukan sifatnya organisasi, tetapi adalah suatu percatatan, administrasi belaka, dalam persaudaraan kita Subud ini.

Sebab persaudaraan kita Subud ini adalah suatu latihan yang datang dari Tuhan dan kita bakti kepada Tuhan, sehingga tidak mungkin kebaktian manusia terhadap Tuhan itu diatur sebagai di dunia. Karena hakekatnya dalam kebaktian kita Subud ini Tuhanlah yang menjadi pemimpin, Tuhanlah yang menjadi ketua, Tuhanlah yang menjadi pembimbing dan *leader* dari umat manusia seluruhnya. Dengan demikian, maka persaudaraan kita Subud ini terhadap Tuhan di luar peraturan manusia.

Dan inilah bagi manusia diperlukan, agar manusia dengan manusia, agar saudara satu dengan lainnya dapat rukun dan dapat saling mengetahui dan saling merasakan, maka diadakan di masing-masing tempat ialah suatu percatatan yang merupakan administrasi daripada persaudaraan kita Subud ini. Karena administrasi seluruhnya yang mengenai keuangan dan mengenai masing-masing tentu berhubungan dengan peraturan-peraturan setempat, maka Bapak selalu anjurkan agar di masing-masing tempat dapat diciptakan suatu peraturan yang tidak menyalahi hukum-hukum yang berjalan di masing-masing tempat itu.

Maka Bapak anjurkan, agar di masing-masing negara diwujudkan suatu *autonoom*, artinya bertanggungjawab dalam administrasinya dan keperluan persaudaraan Subud di tempat itu masing-masing. Maka dalam Subud ini Bapak utamakan, agar dapat diaturnya di antara administrasi dan kejiwaan, ialah yang banyak telah dikatakan : di antara *comité* dan fihak pembantu pelatih dan pembuka. Jadi, *comité* mengerjakan kebutuhan para saudara di tempat itu, misalnya − umpama saja − di Amerika : *comité* yang di

Bapak will now, in the course of answering the questions that have been put forward by the chairman of this section, also explain the aims of Subud in this world, as willed by God. Regarding the organisation, it is indeed impossible to unite all the various [Subud] bodies and branches wherever they may be, since each country has its own principles, laws and regulations. So in reality the Subud community is not an organisation, but a brother- and sister-hood among the people of the whole earth. And what we keep referring to as the organisation is not an organisation in the ordinary sense of the word, but rather an administrative structure and record keeping that serves our Subud community.

That which gives unity to our Subud community is the latihan, which comes from God, and by means of which we worship God. And this cannot possibly be organised like some worldly undertaking. For the truth is that in our Subud worship it is God alone who is the leader, chairperson and guide of every human being. Therefore this Subud community of ours, standing before God, is beyond the reach of any human regulations.

However, between human beings – to keep us in touch and in harmony, to enable us to understand and help one another – we need, in each place, to have some form of administrative machinery and record-keeping for our Subud community. Since everything that has to do with administration and finance must be related to the laws of each country, Bapak has always recommended that in each place we should formulate by-laws in accordance with the local laws. So Bapak recommends that each country should be autonomous, meaning that each is responsible for its own administration and for the needs of the Subud community in that place.

What Bapak considers of utmost importance in Subud is the correct relationship between the administration and the spiritual side: that is, between committee and helpers. The committee looks after the needs of the membership in its own area. For example, the committee in the United States is concerned solely with all the needs of the members in the United States, not outside it. But the helpers – whom Bapak regards as the spiritual side – may concern themselves with members, give explanations, and open new

Amerika melulu mengerjakan seluruh kebutuhan daripada
saudara-saudaranya yang di Amerika, bukan di luar Amerika. Dan
pembantu pelatih – yang Bapak maksudkan dalam golongan keji-
waan – dapat memperhatikan dan dapat memberi penerangan dan
dapat menerima saudara-saudaranya di luar Amerika, karena
pembantu pelatih dan pembuka dari Amerika umpamanya dapat
membuka di Eropa; pembantu pelatih di Eropa dapat membuka di
Amerika juga. Jadi, anggota-anggota *comité* hanya dapat berlaku
dalam tempat itu saja; misalnya : umpama *comité* Subud dari
Amerika hanya di Amerika saja, tidak mungkin dan tidak
semestinya keluar dari Amerika. Tetapi kalau pembantu pelatih dan
pembuka, dapat ke mana saja yang perlu didatangi dan yang
memang perlu membutuhkan.

Sehingga pertanyaan-pertanyaan dari saudara-saudaranya yang
telah diterima dalam latihan dapat diajukan kepada kumpulan atau
golongan kejiwaan setempat itu; dan apabila belum dapat
dijawabnya, dapat dilangsungkan ke mana saja yang dianggap perlu
dan dikiranya dapat menjawab pertanyaan-pertanyaan itu. *En dan,*
apabila masih belum cukup, dapat dilanjutkan ke Bapak sendiri.
Tetapi sebaiknya saudara-saudara yang ada dalam kejiwaan, yaitu
pembantu pelatih dan pembuka, seharusnya dapat menjawab
pertanyaan yang kecil-kecil itu, sehingga mengurangi pekerjaan
Bapak untuk menjawab macam-macam pertanyaan dari para
saudara sekalian.

Jadi, terangnya, *comité* atau organisasi dalam Subud ini meru-
pakan syarat bagi persaudaraan kita manusia bakti kepada Tuhan.
Jangan Subud ini masuk golongan organisasi, sehingga kebaktian
kita terhadap Tuhan masuk dalam lingkungan peraturan, sehingga
Tuhan seakan-akan dapat diatur oleh manusia. Maka yang ada
susunan ketua, wakil ketua, sekretaris dan *treasurer* itu hanya susunan
dalam *comité*. Tetapi dalam kejiwaan tidak ada. Karena dalam keji-
waan yang menjadi ketuanya hanya Tuhan sendiri. Maka dalam
meninjau sesuatu, misalnya : apabila ada saudara baru yang minta
dibuka dan perlu itu diketahui bagaimana kenyataannya saudara itu,
saudara-saudara dapat meninjau itu bersama-sama, artinya sama-
sama meninjau, yang akhirnya nanti bagaimana buahnya, baru dapat
dipastikan, diterima atau tidak.

Maka kenyataannya, organisasi dalam Subud ini bukan sifat
organisasi sebagai lain-lain organisasi, tetapi hanya merupakan
administrasi saja dari masing-masing negara. Karena tuan-tuan dan

Helpers domain is Global.
Committee domain is
local or National

members in any country. A helper from America can open people in Europe and helpers from Europe can open people in America. Thus the members of a committee are concerned only with their own locality, whereas the helpers may exercise their functions wherever they are needed.

So if questions arise for members in the course of their experiences in the latihan, these can be referred to the local helpers' group. But if this group cannot answer them, then the questions can be forwarded to whoever is considered able to answer them. And if they still cannot be answered satisfactorily, then they can be sent on to Bapak himself. But he hopes that helpers will deal with all the minor problems that continually arise, thereby reducing Bapak's workload of answering all sorts of questions from the members.

So it should be clear that the committees and the organisational side of Subud are no more than instruments to serve our community of human beings in their worship of God. Don't let Subud become yet another 'organisation', with the result that our worship of God comes into the world of regulations, as if God could be organised by human beings. So it is only in the committees that there are chairpersons, deputy chairpersons, secretaries and treasurers; on the spiritual side there are none, for here the only chairperson is God. Therefore if something needs to be tested, such as the state of a person who wishes to be opened, this should be tested by the helpers together. Based on their testing together they can decide whether to open the person or not.

The reality is that the organisation in Subud is not like other organisations; it is no more than the administrative machinery needed in each country. As you are certainly aware, buildings are

nyonya sekalian tidak akan tidak insyaf, bahwa untuk dapat mempersatukan kebaktian kita di antara persaudaraan kita ini tentu membutuhkan gedung, membutuhkan ini dan itu; dan untuk dapat mengetahui dan mengirim surat kepada ke lain tempat membutuhkan juga beaya dan lain-lain; itu semuanya tentu membutuhkan uang. Dan itulah karenanya, maka dalam *comité* perlu usaha uang itu, agar dapat mencukupi kebutuhannya para saudara di tempat masing-masing itu.

Dan untuk mendapatkan uang, agar dapat mencukupi segala kebutuhannya, janganlah hanya menunggu dan mengharapkan kontribusi, yaitu sumbangan dari saudara-saudara sendiri, karena mengingat, bahwa di antara kita – saudara yang sungguh-sungguh berbakti kepada Tuhan – ada di antaranya yang tidak dapat membayar karena kekurangan uang dan tidak bekerja. *Lha,* itu perlu *comité* berusaha, agar dapat meringankan beban-beban para saudaranya, agar jangan sampai karena uang saja lantas tidak berbakti kepada Tuhan. Dalam *daad* yang demikian atau tindakan yang demikian menjaga : janganlah Subud ini nanti hanya dikabarkan suatu *broederschap* atau suatu pendirian persaudaraan yang hanya dapat menerima orang yang mampu-mampu saja. Orang yang sungguh-sungguh memang butuh bakti kepada Tuhan, tetapi karena miskin, tidak dapat di terima.

Dan itu malahan menjadi tanggungjawab saudara-saudara sekalian yang telah menerima – meskipun sedikit – pemberian dari Tuhan. Karena Tuhan menghendaki, agar manusia jangan sampai tertekan atau jangan sampai jatuh ke jurang atau ke waktu yang sehingga tidak dapat menemukan jalan untuk bekerja atau untuk mencari makan di dunia ini. Jadi, terangnya, Tuhan menghendaki, agar jangan ada manusia yang tidak dapat menginsyafi dan mengerti bagaimana akan gunanya dirinya dan badannya itu.

Dan bimbingan dari Tuhan yang semacam itu telah saudara-saudara sekalian terima – meskipun belum seluruhnya – , sehingga menunjukkan, bahwa saudara sekalian memang diharuskan – adalah sebagai... sebagai suatu kewajiban – untuk memberi jalan kepada lainnya yang belum dapat menemukan jalan yang benar ini. Maka kewajiban yang seberat itu sekarang telah ada di pundak saudara-saudara sekalian, yang saudara sekalian perlu mengerjakan itu, meskipun tidak sepenuh tenaga, tetapi perlu mengerjakan itu dengan sungguh-sungguh. Memberi tuntunan kepada orang lain, memberi bimbingan kepada orang lain, agar orang lain itu dapat

needed for us to worship in together, as well as other things. Corresponding and keeping in touch with other places also costs money. Money is needed for all this. It is the committee that must find the money for the needs of the group in their area.

We should not rely solely upon contributions from members to meet all these needs, we have to remember that some of those who come in all sincerity to worship God are unable – having no money and being out of work – to contribute anything. So the committee must make an effort to lighten some of the burden on the members, so no-one is prevented from worshipping God simply because of money. That will avoid the impression that Subud is only open to the prosperous, while those who truly wish to worship God but are poor are not welcome.

Indeed this is the responsibility of all of you who have received God's gift – even if only in small measure. For it is not God's will that people should be burdened, or fall into a state where they are unable to find their way of working to fulfil their worldly needs. God's will is that no human being should be unaware or ignorant of the use of his or her body and being.

You have already begun to receive guidance from God in this way – although the process is not yet complete. This lays upon you the responsibility for opening the way for others who have yet to find the right path; it should be looked upon as an obligation. This heavy obligation now rests upon your shoulders, and you should carry it out earnestly and sincerely, even if you cannot yet do so with your full strength. The way to lead or guide other people so they may follow in your footsteps is by demonstrating the reality and the proof, and by showing an example in yourselves. Then others will be attracted and wish to follow the same path.

mengikuti jejak-jejak saudara seharusnya saudara dapat memberi kenyataan-kenyataan, memberi bukti-bukti, memberi contoh, sehingga mereka benar-benar berhasrat dan benar-benar mengingini untuk mengikuti jejak-jejak saudara sekalian.

Dan inilah, maka karenanya Bapak harapkan dan anjurkan, agar saudara sekalian dalam *comité* – dalam administrasinya Subud ini – mengerjakan sesuatu, misalnya : membuka atau mendirikan suatu badan yang dapat menghasilkan uang, sehingga hasil uang itu dapat digunakan apa yang diperlukan bagi organisasi atau bagi persaudaraan kita Subud di masing-masing tempat itu. Kecuali uang yang didapat dalam perusahaan itu mencukupi untuk mencukupi kebutuhan kita Subud atau kebutuhan persaudaraan kita Subud, juga kita dapat menggunakan uang itu untuk keperluan lain-lain, misalnya : untuk mendirikan sekolahan, mendirikan *hospitaal*, mendirikan rumah bagi orang-orang yang... yang putus asa, yang tidak... yang belum tahu, belum mengerti jalan hidupnya – misalnya.

Dan di situ kita dapat menempatkan tenaga-tenaga dari saudara-saudara kita untuk dapat membimbing mereka, sehingga mereka dapat sungguh-sungguh menerima keinsyafan bagaimana cara hidup yang benar dalam dunia ini. Juga bagi kita – persaudaraan kita – membiasakan dan mengenalkan kita ke lapangan dunia di samping kita bakti kepada Tuhan. Memang demikianlah kehendak Tuhan, agar manusia dapat berbakti kepada Tuhan tidak menjauhkan atau tidak melenyapkan segala kebutuhan dan segala tingkah dan tindakannya hidupnya di dalam dunia ini.

Demikian terbukti dari latihan-latihan yang telah kita terima, saudara-saudara sekalian dapat menerima latihan ini – yang sebenarnya latihan kita ini adalah sesungguhnya kebaktian kita terhadap Tuhan – tokh kita masih di dalam keadaan yang utuh : memikirkan dunia, masih suka juga pergi ke tempat yang... tempat kesenangan dan lain-lain. Hanya semuanya itu tentu nanti ada batas-batasnya sesudah saudara sekalian dapat menerima dalam latihan itu dari Tuhan Yang Maha Esa. Keadaan yang demikian itu memberi bukti, bahwa memang Tuhan telah menghendaki, agar dalam abad sekarang ini manusia dapat berbakti kepadaNya tidak melepaskan segala sesuatu yang menjadi kebutuhannya dalam dunia ini.

Dalam latihan saudara-saudara sekalian akan nanti dapat menerima petunjuk-petunjuk dari dalam bagaimana cara saudara sekalian mengerjakan pekerjaannya masing-masing. Karena dengan

It is for this purpose that Bapak hopes, and recommends, that those who sit on the committee – in the administration of Subud – will do something such as establishing a business. The money from this can then be used for whatever is needed by the organisation or the Subud community in each place. Apart from this, the money can also be used for other purposes, such as establishing schools, hospitals and homes for those in distress, who cannot see or find their true way in life.

We can employ our own members in such establishments, to guide these distressed people so they can become aware of the right way for them to live in this world. This kind of undertaking also serves the purpose of accustoming us to working in this world while continuing in our worship of God. For this is indeed the will of God: that human beings should worship Him without in any way shutting themselves off from the world, or abandoning all the needs and activities of worldly life.

The latihan you have received provides evidence of this, for it is in truth our worship of God, and yet we are still in a position to give our whole mind to worldly matters; we can still visit places of entertainment and so on. However there will be limits to those activities later on, once you are able to receive about that in the latihan from Almighty God. This all proves that it is indeed God's will that in this century people should be able to worship God without neglecting their needs in this world.

In the course of the latihan it will become possible for you to receive guidance from within as to how you carry out your work. For in our worship of God we are being trained and guided to lead

kebaktian kita terhadap Tuhan itu saudara-saudara sekalian akan terbimbing dan terlatih bagaimana cara melaksanakan hidupnya yang bahagia, baik di dunia ini maupun sesudah mati nanti. Maka terangnya, bagi saudara sekalian sudah tidak ada lagi persoalan yang selalu tertanam dalam hatinya : 'bagaimana aku mesti bekerja?' dan 'di mana aku mendapatkan uang?'. Demikian itu akan mendapat jawaban dan bimbingan sendiri dari dalam masing-masing. Itu sesuatu yang mudah dan tingkatan yang terbawah sekali. Karenanya, maka bagi saudara sekalian sudah semestinya dapat menerima dan mengetahui itu. Dan dengan demikian saudara sekalian tidak akan kehilangan jalan bagaimana cara melaksanakan hidupnya di bumi ini.

Saudara-saudara sekalian, Bapak katakan : "Apa sebab agama – yang sudah begitu lama dan lama dipeluknya – sekarang ini bagi orang-orang yang terpelajar seakan-akan tidak mengakui kebenarannya dan seakan-akan tidak lagi suka memeluknya?"

Karena sampai hari ini apa yang telah disebutkan di dalam buku-buku dan apa pula yang telah dinasehatkan dalam kitab-kitab itu dapat dikatakan masih di dalam alam suara yang belum ada bukti dan belum ada kenyataannya. Itulah sebab-sebabnya, maka banyak di antara orang yang terpelajar belum suka dan tidak suka mengakui dan belum percaya adanya Tuhan itu, karena tidak ada bukti-bukti yang nyata di dalam masing-masing agama itu. Padahal yang menerima – misalnya : para nabi – pada waktu itu sungguh-sungguh menyatakan, sungguh-sungguh dapat membuktikan apa yang telah diterimanya dari Tuhan dan apa pula yang telah dinasehatkan kepada pengikut-pengikutnya.

Sebab-sebab yang demikian itu tidak lain daripada orang-orang yang menjalankan itu belum dapat melakukan yang nyata apa yang telah dinasehatkan, yang tersebut dalam buku-buku itu. Dan disebabkan pula dari kemajuan zaman ini dan kemajuan akal-fikiran, hati dan nafsu manusia. Maka kenyataannya : lebih maju akal-fikirannya, lebih maju nafsu dan kehendaknya, lebih mundur hubungan manusia atau diri manusia dengan jiwa dan jiwa dengan Tuhan. Tuhan tahu tentang itu dan Tuhan mengerti segala sesuatu bagi manusia, sehingga dengan lahirnya Subud ini memberi kenyataan, bahwa Tuhan menghendaki, memberikan kepada kita, karena kita tidak dengan pemberian Tuhan itu, tidak mungkin kita dapat kembali berhubungan lagi dengan jiwanya dan kembali berhubungan lagi dengan kekuasaan Tuhan.

[handwritten: Career — Inner Guidance a]

a life that is happy in this world and after death. You will no longer always be facing the questions: 'What sort of work must I do?' and 'How do I get money?' You will receive answers and find guidance from within yourselves. This is easy and belongs to the lowest level of development, and you should already be able to receive this guidance. In this way you need never be at a loss to know how you should lead your life here on earth.

Brothers and sisters, Bapak would like to ask: 'Why is it that so many educated people doubt the validity of the various religions, even though these have existed and been followed for so long?'

The reason for this is that up to the present, what is written in the holy scriptures has remained no more than words, and these cannot provide evidence of reality. This is why so many educated people are unable to accept or believe in the existence of God. It is because they can find no convincing proofs in their respective religions. The prophets, however, to whom these revelations were given, *were* able, in their time, to demonstrate the evident reality of what they received from God, and taught their followers.

This [present] situation arises from the fact that those who profess the various religions cannot yet truly put into practice the truths contained in their scriptures. It is also due to the progress of the age in which we live, and to the development of the thinking mind, the heart and the desires of human beings. It is a fact that the more human beings have developed their minds, desires and will, the weaker the connections have become between them and their souls, and between their souls and God. God knows this and understands what is necessary for human beings. And the birth of Subud proves that God wishes to give us His grace, for without it it would be impossible for us to become reconnected with our soul and the Power of God.

Saudara-saudara sekalian dapat sendiri menginsyafi bagaimana keadaan waktu pembukaan. Dalam waktu pembukaan saudara-saudara baru yang sudah dibuka hanya dibutuhkan menyerahkan, menyerah dengan sabar dan ikhlas. Sedangkan ucapan yang demikian itu telah banyak diucapkan oleh orang-orang lain, malahan saban hari diucapkan. Tetapi apa langsung..., apa dapatnya mereka selalu mengucapkan yang demikian itu? Tidak ada. Karena ucapan demikian, meskipun diucapkan yang lebih muluk, lebih bagus daripada kita, ucapan itu belum dan tidak dikehendaki Tuhan. Karena ucapannya dikeluarkan oleh akal-fikirannya yang masih terpengaruh oleh daya-daya rendah, yang selalu menekan dan mempengaruhi rasa dirinya. Sedangkan dalam pembukaan kita ini kita telah dikehendaki Tuhan dengan sekonyong-konyong, dengan segera kita dapat menghentikan pengaruh akal-fikiran dan nafsu. Dengan demikian kita dapat menerima kontak dari kebesaran Tuhan itu dengan semudah-mudahnya. Maka soalnya bukan doa dan bukan kata-kata yang menyebutkan menyerah, sabar dan tawakal itu, tetapi adalah sesuatu yang telah dikehendaki Tuhan yang ada pada kita, yaitu Subud.

Demikian sesuai dengan nama Subud yang singkatan dari Susila Budhi Dharma. Susila berarti sifat manusia yang terisi dalam rasa-perasaannya, berperikemanusiaan yang sebagai yang telah dikehendaki Tuhan. Dan Budhi, bahwa dalam diri manusia tersimpan daya yang utama sebagai pembimbing pada manusia itu, apabila dapat diketahuinya. Dan Dharma ialah penyerahan manusia kepada kebesaran Tuhan lebih... dan manusia hingga mengakuinya dan merasakannya, bahwa segala keinginannya tidak ada yang melebihi daripada keinginannya kepada Tuhan, dan segala kecintaannya tidak akan melebihi daripada kecintaannya kepada Tuhan, sehingga cintanya kepada Tuhan melebihi daripada sekalian apa yang telah diingini, baik mengenai keinginan maupun mengenai dirinya sendiri. Sehingga dikatakan – yang sesuai juga dengan sabda-sabda para nabi – , bahwa : "Cintailah Tuhan lebih daripada diri dan jiwamu sendiri."

Demikian sebagai lambang bagi kita Subud. Maka bagi tuan-tuan, nyonya sekalian sungguh sukar sekali untuk mewujudkan lambang itu ke dalam diri pribadinya. Tetapi Bapak harapkan – karena telah dikehendaki Tuhan – mudah-mudahan lambang Subud yang demikian baiknya bagi masyarakat kita manusia yang berbakti kepada Tuhan dapat dimiliki oleh sekalian para saudara

You yourselves are aware of what happens when someone is opened. The new members who come to be opened are told, 'Only submit yourselves to God, with patience and submission.' Similar words are spoken by many people, even daily. But what happens? What is received through reiterating those phrases? Nothing. Because, though they may be uttered more eloquently and more beautifully than is the case with us, they are not spoken by the will of God but come only from the thinking mind, which is still influenced by the low forces that constantly dominate and oppress the inner self. In our opening, however, God's will makes it possible for our thinking and desiring to come spontaneously and instantly to a halt. So it has been made very easy for us to receive contact with the greatness of God. The point therefore is not the prayer, or pronouncing the words 'surrender, patience and submission', but something that is in us by the will of God; that is, Subud.

This is in accordance with the meaning of Subud, which is an abbreviated form of *Susila Budhi Dharma*. *Susila* denotes a human nature filled with a humane feeling as willed by God. *Budhi* means there resides within human beings a superior power, which can guide them when they are able to be aware of it. And *dharma* signifies the surrender of a human being before the greatness of God above all else, so they recognise and feel that no other wish is stronger in them than their wish for God; of all their love none is greater than their love for God; and that this is beyond everything they have ever wished or could wish for themselves. Hence it is said, as the prophets also said, 'Love God even above your own self and your own soul.'

This is a symbol for us in Subud. It is extremely difficult for you to manifest this symbol in your own individuality, but Bapak hopes – since it is God's will – that in our community of human beings who worship God, we shall all be able to attain this Subud symbol, which is so good, and pass it on to our descendants.

sekalian sampai turun-menurun.

Karena itu, maka Subud bukan merupakan suatu agama. Tetapi Subud merupakan lambang bagi manusia baik dalam agama atau di luar agama, kalau sungguh-sungguh sebagai lambang Subud ini, ialah Subud yang sebenarnya. Dan dalam Subud ini masing-masing akan menemui dan mendapatkan kenyataan dalam apa yang telah dirasa masing-masing. Karena dengan Subudnya manusia akan menerima bimbingan dari Tuhan yang sebenar-benarnya, yang ada dalam dirinya masing-masing. Sehingga akan tahu mana yang benar dan tidak, dan tahu pula bagaimana akan melaksanakan jalan hidupnya selalu... selama di dunia ini untuk dapat membahagiakan dirinya dan keluarganya. Sudah tentu untuk melaksanakan segala kebutuhan hidupnya di dunia ini terbawa juga kesehatan dirinya, sehingga bukan hanya jiwanya yang sehat, tetapi dirinya pun sehat juga, dan dapat dikatakan : sehat dirinya sehat jiwanya, sehat lahir dan sehat batinnya.

Karena dalam Subud − dalam latihan yang saudara sekalian terima − kita terbimbing dari bawah sampai ke atas, dari luar sampai ke dalam, sehingga kesehatannya terjamin dan dapat dimiliki. Juga saudara sekalian akan dapat menerima bagaimana yang perlu dijalankan oleh saudara sekalian, yang akhirnya saudara sekalian akan dapat mengetahui kebenaran-kebenaran nasehat-nasehat yang telah ada dalam buku-buku dan saudara-saudara akan betul-betul menjadi umat daripada agama-agama yang telah dimiliki itu dengan sesungguh-sungguhnya. Sedangkan segala sesuatu itu dijalankan seluruhnya oleh Kekuasaan Tuhan sendiri.

Tuan-tuan dan nyonya sekalian, tentunya tuan-tuan, nyonya sekalian masih bertanya : "Di mana dan *kaya'* apa Tuhan itu dengan kekuasaanNya? Dan sorga itu *kaya'* apa dan di mana sebenarnya?" Karena soal keduanya ini selalu dalam pikiran saudara-saudara sekalian atau dalam fikiran umat manusia umumnya. Memang dibenarkan juga, bahwa saudara sekalian memikirkan tentang itu, karena saudara tentunya ingin tahu. Apabila dapat barang, tentu ditanyakan dari mana dan dibuat dari apa? Dengan demikian saudara dapat memakainya barang itu sesuai dengan kehendaknya. Dan demikian juga Tuhan menciptakan saudara dengan otak, hati dan nafsu, bukan untuk cuma-cuma, tetapi memang dikehendaki Tuhan, agar saudara sekalian dengan otak, hati dan nafsunya dapat bekerja dan menyelamatkan hidupnya di bumi ini. Sebab, kalau tidak dapat berfikir, tidak boleh berfikir, berarti, bahwa saudara

Good Health and inner health.

So Subud is not a religion. It stands as a symbol for a human being, both within the various religions and also outside of them. Only if a person's nature corresponds to this Subud symbol can he or she be described as really Subud. In Subud each person will meet with and become aware of reality according to what they themselves have experienced. And through their Subud nature each one will receive the true guidance of God, which exists in and for every individual. They will then be aware of what is right and what is wrong; and they will also understand how to lead their lives on this earth in such a way as to achieve happiness for themselves and their families. Of course, health will then accompany the fulfilment of their worldly needs; not only their souls but also their bodies will enjoy good health. So such people can be said to be healthy both outwardly and inwardly.

In Subud, in the latihan we receive, we are being led from below to above, from the outer to the inner, so that you can be healthy and stay that way. Each of you will also be able to receive what you have to do. And, eventually, you will be able to comprehend the truth of all the advice contained in all the holy books, and become a true follower of the religion to which you belong. The whole of this process is worked in you by God's power alone.

Using heart of destinies of life on life in this world, this world.

Ladies and gentlemen, you may still wonder where God is and what God and God's power are like; and what heaven is and where it is. These are questions that commonly arise in people's minds. In some ways it is understandable that you think about these matters, because you are curious. When you get something you will certainly ask where it came from and what it is made of, for this knowledge will enable you to use it in accordance with your wishes. Moreover, it is not for nothing that God has equipped human beings with brain, heart and desires; it is indeed the will of God that you should be able to work with them to take care of your well-being on this earth. If we were not allowed to think about things, not allowed to use our brains, hearts and desires, what would be the use of God creating them in us?

sekalian tidak menggunakan otak, hati dan nafsu itu, sedangkan apa gunanya dan apa perlunya Tuhan menciptakan itu ke diri kita?

Tetapi janganlah salah terima. Akan Bapak gambarkan sementara tentang bagaimana keadaan itu sebenarnya. Sebelum sifat yang berwujud – yang dapat dilihat, dapat didengar dan lain-lainnya – jadi, adalah daya hidup itu. Artinya : daya hidup itu telah tersusun lengkap dan ada. Dan daya-daya hidup yang ada, yang tersusun itu – atas kehendak Tuhan – dimulai dari daya kebendaan sampai tumbuh-tumbuhan, hewan, orang, *ruhaniyyah*, yaitu sampai tinggi lagi. Dan semuanya ada tujuh tingkatan dari daya-daya itu, bukan bertingkat-tingkat, tetapi tujuh jenis, tujuh alam semestanya.

Masing-masing dari daya hidup itu merupakan alam, merupakan benua tersendiri. Dan juga merupakan tempat – umpama dunia sini – , yaitu tempat manusia. Kalau di situ, tempat jiwa. Dan jiwa-jiwa yang ada di masing-masing alam di situ tidak bergerak, apabila tidak ada sasarannya. Jadi, umpama saja seperti *licht*, seperti matahari. Dunia ini tidak akan bersinar – apabila di lihat dari jauh – , apabila tidak terkena *straal* dari matahari. Demikan juga jiwa itu. Jiwa itu tidak akan gerak, apabila tidak ada sasarannya, sehingga sasarannya itulah yang Bapak katakan sifat yang baru.

Pada permulaan sifat yang baru itu masih berwujud dan berupa air – maafkanlah, tuan-tuan dan nyonya sekalian – yang ada karena hubungan laki-laki dan wanita. Bapak gambarkan demikian. Umpama sebelum laki-laki dan wanita itu berkumpul, umpama dalam rasa-perasaan laki-laki itu, dalam keinsyafan laki-laki itu, juga dalam kesenangan laki-laki itu hanya melulu keduniaan, dan wanitanya demikian juga – yang di impi-impikan, ya, dunia saja; tidur, ya, mimpi dunia; bangun, ya, memimpi dunia – itu di dalam diri manusia merupakan *lens*, merupakan tempat sasaran. Dan tentu saja sasaran itu yang akan menggerakkan dari rokh-rokh, yaitu dari alam jiwa-jiwa yang tujuh itu. Tetapi, karena sasaran yang telah di*lens*kan di dalam diri manusia itu banyak mempengaruhi daya rendah daripada daya yang tinggi, sehingga yang masuk itu bukan dari daya yang tinggi, tetapi daya benda yang masuk.

Demikian, sehingga terjadi jiwa dari alam yang rendah, yang menjadi pengisi sifat yang baru itu. Meskipun jiwa itu jiwa rendah – mungkin saudara sekalian tidak suka, apabila jiwanya lantas jiwa benda itu, – tetapi karena jiwa – meskipun rendah – , tetapi itu telah menjadi pengisi daripada sifat baru itu, mau tidak mau sifat baru tentu dikerjakan oleh daya rendah yang telah berkuasa dalam

ASTROLOGICAL understanding

But do not misunderstand. Bapak will now explain briefly how these things really are. Before a new physical being – that we can see, hear and so on – comes into existence, there exist the forces of life. These various forces exist on different levels and form a complete system, as decreed by God, beginning with the material life force and continuing through the vegetable, animal and human forces to the *rohani* and higher still – a total of seven levels. They are not like levels one above the other, but different *types* of forces – seven universes.

Each of these life forces is a sphere of its own – like a continent. Each is inhabited by its own souls, just as this human world has human inhabitants. The souls inhabiting these worlds will not move unless they find some centre of attraction. This can be compared to the light of the sun: a planet will not shine – if viewed from a distance – unless it is illuminated by the light of the sun. The same is true of a soul. It will not move unless it has some objective, which is what Bapak meant by a new physical being.

This new physical being starts off – please excuse Bapak for saying this – as a drop of fluid resulting from the union of man and woman. And if, for example, before their union the husband and wife are entirely filled by the things of this world in their feelings, in their awareness and in their pursuit of pleasure, so that all they dream about is this world – they dream about it when they sleep, they dream about it when they are awake – then all this creates a kind of lens, or focus, which serves to attract a soul from one of these seven worlds. But, because the focus formed in the self of such people will exert a stronger attraction on low souls than on high ones, what enters will not be one of the high souls but a material one. *If two people are filled with a low force when they conceive a child from that world – i.e. material*

In this way it can happen that a soul from a low world can become the inner content of a new being. You may not like to think that your soul is a material soul, but if such has become the content of a new being, then, willing or unwilling, he or she will be used by the low forces that are in charge within them.

dirinya itu.

Dan sifat yang baru, yang masih belum terbentuk itu, lambat laun sesudah ada dalam badan wanita lama-lama terbentuk dan berwujud sebagai manusia, dan sesudahnya pada saat lahirnya manusia yang kecil itu dilahirkan dari ibunya dan sampai di dunia. Anak yang kecil itu, meskipun belum dapat melihat, mendengar, mencium, merasakan bentuk-bentuk dan suasana dunia, tetapi telah dapat menerima, ialah suasana dari jiwanya. Karenanya, maka anak yang kecil, yang baru dilahirkan itu sebentar-sebentar kelihatan susah, sebentar-sebentar kelihatan senang dan gembira. Dalam saat yang demikian, terang, bahwa anak yang kecil itu lebih rapat hubungannya dengan jiwanya, belum rapat hubungannya dengan suasana dunia. Tidak dengan diketahui dan dimengerti, jiwa apa yang mengemudi diri pribadinya itu.

Makin hari, makin minggu dan bulannya, anak yang kecil itu mulai dapat melihat, mendengar, pendek kata seluruh anggota dirinya mulai bekerja, dapat menerima suasana dunia, mulai tertutup apa yang telah diterima dahulu dari jiwanya. Lebih tertutup lagi sesudah anak kecil itu akhirnya dapat menggunakan otaknya, hatinya dan nafsunya.

Tetapi Tuhan selalu memelihara manusia. Ialah pada saat akil-balignya, pada saat birahinya – baik yang sifat laki-laki maupun sifat wanita – diturunkan daya hidup yang kuasa, *bareng* atau bersamaan dengan berkembangnya akil-balig yang dialami anak itu. Itu kare-nanya, maka dalam agama dikatakan : anak yang berkewajiban bakti kepada Tuhan sesudah akil-balig. Jadi, anak yang belum akil-balig itu masih dalam pertanggungan orang tuanya. Akil-balig, artinya : laki-laki sudah mulai ada kesenangan melihat wanita, dan wanita sudah mulai merasa senang terhadap laki-laki.

Jadi, terangnya, saudara sekalian, kepada anaknya yang masih belum akil-balig tetap usaha untuk dapat menerima pergantian jiwa – andaikata salah – , ialah ada pada diri saudara-saudara sekalian. Tetapi kalau sudah lewat akil-balignya, itu atas pertang-gungan anak itu sendiri.

Jadi, adillah Tuhan itu kepada makhlukNya. Bukan lantas ditinggalkan begitu saja, tetapi selalu memberikan jalan bagi makhlukNya, bagi manusia, agar manusia tadi jangan sampai kehi-langan jalan yang benar untuk menuju… (*tak terdengar.*) Tetapi umumnya daya yang kuasa, yang telah menjelma bersamaan dengan

Parental [...] for pre [...] [responsibility] [...] [puberscent] children

This as yet unformed new being, which has entered the womb of the woman, begins gradually to acquire the outward form of a human being. And when it is complete the small human being is delivered from its mother's womb and born into this world. Although not yet able to see, hear, smell or apprehend the forms and atmosphere of this world, this little child can nevertheless sense the atmosphere of their own soul. It is from this that expressions of sadness, joy or happiness appear from time to time upon their face; at these moments it is clear that the child is in close contact with their soul and still remote from the atmosphere of the world. What is unknown is the *kind* of soul that governs the child's individuality.

As the days, weeks and months go by, the child begins to be able to see and hear; in short, every part of their being begins to work. The child can now feel the atmosphere of the world, while the communication with their soul begins to fade. It closes even further when the child reaches the stage of being able to use their brain, their heart and their desires.

But God always watches over human beings. When the young person – whether boy or girl – reaches puberty and becomes able to have the experience of love, then, together with the development of maturity they are experiencing, a powerful life force descends upon them. This is why it is taught in every religion that only when the child attains puberty does the worship of God become obligatory; up to that time the responsibility rests upon their parents. The meaning of puberty is that a boy begins to find pleasure in the sight of a woman, and a girl begins to enjoy the sight of a man.

So it is clear, brothers and sisters, that before your child reaches puberty it is your responsibility to try to receive a change in the level of his or her soul if it happens to be wrong. But after they have reached puberty, the responsibility rests directly upon the young man or woman.

In this way, God is just towards His creatures. God doesn't abandon them but always gives them – always gives human beings – a path so they should not get lost on their way towards... [*inaudible.*] But in general, this powerful life force that appears at puberty is not felt or recognised, with the result that the child falls

waktunya akil-balig itu tidak dapat dirasakan dan diterima. Maka kelanjutannya, anak itu makin lama makin terpengaruh oleh keduniaan, makin lama makin tebal keduniaannya daripada ke kejiwaannya, karena seluruh anggotanya telah terisi suasana-suasana dunia. Suasana dari jiwanya telah lama tertutup dan tidak lagi dekat kepadanya.

Maka tidak mengherankanlah, apabila seseorang memikir Tuhan dan bagaimana Tuhan dan bagaimana sorga, digambar-gambarkan sebagai Tuhan, ialah manusia yang bagus, berjénggot, berkumis yang bagus, dengan pakaian serba *diamond*, duduk di kursi singgasana yang bagus sekali, rumahnya besar dan sorga digambarkan sebagai di... mana itu tempat yang bagus itu?... Monte Carlo. (*Ketawa.*)

Demikian jawaban Bapak kepada saudara sekalian. Demikianlah, andaikata saudara tanya : *kaya'* apa Tuhan dan bagaimana Tuhan dan bagaimana sorga itu. Karenanya, maka Bapak selalu dalam latihan : buangkan semua itu, karena bekal untuk memikir di luar dunia ini semua keadaan-keadaan yang telah diterima dalam dunia ini. Jadi, tidak mungkin saudara dapat mengerjakan otaknya secara yang sesuai dengan apa yang dipikirkan itu. Dan gambaran-gambaran itu tentu tidak akan menyalahi apa yang telah menjadi keahlian akal-fikirannya.

Misalnya, kalau ahli hukum menggambarkan Tuhan : sebagai *voorzitter;* nabi-nabi sebagai menteri-menteri dan nabi yang nomor satu sebagai *premier;* dan malaekat-malaekat itu sebagai detektif atau sebagai polisi. Kalau ahli membikin rumah, Tuhan digambarkan : yang punya rumah lebih daripada *paleis,* lebih daripada rumah raja-raja, karena Tuhan mesti istimewa. Kalau yang menggambarkan ahli pedagang, misalnya *accountant,* umpamanya begitu : "Wah, ini Tuhan itu banyak sekali uangnya!" Dan : "Wah, kapalnya banyak! Jadi, selalu berdagang," dan sebagainya. Jadi, semua yang diperuntukkan untuk memikir Tuhan – tidak akan tidak – tentu sesuai dengan apa yang telah diterima di dunia ini, ialah yang menjadi pengisi otak dan nafsunya.

Maka dalam latihan selalu Bapak katakan : "Janganlah menggunakan akal-fikiran." Bukan karena akal-fikiran tidak boleh dikerjakan! Tidak! Karena akal-fikiran yang telah ada dalam otak saudara sekalian itu akal-fikiran dunia, sehingga tidak mungkin dapat itu menjadi tempat bagi pemberian Tuhan atau wahyu Tuhan yang akan diberikan kepada saudara sekalian.

more and more under the influence of the world, and the world is
far more present in their awareness than the life of their soul. This
is because all the parts of their being have been filled up with the
atmosphere of this world, while the atmosphere of their soul has
long been blocked and is no longer close to them.

It is therefore not at all surprising, when a person tries to think
about God and the nature of heaven, that they should imagine God
as a handsome person with a beautiful flowing beard, a beautiful
moustache, attired in diamond-encrusted robes, and seated upon a
magnificent throne in a splendid palace. And their picture of
heaven may resemble – what is the name of that beautiful place? –
Monte Carlo. [*Laughter.*]

This would be Bapak's explanation to you, if you were to ask
about what God is like and what heaven is like. This is why he has
always advised that in the latihan you should put aside all such
speculations, because the means you have for thinking about what
exists beyond this world is derived solely from your experience in
it. It is impossible for you to use your brain in a way that corre-
sponds to what you are trying to think about. And the images you
create will certainly not contradict the knowledge available to your
mind.

To a lawyer, for example, God may appear to be the president,
the prophets ministers of state, the leading prophet the prime
minister, and the angels detectives or police; while a builder may
picture God as dwelling in a place that is more magnificent than all
the palaces of all the kings of the earth. Each one pictures God as
something extraordinary. A businessman or accountant will say,
'Wow, God has lots of money!' and 'He owns enormous fleets of
ships for trading purposes', and so on. So, whatever they use to
think about God will inevitably accord with what they have
experienced on this earth, which is what fills their brains and their
desires.

That is why Bapak always tells you, 'Do not use your thinking
in the latihan.' Not because you shouldn't use your thinking mind.
No. But because the mind that is in your brain is the worldly
mind, and it cannot be the receptacle for the gift of God or the
revelation that God may give you.

Maka, agar saudara sekalian dapat menerima pemberian dari Tuhan selalu, diperlukan pembersihan dalam seluruh diri ini. Dan pembersihan itu bukan nanti lantas dibersihkan, tidak nanti di pakai lagi! Tidak! Agar nanti dapat dipisah-pisahkan antara otak yang terisi fikiran memikir dunia, otak yang terisi fikiran yang dapat memikir dunia atau alam atau hidup sesudah mati nanti.

Baru yang agar dapat kembali lagi hubungan dengan jiwanya saja, saudara sekalian sudah dibutuhkan, agar bekerjanya otak, hati dan nafsu tidak digunakan atau tidak diperlukan. Apalagi yang ke Tuhan! Sebagai tadi Bapak telah gambarkan, ketika rasa diri masih hubungan langsung dengan jiwanya, sehingga dapat merasakan senang dan tidak, dalam waktu itu otak, hati, rasa-perasaan, maupun seluruh pancainderanya belum dapat bekerja. Sesudahnya itu dapat bekerja, tertutup. Jadi, baru yang hubungan dengan jiwanya saja sudah memerlukan berhenti. Apalagi yang ke Tuhan! Sedangkan Tuhan : di atas, di luar segala kemampuan makhluk seluruhnya, di antaranya manusia.

Demikian, maka bagi saudara sekalian, apabila saudara sekalian bertanya : "Bagaimana lantas perlunya akal-fikiran kita dan apa gunanya akal-fikiran kita, sedangkan kita tidak dapat memikir dalam lapangan kejiwaan itu. Ya, Bapak jawab, bahwa dalam keji-waan – karena itu di luar kemampuan manusia, di luar kemampuan akal, di luar kemampuan otak, hati dan nafsu manusia – sudah terang, bahwa kekuasaan Tuhanlah yang mengerjakan itu. Dan saudara-saudara sekalian tidak akan lupa, bahwa Nabi Isa hanya karena penyerahannya, hanya karena kepercayaannya kepada Tuhan, dan hanya karena cintanya kepada Tuhan, memang telah dikehen-daki Tuhan demikian, sehingga akhirnya dapat menjadi orang, manusia, yang menjadi pemimpin dan penuntun dunia, yang dapat memberi nasehat yang sungguh-sungguh dapat dihargai setinggi-tingginya oleh manusia, tidak dengan belajar, tidak dengan mengikuti teori sesuatu apa, melainkan Tuhanlah yang diikuti.

Karena itu, yakinlah, bahwa yang dapat mengenalkan rasa-perasaan saudara sekalian dengan jiwanya dan akhirnya sampai ke Tuhannya tidak lain daripada, apabila saudara sekalian telah berada dalam saat sebagai ketika dahulu masih menjadi anak kecil yang belum terpengaruh dunia, yaitu sunyi daripada pengaruh dunia seluruhnya. Dengan pimpinan Tuhan dan bimbingan Yang Maha Esa lepas dari pengaruh dunia saudara sekalian akan sampai pada tingkatan yang diperlukan bagi manusia yang sempurna. Dan

In order always to be able to receive God's gifts it is necessary that your whole being should be purified. This does not mean that when this purification is complete you will not use it any more. Not at all. But you need to be able to distinguish between your brain when it is filled with thoughts of this world, and your brain when it is able to think about the world and the life after death.

Just to re-establish the connection with your soul it is important that you put aside the use of your brain, heart and desires; how much more then must they be put aside if you are to reach God. As Bapak explained, at the time when your feeling was still in direct contact with your soul and able to feel its joy and sorrow, your brain, heart, feelings and five senses had not yet begun to function. When they all began to work, the contact with your soul ceased. So even to come in contact with the soul these functions must stop. How much more must they stop to get closer to God – for He is above and beyond the reach of the powers of any creature, including humans.

If you ask, 'What use is the mind if it can't be used to think about spiritual life?' then Bapak's answer is that since the life of the soul is beyond human capabilities – beyond the intelligence, beyond the brain, heart and desires – then clearly it is God's power that will accomplish this. Do not forget that it was only through his surrender, his faith in God and his love of God, which indeed came about through God's will, that Jesus in the end became a leader and a guide of the world, who was able to give counsel valued highly by humanity. He did this without studying or following any theory, but simply by following God.

Have confidence then, that the way to reconnect your feeling with your soul, which will eventually lead you to your God, is to return to the state you experienced as a small child, before you were influenced by the world, when you were still completely free from its influence. It is by the guidance and direction of Almighty God, free from worldly influences, that you will achieve the condition required for a perfect human being. Then your whole being – including your mind, heart and all your senses – will

seluruh rasa diri saudara sekalian — baik otak, hati dan seluruh pancaindera — akan terisi sebagian besar dari kemurahan Tuhan, ialah dari jiwa yang sempurna, jiwa manusia, sehingga saudara dapat menggunakan alat anggotanya dalam jalan yang sungguh-sungguh untuk keperluan hidup manusia. Dan Tuhan — apabila sebagai manusia, umpama Bapak katakan — akan sangat gembiranya, akan sangat senangnya, karena saudara dapat melakukan bakti kepada Tuhan dalam segala tindakannya dan dalam segala saat dan tempat. Dan akhirnya akan lebih tegas dan lebih nyata, bahwa sungguh-sungguh Tuhan menyayangi manusia dan manusia sungguh-sungguh cinta kepadaNya.

Dan dalam masyarakat manusia di dunia ini tentu akan mengalami sesuatu masyarakat yang bahagia. Dan dunia ini merupakan tempat kebaktian manusia terhadap Tuhan. Dan benar-benar manusia akan percaya adanya Tuhan, karena telah terbukti dari tindakannya sehari-hari yang sungguh-sungguh terasa dan diterima, bahwa dalam tindakannya tidak terlepas dari kekuasaan yang telah menjelma dalam dirinya. Dengan demikian menyatakan, bahwa kebaktian manusia terhadap Tuhan sungguh-sungguh berguna bagi manusia, karena memang adalah suatu syarat untuk dapat mengetahui dan dan memenuhi kepentingannya manusia itu sendiri.

Kembali Bapak ke penerangan yang muka, ialah, bahwa dalam Subud karenanya, maka Bapak harapkan, agar dapat dibentuk comité-comité dari masing-masing tempat, dari masing-masing negara; dan dari masing-masing negara itu merupakan autonoom, sehingga mengatur begini dan begitu di dalam negaranya itu; dan yang dapat hubungan dengan negara-negara lain sebenarnya tidak lain daripada kejiwaannya. Memang, kejiwaan tidak dapat dibatasi antara satu negara dengan negara lain, karena itu merupakan lapangan yang luas, karena kita menghadapi hanya ke Tuhan, satu untuk seluruh makhluk.

Demikian ucapan Bapak disertai dengan penjelasan tentang kejiwaan. Selanjutnya Bapak harapkan, penerangan Bapak yang singkat ini dapat memenuhi keinginan atau rasa hati saudara sekalian. Tidak lain Bapak mengucapkan terima kasih atas perhatian para saudara sekalian. Dan maafkanlah banyak-banyak, apabila ada kata-kata Bapak yang tidak pada tempatnya. Dan akan Bapak sambung berikutnya di hari-hari berikutnya, selama Bapak ada di sini dan dalam waktu Konggres ini.

to a large extent be filled by the grace of God, acting through the
perfect human soul. You will be able to use all your instruments in
the right way, according to the requirements of human life. And if
we were to ascribe human attributes to God, Bapak could say that
He will then be very pleased and happy, for in this state you will
be able to worship in all you do; at all times and in all places. And
it will be ever clearer and more evident to you how real the love
of God is towards human beings, and also the love of human beings
towards God.

In this way human society in this world will attain true happi-
ness, as the world will then be a place for the worship of God.
Human beings will truly believe in God, because throughout their
daily life they will receive and feel that all their actions are in touch
with God's power, which manifests within them. Thus they will
bear witness that the worship of human beings towards God is
truly beneficial for them, because it is indeed the means whereby
they can understand and fulfil their own needs.

To return now to what Bapak explained at the beginning of
this talk: he hopes that Subud committees will be formed in every
country, each autonomous with regard to its own responsibilities.
That which can link the different countries together is the spiritual
side. Indeed, there are no frontiers in the spiritual life, and it is
world-wide in its scope; for here we stand in the presence of God,
who is One for all creatures.

This is Bapak's talk, together with some explanations about
what concerns the soul. He hopes that this short explanation satis-
fies your expectations and the feeling of your hearts. He thanks you
for your attention, and asks your forgiveness if anything he has said
is out of place. He will continue these talks during the coming days
until the end of the congress.

15

COOMBE SPRINGS

11 AGUSTUS 1959

Kongres Subud Sedunia I

Sumber : Rekaman 59 CSP 3

Mas Sjafrudin Achmad (menterjemahkan) : Katanya ada yang dikatakan tiga atau empat pokok-pokok pertanyaan yang dikemukakan, ialah pertama tentang informasi umum. Apakah tidak baik kiranya, kalau tentang tujuan Subud yang umumnya dapat dikemukakan suatu statement yang terang? Dan tentang maksud dan tujuan Subud tokh dapat dijelaskan dan Bapak dapat terangkan lebih lanjut mengenai... *(tak jelas)* ...umum dan mengenai usaha-usaha kemanusiaan ialah... *(tak jelas)*.

Dan yang kedua, mengenai yang khusus. Mengenai kepentingan : ada dua persoalan. Apakah memang ada kepentingan organisasi spesial? Apakah kepentingannya dan keperluannya yang Bapak lihat sekarang ini? Hubungannya : kalau organisasi spesial tersebut atau melalui jalan pelan-pelan, melalui organisasi-organisasi yang sudah ada di mana semangat daripada Subud diterima secara pelan-pelan, mengenai pertanyaan malam kemarin dulu itu.

Kemudian dari orang-orang yang baru saja latihan umumnya ada pendapat, supaya sebelum mengadakan usaha-usaha yang mengenai Subud sendiri ditunggu dulu sampai orang-orang itu cukup pengalamannya untuk menjalankan apa pekerjaan-pekerjaan itu sebagai organisasi Subud yang tertentu.

Dan begitu juga mengenai *commercial enterprise*, mengenai keuangan, mengenai usaha-usaha dagang dan sebagainya itu juga di

15

COOMBE SPRINGS

11 AUGUST 1959

First Subud World Congress

Source: Recording number 59 CSP 3

[handwritten note: Question where it asks: about setting up of Schools/hospitals etc.]

Sir Victor Goddard: We had a meeting this morning on human welfare, Section E of this congress, and there was one general question and a number of more particular questions that were asked. Some of the questions I think you would wish us to reserve until the particular subjects are dealt with later in the congress, but I would like to ask Bapak four or five questions now, to which he might care to give replies this morning.

As a general question affecting the congress as a whole, would Bapak speak on the literal aims of Subud, so that a clear statement of explanation can be made. We know that Subud will gradually show itself to be what it is by the light the brotherhood reflects, but we think Bapak might agree that it would be helpful to have a clear statement in words of the aims and objectives of Subud. That is a general question affecting the whole of the congress.

Now, on the particular subjects of human welfare, can Bapak speak on the necessity for special new Subud organisations: schools, hospitals and other things, as distinct from those that are gradually to be transformed by having members of the brotherhood within them that will make them what they should be. That's the question of the necessity for special organisations.

In particular, some who have not been long in the brotherhood would like to wait until the action of Subud is stronger within them

dalam pandangan yang seperti ini, menunggu itu dulu. Dan sesudah itu mengenai usaha-usaha Subud yang akan dikerjakan. Apakah itu diiklankan, diadpertensikan sebagai Subud – umpamanya – *Hospitaal* Subud atau Sekolah Subud dan sebagainya? Atau memakai nama-nama sendiri seperti umumnya usaha-usaha lain yang dijalankan? Dan sehingga di dalam perbedaan itu, walaupun tidak memakai nama Subud, tetapi di dalam cara bekerjanya terlihat berbeda daripada organisasi-organisasi lain karena ada semangat Subud di dalamnya.

Dan satu lagi. Umumnya *activiteit* yang akan dijalankan ini apa hanya terbatas pada anggota-anggota Subud saja atau untuk seluruh orang, seluruh kemanusiaan?

Bapak : Tuan-tuan dan nyonya sekalian, Bapak menguraikan sebagai jawaban atas usul-usul yang telah dikemukakan : bagaimana tujuan Subud ke dalam masyarakat manusia.

Karena Subud adalah kehendak Tuhan untuk menyelamatkan manusia, baik dalam kejiwaannya maupun dalam lahirnya – keduniaannya – , maka dengan sendirinya Subud berusaha, agar dapat memelihara kesalahan-kesalahan manusia dari tingkatan yang rendah sampai yang atas.

Berdasarkan tinjauan dari kejiwaan, bahwa dalam abad sekarang ini pengaruh kebendaan telah sungguh-sungguh dengan kuatnya mempengaruhi rasa diri manusia. Sehingga manusia tidak dengan kesadarannya sendiri melakukan sesuatu yang sungguh-sungguh tidak sesuai dengan apa yang dikehendaki Tuhan, karena manusia terperdaya oleh pengaruh kebendaan yang telah meresap dalam dirinya. Pengaruh kebendaan ke dalam diri manusia bukan hanya meresap ke darah, daging dan tulang, tetapi malahan menjadi pengisi diri manusia itu, sehingga manusia dengan terang-terang mengakuinya segala tindakannya dilakukan oleh dia sebagai manusia sendiri. Padahal dirinya seluruhnya diperalat oleh daya rendah, daya kebendaan, yang telah berkuasa dalam dirinya. Maka tidak dengan pertolongan Tuhan manusia tidak mungkin dengan otak, hati dan nafsunya membongkar kesalahan-kesalahan yang telah menjelma sebagai penguasa dalam dirinya itu.

before embarking in outward activities, particularly of a commer-
cial kind. Or should more effort be made to attract commercial
men into the brotherhood to facilitate the spread of Subud in
commercial ways?

Are the schools or other Subud activities to be advertised as
Subud activities, or should they merely be allowed to shine in their
own reflected light so that people may see their good works and
judge them in that way? Should they be called Subud hospitals or
Subud schools?

And the last question I would put to Bapak is this: are Subud
activities for human welfare to be reserved initially for members of
the brotherhood, or are they to be open for all? Is no distinction to
be made from the beginning in Subud activities?

Bapak: Ladies and gentlemen, in answer to the questions that have
been put forward, Bapak will now explain the aims of Subud in
human society.

Since Subud is God's will for the salvation of humankind –
both in regard to the life of the soul and the outer, worldly life – it
must follow that Subud works to correct the faults of human
beings, from the lowest levels to the highest.

Seen from the spiritual point of view, in this century the
material forces have come to have a very powerful influence upon
the inner self of human beings, so that without realising it they act
in ways that are not at all in accordance with the will of God. This
is because human beings are oppressed by the influence of the
material world, which has penetrated their being. The influence of
the material forces not only penetrates their flesh, blood and bones,
but actually becomes the inner content of their being. So although
they fully believe that all their actions arise from their true human
selves, in fact they have come to be no more than instruments used
by the low forces, which govern them. It is, therefore, not possible
for them to correct the inner defects that dominate their entire
nature by using their own mind, heart and desires, but only through
the help of God.

*This is the explanation that
we need someone who knows. & got
it wrong– we know if we work with God!*

Apa sebab Tuhan menolong manusia baru sekarang, tidak dahulu-dahulu? Karena memang sekarang ini saatnyalah tiba. Tuhan menolong manusia, karena manusia pada saat sekarang ini dalam keadaan yang sungguh-sungguh – bukan membahayakan, tetapi – sungguh-sungguh mengkhawatirkan, karena lebih terperdaya oleh kebendaan daripada dayanya sendiri : manusia, yang ingat kepada kebesaran Tuhan. Maka teranglah, bahwa pertolongan ini datang dari Tuhan untuk menolong manusia, agar manusia tidak berlarut-larut terpengaruh dan terperdaya oleh daya rendah yang selalu menguasainya.

Sebagai kita – ialah para saudara sekalian – yang telah untuk permulaannya tertolong dan dapat menerima bagaimana perto-longan Tuhan ke dalam dirinya, sehingga saudara sekalian dapat menginsyafi bagaimana bekerjanya kebesaran Tuhan dalam dirinya masing-masing, di mana saudara-saudara sekalian dapat menyak-sikan, bahwa dalam dirinya masing-masing adalah kekuatan dan daya yang kuasa itu selalu membimbingnya, sehingga sedikit-banyak saudara terasa dan menerima bagaimana pergantian yang diterima dalam diri.

Kalau Tuhan Yang Maha Esa telah memberikan itu kepada kita atau kepada saudara-saudara sekalian, tentu ada kehendak Tuhan, agar itu disalurkan, diberikan kepada khalayak, artinya diberikan kepada orang lain, terutama orang yang benar-benar salah, yang benar-benar salah tindakannya dan benar-benar di dalam keadaan yang sungguh-sungguh terpengaruh oleh daya kebendaan. Maka apabila kita atau saudara-saudara sekalian tidak mengerjakan itu keluar, artinya untuk masyarakat ramai, berarti saudara sekalian berdosa, karena telah dapat menerima yang tidak dapat menggu-nakan. Jadi, teranglah, bahwa penyaluran daya kekuatan yang tak terhingga, yang telah diterima saudara sekalian kepada orang-orang lain, adalah suatu kewajiban yang mutlak yang dikehendaki Tuhan, agar dalam masyarakat manusia dapat teratur, dapat berada atau tercipta dalam keadaan yang bahagia dan rukun.

Kita menerima apa yang diberikan Tuhan kepada kita itu di dalam keadaan kita yang masih utuh, artinya kita masih di dalam, masih di tengah-tengah masyarakat ramai, kita masih menggunakan fikiran dan hati dan nafsu kita, kita masih berdekatan dengan isteri dan anak-anak; berarti, bahwa pemberian Tuhan itu dapat kita terima, selanjutnya dapat kita kerjakan yang tidak merobah kebi-asaan kita hidup di dunia ini. Memang demikianlah kehendak

Why is it only now that God is sending help to humankind and not before? The time for this has come because a situation has arisen that is not only dangerous but critical; a situation whereby humanity is more deeply under the influence of matter than of their own human force that is able to be aware of the greatness of God. It is clear that this help comes from God in order to help human beings, and to save them from being overwhelmed by the influence of the low forces that constantly dominate them.

You, who are among the first to be rescued in this way, and who have received help from God within yourselves, have been able to sense how God in His greatness is working within each of you. So, you can witness that within you there is an energy, a higher power that always guides you, which enables you to feel and experience – to a greater or lesser degree – the change taking place in your own being.

If Almighty God has given this to us – to all of you – it must also be God's will that this should be given and transmitted to others, especially to those who have really gone wrong and are deeply under the influence of the material forces. Therefore if you do not share this gift with others in our society you commit a sin; because you have received something and you are not using it. So it is clear that the transmission to other people of this infinite life force you have received is an unconditional obligation, willed by God for the accomplishment of an order in human society in which happiness and harmony may be established.

We receive this gift of God while we are still leading a complete life; that is, while we are still living in the midst of our community, making use of our thoughts, heart and desires, and living with our wives and children. This means that we are able to receive the gift of God, and put it into practice, without any need to change our normal way of life in this world. It is indeed God's will that, besides doing their everyday work to fulfil the needs of their family life,

Tuhan, agar manusia di samping mengerjakan dan bekerja sehari-harinya untuk menjamin hidupnya sekeluarga tidak melupakan kebaktiannya kepada Tuhan.

Dan demikianlah tuntunan Tuhan untuk manusia atau kepada kita manusia yang sungguh-sungguh tidak dapat kita pikirkan bagaimana baikya dan bagaimana sempurnanya. Tuhan dapat mengerjakan sesuatu di luar pengetahuan kita manusia. Maka bagi kita sekalian janganlah ragu-ragu dan samar-samar, bahwa apa yang telah diterima dan dilakukan mungkin menempuh jalan yang tidak benar. Janganlah dikuatirkan yang demikian, karena Tuhan maha tahu dan maha bijaksana, dapat mengerjakan sesuatu di luar pengetahuan manusia. Dan ini kesemuanya akan saudara dapat buktikan nanti dan saksikan nanti, apabila saudara sekalian dapat mencapai tingkatan yang diperlukan.

Maka dengan demikian teranglah, bahwa kehendak Tuhan memberi kepada saudara sekalian bukan hanya untuk kepentingan diri sendiri, tetapi untuk menyelamatkan umat manusia lainnya yang tidak ada di sini, agar mereka dapat mengenyam dan merasakan dan menerima bagaimana pemberian Tuhan, keluhuran Tuhan, kasih Tuhan, cinta Tuhan kepada manusia. Kita Subud melebarkan sayapnya ini bukan mempengaruhi orang untuk kepentingan diri sendiri. Bukan! Bukan untuk kepentingan saudara sekalian. Tidak! Justru sebaliknya! Untuk kepentingan manusia yang menerima siaran perkembangan dari Subud ini. Agar mereka dapat mengoreksi dirinya sendiri, agar mereka dapat menemukan keteguhan hatinya, sehingga tidak selalu tergoncang hati, perasaannya, apabila ada sesuatu di kanan-kirinya yang mendorong dan mendesak.

Tetapi janganlah dilupakan, bahwa karena telah terlanjur terdesak rasa diri manusia oleh daya kebendaan, sehingga manusia umumnya tidak percaya kepada sesuatu, apabila seketika itu belum dapat mendapatkan atau memetik buahnya. Yang pertama ialah kesehatan dirinya dan kemudahan cara mencari pencaharian sehari-hari. Maka dalam usaha kita memperkembangkan Subud ini ke manusia umumnya perlu disertai dengan keadaan-keadaan yang biasa, ialah menolong manusia dengan mendirikan gedung untuk orang-orang yang putus asa, artinya yang sudah tidak lagi berdaya untuk mengetahui sesuatu atau suatu jalan yang baik bagi dirinya; dan mengadakan gedung untuk orang tua-tua; dan mengadakan pula gedung untuk anak-anak yang terlantar; dan mengadakan

human beings shouldn't forget their worship of God.

Such is God's guidance for us human beings, the excellence and perfection of which is quite beyond our understanding. God can accomplish that which is beyond the knowledge of human beings. Therefore we should have no doubt or anxiety that what we have received and what we do may lead us into the wrong path. Do not worry about that, for God is All-knowing and All-wise, and able to bring about that which is beyond our human knowledge. Eventually you will be able to verify and witness all of this – when you have reached the necessary level.

This should make it clear it is God's will that His gift to all of you is given, not only for you, but also in order that it may save other human beings who have not yet received it, so they too can taste, feel and receive how God bestows His grace, His love and His mercy on human beings. Spreading the wings of Subud does not mean influencing others for our own benefit. No. It is not for your self-interest. On the contrary, it is for the benefit of those who will receive Subud, because it will give them the means to correct themselves, and to come to stability of heart and mind. Then they will not easily be shaken in their heart and feelings when they are pushed and pressured by things around them.

Unless there is an immediate benefit, people do not accept. people will not accept

But do not forget that since people's inner feelings have come to be excessively dominated by the material forces, in general they will not believe in anything unless they can get an immediate benefit. What comes first is their health and earning a living easily. Therefore, our efforts to spread Subud to people in general should be accompanied by helping people in the usual ways; providing homes for those in despair, or who are powerless to find the right way for themselves; the care of old people and neglected children; the establishment of schools and hospitals.

making provision for those in need may help them to see how goodness can enter from them and others.

sekolahan dan *hospitaal*.

Dengan tujuan : diadakannya gedung-gedung itu, supaya dapat menempatkan tenaga yang berasal dari saudara-saudara kita yang telah menerima banyak dalam latihan, agar dapat membimbing orang-orang itu yang ada dalam rumah, orang-orang yang cacat, yang putus asa dan orang tua itu, sehingga orang-orang tua itu dapat terbimbing – kecuali dapat akhirnya berbakti kepada Tuhan – dan dapat mengetahui bagaimana cara hidupnya sebenarnya yang perlu ditempuh. Jadi, pertolongan kita kepada umat manusia atau kepada khalayak ramai bukan hanya terbatas pertolongan yang mengenai luar atau yang mengenai lahirnya saja, tetapi lambat-laun akan meresap ke dalam, yang berarti hingga manusia-manusia, orang-orang yang telah tertolong itu dapat dengan sendirinya berbakti kepada Tuhan secara apa yang telah diterima oleh sekalian para saudara.

Dan bagi anak-anak yang telah terdidik dalam kejiwaan – artinya : telah terpengaruh oleh guru-guru yang telah menerima latihan – , anak itu akhirnya akan menjadi seorang – bukan hanya dapat mencari uang dan dapat bekerja dengan sebaik-baiknya, tetapi – dapat menggunakan kepandaian dan uangnya bagi keselamatan dunia, bagi keselamatan manusia umumnya.

Tuhan sendiri tidak memupuk kebutuhanNya sendiri. Tuhan tidak juga memupuk atau menarik kepentingan sendiri. Tuhan juga tidak suka kaya sendiri. Kalau Tuhan tidak suka kaya sendiri – karena qodarNya, wahyuNya telah diberikan kepada siapa yang telah diciptaNya, misalnya manusia – , kenapa manusia suka hidup sendiri, menarik keuntungannya sendiri, memupuk uangya sendiri, untuk kesenangannya, untuk kenikmatannya sendiri? Demikian tidak sesuai dengan bagaimana jejak-jejak Tuhan itu.

Telah diberi contoh dan telah diberi perumpamaan, ialah – yang telah saudara sekalian dengar – bagaimana Nabi Isa pada waktu Nabi Isa ada di atas gunung. Dia hanya menerima satu butir *bread*, satu butir roti. Dan karena Nabi Isa tahu dan mengerti bagaimana kasih-sayang dan cintanya Tuhan kepada manusia yang percaya kepadaNya, dengan demikian Nabi Isa mohon kepada Tuhannya, agar roti yang sebutir itu dapat diberikan kepada umat manusia, kepada pengikut-pengikutnya yang beribu-ribu di bawah gunung itu. Tetapi meskipun satu butir saja, – karena kemurahan Tuhan – , sehingga satu butir roti itu dapat merata, dapat dimakan oleh banyak orang yang ada di bawah gunung itu dengan

*Help externally first
and then within*

The purpose of having these undertakings is that those among us who have received a lot in the latihan should work there, so we may guide those under our care in these places – the disabled, the distressed, the aged, and so on – to come in the end to the worship of God; and so to an awareness of how to live their lives in the right way. So, the help we give to people and to our community will not be limited to their external needs, but will gradually penetrate within, so those helped in this way will themselves spontaneously end up worshipping God, in just the same way as you have received.

Influence towards others

And children who receive their education in an ambience that touches the soul – that is, influenced by teachers who have received the latihan – will eventually become men and women who are not only successful in earning a living and able to work well, but also able to use their knowledge and their wealth for the good of the world and the well-being of human beings in general.

God does not amass what He needs for Himself, nor does God pursue His own interest. God does not wish to be the wealthiest. If God is not interested in having the greatest wealth – for God has given His power and His grace to every creature He has created, such as human beings – then why do human beings want to live selfishly, seek their own benefit, amass wealth and treasures for their own comfort and pleasure? Such behaviour is not in accordance with God's example.

There is an example or illustration you have all heard: the story about Jesus when he was on the mountain. He was given just one piece of bread, but because he knew and understood how great God's love and mercy is towards those who trust in Him, he prayed to God that it should feed the people – the thousands of his followers at the foot of the mountain. Although it was just one piece of bread, through God's grace it could be distributed, and it fed all those at the foot of the mountain until they were satisfied.

Selflessness!

sekenyang-kenyangnya.

Itu memberi arti, bahwa, apabila seseorang memberi kepada orang lain dengan keikhlasan hatinya, dengan keagungan rasa-perasaannya, dengan petunjuk dari Tuhan yang telah bekerja, yang telah ada dalam dirinya, dapat dikatakan membuang seribu kembali seribu, membuang sepuluh ribu kembali satu juta. Hanya janganlah mengerjakan itu secara serampangan, hanya secara nafsu saja, mengingat kasih sayang kepada manusia. Jangan! Harus dapat menerima apakah sungguh-sungguh dibutuhkan dan diperlukan untuk memberikan kepada itu. Demikian juga lambang dari Nabi Isa itu. Nabi Isa memberi itu tidak lantas diberi karena kasih-sayangnya. Tidak! Karena memang diperlukan, manusia perlu ditolong pada saat itu, karena tidak dengan pertolongannya yang ada di bawah bukit itu akan menjadi mati.

Karena pemberian yang sungguh-sungguh dari keikhlasan, dari kehendak Tuhan perlu memberi kepada seseorang, tidak terbatas kepada famili, tidak terbatas kepada kawan karibnya, tidak terbatas kepada kawannya sendiri, – meskipun orang yang tidak dikenal sama sekali – tetapi pada saat itu dibutuhkan, diperlukan memberinya, tetap diberi. Karena pemberian yang tidak diketahui bagaimana keadaan sesungguhnya – meskipun wujudnya meno-long, tetapi – kadang-kadang bukan menerima pertolongan dengan hati yang sungguh-sungguh menerima dan terimakasih, malahan kadang-kadang membalas *menthung*, artinya memukul.

Karena itu, maka dalam usaha kita – Subud ini – untuk memperkembangkan Subud yang disertai dengan jalan kesosialannya, yang perikemanusiaannya terhadap masyarakat jangan sampai dikerjakan dengan serampangan, asal kasih-sayang menolong manusia, tetapi perlu juga diketahui, perlu juga diterima bagaimana petunjuk-petunjuk dari dalam untuk melaksanakan apa yang telah dikehendaki saudara-saudara sekalian atau dikehendaki oleh Subud. Sungguh dapat dimengerti, bahwa menolong sesama hidup – artinya : menolong orang lain – sungguh-sungguh penting dan dapat dibanggakan. Tetapi janganlah saudara sekalian menger-jakan yang demikian itu secara tidak dipertimbangkan masak-masak bagaimana akan terjadinya. Karena pertolongan saudara yang telah saudara berikan kepada orang lain, apabila itu tidak pada tempatnya, pertolongan itu malah menjadi bisa bagi manusia, bagi orang itu.

Kesimpulannya, apa yang telah Bapak terangkan ini dalam azas

What is given sincerely will be returned

Whatever is given in sincerity will be returned.

The significance of this is that if someone gives to others with sincerity of heart, with a wide feeling, and with the guidance of God already working within them, then if they give a thousand, a thousand will come back; if they give ten thousand, a million will come back. But don't do it carelessly, just from your heart, merely from remembering that we should love others. Don't do that. You must be able to receive whether it is really needed and whether it is necessary to give to that person. This is also the meaning of this symbol of Jesus. Jesus gave, but not out of a feeling of pity. No. He gave because it was truly needed; those people needed help at that moment. If the help had not been given, those people at the foot of the mountain would have died.

Give appropriately from / right place Rite to / person in genuine need

So, giving that really springs out of sincerity – from a need to give that comes from the will of God – is not confined to one's own relatives, those whom one is closest to, or to one's own friends. One will give to a perfect stranger if it is needed and one is prompted to give. But if we give without understanding what the true situation is, then, although it may look as though we are helping someone, they may not receive it with gratitude, and sometimes may even take advantage of the giver.

Give with understanding of the situation or giver may be abused.

Therefore, in our efforts to spread Subud through social work for human welfare – for society – we should never undertake anything in a careless way, merely from a desire to help humanity. We should be aware, and able to receive indications from within before we undertake anything that we may wish to do, or that Subud may wish to do. It is easy to see that helping our fellow beings – meaning other people – is really important and praiseworthy, but it should never be done without pondering the consequences. For when help given to other people is misplaced, it may become, on the contrary, poison to those being helped.

C.S. giving unconsciously leads to the giver being abused.

To conclude these explanations of the aims and purposes of the

dan tujuan kesosialan Subud, ialah agar kita dapat memberi perto-
longan kepada siapa yang perlu tertolong, perlu ditolong; dan
memberi lapangan kepada siapa yang perlu ditolong juga, agar
mereka dapat menemukan lapangan hidupnya yang baik-baik
sebagai yang dikehendaki Tuhan. Dan memberi pertolongan
kepada seseorang, agar pertolongan itu sifatnya akhirnya menjadi
pembimbing, menjadi bimbingan untuk mereka dan mereka
akhirnya dapat berbakti kepada Tuhan dan dapat mengetahui dan
dapat merasakan bagaimana hidupnya yang sebenarnya, baik di
dunia ini maupun hidup sesudah mati nanti.

Saudara-saudara menolong orang jangan tanggung-tanggung.
Jadi, menolong dimulai dari bawah sampai ke atas, dimulai dari
lahir sampai ke dalam – ke batin – , ialah dari pertolongan yang
dapat dirasakan, dapat diterima secara biasa, sehingga dapat
menghidupkan rasa dirinya, dapat menghidupkan jiwanya, sehingga
jiwanya yang dahulu tidak baik, yang dahulu rendah, menjadi jiwa
manusia yang sebaik-baiknya.

Demikian sesuai dengan apa yang saudara sekalian, yang telah
di terima, ialah dibangkitkan dari bawah sampai ke atas atau dari
luar sampai ke dalam; ialah dibangkitkan seluruh anggota badannya,
sehingga seluruh anggota badannya hidup kembali. Dan dengan
hidup kembalinya seluruh anggotanya itu berarti sehat dan dapat
mengetahui bagaimana cara bekerja. Jadi, saudara sekalian telah
menerima pemberian Tuhan itu yang akhirnya hingga dapat
sungguh-sungguh dapat hidup, baik hidup secara hidup manusia di
bumi ini, hidup secara manusia yang sempurna sesudah mati
akhirnya.

Keadaan yang demikian sesuai juga dengan dengan tatkala
hidupnya Nabi Isa dalam waktu yang lama lampau, ialah bahwa
untuk mencapai jiwa yang sehat, jiwa yang sempurna, dimulai juga
dengan kesehatan dirinya. Karena itu Nabi Isa selalu mengerjakan,
menyembuhkan orang yang sakit, memperbaiki hati manusia.
Karena, apabila itu belum dikerjakan, jiwa tidak akan berobah dan
berganti. Jadi, teranglah, bahwa saudara-saudara yang telah terima –
atau Subud, Bapak katakan saja – tidak menyalahi, tidak jauh
keadaannya daripada apa yang telah dialami oleh para nabi-nabi,
baik Nabi Isa, Muhammad, Musa, Abraham.

Tentang menempatkan tenaga – tadi yang ditanyakan – , agar
tidak tergesa-gesa menempatkan tenaga itu ke persatuan Subud
yang perlu diadakan, dan agar dapat mengikuti dahulu... pendirian-

social work of Subud, Bapak says that we should offer help to whomsoever may need it, and give those in need the space so they can find their right way of life as willed by God. And the purpose of this help is to guide people so that in the end they can worship God, enabling them to know and experience for themselves their right way to live, both in this life and in the life hereafter.

True Swing from bottom, up

You should not help people by halves. Your help should start from the bottom and go upwards, from the outside and go inwards: that is, it should proceed from visible help, which can be felt and perceived in the ordinary way, and lead to the awakening of the inner feeling, to the awakening of the soul. Then the soul that formerly was not good – a low soul – may develop and become as good as possible.

This kind of help is similar to what you yourselves have received. It is awakened from below and goes upwards, and from the outside inwards, causing the regeneration of all your organs until they become alive. This means you will have real well-being and an awareness of how to work; for you have received the gift from God that will enable you to truly live, both on this earth and as a perfect human being in the world after death.

This process corresponds to what Jesus demonstrated long ago: that the achievement of a healthy and perfect soul begins with improving physical health. So Jesus always worked for and healed the sick, and put right human hearts, because if that is not accomplished the soul cannot be changed. Therefore it is clear that Subud, which you have received, does not contradict and is not far removed from the experience of Jesus, Muhammad, Moses and Abraham.

With regard to your question about employing people – [suggesting] that we should not be in a hurry to draw them into Subud undertakings we want to start, but for the moment let them

pendirian dari lain-lain yang telah ada, hal itu Bapak setujui juga, karena Subud ini bertindak dan berjalan tidak dengan tergesa-gesa, tetapi mengikuti bagaimana yang diterimanya dan bagaimana kehendak Tuhan yang menghendaki kita bekerja dan bertindak.

Dengan kesungguhan kebaktian saudara-saudara kepada Tuhan, dengan adanya penerimaan-penerimaan yang telah diterima dalam latihan yang menambah keteguhan dan kenyataan pada diri saudara sekalian saudara akhirnya tidak akan ragu-ragu dan tidak akan mudah terkena pengaruh dari luar, justru malah dapat mempengaruhi siapa yang ada di depannya dan siapa yang berdekatan. Dan Bapak setujui juga, apabila saudara sekalian mengerjakan ini tidak dengan tergesa-gesa sambil menunggu waktu yang baik, yang diterima bagaimana kehendak Tuhan ada di dalam diri.

Mengingat kebutuhan dunia sekarang ini, bahwa dunia sekarang ini butuh kenyataan, baik yang mengenai kejiwaan maupun yang mengenai dunia; sedangkan Subud ini adalah sesuatu yang dapat memberi kenyataan kepada seseorang, sehingga mau tidak mau orang akan dapat mengakui, bahwa sungguh-sungguh memang nyata, bahwa dalam diri manusia adalah kekuatan yang tersimpan, kekuatan yang tidak mudah dapat diketahui akal-fikiran, tetapi tetap ada, adalah kekuatan itu dari Tuhan Yang Maha Esa yang telah diciptakan sebelum manusia ada sampai manusia habis dan berakhir.

Kenyataannya mungkin saudara-saudara dapat menginsyafi sendiri. Belum pernah terjadi sesuatu yang secepat sebagai Subud ini. Di dalam saat dua setengah tahun – meskipun sekarang alat-alatnya komplit dan ada misalnya dengan *plane* dan lain-lainnya, tetapi – dalam waktu dua setengah tahun Subud dapat dikatakan telah berkembang dan melebar sampai ke seluruh dunia. Demikian sebagai tanda, bahwa ini sungguh-sungguh dikehendaki Tuhan, sehingga dengan mudahnya orang terbangkit hatinya sendiri-sendiri, ingin dan menghendaki dan berminat masuk dalam Subud ini.

Dari kepesatan yang demikian itu apakah tidak nanti – malah tidak nanti saja, sekarang saja sudah! – menggetarkan golongan lain-lain, sehingga mereka merasa dan terasa, Subud ini akan akhirnya dapat sungguh-sungguh mempengaruhi manusia, sehingga yang telah-telah ada itu nanti menjadi tenggelam? Memang keadaan yang demikian itu tetap ada, karena memang manusia – yang tentu – memiliki sesuatu yang demikian rupa.

remain in the establishments where they currently work – Bapak agrees, because Subud operates and proceeds without any hurry. We simply follow what we receive and the way in which God's will guides us to act and work.

With the sincerity of your worship of God, and with what you receive in the latihan – which will add to your inward strength and certainty – you will eventually come to the point where you have no doubts and are not easily affected by external influences. On the contrary, you will be influencing those who are near to you. Bapak also agrees that none of this should be attempted in a hurry, and that we should wait until the right time has come, through receiving the will of God within. *Influencing those near.* (handwritten)

If we remember that the need of the world today is for proof of spiritual as well as worldly reality, then Subud is something that can give people this evidence. So, whether they want to or not, they will recognise it is really true that within human beings there is a hidden power; a power that is not easy for the mind to recognise, and yet is always present. It is the power that comes from Almighty God, which was created before human beings came into being, and which will remain after they have all gone.

You can perhaps recognise the evidence for yourselves. Nothing has spread as rapidly as Subud, even when we allow for the influence of better technology, such as aeroplanes and the rest. It can be said that in two and a half years Subud has spread all over the world. This is a sign that it is truly the will of God, so that people's hearts are easily awakened to want to enter into Subud.

This rapid spread: won't it later – and even now – alarm other groups, giving them the feeling that, in the end, Subud will really come to influence humankind, causing what came before to disappear? Attitudes of this kind will always exist, because that's how people are. It is human nature, so we shouldn't be surprised by it. But if they remember that the aim of each of these teachings is one, and that aim is God, then they should be able to accept Subud,

Bapak ulangi, sebaiknya. Memang keadaan yang demikian itu memang sudah menjadi kebiasaan manusia. Jadi, tidak perlu diherankan. Tetapi, apabila mereka tidak suka melupakan, bahwa tujuan dari masing-masing pendirian hanyalah satu ialah Tuhan, jadi, mestinya, kalau Subud ini bertujuan hanya ke satu jurusan, ke Tuhan, mestinya *kan* diterima. Mestinya mesti diterima dan dibenarkan. Malah dianjurkan! Demikian juga sebaliknya bagi kita sendiri. Kita tidak akan menghalang-halangi, tidak akan mencegah untuk manusia yang sungguh-sungguh berbakti kepada Tuhan, apabila perjalanannya, apabila cara baktinya kepada Tuhan itu sungguh-sungguh sebagai dikehendaki Tuhan. Jadi, merupakan kebaktian manusia seluruhnya hanya ke satu jurusan, ialah ke Tuhan, satu untuk seluruh makhluk yang telah diciptakanNya.

Maka dalam latihan kita Subud saudara-saudara sekalian sudah dapat menyaksikan, apa yang telah diterima tidak menyalahi keadaan saudara sendiri masing-masing. Saudara yang A namanya tidak akan lebih dan kurang daripada A itu. Tidak akan sebagai B, C, D, E dan lain-lain. Demikian menyatakan, bahwa sungguh, apabila Tuhan menghendaki kepada manusia; dan sungguh pula, apabila manusia menerima itu dari Tuhannya yang sebenar-benarnya, yang satu untuk umum itu, akan dapat diterima yang tidak menyalahi apa yang ada pada dirinya. Maka nyata, bahwa Subud ini bukan suatu cara dan agama, melainkan adalah sifat bimbingan dari Tuhan untuk diri manusia, dan sifat bimbingan dari diri manusia untuk kebesaran Tuhan dan kemuliaan Tuhan atau kemuliaan manusia itu sendiri.

Dan kesimpulannya, Subud ini adalah sifat manusia satu, yang bersatu, yang berbakti kepada Tuhan satu dan bersatu. Jadi, bukan ilmu Indonesia Bapak bawa ke Inggeris, ilmu Indonesia Bapak bawa ke Amerika, Eropa dan lain-lain. Tidak. Tidak ada bawaan itu, karena Tuhan menghendaki, agar manusia satu demi satu bangkit dengan sendirinya, tidak menyalahi apa yang ada pada dirinya itu. Dan apabila terjadi ilmu Indonesia masuk ke sini, berarti : ilmu yang diikuti pengaruh hati, nafsu dan akal-fikiran. Padahal Subud sebaliknya. Saudara-saudara yang ada dalam Subud ini terdidik oleh Tuhan dari dirinya sendiri, sehingga saudara-saudara yang berkebangsaan Inggeris akan mengenal Inggerisnya yang sebenar-benarnya. Bukan perlu mengenal Indonesia. Dan saudara dari Amerika akan mengenal sesungguhnya *Amerikaannya*; demikian juga di Indonesia akan mengenal Indonesianya. Sehingga dapat di-

whose aim is [also] towards God. They should accept it and approve of it – even recommend it. The same holds for us: we will not try to obstruct or prevent people from truly worshipping God, assuming that their path, their way of worshipping God, is truly according to God's will, a worship for the whole of humanity, leading in one direction: towards God who is One for all the beings that He has created.

You have witnessed that what you have received in the Subud latihan does not go against your own individual nature. Person A will receive no more and no less than fits with A; they will not receive like B, C, D, E, and the rest. This indicates that when God wills something for human beings, and when they receive that, in all sincerity from Him who is One for all his creatures, then what they receive will not be incompatible with what is in their own being. Therefore, it is evident that Subud is neither a method nor a religion, but is in its nature the guidance of God for human beings; a guidance from within the human self towards the greatness and glory of God and towards the nobility of people themselves.

In conclusion, Subud is one humanity united in the worship of God who is One. It is not some 'Indonesian teaching' brought by Bapak to Britain, America, Europe and other countries. No. It is nothing of the kind, for it is God's will that human beings should be awakened one by one, from within themselves, without any conflict with what is in them. Any Indonesian teaching that comes here would be a teaching involving the influence of the heart, desires, and thinking, whereas Subud is exactly the opposite. Each one of you who are in Subud is educated by God from within your own self. So those of you who are British will come to know your true British-ness, you don't need to know Indonesia; and those of you from America will come to know your true American-ness. And those in Indonesia will also come to know their real Indonesian-ness. Each one of you will come to know all of your

katakan saudara-saudara akan mengenal seluruh diri pribadinya. A
mengenal A. Jadi, saudara akan sungguh-sungguh mengenal kenya-
taan : '*I*', '*I have*'. Karena itu, maka dalam bahasa Inggeris I dipakai
hoofdletter, berarti, bahwa '*I*' itu adalah suatu pedoman yang
istimewa bagi segala sesuatu. Tetapi kebanyakan yang menggunakan
'*I*' ikut-ikut saja! Bukan '*I*' yang dapat dari pendirian.
    Selanjutnya Bapak tambah sedikit tentang keuangan.
Bagaimana cara dapatnya keuangan, uang dan lain-lain untuk
mencukupi kebutuhan pekerjaan kesosialannya terhadap
masyarakat dunia? Bapak harapkan, agar saudara sekalian menger-
jakan itu dengan usaha macam-macam apa yang telah difahami,
asalkan saudara jangan terpengaruh oleh *money*, tetapi saudara dapat
mempengaruhi money itu. Karena, kalau saudara terpengaruh oleh
money, nanti kalau sudah dapat *money* banyak, pikiran macam-
macam. Tetapi, kalau saudara mempengaruhi *money* itu, meskipun
banyak, saudara dapat menggunakan itu sebagaimana yang
dikehendaki Tuhan. Dan bagaimana caranya mengerjakan itu –
dengan jalan bagaimana – , Bapak serahkan kepada *beleid*nya
saudara-saudara yang telah menduduki dalam kedudukan keuangan
itu, karena saudara-saudara mungkin lebih faham tentang keduni-
aannya daripada Bapak sendiri.
    Sekianlah ucapan Bapak pada hari ini disertai jawaban-jawaban
yang mungkin diperlukan oleh saudara sekalian. Bapak habisi
sampai sekian saja dengan mengucapkan terima kasih.

individuality. A will know A. You will truly get to know the real 'I', like 'I have'. This is why 'I' is written in English with a capital letter; it means that 'I' is a special touchstone in everything. But most people who use the 'I' just follow others. It is not an 'I' that comes from their own self-awareness.

Bapak will now speak a little more concerning funding: how do we get the funds – money and so on – to meet the needs of our work for human welfare in the world? Bapak hopes you will do this by means of various enterprises, according to your skills, and provided that you are not influenced by money, but can influence it. Because, if you are influenced by money, then when you have lots of it you will have a lot on your mind, but if it is you who influences the money, then, however much there may be, you will be able to use it according to God's will. As to the ways and means of how that is to be done: Bapak leaves all that to the discretion of those of you who are responsible for finance, for you may be more expert in its worldly aspects than Bapak.

This is the end of Bapak's explanations this morning, together with some answers that you might need. He will stop here, and says thank you.

16

Tuan-tuan dan nyonya sekalian, sebelum Bapak menguraikan tentang kejiwaan lebih dahulu mengucapkan selamat datang pada sekalian mengunjungi rapat ini. Dan mengharap, agar tuan-tuan, nyonya sekalian mempermaafkan banyak-banyak, apabila ada kata-kata Bapak nanti yang tidak pada tempatnya.

Lebih dahulu Bapak hendak menerangkan tentang azas dan tujuan latihan kejiwaan Subud yang telah diterima dan dilakukan oleh saudara sekalian. Latihan kejiwaan Subud adalah latihan yang sebenarnya kebaktian manusia terhadap Tuhan, yang dibangkitkan karena kekuasaan Tuhan yang telah kita terima pada saat kekuasaan Tuhan dapat menghentikan pengaruhnya akal-fikiran, hati dan nafsu kita. Berarti, bahwa latihan yang telah kita terima adalah semata-mata dibangkitkan, dikehendaki oleh Tuhan, ialah Tuhan Yang Maha Esa yang kita persembah. Kalau yang demikian itu berasal dari Tuhan, atas kehendak Tuhan, sudah barang tentu tujuan kita dari latihan yang telah kita terima akan dengan sendirinya menuju ke Tuhan, menuju yang menghendakinya. Azasnya dari latihan kita – karena kesemuanya itu dikehendaki Tuhan – sudah tentu menurut bagaimana yang telah dikehendaki Tuhan bagi manusia umumnya.

Dan sifat-sifat manusia yang diperlukan, agar dapat menerima pemberian Tuhan dengan sebenar-benarnya, yang disimbolkan dalam persaudaraan kita dengan nama Susila Budhi Dharma. Susila artinya adalah sifat yang terisi tindakan dan tabiat dan kelakuan yang

16

LONDON

11 AUGUST 1959

Source: Recording number 59 LON 1

Ladies and gentlemen, before Bapak gives explanations about the realm of the soul, he would first like to welcome all those present at this meeting, and also to ask your forgiveness should anything in what he is going to say offend you.

First of all, Bapak wishes to make clear the principles and purpose of the latihan of Subud, which you have received and are practising. This latihan of Subud is in truth our worship of God, awakened in us by the power of God at the same time as it arrests the interference of our thinking minds, our hearts and our desires. This means that the latihan we have received is awakened only by the will of the One Almighty God whom we worship. If it comes from God and by the will of God, it follows that it will, of itself, lead us towards God – towards the One who wills it. And, since all this comes by the will of God, we can be certain that the principles of the latihan are in accordance with what is intended by God for humankind as a whole.

The human qualities needed in order to receive the gift of God in the right way are symbolised in our community by the words *Susila Budhi Dharma*. *Susila* denotes those qualities giving rise to a character, conduct and actions that are truly humane, and in

berperi-kemanusiaan yang sebenar-benarnya menurut kehendak Tuhan. Budhi artinya, bahwa dalam segala sifat – di antaranya manusia – terjelma di dalamnya sesuatu yang menggerakkan tindakan manusia ke jalan yang benar, yang menuju ke Tuhan. Dharma artinya ialah keikhlasan, ketawakalan dan penyerahan manusia terhadap Tuhan yang dibangkitkan karena kehendak Tuhan sendiri. Demikian sebagai lambang sifat manusia yang dapat menerima perintah, yang dapat menerima pemberian Tuhan untuk keperluan hidupnya selama di bumi ini maupun nanti sesudah mati. Dan sifat yang demikian itulah yang dikehendaki Tuhan, agar dapat menerima dengan sepenuhnya bagaimana perintah-perintah Tuhan untuk keperluan manusia di dunia ini.

Demikianlah azas dan tujuan Subud itu yang berarti dengan singkatnya, bahwa kita dikehendaki Tuhan hidup dalam bumi ini dan berbakti kepadaNya dan kembali nanti ke Tuhan lagi, sesuai dengan bagaimana yang telah disabdakan oleh para nabi : "Datang dari Tuhan, kembali ke Tuhanmu." Karena yang demikian itulah, maka bagi saudara sekalian tidak perlu dirasakan khawatir, tidak perlu dirasakan kecewa dan ragu-ragu apakah tujuan Subud ini dan azasnya, karena terang sudah, bahwa apa yang telah kita terima bukan karena hati dan nafsu, melainkan kehendak Tuhan yang ada pada diri kita.

Apa sebab – apabila saudara-saudara tanya – Subud baru dilahirkan sekarang, tidak dahulu-dahulu? Tuhan mengetahui hal itu. Perlunya sekarang baru diturunkan, karena memang sekarang ini adalah waktunya bagi manusia untuk mendapatkan itu, karena umumnya manusia sekarang ini telah terdesak sungguh-sungguh oleh pengaruh keduniaan yang tak dapat dicegahnya. Dengan termasuknya, terdesaknya pengaruh dunia yang demikian hebatnya kepada diri manusia, sehingga keadaan dunia dengan sendiri menjadi kacau, karena manusialah yang bertindak demikian itu. Demikianlah sebab-sebabnya, maka baru sekarang diturunkan, karena Tuhan mengetahui saat yang baik sekali bagi manusia untuk dapat menerima ini dengan seksama.

Sebagai saat-saat yang telah lama lalu Tuhan menurunkan sesuatu pegangan bagi manusia, agar manusia dapat menjalankan sesuatu bagi hidupnya yang benar, ialah pada saat-saat, apabila dunia telah memuncak dalam keadaan yang mengkhawatirkan. Kalau Bapak menceritakan yang dikatakan sejarah nabi, pada waktu dahulu kala sebelum Nabi Abraham diturunkan atau sebelum

accordance with the will of God. *Budhi* means that in all creatures, including human beings, there manifests something to draw them towards their proper path – the path that leads to God. *Dharma* signifies willingness to let go, acceptance and submission to God, awakened in human beings by the will of God Himself. These are the qualities of a person able to receive the commandments of God and the gifts of God, both for the needs of their life on this earth and for their life after death. These qualities are willed by God so they may be able to receive fully all that God has ordained concerning human life upon earth.

These principles and aims of Subud can be summed up by saying that it is God's will that we live on this earth, worship God and return to God. This agrees with the words of the prophets: 'Coming from God and returning to God.' Therefore you don't need to worry, feel concerned or doubtful about the principles and aims of Subud, since it is clear that what we have received does not spring from our own minds or desires, but from the will of God within us.

Why Subud comes now

Why is it, you may ask, that Subud has come only now, and not before? God knows why. It has come now because now is the right time for people to receive it; because all humankind is under very heavy pressure from worldly influences, and cannot resist them. The penetration of the world's influence into people and its tremendous pressure on them has led, through people's actions, to chaos in this world. This is the reason why Subud has only now been sent to us, for God knows when the time is ripe for people to receive it in the right way.

God sends people when it is needed to help humanity

It's the same as in the distant past: whenever conditions on earth reached a crisis point God sent people something they could hold on to; something that enabled them to find the right way to live. Bapak would like to tell you the stories of the prophets. Long ago, before Abraham received his grace from God, human beings were still wild, meaning there were no rules for living; no way of

wahyu untuk Nabi Abraham diturunkan pada waktu itu manusia umumnya masih liar; berarti belum ada aturan hidup, cara hidup, yang sepadan dan sesuai dengan bagaimana sifat-sifat manusia. Pada zaman itu manusia umumnya masih belum menginsyafi bagaimana kesopanan bagi manusia dan bagaimana perbedaan antara manusia dengan hewan. Dengan penurunnya wahyu atau suatu kebijaksanaan yang dari Tuhan, yang diterimanya oleh Nabi Abraham, dengan sendirinya manusia di bumi ini menjadi teratur. Itulah yang dikatakan agama, karena agama yang pertama ialah dibawa oleh Nabi Abraham untuk disiarkan kepada umat manusia. Dan kitabnya disebut – dikatakan dalam bahasa Indonesia biasanya – : Zabur, kitab Zabur. Entah bagaimana itu disebut dan dikatakan oleh sekalian para saudara di sini.

Dikatakan dalam sejarahnya, bahwa Nabi Abraham berwarna merah, berarti tercapainya Abraham menerima wahyu dari Tuhan, menerima pemberian dari Tuhan untuk keselamatan manusia didasarkan kesungguhan kebaktiannya, kesungguhan tekadnya. Karena itu dikatakan : tekad yang sebenar-benarnya di dalam Islam dikatakan tauhid. Kenyataan itu telah diujikan Tuhan kepada Abraham, ialah pada waktu Abraham mempunyai anak kecil yang dinamakan Ismail. Pada waktu itu diperintahkan oleh Tuhannya, agar Nabi Abraham membunuh anak kecilnya dengan tangannya sendiri. Ujian yang demikian itu hanya agar Abraham dapat menyatakan kebaktiannya kepada Tuhan, tidak menyayangi sesuatu yang menjadi kesenangan hatinya. Dan Abraham melakukan itu dengan sepenuh kesabaran, dengan sepenuh ketawakalan. Hanya Tuhannya yang disayanginya melebihi daripada sekalian apa yang menjadi hati.

Demikianlah beratnya bagi sesuatu manusia, agar dapat menerima kemuliaan hidupnya – baik di dunia maupun di akhirat nanti – diperlukan berkorban yang tidak seringan-ringannya. Sedangkan bagi umat manusia pada saat yang sekarang ini, apalagi yang mengorbankan yang demikian, sedangkan datang berlatih karena hujan saja tidak datang. Jadi, perbedaannya jauh sekali dengan bagaimana kenyataan-kenyataan yang telah diterima dan dilakukan oleh Nabi Abraham pada waktu yang lama lampau. Itulah, maka dikatakan, bahwa Nabi Abraham adalah satu-satunya nabi yang sungguh-sungguh berbakti kepada Tuhan lebih daripada jiwa dan raganya.

Tetapi Tuhan mengetahui keadaan manusia, Tuhan mengetahui

life corresponding to the nature of human beings. Before that time, they had not yet generally become aware of the nature of human manners, nor of the difference between human beings and animals. When Abraham received his revelation – a wisdom from God – a certain order entered into the life of human beings on earth. That order is what is called religion. The first religion came to mankind through the prophet Abraham. And in Indonesia his holy book is referred to as the *Zabur* – Bapak doesn't know what you call it here.

Abraham / Red.

Tradition associates Abraham with the colour red, which signifies it was by virtue of his sincere worship and unshakeable faith that he received revelations and gifts from God for the benefit of humankind. Such unshakeable faith in Islam is referred to as *tauhid*. The reality of Abraham's faith was tested when God commanded him to kill his young son Ishmael[1] with his own hands. This test was only so that Abraham could demonstrate the reality of his worship of God – that it came before whatever his heart was attached to. Abraham carried it out with an attitude of complete patience and complete acceptance. His love was only for God, greater than for anything his heart desired.

That shows how hard it is for human beings to achieve nobility in their life, both in this world and in the hereafter. The sacrifices demanded are not the easiest. As for humanity today – never mind a sacrifice of that magnitude – they cannot even make the effort to attend the latihan when it's raining. This differs very much from what Abraham received and carried out in times long ago. It could be said of him that here was a prophet who truly worshipped God, and whose love of God exceeded his love of his own body and soul.

But God knows the state of human beings; He knows what is

mana yang benar dan mana yang salah, sehingga akhirnya pembunuhan Nabi Abraham kepada anaknya tidak sesungguhnya, artinya tidak jadi dibunuh, melainkan diganti oleh utusan Tuhan – ialah yang dikatakan malaikat – , sehingga yang dibunuhnya bukan Ismail, tetapi kambing. Jadi, kesungguhan kebaktian, kesungguhan keikhlasan hati, kesungguhan penyerahan hati manusia terhadap Tuhan bukan nanti Tuhan menjerumuskan manusia itu ke jurang kenistaan, tetapi malah akan memuliakan manusia itu ke tempat yang semestinya.

Pada saat itu nasehat-nasehat Nabi Abraham kepada umat manusia dapat dilakukan dan banyak pula manusia yang mengikutinya, sehingga dapat mencapai tingkatan sebagai manusia yang utama. Tetapi manusia masih tetap manusia saja, karena manusia memang sifat yang lemah, yang mudah sekali terpengaruh oleh keadaan yang ada di kanan-kirinya dan di muka dan di belakangnya. Sehingga tindakan yang telah dilakukan menurut apa yang telah disabdakan oleh Nabi Abraham itu tadi lambat-laun menjadi kurang, yang akhirnya terjadi banyak para manusia, banyak para orang yang tidak lagi berbakti kepada Tuhan, membelok kejurusan barang-barang yang dipersembah, yang dianggapnya di situlah kekuasaan. Sehingga dunia terbawa juga, karena dunia ini baik dan tidaknya oleh perbuatan manusia.

Maka dengan kebijaksanaan Tuhan, karena Tuhan mengetahui bagaimana kebutuhan manusia dan bagaimana kesayanganNya kepada manusia yang telah diciptakan itu, maka diturunkanlah lagi wahyu, ialah suatu pemberian yang perlu bagi manusia untuk dapat mengetahui hidupnya, ialah diturunkan wahyu yang diterima oleh seseorang yang dengan nama Nabi Musa.

Musa dikatakan yang berwarna putih, berarti, bahwa manusia adalah seseorang yang suci, yang bersih hatinya, yang bersih rasa-perasaannya, yang sungguh-sungguh dapat memisahkan antara mana yang benar dan mana yang salah. Disimbolkan dalam ceritanya, Nabi Musa ialah yang dapat memisahkan air, sehingga air terpisah-belah, berarti, bahwa Nabi Musa dapat memisahkan rasa-perasaan manusia, mana yang baik dan mana yang tidak baik. Dan kitab yang diterimanya sebagai kitab penasehat atau tuntunan bagi umat manusia, agar manusia lainnya dapat mengikuti jejak-jejak Nabi Musa itu ialah yang dikatakan kitab Taurat. Demikian disiarkannya oleh Nabi Musa untuk umat manusia, yang akhirnya berkembanglah siaran itu dan banyak pula pengikut-pengikutnya

true and what is false. Therefore Abraham didn't really end up killing his son; an angel intervened, so what Abraham killed was a goat and not Ishmael. So, no person who worships with sincerity, with a submitted heart and true surrender to God, will be led by that into misery. On the contrary, they will be raised to their rightful place.

Easily influenced peoples

At that time many people were able to put into practice what Abraham taught. Many people followed his teaching, and it enabled them to reach a level of human excellence. But human beings always remain human beings; they are weak creatures – very easily influenced by what is to the right and left of them, before and behind them. As time went on, human conduct, which had been in accordance with the advice of Abraham, gradually deteriorated until increasing numbers turned away from the true worship of God, worshipping instead material objects, in which they imagined power to dwell. Through this the whole world suffered, for good and bad in this world arise from the actions of human beings.

But God in His wisdom knows the needs of humankind; and out of love for His creatures He sent a new revelation – a gift from God needed by humankind in order to understand their life. This new revelation was received by a man whose name was Moses.

Moses / white

The colour white is associated with Moses, signifying that here was a man who was pure, with a clean heart and feeling, truly able to distinguish between what is right and what is wrong. The story of Moses dividing the waters is a symbol of his ability to separate right from wrong in people's hearts. And the book he received to advise and guide human beings, and to help them follow in his footsteps, was called the Torah. This was passed on by Moses to humanity; and in time his teaching spread and flourished, and many who followed it were enabled to worship God in purity of heart and feeling.

di antara umat manusia yang dapat berbakti kepada Tuhan dengan kesucian hati dan rasa-perasaannya.

Tetapi sebagai tadi telah Bapak katakan, bahwa manusia tetap manusia yang mudah sekali terpengaruh oleh suasana dunia, yang selalu ada di kanan-kirinya. Maka lambat-laun pengikut-pengikutnya, lambat-laun orang-orang yang telah dahulunya menetapi tindakannya sebagai yang telah dikehendaki Nabi Abraham menjadi merosot dan menjadi kurang, sehingga tidak lagi berbakti kepada Tuhannya, melainkan membelok kejurusan barang-barang yang dianggap dipercaya.

Akhirnya sehingga diturunkan lagi, ialah wahyu dari Tuhan untuk manusia, agar suasana dunia yang telah menjadi kacau menjadi baik kembali, ialah seseorang yang baru dilahirkan atau yang menjadi orang sudah, yang di katakan Nabi Isa. Dan Nabi Isa-lah yang terima wahyu dari Tuhan itu, sehingga tercipta buku pada dirinya yang dikatakan Injil atau *Bijbel*.

Dikatakan dalam sejarahnya bahwa Nabi Isa berwarna hijau. Artinya hijau, bahwa dalam diri Nabi Isa tidak terpengaruh oleh pengaruh dunia, sehingga sungguh-sungguh merupakan kekasih atau kesayangan daripada Tuhan. Saudara sekalian tentunya menginsyafi dan mengerti, bahwa kata-kata hijau berarti masih kecil, masih belum terpengaruh nafsu, *hartstocht*, nafsu keinginan, terutama kepada wanita atau kepada barang-barang lainnya yang menjadi keinginan manusia. Dan dikatakan dalam sejarahnya, bahwa Nabi Isa, kecuali dapat menyembuhkan orang sakit dan membangkitkan orang yang mati – yang belum pasti – , dapat pula berjalan di atas air, dan pada akhirnya dikehendaki Tuhan meng-hadapi mautnya dengan jalan disalib.

Berarti, bahwa menyembuhkan orang sakit dan membang-kitkan orang sudah mati ialah : memperbaiki kesalahan rasa diri manusia dan dapat membangkitkan jiwa manusia selamanya yang masih mati di dalam diri manusia itu. Ini sama keadaan dan sama pula hakekatnya dengan apa yang telah diterima oleh saudara sekalian dalam latihan Susila Budhi Dharma atau Subud itu. Saudara-saudara sekalian diperbaiki, dibetulkan, kesalahan-kesalahan yang telah diderita dalam dirinya, misalnya sifat sakit atau bagaimanapun orang mengatakan, dan dibangkitkan jiwanya yang telah lama sejak dilahirkan menjadi anak, besar dan menjadi orang tua, yang selalu tertutup oleh nafsu, akal-fikiran dan kehendakan.

Maka bagi saudara sekalian tentunya tidak asing lagi, bahwa

But as Bapak said earlier, human beings remain human and are very easily swayed by the ambience of the world, which always surrounds them. And so in the course of time, his followers, who used to conduct themselves in accordance with his advice, grew weak in their faith and ceased to worship God, turning again to material things and putting their faith in these.

Eventually God sent another revelation for human beings, to put right again the chaos prevailing in the world. This revelation came to one called Jesus. He received the new revelation from God that is contained in the scripture known as the Gospels.

Tradition associates Jesus with the colour green. The meaning of green is that his being was not influenced by the world, so he was in truth the beloved of God. Green, as you may know, means a state of childlike innocence, still free from desire; in particular the desire for women, but also for the things of this world that human beings have come to desire. About Jesus we are told that besides being able to heal the sick and raise the dead, he could also walk on water; and that eventually he was willed by God to face death by crucifixion.

To heal the sick and to raise the dead means to rectify the faults and weaknesses within the inner feeling of people, and to awaken their human soul, which is still dead within them. This is essentially the same as that which you have received in the latihan of *Susila Budhi Dharma* or Subud. All the faults that you have suffered within your being – all kinds of sickness, whatever people call them – are being repaired and corrected. Your souls, which from birth to the present have been imprisoned by your desires, thoughts and will, are being awakened.

Certainly you no longer find it strange that after a latihan, you

sesudah melakukan latihan terasa sebagai mengalami suatu hidup baru, lain daripada yang sudah-sudah. Yang berarti, bahwa saudara sekalian telah dibangkitkan dari jiwanya yang telah terkurung, tertutup rapat-rapat oleh tekanan dunia yang menekan sejak lama itu. Maka Subud ini tidak banyak menyimpangnya dengan apa yang telah diterima oleh para nabi-nabi yang sebagai Bapak katakan tadi.

Adapun simbol menghadapi mautnya disalib, ialah bahwa manusia yang sempurna hidup sebagai di tengah-tengah, di antara dunia dan akhirat. Karena itu dikatakan juga dalam sejarahnya, bahwa Nabi Isa sesudah mati tetap sebagai Nabi Isa sebelum mati. Berarti, bahwa demikianlah memang dikehendaki Tuhan, agar jiwa manusia dapat melindungi dan meratakan keinsyafan kepribadiannya ke seluruh diri yang terwujud kasar ini. Maka dalam hidupnya sesudah mati Nabi Isa tidak terhindar dari segala apa yang telah ada pada dirinya; misalnya : dapat masih melihat, mendengar, mencium, berkata, merasakan dan bagaimana pun yang telah ada dalam dirinya masih tetap selalu terbawa serta.

Kesesuaian jalan yang demikian itu adalah sudah kita terima dalam latihan yang saudara sekalian menerimanya, yaitu bahwa saudara sekalian dimulai dari hidupnya satu per satu dari seluruh anggota badannya sehingga penglihatannya, pendengarannya dan lain-lain pancainderanya tetap menjadi utuh, meskipun nanti menghadapi mautnya. Bukan berarti, bahwa kita mati, kita bawa badan yang kasar ini. Tidak. Tetapi yang kita bawa atau kita jadikan kepribadian kita bukan matanya, tetapi penglihatannya; bukan telinganya, tetapi pendengarannya; bukan mulutnya, tetapi kata-katanya; bukan hidungnya, tetapi ciumannya; juga bukan darahnya, tetapi rasa-perasaannya; bukan otaknya, tetapi pengertiannya; bukan hati, tetapi *keangen-angennya* dan rasa hatinya. Memang itulah yang kita ingini. Kita mohon kepada Tuhan Yang Maha Esa, agar kita dapat menjadi makhluk atau manusia yang demikian sebagai yang telah dikehendaki Tuhan kepada manusia.

Keadaan yang demikian – karena tadi Bapak katakan, manusia masih tetap manusia saja, sehingga – meskipun sudah ada nasehat, meskipun sudah ada tuntunan dan bimbingan yang begitu baik dan begitu *soepel*nya, tetapi manusia – karena manusia tetap manusia yang lemah, sehingga – mudah sekali terpengaruh oleh kemajuan zaman, oleh kemajuan dan kemunculan akal-fikiran, sehingga manusia umumnya mau tidak mau *kebawa* ke alam akal-fikiran yang akhirnya tertutup sama sekali jalan yang sebenarnya untuk dapat

experience a new life within you, different from what was there before. This means that your soul, which for a long time has been imprisoned and totally enclosed by the pressure of the world, is awakening. So, as Bapak said earlier, Subud hardly differs from what was received by the prophets.

As to the death by crucifixion: this symbolises that a perfect human being lives, as it were, between this world and the next. That's why tradition tells us that after he died Jesus was the same as he was before he died. This shows that it is indeed God's will that the human soul should be able to protect and pass on its individual understanding to all those who are still in coarse form. Thus Jesus, in his life after death, lost nothing that had become a part of his individuality. He could still see, hear, smell, speak and perceive; and everything that had been part of him was still there.

This agrees with our experience in the latihan in which all our organs and members are brought to life, one by one, enabling our sight, our hearing and our other senses to remain intact even as we face death. This does not mean that we take our physical bodies with us when we die. No. What we take with us, and what will become part of our individuality, will be not our eyes but our power of seeing; not our ears, but our power of hearing; not our mouth, but our words; not our nose, but our power of smelling; not our blood, but our feeling; not our brain, but our understanding; not our heart, but the power of reflection and the feeling of our heart. This is indeed what we want. We pray to Almighty God that we may become the creature or human being it is God's will that we become.

But as Bapak said, human beings still remain human beings. Despite having received advice and guidance so inspired and adaptable, their nature remains weak, being easily impressed by outward progress, and by the development and discoveries of their own mind. As a result, whether we like it or not, most people are carried away into the world of thought, where all possibility of finding an understanding of the true meaning of life is completely blocked.

mengetahui hidupnya itu.

Agar manusia tidak berlarut-larut salah dan terlanjur masuk ke jurang kebingungan, maka diturunkanlah wahyu lagi untuk manusia yang diterimanya oleh seseorang yang dikatakan Muhammad. Dan kitab yang diterima Muhammad dikatakan umumnya al-Qur'an dalam kalangan Islam. Arti al-Qur'an ialah perintah-perintah, firman-firman Tuhan untuk manusia, agar manusia dapat menjalankan sesuatu yang tidak menyimpang dari perintah-perintah yang telah ada dalam firman-firman Tuhan itu. Dan Muhammad bukan dikatakan anak Tuhan sebagai kecintaan Tuhan, tetapi dikatakan sebagai wakil – wakil Tuhan di dunia ini – yang berarti, bahwa Muhammad adalah *instrument* dari kekuasaan Tuhan untuk melanjutkan dan menyalurkan segala perintah-perintah yang telah diterimanya kepada manusia umumnya.

Dan bagi Muhammad diberi kemudahan, agar cara bakti kepada Tuhan, agar Muhammad menjalankan atau melakukan dalam kumpulnya dengan isteri sungguh-sungguh berbakti kepada Tuhan menurut perintah-perintah yang telah diterimanya, sehingga merupakan kumpulnya laki-laki dan wanita sungguh-sungguh suatu kebaktian yang benar-benar. Sehingga kenyataan daripada itu telah dijelmakan dalam persatuan atau perkawinan umat manusia yang beragama Islam dalam mesjid. Untuk membenarkan dan menyungguhkan, bahwa si isteri itu benar-benar akan jadi isterinya dan laki-laki benar-benar akan menjadi laki-lakinya diperlukan membaca *syahadat*, yang dikatakan *kalimah syahadat,* yaitu – maafkan, saudara sekalian – yang orang biasa mengatakan : *"Asyhadu al-la ilaha illa-l-Lah, wa asyhadu anna Muhammada-r-Rasulu-l-Lah."* Demikian sebagai pengakuan orang kedua itu, bahwa adanya karena Tuhan dan mereka keduanya sebagai saksi Tuhan. Demikian, sehingga dijalankan dan banyak pula pengikutnya, banyak juga manusia dengan membersihkan dan membaktikan dalam kumpulnya laki-laki dan wanita itu dapat berbakti kepada Tuhan yang sebenar-benarnya.

Tetapi Bapak katakan lagi, manusia tetap manusia, sehingga jalan tindakan yang begitu baiknya dengan disertai suatu kenikmatan dalam perasaan manusia, manusia masih lagi melupakan, bahwa dalam keenakan, dalam kesenangannya, selalu dipengaruhi dan ditekan dan dimasuki oleh daya-daya rendah atau oleh suasana dunia yang memang hakekatnya menghendaki, agar manusia jangan sampai terlaksana kepada tujuannya yang murni itu.

In order that human beings should not continuously go wrong and plunge yet deeper into the abyss of confusion, revelation came to them yet again, this time through a man named Muhammad. And the book Muhammad received is generally called in Islam the Quran. Quran means 'the word of God', the commandments or the words of God to human beings, given in order that they should be able to act without deviating from what God has laid down. And Muhammad is not spoken of as the son of God, or the beloved of God, but as God's representative on earth. This signifies that he was an instrument of the power of God, sent to proclaim to humankind the commandments he had received from God.

And it was made easier for Muhammad to worship God, because the union of Muhammad and his wife became in truth an act of worship towards God; the union of man and woman was ordained by God to be a true act of worship. This is shown in the marriage ceremony performed in the mosque according to the religion of Islam, in which the man and the woman, in order to proclaim and confirm that they will become truly husband and wife, must recite the declaration of faith: 'There is no other god but God and Muhammad is His messenger.' By this act the couple acknowledge that they owe their existence to God, and that they are God's witnesses. This is how it was put into practice; and many among his followers, as well as many other human beings, made the union of husband and wife pure and an act of worship. So they were able to worship God in truth.

But, Bapak says it again, human beings remain human beings. In spite of so wonderful and blissful an act of worship, they once again forgot that in their enjoyment and pleasure they would always remain subject to the influence and pressure of the environment of this world, and to the infiltration of the low forces, whose natural tendency is to prevent human beings from attaining their pure aims. So, for most people, the union of man and woman

Maka umumnya kumpulnya laki-laki dengan wanita bukan menjadi suatu kebaktian, tetapi hanya untuk memuaskan kenafsuan hati belaka. Sedangkan sebenarnya kumpulnya laki-laki dan wanita itu sebagai ulangan, agar manusia dapat merasakan dan mengetahui bagaimana ketika dahulu belum jadi sampai jadi.

Jadi, saudara sekalian tentunya harus insyaf, karena diri saudara sekalian – sebagai jalanan – dilalui mobil, dari mana ke mana, tidak dapat diketahui. Itu sesungguhnya sangat kecewa dan sungguh-sungguh disayangi oleh Tuhan Yang Maha Kuasa : kenapa manusia tidak dapat menangkapnya yang demikian itu? Jadi, tuan-tuan dan nyonya sekalian tidak mengetahui darimana asal anak itu dan bagaimana akan terjadinya. Sedangkan diri saudara sekalian dilalui itu : darimana asal dan ke mana perginya? Sedangkan, apabila saudara sekalian mengenal itu, berarti mengenal pula 'bagaimana aku sebelum aku jadi, dan bagaimana aku nanti pergi'.

Demikianlah baiknya perintah-perintah yang telah diterima oleh para nabi, dimulai dari Nabi Abraham sampai Nabi Muhammad, tetapi manusia masih tetap manusia saja, sehingga mudah sekali terpengaruh oleh suasana dunia yang lambat-laun lebih – bukan mengutamakan, tetapi terpaksa tidak dengan kesadarannya – mengutamakan menuruti kekuatan nafsu, kekuatan kehendakan, kekuatan akal-fikiran dan hatinya.

Maka terangnya sudah tidak kurang-kurang nasehat yang telah diberikan oleh manusia sejak dari Nabi Abraham sampai Muhammad, sehingga manusia dapat dikatakan telah dibanjiri nasehat-nasehat, sehingga dari banyaknya tidak dapat menjalankan. Sehingga kemudiannya segala sesuatu tetap difikirkan, segala apa yang menjadi kebutuhan hidupnya tetap difikirkan. Semua ada di fikiran, di fikiran saja, selalu berputar-putar dalam fikirannya. Jadi, seluruhnya hanya berhenti di fikiran, tidak dapat dikerjakan secara yang nyata. Maka tidak kurang-kuranglah orang yang mempelajari tentang ketuhanan, tetap difikirkan saja sampai bertahun-tahun, sehingga terasa dirinya, terasa otaknya menjadi bingung.

Maka dengan lahirnya Subud ini Bapak mengatakan : "Tidak pasti, tetapi, ya, mungkin telah dikehendaki Tuhan, agar apa yang telah kita dapat dan apa yang diberikan Tuhan kepada kita dalam Subud ini telah dikehendakiNya, agar kita – agar manusia – dengan mempraktekkan Subud ini dapat hidup kembali sebagai sediakala, sebagai yang telah dinasehatkan oleh para nabi-nabi dalam waktu yang telah lampau itu." Kita atau Bapak tidak memastikan sesuatu.

what we are really from!

became once again only a gratification of their passions rather than an act of worship. Though in reality, the true nature of the act of union is that of recapitulation, so that through it human beings should be able to be aware of and know their own condition, both before and after they entered into existence.

You too must be aware in this way, otherwise you are like a road along which a car has passed, but you have no idea where it came from or where it went. That is really disappointing and truly saddens Almighty God. Why is it that human beings aren't able to grasp this? So, ladies and gentlemen, you do not know where your child came from or what will happen to it, even though it passed through your being. So where *did* it come from and where *will* it go? But when you do become conscious of this, it will mean that you are also conscious of 'how was I before I existed?' and 'how will I be when later I depart?'

That's how good the commandments were, as received by the prophets from Abraham to Muhammad. But, human beings remain human beings and are very easily swayed by the ambience of the world. Without being aware of what is happening, as time goes on they come to attach ever more importance to following the power of their desires, their will, their thinking minds and their hearts.

Thinking and the mind are limited!

So it is clear that there is no shortage of advice, which has been given from the time of Abraham until Muhammad. It could be said that human beings have been flooded with advice – there is so much of it that nobody can carry it all out. This is because they just keep thinking about all of it; everything they need for their life, they just *think* about. Everything remains in their mind – just in their mind – and keeps on circulating there. So it all stops short in their thinking and they are unable to implement the advice and make it real. [For instance] there are many people who study theology and think about it for years and years, and in the end they just become confused.

Now with the coming of Subud Bapak can say, 'It isn't certain, but, yes, perhaps it is willed by God that through practising what God has given us in Subud, we should be able to come alive again the way we once were – as was taught by the prophets in the olden days.' None of us, including Bapak, can be completely sure of anything; still, the evidence of our own experience, and what we receive, proves to us that Subud is a way of receiving that is not

mind creation comparison and prevents doing. prevents doing!

Tetapi dari kenyataan-kenyataan yang telah kita alami, dari
keadaan-keadaan yang telah kita terima, membuktikan, bahwa kita
-- Subud ini – adalah sesuatu cara yang dibangkitkan bukan karena
hati kita, bukan karena akal-fikiran kita, bukan karena nafsu kita,
melainkan karena kesepian daripada segala apa yang ada pada kita,
yang timbul karena dikehendaki Tuhan yang di atas, di luar penge-
tahuan manusia atau pengetahuan dunia.

Dari keadaan yang demikian itu memberi arti, bahwa Tuhan
sendiri yang mengerjakan atas diri manusia. Karena dengan
nasehat-nasehat, manusia sendiri tidak mampu; karena memang
tidak mungkin manusia dapat merubah isi dirinya sendiri,
melainkan apabila tidak dikerjakan oleh suatu daya yang berkuasa,
yang maha kuasa daripada kekuasaan manusia.

Maka dalam Subud ini tidak terdapat suatu teori, melainkan
kenyataan-kenyataan yang telah berjalan dan berlaku, bertindak
dengan sendirinya. Kita merasa dan kita terima dan kita tahu-tahu
: hati kita sudah berubah, tabiat kita sudah berubah, kesehatan
badan kita sudah berubah, yang dahulunya begini menjadi begini.
Kesemuanya itu dikerjakan oleh sesuatu daya hidup yang maha
kuasa, yang kita dapat mengetahui dengan alat-alat anggota kita
biasa. Dan bagaimana bekerjanya daya yang berkuasa yang ada
dalam diri kita, sehingga dapat mengerjakan, menggantikan dari
yang salah ke benar, ke yang sungguh, yang benar, dan dari yang
tidak baik ke baik, ialah yang tidak membutuhkan, agar akal-
fikiran, nafsu dan hati kita ikut serta. Karena akal-fikiran, hati dan
nafsu manusia sudah tidak mampu untuk dapat bertindak sehingga
dapat memperbaiki dirinya sendiri. Memang sebenarnya perbaikan
dalam diri manusia dengan jiwanya tidak suatu pekerjaan bagi
manusia, bagi akal-fikiran, hati dan kehendakan, tetapi melulu
pekerjaan dari Yang Maha Kuasa, dari Daya Yang Maha Tinggi dari-
pada manusia itu.

Kalau Bapak gambarkan sebentar bagaimana penjelmaan jiwa
ke dalam sifat baru yang akhirnya terbentuk sebagai sifat yang
sempurna yang nampak sebagai wujud manusia.

Dalam hidup yang tersusun atas kodrat Tuhan – atas kodrat
Tuhan Yang Maha Esa – adalah dibagi-bagi. Bagian-bagian itu
disebut alam atau dunia itu sendiri, dimulai dari dunia atau alam
kebendaan – disebut daya hidup kebendaan – , daya hidup tumbuh-
tumbuhan, daya hidup hewani, daya hidup manusia, daya hidup
suatu makhluk yang lebih utama dan tinggi daripada manusia di

Only God can change the content of a human

awakened by our heart, our thinking mind or our desire. It comes rather through an emptying of everything that is in us; and this comes about by the will of God, which is above and beyond our human understanding – our worldly understanding.

This agrees & disagrees with G who said only a man who knows can help

This means it is God Himself who works on our being, since human beings are not able, working from advice they have been given, to change the content of their own self. Indeed it is not possible; it can only be done by a power that has authority, a power infinitely greater than that of a human being.

Therefore no theory is to be found in Subud, just realities, which work, grow and proceed by themselves. We receive and experience this working. All of a sudden our hearts have changed, our characters have changed, our physical health has changed, and what was like that [*gesture*] is now like this [*gesture*]. All this is the working within us of an all-powerful force of life, the results of which we can witness with our ordinary organs of perception. The work of this life-force within us – changing what is wrong to what is right and what is bad to good – requires no assistance from our thinking minds, our hearts or our desires; a person's mind, heart and desires have no power to work any improvement on his or her nature. Indeed the improvement of a person's being and soul is not a human undertaking, not something for the mind, heart and will, but is the work of Almighty God alone, of a power immeasurably higher than human.

Incarnation of a soul –

Bapak will now briefly describe the way in which a soul is incarnated in a new being, which develops and eventually attains a complete human form.

The structure of life, by the decree of Almighty God, comprises different levels; each level is a sphere or world of its own. Beginning with the lowest there are: the world of the material life-forces, the world of the vegetable life-forces, the world of the animal life-forces, the world of the human life-forces and the world of the life-force of beings superior to the human beings of this world.

bumi ini. Selanjutnya tidak perlu Bapak katakan, hanya sampai ke lima saja.

Daya-daya itu di dalam alamnya merupakan dunia. Berarti, bahwa dalam dunia kebendaan terisi jiwa yang bermilyun-milyun. Halnya umpamanya sebagai manusia yang ada di bumi ini. Dan jiwa-jiwa yang ada dalam alam-alam itu bergerak dan akan mengenai sasarannya, apabila sasaran itu ada. Dan sasaran itu diadakan atau berada, karena terjadi dari kumpulnya laki-laki dan wanita. Dan sifat yang sebagai sasaran daripada jiwa itu – sebagai tadi telah Bapak katakan – terjadi karena kumpulnya laki-laki dan wanita. Dari kumpulnya laki-laki dan wanita menciptakan atau mengadakan sesuatu sifat yang masih bersifat air. Meskipun sifat itu masih bersifat air, tetapi dapat dikatakan adalah itu air hidup yang dapat menerima isi hidup sehingga nanti dapat bergerak dan dapat bertindak, bekerja, sehingga akhirnya dapat terbentuk suatu sifat yang sempurna.

Karena sifat yang demikian itu terjadi karena kumpulnya laki-laki dan wanita, sehingga sifat itu merupakan adalah sari-sari daripada diri kedua jenis itu yang merupakan suatu *lens*, suatu bentukan yang diperlukan bagi pengisi jiwa yang akan datang ke situ. Umpama saja kedua jenis manusia itu – ialah kedua kelamin manusia itu – dalam kumpulnya – sebelum kumpulnya sampai ke dalam kumpulnya – selalu memikirkan dunia, selalu memikirkan kesenangan dunia, maka akan tercipta dan terjadilah dalam sifat yang baru itu, yaitu sifat yang air itu, suatu *lens* yang hanya dapat menjadi sasaran dari daya benda saja. Tidak lebih. Dan apabila demikian dalam kumpulnya laki-laki dan wanita itu, sehingga merupakan, menciptakan suatu sifat baru yang hanya menjadi sasaran dari jiwa kebendaan, maka jiwa kebendaanlah yang menjadi pengisi daripada sifat itu.

Bentuk sifat baru – meskipun masih air – yang terisi jiwa benda makin lama makin bekerja, makin lama makin menjadi dalam kandungan ibunya, sehingga akhirnya selesailah bentuknya dengan secukup-cukupnya yang dikatakan bentuk manusia yang sempurna sampai dilahirkan ke bumi ini. Sudah tentu, meskipun jiwanya jiwa benda atau jiwanya jiwa hewan, tetapi karena alat pesertanya yang menjadi anggota hidupnya, anggota badannya itu badan manusia, tentu secara berfikir, ya, masih secara manusia; secara mengingini sesuatu, ya, secara keinginan manusia; secara pegang-pegang, meraba, juga secara manusia; cara berjalan juga seperti manusia;

material world contains
souls similar to
11 AUGUST 1959 *people in this world* 323

Bapak doesn't need to say anything about what is beyond the first five levels.

On its own level, each of these life-forces constitutes a world of its own. For example, the material world contains millions of souls analogous to people in this world. The souls of each of these worlds are drawn towards and enter certain focal points of attraction wherever these are available. Such focal points come into existence through the union of man and woman. The vessel that acts as a focal point for a soul, as Bapak just said, is produced by the union of man and woman. From the union of a man and woman something is created that is still in the form of a fluid. Although it appears merely as a fluid, it can be called the water of life, as it is able to receive the content of life, which causes it to move, function and develop until it eventually acquires a complete form.

Since the vessel has come into existence through the union of a man and a woman, it is derived from the essences of these two beings of opposite sex. It acts as a kind of lens, a form required by the soul that will enter it. And if the thoughts of this couple have been constantly occupied, before and during the union, with the affairs and pleasures of this world, then the drop of fluid can serve only as a focal point for material forces and nothing higher. So if that is the state of the couple, and they create a new entity that can only attract material souls, then its content will be a material soul.

Human appearance / material soul

This new vessel, still in the form of a fluid, filled by a material soul, will gradually grow and develop in the mother's womb until it is completely formed as a human being, and ready to be born into this world. Of course, even if the soul is a material soul – or an animal soul or whatever – the body, organs and limbs are human, therefore he or she will think human thoughts and have human desires. He or she will hold things and touch things, and walk just as human beings do. In short, the way they live their lives will be no different from human beings.

pendek kata, secara menjalankan hidupnya, tidak lain juga seperti manusia saja.

Bapak umpamakan saja : barang diketok. andaikata diketok anak kecil, barang itu bunyi : *'thing'*; andaikata diketok oleh orang yang pandai sekali, orang yang bagus sekali atau orang yang – kalau wanita – yang elok sekali, ya, tetap bunyinya, ya, *'thing'* saja. Karena memang, meskipun diketok oleh siapapun, karena sifat yang berwujud itu yang tentu, kalau diketok bunyi *'thing'*, ya, tetap *'thing'* saja. Demikian juga halnya dengan jiwa itu. Meskipun jiwa hewani, meskipun jiwa kebendaan, meskipun jiwa tumbuh-tumbuhan, apabila itu masuk ke dalam diri manusia, sehingga menguasai seluruh diri manusia, tentu akan berbunyi sebagai manusia, tidak akan sebagai hewan.

Selanjutnya bayi yang baru dilahirkan itu makin lama makin dapat melihat bentuk-bentuk dunia, makin lama dapat terkena suasana keduniaan, hingga akhirnya mulai dapat berfikir dan merasakan sesuatu. Di situ tambahlah menjadi gelap, bagaimana cara orang atau cara anak itu menerima suasana dari jiwanya sebagai tatkala dahulu sebelum terpengaruh oleh suasana dunia.

Akhirnya seluruh dirinya, seluruh badannya, baik otak, hati, rasa-perasaan terisi suasana dunia, yang akhirnya, apabila orang itu memikir, apabila orang itu merasakan, apabila orang itu menggambarkan keadaan-keadaan di luar dunia – umpamanya sorga atau Tuhan dengan kekuasaan-Nya – , manusia tidak akan dapat meninggalkan bekal-bekal yang telah menjadi pengisi otak, hati, rasa-perasaannya itu. Maka tidak mengherankanlah, bahwa ada seseorang yang memikir, yang mengira-ngira, bahwa Tuhan itu kiranya sebagai manusia yang bagus, yang duduk di kursi yang bagus, rumahnya besar yang dibikin dari emas atau dibikin dari apa begitu, karena dikirakan, bahwa Tuhan itu melebihi daripada apa, sehingga diwujudkan wujud-wujud atau bentuk-bentuk yang ada dalam dunia ini agak kelebih-lebihan.

Apalagi yang memikir Tuhan sehingga dapat tepat memikirnya! Sedangkan baru memikir : "Bagaimana jiwaku dan apa jiwaku sebenarnya?" tidak mungkin dapat dengan akal-fikirannya manusia itu. Karena akal-fikiran dengan otaknya, rasa-perasaan dan keinginan dengan hatinya adalah barang sesuatu yang terjadi sesudah jiwa memasuki sifat yang belum terbentuk itu yang masih dalam

Bapak will give an example. It is like striking an object: if it is struck by a child it makes a sound, 'ting'. If it is struck by a learned man or a beautiful woman, it will still make the same sound, 'ting'. Because whoever may strike it, since the nature of the object remains the same, the sound it makes, 'ting' will always remain just 'ting'. It is the same with the soul: whether the inner content of a person, which governs their whole being, is a material, vegetable or animal soul, nevertheless he or she will sound like a human being, not like an animal.

Little by little a new-born child can see the forms of the world around them; they are gradually affected by the atmosphere of this world and begin to be able to think and to feel things. At the same time their contact with the atmosphere of their soul becomes obscured in comparison with how it used to be before they fell under the influence of this world. In the end everything in them – their whole body, brain, heart and feelings – becomes entirely filled with the things of this world.

So eventually, when this person begins to think and to wonder, and to imagine conditions beyond this world – such as heaven, or God and God's power – they are able to do so only in terms of their worldly environment, which has come to be the sole content of their brain, heart and feelings. Therefore it is not surprising if there are people who visualise God as some impressive human figure, seated on a beautiful chair in a great palace made of gold or whatever. Because they figure that God is above all, they take the elements and forms of this world and exaggerate them.

How can we think about God with any degree of accuracy? Even to think, 'What is my soul and what is it really like?' is impossible for the human mind. For the thinking and the brain, the feelings, the desires and the heart have all come into existence only *after* the entry of the soul into that vessel, into that as yet formless and fluid state that you cannot but be familiar with. And therefore

keadaan air yang cair, yang saudara-saudara sekalian tidak akan tidak mengenalnya. Maka tidak ada jalan lain untuk dapat memperbaiki keadaan kita, untuk dapat memperbaiki jiwa kita – apabila jiwa kita salah – , tidak akan ada jalan lain atau tidak ada cara lain daripada cara yang telah menjadi kehendak Tuhan, ialah cara yang telah dikehendaki Tuhan diberikan kepada kita sebagai yang telah kita terima, lepas daripada akal-fikiran, lepas daripada nafsu, lepas daripada hati, rasa-perasaan kita yang menggambar-gambarkan sesuatu.

Karena itu, maka saudara sekalian selalu terasa asing apa yang telah diterima dalam latihan itu. Karena memang apa yang didapat dalam latihan itu di luar kemampuan, di luar pengertian kita, melainkan pengertian dan kemampuan Tuhan belaka. Tuhan dapat mengerjakan sesuatu yang manusia tidak akan tahu, karena manusia adalah barang ciptaanNya juga. Jadi, manusia ada karena diciptakan oleh Tuhan. Maka tidak mungkin manusia dapat mengetahui yang menciptanya itu. Sebagai kalau saudara membuat meja. Saudara tahu meja itu persegi, tahu juga meja itu bulat; tahu juga meja itu *kleu*nya, warnanya kuning, putih, merah dan lain-lain. Tetapi meja itu sendiri tidak mengerti, apabila dia persegi, bulat, dikuningkan, dihitamkan oleh manusia. Hanya menerima saja apa yang dikehendaki manusia atas diri meja itu.

Tuan-tuan dan nyonya sekalian, andaikata tuan memegang keras-keras kemauan dan hati dan akal-fikirannya, tetapi tuan-tuan, nyonya sekalian dapat membuktikan sendiri, dapat mengalami sendiri : tuan-tuan, nyonya sekalian tentunya tidak menghendaki, agar rambutnya lekas putih, agar giginya lekas habis, agar kekuatannya kurang. Tidak menghendaki. Tentu sekalian mengingini, agar seratus, dua ratus tahun tetap rambut hitam terus, tetap gigi utuh terus, tetap kekuatan utuh terus. Tetapi tuan-tuan sekalian tidak dapat memaksa itu, karena Tuhan kuasa, Tuhan telah mengodratkan manusia, menciptakan manusia dengan batas-batas; sebagai kalau saudara membuat mobil tentu ada *garantie*nya : sekian tahun tentu harus diganti; sekian tahun harus diganti ini, ini, ini... Demikianlah halnya, bahwa kita harus percaya sepenuhnya, bahwa Tuhan maha mengetahui, Tuhan maha bijaksana, dapat bekerja di luar pengetahuan kita, di luar kepahaman dan pengertian kita.

Hanya, saudara-saudara sekalian, janganlah meninggalkan kewaspadaannya. Artinya : janganlah hanya dibiarkan, meskipun itu dikerjakan oleh Tuhan dengan kekuasaanNya, tetapi saudara lantas

there is no other way for us to improve our inner state and to improve our soul – if it is wrong – except by the way that is willed by God, and which we have been given, which we receive, free from our thinking, free from our desires, free from our heart and our imagination that likes to picture things.

This is why what you receive in the latihan always seems strange to you; because what we get in the latihan is beyond our ability, beyond our understanding – it is only comprehensible to the wisdom of God. God can accomplish that which human beings can never know, for they are no more than His creatures, who exist only because God has created them. So it is impossible for people to know their Creator. It's just like when you make a table; you know if it is round or square, you know its colour, whether it is yellow, white, red or another colour. But the table itself does not know whether it is square or round, or whether it has been painted yellow or black; it merely accepts whatever may be the will of human beings towards it.

You may tightly control your will, heart and thinking, ladies and gentlemen, but – and you can prove it to yourself from your own experience – although you certainly do not wish your hair to turn white, your teeth to fall out or your strength to decline; although you would certainly prefer to live a hundred or even two hundred years and still keep your hair black, your teeth intact and your full strength, you cannot force that to happen. For God has the authority, and He has decreed and created human beings with limits. This is like when a car is made, there is always a service manual: after so many years you have to change this, this and this. In the same way, we must have complete faith that God is All-knowing and All-wise, and realise that His work is beyond our knowledge and understanding.

Although this work is done by the power of God, do not cease to be attentive, brothers and sisters. Do not just allow things to happen and become careless. Don't! You must be aware, so that

berperasaan sembarang atau *onverschillig*. Jangan! Harus dirasakan, sehingga nanti akhirnya saudara dapat merasakan dirinya : "Yang dulu saya dikemudikan begini, sekarang saya dikemudikan begini." Sehingga saudara-saudara sekalian dapat menangkapnya, bahwa yang pegang kemudi, yang pegang pucuk pimpinan dalam rasa diri telah berganti. Dan bagaimana pergantiannya, akan dapat saudara terima yang menampakkan dalam tindakannya saudara sehari-hari. Sehingga akhirnya saudara sekalian dapat merasakan dan menangkap dan menginsyafi perbedaan antara pengisi-pengisi itu di dalam diri kita; misalnya : jiwa-jiwa itu di dalam diri kita. Dan saudara akan mengenal pengemudi yang sejati, ialah jiwa manusia yang sejati.

Demikianlah uraian Bapak tentang kejiwaan pada malam ini. Bapak sudahi sampai sekian saja. Mungkin akan disambung di hari depan. Tidak lain Bapak minta, agar memaafkan banyak-banyak, apabila ada kata-kata Bapak yang tidak pada tempatnya. Dan Bapak ucapkan: *thank you very much*.

eventually you will be able to feel what is going on inside you: 'Before, I was being moved like this, and now I'm being moved like that.' In this way, you will become aware that the one who moves you, the one in charge of your inner feeling, has changed. And you will see this change manifested in your conduct from day to day. Finally, you will be able to see, to feel, and to be aware of the difference between the various forces or souls that form the content of your inner self. Then you will become aware of the real master in you: that is, the true human soul.

These are Bapak's explanations this evening about the realm of the soul. He will stop now, and maybe will continue on a future occasion. He hopes you will forgive him if anything he has said has offended you. And Bapak says 'thank you very much'.

17

COOMBE SPRINGS

12 AGUSTUS 1959

Kongres Subud Sedunia I

Sumber : Rekaman 59 CSP 4

Didalam rekaman tidak ada terjemahan kedalam bahasa Indonesia kata pengantar dan pertanyaan-pertanyaan John Bennett – langsung ceramah Bapak. Dikirakan bahwa pertanyaan-pertanyaan tersebut telah diajukan kepada Bapak sebelumnya.

On the recording there is no interpretation into Indonesian of John Bennett's introduction and questions; Bapak's talk follows immediately. It is assumed that the questions had been interpreted for Bapak beforehand.

17

COOMBE SPRINGS

12 AUGUST 1959

First Subud World Congress

Source: Recording number 59 CSP 4

The Purpose of the International Organisation

John Bennett: [*Beginning not recorded*] ...Are we right in understanding that this means the centre of spiritual activities is always where Bapak is, but the centre of the administration should be where it is most convenient, and that this will have to remain in one place? In other words, are we to understand that the division of the spiritual and the administrative sides applies to the whole world activity of Subud, as well as in different countries?

We wish to ask one question connected with the spiritual side and two connected with the administrative side:

The earth is divided into continents, and mankind is divided into races. Can we suppose that it is the will of God that all continents and all races will make their own contribution to the regeneration of humanity by way of Subud? If so, can we expect that men of high spiritual qualities, such as men of the *roh rohani*, will appear in the world in different places and become helpers in the true sense for the people of the different continents and races? Will Bapak in this way have real helpers chosen by God to help him in his work and make it unnecessary for him to travel from country to country?

The first question on the administrative side concerns the establishment of a minimum international organisation to meet needs that have already arisen. It seems to be generally agreed that there

Bapak: Tuan-tuan dan nyonya sekalian, Ketua-Ketua dari Seksi-Seksi, terutama Seksi Internasional, sebenarnya pada waktu yang lampau ketika Konggres yang pertama dibentuk organisasi memang pada pada waktu itu hanya meliputi Indonesia. Karenanya, maka susunan dalam anggaran dasar dan *huishoudelijk reglement*-nya sesuai dengan hukum-hukum dan keadaan-keadaan yang berlaku dan berada dalam sekitar Indonesia.

Meskipun pada saat itu dan sebelumnya Bapak telah menerima bagaimana yang telah Bapak terima dari kehendak Tuhan, bahwa akhirnya Bapak tentu pergi keluar Indonesia, ialah tentu keliling dunia, tetapi pada saat itu Bapak sendiri sebagai manusia merasakan diri, kekuatan dirinya sendiri, bahwa rasanya tidak mungkin Bapak pergi keluar dari Indonesia dan keliling dunia itu, karena tentu membutuhkan ongkos yang tidak sedikit. Sedangkan memang Bapak pada saat itu adalah orang yang tidak begitu mampu, artinya, ya, biasa saja, cukup hidupnya, tidak mungkin dapat keliling dunia yang mengeluarkan ongkos beribu-ribu rupiah atau beribu-ribu dolar itu. Maka Bapak susun dalam organisasi sementara mencukupi kebutuhan-kebutuhan yang ada dalam Indonesia, belum terhitung di luar Indonesia. Dengan kesungguhan, kenyataan daripada apa yang telah dikatakan Tuhan kepada Bapak, sehingga Bapak betul-betul dan sungguh-sungguh keliling dunia dengan perongkosan yang banyak juga, tetapi ialah begitu datang dan mudahnya, maka sekarang perlu sekali anggaran dasar dan *huishoudelijk reglement* itu dirubah yang sesuai dengan kebutuhan manusia di bumi ini.

is a need for an international register of all Subud centres and groups all over the world; firstly in order to verify what is properly authorised by Bapak, and secondly to help those who travel from country to country to get in touch with local Subud centres.

The second question on the administrative side concerns centres in different continents. Dr. Ruzo has suggested that a centre for all South America might be established in Brazil. The North American continent has chosen New York as a provisional centre. Does Bapak wish us to study such possibilities for the different continents?

Bapak: Ladies and gentlemen, Chairpersons of Sections, especially of the International Section: in actual fact, when the first [Subud] Congress was held some time ago, an organisation was formed, which at that time only covered Indonesia. Consequently, the statutes and by-laws drawn up were formed to meet the laws and conditions obtaining in Indonesia.

Although Bapak had already received indications that eventually he would go outside Indonesia and travel round the world, as a human being, considering his own financial position, he felt it would be impossible to undertake such a journey, for it would be very expensive and Bapak was not very well off. He had enough to live normally, he had enough to eat; but to travel round the world at a cost of thousands of rupiah or thousands of dollars was simply out of the question. So, Bapak created a provisional organisation to meet the needs in Indonesia, without taking other countries into consideration. However, when it became apparent that what God had indicated to Bapak *would* come to pass, and that he was really going to undertake the journey round the world, with all the expense that would involve, it all came about perfectly easily. So, it is now necessary to change the statutes and by-laws so as to correspond to the needs of the people of the [whole] world.

Tentang kedudukan *spiritueel*, karena *spiritueel* itu adalah di tangan Tuhan – dan Tuhan bukan hanya menguasai dunia ini saja, juga di luar dunia ini – , sehingga kedudukan *spiritueel* ialah meliputi seluruh dunia; tidak memiliki atau tidak menghendaki tempat satu atau dua, tetapi seluruh dunia ini adalah tempat bagi *spiritueel*. Maka bagi Bapak sendiri rasanya dalam *spiritueel* di Indonesia, maupun di *Engeland*, maupun di Amerika, di Asia, di mana-mana lagi sama saja. Tetapi sebagai hatinya, karena hati manusia tentu berdekatan dengan isteri, anak dan familinya, ya, rasanya Indonesia-lah yang adalah tempat bagi Bapak. Tetapi Bapak sendiri rasanya di mana-mana sama saja, sehingga mungkin Bapak akhirnya berdiam di *New Zealand*, mungkin di Australi, mungkin di Amerika, mungkin di mana-mana. Karena itu dalam *spiritueel* sebagai pengurus besarnya, sebagai kedudukan yang tertentu : di mana Bapak pada waktu itu berada; misalnya, kalau Bapak sekarang ini di London, ya, London-lah sebagai pusat *spiritueel;* kalau Bapak kebetulan di Amerika, juga Amerika sebagai pusat *spiritueel;* karena semuanya tentu dialamatkan kepada Bapak di mana Bapak berada.

Sedangkan dalam administrasi atau organisasi atau *comité* itu dipusatkan pada tempat-tempat yang tertentu, tempat-tempat yang dianggap tempat itu adalah tempat yang besar atau sebagai *center* daripada negara-negara di kanan-kirinya. Umpamanya saja : di Amerika perlu dipusatkan administrasinya di New York. Kalau di *Zuid Amerika* perlu dipusatkan – apabila telah disetujui oleh umum – baik juga dipusatkan di *Brazil*. Tetapi kalau di *Zuid Amerika,* karena *Zuid Amerika* itu juga merupakan negara tersendiri-sendiri – misalnya *Brazil*, Peru, *Chile*, Argentinia dan lain-lain – , *maka* menghendaki agar di tempat itu sendiri-sendiri didirikan sebagai pusatnya, baiknya nanti akhirnya diatur sehingga mereka sungguh-sungguh merdeka dalam negaranya sendiri untuk mengerjakan sesuatu.

Umpamanya saja, umpama saja – seperti lahirnya : dalam kepartaian; umpama saja! Subud bukan partai, tetapi umpama saja! – seperti suatu Partai Sosial Demokrat. Meskipun ideologinya sama seluruh dunia ini, tetapi di tempat-tempat mana menghendaki administrasi tersendiri. Demikian juga halnya dengan Subud ini. Ideologinya di dalam Subud – artinya : kebaktian kita kepada Tuhan Yang Maha Esa -: satu; memang satu *regel*, satu jalan. Tetapi administrasinya menghendaki yang sesuai dengan tempat-tempat itu. Misalnya : di Amerika tentu menghendaki administraasinya yang

With regard to the place of the spiritual centre: as the spiritual is in the hands of God, and God has power not only over this world but also beyond this world, so too the spiritual centre envelops the whole world and does not reside in one or two places. The spiritual is at home in the whole world. In the spiritual aspects of the work, Bapak feels just the same wherever he may be, whether in Indonesia, England, Asia or anywhere else. As for his own feelings: since a man's heart will wish to be near to his wife and children and family, Bapak would feel that Indonesia is the place for him. But for Bapak himself, all places are the same, so that he could eventually live in New Zealand, Australia, America or anywhere else. Therefore, the management or centre for spiritual activities is the place where Bapak happens to be at the time. For instance, now that Bapak is here in London, London is the spiritual headquarters. If he is in America, then the spiritual headquarters is there, because all spiritual matters are usually referred to Bapak wherever he happens to be.   *National Centre*

However, the administration or the organisation should be located in specific places considered suitable as centres for the surrounding countries. For example, the administrative centre for the United States can be in New York, and for South America it can be in Brazil – if this is acceptable to the members. But, since South America consists of a number of countries, such as Brazil, Peru, Chile, Argentina and so on, if they each wish to have a centre in their own country, this has the advantage that each country will be free to do [what they want].

Admin conform to national requirements

An example of this is the organisation of political parties – this is merely by way of illustration, for Subud is not a party – for instance, the Social Democratic Party. Although they have the same ideology all over the world, they have their own administration in each country. It's the same way in Subud. Our ideology, meaning the worship of the One God, is one; one rule, one path, but the administration must conform to the requirements in each place. For example, the United States needs an administration corresponding to the conditions of the United States; South American

sesuai dengan bagaimana keadaan dan suasana di Amerika; dan di
Zuid Amerika juga menghendaki administrasi yang sesuai dengan
keadaan dan hukum-hukumnya di negara itu. Demikian pula di
Inggeris juga harus diatur sedemikian rupa, sehingga tidak
menyalahi dengan hukum-hukum dan keadaan-keadaan umumnya
orang yang ada dalam negeri Inggeris ini. Demikian juga selan-
jutnya yang ada pada negara lain-lain.

Dan dalam administrasinya tentunya tuan-tuan, nyonya sekalian
lebih memahami ini daripada Bapak sendiri, bahwa dalam admin-
istrasi dan organisasi tentu ada bagian-bagian yang dapat
berhubungan antara satu negara dengan negara lain; misalnya,
persuratkabaran dan percatatan adanya anggota-anggota : tetap.
Kecuali keuangan. Keuangan mungkin tidak dapat dihubungkan
antara satu dengan lain negara, karena itu mengenai ekonomi dari-
pada negara itu masing-masing. Tentunya saudara-saudara sekalian
akan lebih dapat mengatur itu dan lebih memahami dari Bapak
sendiri, karena itu soal keduniaan.

Selanjutnya tentang pembagian pekerjaan. Pekerjaan yang telah
dipikulnya atau yang menjadi beban pada sekalian saudara yang
Bapak tunjuk sebagai pembantu pelatih dan pembuka, bahwa
pekerjaan mereka itu melulu membuka dan menyampingi latihan
para saudara-saudaranya. Juga dapat memberi sekedarnya *advies*
kepada anggota-anggota *comité* bagaimana sebaiknya untuk
menjalankan sesuatu yang perlu dilakukan di dalam *comité* itu,
misalnya : pekerjaan. Dan anggota-anggota atau saudara-saudara
yang duduk dalam kejiwaan − dalam sebagai pembantu pelatih dan
pembuka − yang menjadi lapangan pekerjaannya tidak hanya di
tempatnya sendiri, tetapi dapat datang di lain-lain tempat, karena
sebagai pembantu pelatih dan pembuka dapat membuka dan
melatih saudara-saudara lainnya, seluruh dunia; artinya : yang di
butuhkan. Apabila pembantu pelatih dari Inggeris sini − umpa-
manya − dibutuhkan datang di Indonesia, agar mengikuti di sana
membantu untuk memimpin dan menyampingi para saudaranya di
sana, dapat juga. Demikian sebaliknya pembantu pelatih dan
pembuka dari Indonesia dapat juga membuka dan menyampingi
latihan di sini atau di Amerika. Sedangkan saudara yang Bapak
tunjuk sebagai pemimpin dalam administrasi hanyalah mengerjakan
di tempat itu sendiri masing-masing.

Dan latihan-latihan sebaiknya diatur sedemikian rupa, ialah
karena di Indonesia sendiri latihan umum bagi saudara-saudaranya

[countries] need an administration corresponding to their condi-
tions and laws. It is the same here in England, where the adminis-
tration must be arranged so it will not conflict with the laws and
customs of this country. The same applies everywhere.

Co-operation through Publication

You of course understand better than Bapak that in the admin-
istration and organisation, there are areas where the countries can
co-operate; these include the publication of periodicals and the
registration of membership. An exception is finance, where it may
not be possible to have co-operation between countries, as this
concerns each country's own economy. You yourselves will be
more expert at organising this, and understand it better than Bapak,
for it has to do with worldly matters.

Helper Responsibilities & Groups.

As to the division of the work itself: the duty of those whom
Bapak has appointed as helpers is just to open others and accom-
pany them in the latihan; they can also occasionally give advice to
the committee on the best way to do their work. Not only do they
have the task of exercising their function in their own area, but can
also visit other places in the same capacity. As helpers they can
open and do latihan with others anywhere in the world where they
may be needed. If helpers from England, for instance, were required
to go to Indonesia to give assistance there, to guide and accompany
the members there, this could happen. On the other hand, helpers
from Indonesia can also open and do latihan with others here or in
America. But those whom Bapak has appointed to lead the admin-
istration are responsible only for their own areas.

*Organising members in one country
have not jurisdiction in beyond that
country*

The general latihans should be arranged as they are in
Indonesia, where they are done only twice a week. In addition

hanya ditetapkan dua kali satu minggu. Yang satu kali atau dua kali spesial yaitu untuk hanya latihan bagi para pembantu pelatih dan pembuka.

Saudara-saudara sekalian, latihan dua kali bersama dalam satu minggu sudah baik sekali. Dan saudara-saudara dapat nanti ditambah satu kali sendiri di rumahnya masing-masing, apabila telah saudara sudah dapat mengenal waktu, artinya dapat menyetop sendiri sesudah setengah jam atau lebih sedikit. Jadi, saudara dapat berlatih tiga kali, tetapi yang satu kali di rumahnya sendiri dan dua kali latihan bersama. Bapak pandang latihan yang sekian banyaknya sudah cukup sekali, karena saudara-saudara harus tahu dan mengerti, bahwa latihan kejiwaan ini menghendaki berhentinya nafsu dan akal-fikiran. Sedangkan akal-fikiran dan nafsu saudara dihentikan setengah jam dalam satu minggu itu sudah terlalu berat sekali. Bagi akal-fikiran dan nafsu terlalu berat sekali. Maka banyak-banyak, apabila terlalu banyak latihannya dalam Subud, dalam kejiwaan ini, maka nafsu dan akal-fikirannya sehingga terdesak yang akhirnya menjadi krisis. Itu.

Maka menjaga jangan sampai kita mengalami dan menemui suatu krisis, waktu krisis itu dan dapat menerima sedikit demi sedikit tetapi langsung, baiklah kita jaga, agar kita berlatih yang tidak perlu tergesa-gesa dan tidak perlu memperkosa kekuatannya. Maka Bapak pandang cukup sudah, apabila berlatih dua kali bersama dan satu kali sendiri. Sedangkan pembantu pelatih dapat latihan bersama dengan saudara-saudaranya yang duduk dalam kejiwaan, tetapi dalam latihan itu supaya jangan hanya berlatih saja, tetapi juga sedikit-sedikit mempraktekkan bagaimana cara melihat, meninjau, mengetahui, mengoreksi dirinya sampai di mana mereka berada dan menerimanya.

Perlunya saudara-saudara yang duduk dalam pembantu pelatih dan pembuka berlatih sambil meninjau itu, agar mereka sedikit demi sedikit dapat menginsyafi bagaimana kedudukan jiwanya, apakah sudah berganti atau belum? Ataukah jiwanya yang masih belum berganti itu masih menekan, atau kurang menekannya? Dan juga dapat nanti saudara sekalian menjadi penjawab daripada saudara-saudaranya yang bertanya tentang ini dan itu kepadanya.

Saudara-saudara sekalian, Bapak katakan, bahwa sebenarnya saudara-saudara di sini – di luar Indonesia – , yang telah Bapak tunjuk sebagai pembantu pelatih dan pembuka, sifatnya adalah penunjukan darurat; artinya darurat ialah di dalam menyingkatkan

Latihan once a week for helpers.

there is a latihan once a week for helpers only.

3 Latihans are sufficient. 2/1 home.

Brothers and sisters, it is quite sufficient to have a general latihan twice a week. You can eventually add a third latihan on your own at home, once you are aware of the time – that is, when you are able to stop by yourself after half an hour, or perhaps a little longer. So you can do the latihan three times a week; once alone at home and twice with the group. Bapak considers this number of latihans is quite sufficient, for you should understand that the latihan requires the stopping of our desires and thinking mind. To stop your thinking and your desires just for half an hour a week is already very difficult; for the thinking and the desires it is really too hard. If you do too much latihan, then your thoughts and desires will be oppressed, and this may to lead to a state of crisis. That's how it is.

Stopping desires is difficult.

— Spaced out – desires oppressed!

So that you should not experience a crisis, and in order that your receiving should proceed gradually but steadily, you should do latihan without being in a hurry, without forcing yourself. Therefore Bapak considers it quite enough to attend the general latihans twice a week and to do one on your own. The helpers should do latihan together once a week; but on that occasion they shouldn't just do latihan, they should also spend some time practising how to test, understand, and correct their being; [to feel] how far they have got and what they have received.

No forcing

Practising testing!

The reason why it is necessary for the helpers to do latihan and test, is so that each can gradually learn to see how things are with their soul. Has it changed or not? Is the still unchanged soul continuing to exert pressure on them? Or is the pressure less? Also, by this means they will become able to answer the various questions asked by the members.

Brothers and sisters, Bapak explains that the appointment of helpers here – outside Indonesia – is an emergency measure, in order to save time. You can work it out for yourselves: if Bapak had to come here every time there was an opening, or if someone from

atau untuk menyingkatkan waktu. Karena saudara-saudara dapat
memikirkan sendiri, bahwa apabila pada waktu pembukaan selalu
dibutuhkan Bapak sendiri yang datang ke sini atau saudara dari
Indonesia yang perlu datang di sini, tentu sangat banyaknya
mengeluarkan perongkosan untuk mendatangkan saudara itu.
Sedangkan tidak mungkin dapat merata dengan selekasnya, karena
pertama, mengingat waktu dan juga mengingat keuangannya.
Maka Bapak anggap perlu, bahwa di sini, di luar Indonesia, perlu
ditunjuk saudara-saudara sebagai pembantu pelatih dan pembuka,
asalkan sudah dapat sedikit menerima apa yang telah diterima
dalam latihan itu. Karena sifat pembukaan dan menyampingi
latihan para saudara adalah suatu tingkatan yang tidak dibutuhkan
tinggi sekali, tetapi cukup sudah, apabila sifat dirinya telah menjadi
saluran dari daya hidup yang kuasa, yang telah melewati dirinya itu.

Lain daripada yang sudah-sudah – misalnya sebagai yang tadi
malam Bapak ceritakan – para nabi-nabi yang telah memberi
nasehat kepada khalayak ramai dan utusan-utusan dari nabi itu
cukup untuk meratakan agamanya dengan memberi nasehat-
nasehat, karena memang pada saat-saat itu diperlukan hanya sampai
ke kepercayaan saja, artinya ke *geloof* saja. Lain daripada Subud
sekarang ini. Manusia sudah tidak lagi percaya kepada kepercayaan
saja, tetapi mengingini kenyataan. Dan Subud inilah sekarang yang
memberi kenyataan kepada manusia dan kenyataan telah memberi
kenyataan kepada manusia itu tidak dapat secara omong-omong
saja, tetapi dengan kenyataan; perlu dibimbing; perlu dikenakan
kontak itu; perlu disampingi dan perlu didekati; karena tidak
mungkin – seperti yang sudah-sudah – orang satu dapat bicara
kepada orang banyak dengan nasehat saja; meskipun sepuluh ribu
satu malam, itu dapat. Tetapi Subud tidak mungkin. Saudara-saudara
tidak akan mungkin dapat membuka satu malam itu... orang satu
membuka sepuluh ribu. Tidak mungkin. Paling banyak empat,
paling banyak lima atau sepuluh, karena kekuatan saudara untuk
mengalirkan itu ke diri saudara sekalian yang dibuka itu sungguh
berat rasanya. Dan itu sudah dipraktekkan dan sudah dialami oleh
para saudara-saudara sekalian sendiri yang mengalami membuka
dan melatih kepada saudara-saudara baru.

Dari sebab yang demikian itu, maka Bapak perlu menunjuk
banyak saudara-saudara, agar suka duduk dalam kejiwaan, ialah suka
duduk sebagai pembantu pelatih dan pembuka di masing-masing
tempat, mengingat banyaknya orang-orang atau saudara-saudara

Power to open – channel for life force

Indonesia had to come, it would cost lots of money. It would make it impossible for Subud to spread quickly, in view of the time and expense involved. So Bapak considers it necessary to appoint helpers here, outside Indonesia, as long as they are able to some extent, to receive what is received in the latihan. Because it is not necessary to have attained a high level in order to open others and do latihan with them; it is quite enough if they have become a channel for the powerful life force to flow through them.

People today want proof!

Subud can give proof.

Things are different now from those former times Bapak was speaking about last night, when the prophets gave advice to humankind, and when their disciples, through teaching, were able to spread their religion. For indeed in those days it was enough to reach the stage of belief; it was different from today. People no longer believe – they need proof. And it is Subud that can now give people proof, but it can't be done just through talking. It needs to be experienced; it requires guidance; it requires transmission of the contact. You need to accompany them and you need to get close to them. It's not possible to do it the way it used to be done, when one person could preach to many – as many as ten thousand in one evening. In Subud that is impossible. You will not be able to open ten thousand people in one evening; it's not possible. The most is four, five, maybe ten, because passing on the contact to those being opened is truly heavy. Those of you who have opened and accompanied new members have experienced this yourselves.

Large numbers wish to be opened

That is why Bapak needs to appoint many of you in each group to function on the spiritual side as helpers. Considering the large number of people outside Subud who wish to be opened and follow Subud, many helpers are needed. That is why Bapak has

yang di luar Subud, yang mengingini untuk dibuka dan mengikuti
Subud. Sedangkan dibutuhkan sekali pembuka dan pembantu
pelatih. Itulah karenanya, maka Bapak tunjuk sebanyak mungkin,
meskipun belum mencukupi kebutuhan sebagai pembantu pelatih
dan pembuka, tetapi Bapak rasa cukup sudah untuk mengalirkan
daya yang utama itu ke diri saudara-saudara yang berhasrat untuk
dibuka. Itulah, maka Bapak selalu anjurkan kepada pembantu
pelatih dan pembuka, agar mereka rajin berlatih sendiri dengan
kawan-kawannya yang sederajat atau sejajar, misalnya : sama-sama
pembantu pelatih dan pembuka. Perlunya, agar mereka banyak
yang diterima dan dapat sungguh-sungguh merasakan dan dapat
akhirnya menjawab pertanyaan-pertanyaan dari saudaranya,
pertanyaan yang dapat dijawabnya sebenarnya dengan mudah.

Adapun kehendak para saudara yang mengingini apakah ada
kiranya orang yang berjiwa rokhani yang dapat menggabungkan
dirinya ke Subud dan dapat membantu Bapak, maka Bapak jawab
atas pandangan Bapak sendiri : mungkin tidak perlu demikian,
karena saudara-saudara yang ada di Subud nanti akan mencapai
tingkat yang ke situ itu. Sebab apa? Tuhan telah menghendaki
pemimpin atau pelatih-pelatih untuk umum, untuk manusia, nanti
akan dapat, akan datang sendiri dari Subud, karena Tuhan sendiri
yang akan memimpinnya, Tuhan sendiri yang akan membim-
bingnya, sehingga manusia, sehingga saudara sekalian akan
mencapai tingkatan yang demikian itu.

Kalau benar-benar di luar Subud ada saudara yang sudah
berjiwa rokhani – karena manusia yang berjiwa rokhani itu hanya
dapat pimpinan satu, ialah dari Tuhan sendiri – dan akan mengenal
juga satu persatuan – ialah persatuan dengan Tuhan sendiri – ,
sehingga dapat mengetahui seluruh apa yang ada dalam dunia ini
mana yang dikehendaki Tuhan dan tidaknya, maka tidak perlu kita
cari; tentu akan datang dengan sendiri, karena dapat perintah dari
Tuhannya yang telah dilihat, yang telah diterima perintahnya,
karena Tuhan itu satu untuk seluruh makhluk yang telah dicip-
takan.

Yang pernah Bapak alami sendiri, banyak orang-orang yang
datang juga menemui Bapak, mengaku dirinya telah dapat
sungguh-sungguh berjumpa dengan Tuhan, mengaku dirinya sudah
kenal rapat dengan Tuhan. Lantas akhirnya bicara : "Apakah betul,
Bapak, saya ini demikian?"

"*Elho*, bagaimana?! Kalau kamu sudah kenal betul dengan

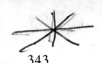

appointed as many as possible, although they do not yet fulfil the requirements of helpers. But Bapak feels that they are already capable of transmitting the higher power to those who wish to be opened. That is why Bapak recommends to helpers to do latihan diligently with their colleagues – meaning with other helpers. This is necessary so that they receive a lot and can truly feel, so eventually they can answer the members' questions easily and correctly.

With regard to the hopes of those who would like to know whether there are people with *rohani* souls who could join Subud and help Bapak, his answer is that maybe it won't be necessary, because you who are in Subud will later reach that level. Why is that? It's because it is God's will that real helpers for people – for humankind – will eventually come from Subud. God Himself will guide you and lead you, so you can reach that level.

If there really are people outside Subud who have *rohani* souls, these people are guided only by God Himself; they will know one unity, and that is unity with God Himself. Therefore they will know about everything in this world, and know whether it is by God's will or not. So we won't need to look for them, they will certainly come of themselves, commanded by God, whose command they will see and receive. For God is one for all His creatures.

What Bapak has experienced has been that quite a number of people have come to him who claim really to have met God and to know Him very well indeed. These people ask eventually 'Is it true, Bapak, that that happened to me?'

'What do you mean? If you really know God so well and are

Tuhan, sudah rapat hubungannya dengan Tuhan, tentu tidak perlu tanya dengan Bapak, karena Bapak ini *kan instrument* saja daripada Tuhan. Tuhan lebih mengetahui. Tuhan akan menunjukkan ke benar dan tidaknya saudara yang telah diterima atau tidak. Kenapa tanya kepada Bapak?"

Jadi, terang, bahwa banyak di antara umat manusia hanya dengan pengakuan akal-fikirannya telah berkenalan dengan kekuasaan Tuhan, telah juga mungkin mengaku jiwanya rokhani, rakhmani, rabbani – mungkin sama dengan Tuhan! mungkin! – , tetapi kenyataan, apabila mereka meningkat jiwa yang sebaik-baiknya, misalnya rokhani sampai ke atas, akan mengetahui Subud ini apa dengan sendirinya. Bukan nanti kita cari, tetapi mereka akan memberitahu sendiri, karena Tuhan telah memberitahukan, sehingga dapat mengatakan bagaimana seluk-beluk Subud dan bagaimana yang telah Bapak terima.

Sebagai kenyataan, sebentar Bapak menyetop uraian ini. Bapak harapkan saudara sekalian untuk dapat me*nyata*kan sedikit, menerima *test* Bapak ini.

(*Test*)

Demikian, maka Bapak terima – bukan Bapak pandang sekarang – Bapak terima : tidak perlu kita cari orang yang sekiranya berjiwa ini-itu. Malah salah. Karena kita cari setidak-tidaknya dengan fikiran. Kalau kita betul-betul cari : serahkan kepada Tuhan! Tuhan nanti yang memberi kepada manusia itu, sehingga manusia itu datang sendiri ke kita. Karena itu Bapak hanya mengharapkan, agar Tuhan mengizini, memberkahi – mungkin demikian juga – itu akan datang dari kalangan saudara-saudara sendiri.

Sekianlah jawaban dan sedikit uraian tentang Subud kepada sekalian para saudara yang telah hadir. Dan Bapak mengucapkan terima kasih.

No need to ask Bapak to contact is will God!

in close contact with Him, you certainly do not need to ask Bapak about that, for Bapak is merely an instrument of God. God knows better. God will show you what is right and what is wrong in what you receive – why ask Bapak?'

So, it is clear there are many people who claim from their minds to have known the power of God, and they may also claim to have a soul on the level of *rohani, rahmani, rabbani,* or even to be the same as God. Maybe. But the fact is that if they have achieved an excellent soul like the *rohani* or higher, they will of themselves know what Subud is. We don't need to look for them – they will come of themselves. God will have revealed it to them, and they will be able to explain the details of Subud and of what Bapak has received.

People with high souls will know what Subud is and how to find it!

To give you proof, Bapak will interrupt his explanation for a moment. He would like you all to receive this test in order to experience the reality to a certain extent.

[*Testing.*]

Therefore Bapak has received – it is not Bapak's opinion this time, but his receiving – that it is unnecessary to look for people with this or that soul. In fact it is wrong, because inevitably we will be looking for them with our thinking. If we really want to find them – leave it to God! God will give them indications and they will come to us of themselves. Therefore Bapak only hopes that God may permit it and give His blessing, and – it could really happen – that they will come from among yourselves.

This is the end of Bapak's answers and some explanation about Subud for all of you, and he says thank you.

Not necessary to look for people with high souls.

NOT LOOKING FOR PEOPLE WITH HIGH SOULS.

18

COOMBE SPRINGS

13 AGUSTUS 1959

Kongres Subud Sedunia I

Sumber : Rekaman 59 CSP 5

Tulisan disebelah tidak ada dalam rekaman, dan disalin dari catatan Kongres Subud Sedunia yang pertama, yang diterbitkan sebagai Subud and the Active Life. *[edisi pertama diterbitkan oleh Subud Brotherhood in England, 1961 – edisi ketiga diterbitkan oleh Subud Publications International Ltd, 1984.] Juga tidak ada terjemahan kedalam bahasa Indonesia kata pengantar dan pertanyaan-pertanyaan oleh E. Pastor Freixa. Dikirakan bahwa pertanyaan tersebut telah diajukan kepada Bapak sebelumnya.*

The text opposite was not on the tape and has been copied from the written record of the first Subud World Congress, published as Subud and the Active Life. *[first published by the Subud Brotherhood in England, 1961 – third edition published by Subud Publications International Ltd, 1984.] There is also no interpretation into Indonesian of E. Pastor Freixa's introduction and questions. It is assumed that the questions had been interpreted for Bapak beforehand.*

18

COOMBE SPRINGS

13 AUGUST 1959

First World Subud Congress

Source: Recording number 59 CSP 5

E. Pastor Freixa: This section is concerned with the presentation of Subud to the world; with our attitude towards religious organisations, such as the Roman Catholic Church; and also towards the Governments of our countries and the Press.

This morning we read Bapak's statement, prepared in Singapore, and also the preamble to Bapak's own book. We feel that the statement is very good for those who are interested in coming to Subud, but that it would be dangerous if issued publicly as a statement of what Subud stands for. And we feel that it is necessary to distinguish between the reality of Subud, which is beyond thought, and any explanations that will reach the mind and could be used as objections against it.

Especially we feel there is a danger that Subud may be condemned by the Roman Catholic Church if it is publicly stated that Subud has come directly from God to man. On the other hand, the reality of the Subud experience has already been felt by many Catholics, who have been convinced that it in no way conflicts with their own faith.

Secondly, Bapak is asked if a statement about Subud can be prepared, which can be given to Governments and other official bodies to make it clear that Subud is not political.

Thirdly, Bapak is asked whether he considers that press

Bapak: Tuan-tuan dan nyonya sekalian, ucapan Bapak ini tidak sebagai jawaban, tetapi merupakan suatu pandangan dari jiwa, bagaimana yang berjalan dan akan berjalan Subud ini atas keridloan Tuhan yang membangkitkan rasa diri kita, agar dapat memberi jalan kepada umat manusia untuk dapat melakukan sesuatu yang tidak menyalahi kehendak Tuhan.

Memang, kalau kita mengingat kepada pendirian orang, selalu kita ada di dalam kekuatiran, sebab sifat manusia atau orang mudah sekali terpengaruh oleh keduniaan, mudah sekali terpengaruh oleh kemuliaan dunia, sehingga menjelma dalam hatinya sesuatu kekuatiran seakan-akan dari fihak luar atau pihak lain yang akan memperbaiki – umpamanya – pada dirinya itu, seakan-akan dirasanya akan merobohkan, akan melenyapkan kemuliaannya. Sedangkan kemuliaan yang telah dicapai, yang telah dimiliki, meskipun dengan jalan yang tidak sebenarnya, tetapi sudah membikin dan membuat dirinya mulia dan dipercaya oleh khalayak ramai.

Maka, apabila kita cara memperkembangkan Subud ini, cara melebarkan sayap Subud ini kita masih di dalam keadaan soal ke duniaan – misalnya dengan akal-fikiran dan hati – , sudah tentu cara majunya kita ke lapangan masyarakat manusia bukan hanya terhambat, tetapi penuh dengan bahaya-bahaya, yang selalu menekan dan selalu memaksa dan mencegah, sehingga bukan nanti kita dapat maju, tetapi akan hanya tinggal di tengah-tengah jalan di

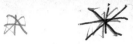

publicity should be encouraged as a means of helping the spread of Subud, or whether every effort should be made to avoid references to Subud in the press.

Fourthly, some Subud members ask whether Bapak recommends the continued practice of religious observances, and especially the practice of confession before the receiving of the Christian sacraments.

The last question is whether Subud should penetrate into the various organisations working for human welfare, such as the Churches, the United Nations Educational and Social Organisation [UNESCO], and also various private foundations for purposes of human good.

Bapak: Ladies and gentlemen, these words of Bapak's are not given as a reply, but are a view from the soul about how Subud is developing and will develop – by the grace of God who awakens our inner feeling – so enabling humankind to find a way whereby they can live without going against God's will.

Indeed, if we are affected by the attitude of other people we shall always find ourselves in a state of anxiety, for human nature is such that people are very easily swayed by this world – by honour and position in this world. This gives rise to a feeling of anxiety within their hearts, because they see other people's actions toward them, even if these are aimed at the improvement of their being, as a threat to their position and standing in the world. For although their position may not have been achieved in the right way, it has nevertheless brought them the honour and respect of society.

So, if we spread Subud in the way it is ordinarily done in the world – that is, by means of our thinking and our heart – not only will our efforts to penetrate into society be obstructed, they will also be full of danger. Opposition and hindrances will stand in our way; and instead of making progress we shall find ourselves stranded amongst conflicts and enmities. Attempts to act in this way will bring us into competition with our fellow human

dalam keadaan yang bertengkaran. Karena dengan jalan demikian sifatnya kita berebutan lapangan dengan lain-lainnya atau dengan sesamanya. Orang mengerti, orang merasa dan mengetahui kesalahan dirinya sendiri dalam suatu perbuatan yang telah dilakukan. Tetapi sebagai orang, saudara-saudara sekalian, tak mungkin orang akan mengaku kesalahannya. Tak mungkin orang suka mengalah apa yang telah menjadi keenakan dirinya. Itu sudah tentu sifat manusia demikian.

Itulah sebab-sebabnya, maka Bapak katakan sebagai yang sudah-sudah, bahwa Subud ini adalah dikehendaki Tuhan, di luar pengetahuan, di luar pengharapan, di luar kemampuan energi kita manusia. Berarti, bahwa Tuhan telah menghendaki bekerja dalam diri manusia. Maka kenyataan Subud ini baik maju atau mundur, baik melebarkan sayapnya atau tidak, adalah itu tergantung kepada kehendak Tuhan sendiri. Karena Tuhan akan mengerjakan Subud ini. Apabila sungguh-sungguh Tuhan-lah yang bekerja dalam Subud ini, akan nanti membuka tabir segala macam tabir yang menjadi perintang jalan untuk kemajuan Subud ini, karena Tuhan akan membangkitkan rasa diri manusia, karena Tuhan akan membangkitkan hati sanubari manusia, sehingga manusia mau tidak mau tentu mengakui, bahwa kehendak Tuhan yang telah berada di dalam Subud ini adalah sesuatu jalan yang benar bagi mereka untuk berbakti kepada Tuhannya dengan sebenar-benarnya.

Bagaimana bekerjanya Tuhan dalam kekuasaanNya, manusia tidak akan mungkin dapat mengetahui. Hanya dapat kira-kiranya, manusia mengirakan bagaimana Tuhan nanti bekerjanya dan bekerjanya Tuhan itu. Umpamanya : siapa tahu, di dalam sejarah telah diceritakan, manusia tidak suka percaya kepada Tuhan, karena manusia tidak dapat dipaksakan akal-fikiran dan hatinya oleh sejenis…, misalnya oleh sejenis manusia yang berakal dan fikiran. Tetapi Tuhan dapat memaksa mereka dengan kekuasaan Tuhan yang menjelmakan sesuatu yang sungguh-sungguh manusia terpaksa mengalami itu. Misalnya di dalam sejarah ketika Nabi Noach – zaman Nabi Noach itu – manusia tidak percaya kepada Tuhan, tidak percaya, bahwa Tuhan yang menciptakan manusia itu. Menangislah Nabi Nuh : "Bagaimana, Tuhanku? Manusia tidak suka percaya, bahwa Tuhan ada dan Tuhan berkuasa." Jawab Tuhan kepada Nabi Nuh : "Janganlah susah, janganlah khawatir hatimu, Nabi Nuh. Tuhan kuasa." Sehabis demikian tidak antara lama dunia

beings. People may recognise and be aware of the mistakes and shortcomings of their behaviour, but it is impossible for them to admit their mistakes and give up what they have come to enjoy. That is how people are.

[handwritten notes: God will determine how Subud will develop or not!!!]

As Bapak has said before, Subud is willed by God – beyond the knowledge, expectation and power of human beings. This means it is God's will to work within human beings. So, the fact is, that whether Subud makes progress or declines, spreads or dwindles, depends solely on God's will. It is God Himself who works in Subud. And that being true, His power will remove every kind of barrier that hinders its development. It is God who will awaken the inner feelings and the inmost hearts of human beings, so that whether they want to or not, they will recognise the will of God in Subud, which makes this a true path, enabling them to come to the true worship of God.

[handwritten notes: Do not proselytise or force Subud on people! Cannot use force (physical or of mind) to bring people to Subud]

How God works with His power is something human beings cannot possibly understand. They can only guess at what God will do. For example, history shows us that the hearts and minds of human beings cannot be brought to believe in God through any forcible action by other human beings, who also use their hearts and minds. But God can compel men to believe in Him, because God's power is able to manifest in such ways that humankind cannot but experience it. This happened, for instance, in the days of the prophet Noah. When people had lost faith in God, and no longer believed that God had created them, Noah wept, 'How can this be, oh my God? People do not want to believe that God exists and that He has authority.' God answered Noah, saying, 'Do not be sad; do not worry, Noah. God is Mighty.' Soon afterwards the world was overwhelmed by a catastrophe, which came by the power of God, and submerged the world under the waters of the ocean. In this way men were obliged to acknowledge the power

[handwritten note: Great Flood = Noah!]

menjadi kacau. Kekacauan dunia yang timbul oleh kekuasaan Tuhan merupakan dunia tenggelam di dalam air samudera. Dengan demikan manusia mau tidak mau mengaku, bahwa Tuhan kuasa. Sehabis demikian barulah manusia insyaf, bahwa apa yang jadi nasehat Nabi Nuh kepada manusia benar-benar dari Tuhan itu.

Demikian juga halnya dengan Subud ini. Apabila Subud ini telah dikerjakan Tuhan sendiri di dalam diri manusia, apa pula Tuhan bekerja dalam kekuasaanNya, kita Subud hanya tinggal di belakang Tuhan. Ikutilah jejak-jejak Tuhan yang nanti mempersiapkan, yang kita tidak tahu bagaimana persiapan Tuhan itu. Tetapi kita tinggal menjalani, tinggal *following* Tuhan, jejak Tuhan yang ada di depan kita. Kita perlu hanya mengikuti jejak-jejak Tuhan yang telah kita terima dalam diri kita. Sebab Tuhan mengetahui, Tuhan tahu betul-betul bagaimana keadaan manusia pada saat ini. Umumnya tentu tidak suka melepaskan kemuliaan, keenakan nafsu, hati dan akal-fikirannya. Dan tindakan yang demikian seluruhnya dikerjakan oleh daya-daya rendah yang telah berkuasa dalam diri manusia. Jadi, teranglah, bahwa tidak mungkin daya-daya rendah yang telah berkuasa dalam diri manusia sehingga manusia berkobar-kobar nafsunya, sehingga manusia kuat-kuat sekali keinginannya untuk mulia, untuk dihormati, untuk disegani oleh orang-orang lain, meskipun pendiriannya itu salah, tidak mungkin akan mengakui kesalahannya itu. Karena daya rendah-rendah tidak mungkin suka membunuh dirinya sendiri. Itu sudah terang.

Maka, apabila Subud ini dijalankan secara akal-fikiran, dengan propaganda, dengan mempengaruhi sana, mempengaruhi sini, dengan menonjol-nonjolkan nama kita di tengah-tengah masyarakat manusia, sudah tentu banyak rintangannya itu. Tidak mungkin mereka suka mengakui kesalahannya, membenarkan Subud ini. Dan mungkin tidak suka mereka melepaskan kemuliaannya dan memuliakan Subud ini, meskipun Subud ini jalan yang benar, umpamanya. Tentu tidak suka. Karena itu ikutilah jejak-jejak Tuhan! Tuhan akan memberi jalan kepada sekalian para saudara dengan jalan yang selamat, dengan jalan yang tenteram, dengan jalan yang manusia tidak mengerti bagaimana mereka diarahkan ke Selatan, ke Utara, ke Timur, ke Barat. Tidak dapat diketahui. Demikianlah cara Tuhan, apabila Tuhan menghendakinya. Karena itu kita berpedoman hanya mengikuti jejak-jejak Tuhan, hanya mengikuti bagaimana yang kita telah terima. Kita perlu berjalan dan bertindak dengan kesabaran. Kita perlu berjalan dan bertindak

of God, whether they liked it or not. And only then did they begin to recognize that Noah's teaching to humankind had indeed come from God.

We need only follow God!

And it is the same with Subud. If Subud is the work of God within human beings, then God in His power will accomplish this work. And for us in Subud, we can only follow after Him; follow in the footsteps of God, who will prepare us in a way that we cannot understand. We have only to carry it out and follow God, who is going ahead of us. We need only follow in God's footsteps, which we receive within us. For God really knows the present situation of humankind: that, in general, people will not relinquish honour, position and the enjoyment of their desires, heart and thinking mind; and that all this is the work of the low forces, which have taken over within human beings. So, it is these low forces, having taken over within human beings, which have caused their desires to flare up, and caused them to long for honour and for the respect and admiration of other people. Even though all this is wrong, it is not possible for people to admit their faults, because the low forces couldn't possibly be willing to kill themselves – that's obvious.

Good Reason to have left Work!

So if we promote Subud according to our intellect – through propaganda, by influencing various people, by advertising our name in human society – we will meet with many obstacles. It is impossible for people to acknowledge that they are wrong and Subud is right; they are not likely to give up their prestige and transfer it to Subud, even if, let's say, it really is the right way. Of course they won't do that. Therefore, follow in the steps of God; God will lead you by a way that is safe, a way that is peaceful. On this way you cannot know where you will be directed – North, South, East or West – you cannot know. This is the way of God, if He wills it. Therefore, our aim is only to follow in His footsteps, according to what we have received. We need to walk and work with patience; without haste and free from our desires and thinking minds, but with awareness.

Why Subud should not have Represented itself on the religious stage 2010

dengan keadaan yang tidak perlu tergesa-gesa, tidak perlu dengan nafsu, akal-fikiran, tetapi dengan kesadaran.

Jadi, janganlah kita suka dikatakan : orang pandai. Jangan! Janganlah suka dikatakan Subud ini adalah suatu pendirian yang sungguh-sungguh nomor satu di antara pendirian manusia. Oh, tidak! Subud sama saja dengan orang-orang lain. Subud ini sama saja dengan orang lain yang tidak tahu-menahu tentang Tuhan. Begitu saja! Karena Tuhan mengetahui. Itulah sebab-sebabnya, maka Bapak sendiri tidak suka mengaku : Bapak ini apa wali, nabi. Oh, tidak! Pak Subuh tetap Pak Subuh saja. Karena yang tahu bagaimana Pak Subuh berhadapan dengan Tuhan, hanya Tuhan sendiri, manusia tidak mungkin dapat mengetahuinya. Jadi, tidak perlu Bapak katakan : "Pak Subuh-lah satu-satunya manusia yang dapat dekat kepada Tuhan." Tidak! Tidak. Bapak tidak pernah mengatakan demikian. Bapak sebagai manusia biasa.

Agar demikian itulah, maka Bapak harapkan saudara sekalian : jalanilah Subud ini dengan kesabaran, tidak perlu tergesa-gesa mencari pengaruh. Tidak. Tetapi dengan sendirinya, *insya Allah* – dalam bahasa Indonesianya, dalam bahasa Islamnya – Tuhan akan melindungi kita.

Karena kita seratus prosen mengikuti kehendak Tuhan, sedangkan fihak lain tidak dan belum mengetahui bagaimana kehendak Tuhan yang telah kita terima dalam latihan itu, maka bagi umum – bagi fihak lain – kita di dalam kebiasaan manusia mengumumkan, yaitu membikin *statement,* bahwa Subud ini adalah suatu pendirian manusia yang berdasarkan Susila, Budhi, Dharma; berarti berdasarkan perikemanusiaan; berdasarkan kita mengingat, bahwa Tuhan maha kuasa. Tentu ada sesuatu yang kita belum dapat mengetahui, yang kita belum dapat melihat, tetapi sebenarnya itu penunjuk yang benar bagi manusia, yang ada dalam diri kita, yaitu Budhi. Dan Dharma, perlu kita menyerah yang sebesarnya kepada Tuhan, karena kita percaya, bahwa Tuhan ada; hanya Tuhanlah yang patut kita serahi diri dan jiwa kita; artinya : ya, raga, ya, nyawa kita. Jadi, Subud ialah suatu pendirian manusia yang berdasarkan perikemanusiaan, mengingat kebenaran Tuhan yang tercipta dalam dirinya dan dengan penyerahan yang sebesar-besarnya, karena Tuhan ada dan yang sungguh-sungguh dipercaya, bahwa Tuhan sebenarnya yang berkuasa.

Sifat manusia yang Subud – yang berSusila, Budhi dan Dharma – tidak hanya diketemukan dalam kalangan kita. Mungkin banyak

So let us not expect people to call us wise or to acknowledge Subud as number one among human organisations. Oh, no. In Subud we are no different from other people, no different from those who know nothing of God. Just be like that, because it is God who knows. This is why Bapak never claims to be a saint, a prophet, or anything like that – Pak Subuh is only Pak Subuh. For it is God alone who knows how Pak Subuh stands before God, and it is not possible for others to know it. So Bapak doesn't need to say, 'Pak Subuh is the only person who is able to be close to God.' No, no, Bapak never says that. Bapak is a normal person.

Do not influence others

For the same reason, Bapak wishes all of you to work for Subud patiently, not being in any hurry to influence other people. No. But nevertheless, *insha Allah* [Arab.: God willing] – as they say in Indonesia, in Islam – we shall naturally be under His protection.

We follow the will of God; but other people are not yet acquainted with God's will, which we receive in the latihan. Therefore it is sufficient to tell the public – to make a 'statement' in the way it is usually done – that Subud is a community based on *Susila Budhi Dharma*. [*Susila*] is based on the principles of humane behaviour, remembering that God is Almighty. There is also something in ourselves, something residing within our being that we can neither know nor see, but which is a true guide for us – that is *budhi*. And *dharma* signifies that we have to submit ourselves to God as completely as possible, for we believe God exists and that it is to God alone we should surrender our body and soul. So, Subud is an organisation of people based on the principles of true humane behaviour, remembering the greatness of God, which manifests within our being through our complete submission. For God exists. We truly believe in God and God is truly Almighty.

Subud people don't exist only among themselves

People whose nature is Subud, who have the qualities of *susila*, *budhi* and *dharma*, don't exist only among ourselves; there may be

juga di kalangan lain-lain, misalnya : di kalangan Keristen, Islam,
Buddha dan tidak Buddha dan tidak agama, mungkin. Itu semua
kita tidak tahu. Tuhan yang mengetahuinya. Karenanya, maka kita
tidak menetapkan, bahwa Subud ini adalah sesuatu pendirian yang
nomor satu. Tidak. Kita ini di dalam langkah berusaha, dalam
langkah mempraktekkan bagaimana, agar kita dapat berbakti
kepada Tuhan secara yang benar-benar, menurut apa yang telah
dikehendaki Tuhan. Karena itu, maka kita memerlukan bagi diri
kita sendiri, bahwa kita semestinya harus berSusila Budhi Dharma.
      Kita tidak hendak mencari... atau menyalahkan orang lain.
Tidak. Kita memburu, mencari kebenaran kita sendiri. Umpama
Bapak. Bapak mencari kebenaran Bapak sendiri, bukan hendak
menyalahkan orang lain. Tetapi, kalau orang lain ikut kepada kita,
kita terima. Jadi, bukan kita mengajak mereka ke dalam kita,
menyalahkan mereka, bagaimana yang mereka telah terima dan
kerjakan. Tidak. Kita melulu mengejar kebutuhan kita sendiri.
Karena, kalau kita menyalahkan orang lain, kita selalu mengoreksi
salah-salah orang lain, kesempatan kita untuk memperbaiki diri kita
sendiri tidak ada. Karena itu carilah kebenaran diri sendiri, jangan
memikirkan orang lain dahulu. Dengan jalan demikian akan
menambah lancar, akan menambah cepat, akan menambah jernih
apa yang telah kita terima dan akan kita terima juga.
      Maka bagi saudara-saudara yang aktif ke gereja, umpamanya,
jalankanlah terus ke gereja. Tetapi saudara-saudara telah insyaf,
bahwa sesungguhnya kebaktian kepada Tuhan adalah pada diri
sendiri, sehingga meskipun dalam gereja tetap kepada diri pri-
badinya. Jadi, lebih yakin daripada lain-lain orang atau saudara-
saudara lainnya. Demikian jangan juga diceritakan kepada orang
yang belum dapat mengalami itu dan belum melakukan yang
demikian itu, karena pemberian tahu kepada orang lain, meskipun
bagi saudara dirasa benar, mungkin ditangkapnya, mungkin diteri-
manya dengan kesalahan. Itulah yang perlu kita jaga.
      Karena apa? Tadi telah Bapak katakan, bahwa kekuasaan daya
rendah yang telah merajalela dalam diri manusia tidak mungkin
suka membunuh dirinya sendiri. Karena itu, meskipun sebaik-
baiknya, ya, di terima dengan jelek, dengan tidak baik. Karena tahu
dan mengerti akan merobohkan kedudukannya.
      Karena itu jalankanlah saja apa yang semestinya. Tidak menam-
pakkan sebagai orang yang pandai, sebagai orang yang sungguh-
sungguh *wijs*. Tidak. Biasa saja. Nanti Tuhan akan memberi ke-

many such among Christians, Moslems, Buddhists, and also those
of no particular faith – that's possible. We cannot know about that,
but it is known to God. We should therefore never make a claim
that Subud is number one among organisations. We should simply
say we are trying to practise and come to the worship of God in
a way that truly corresponds to His will. That is why we, ourselves,
need to have the qualities of *Susila Budhi Dharma*.

We do not wish to find fault with others; we seek our own
truth. Bapak, for instance, seeks his own truth and does not wish
to find fault with other people. However, if other people want to
join us we accept them. We have no wish to persuade them to join
us, or criticise what they have been doing; we only wish to fulfil
our own needs. Because, if we find fault with others and try to
correct their shortcomings, we will have no chance of correcting
ourselves. Therefore seek the truth of your own being first and do
not look at what is wrong in others. This will add to the steadi-
ness, speed and clarity of your own receiving.

Those of you who regularly go to church should continue to
do so. You are already aware that, in truth, a person's worship of
God is within their own being. So although you may be in a
church you are also within yourselves, and therefore the worship
will be more real for you than for the others. But you should not
speak of this to those who have not yet experienced something
like it; for what you tell them, although it is valid for yourself, may
be misunderstood and wrongly received. We must guard against
this.   *Do not speak of the Subud Experiences outside subud.*

Why is that? Bapak said earlier that the low forces, which have
taken over the human self, will never be willing to kill them-
selves. Therefore however good your intention, you may arouse
antagonism, because these [low forces] know very well and under-
stand that what you are saying could destroy their position.

So, simply continue in the ordinary way, without pretending
to be clever or wise. No. Just be normal. Later, God will provide
the evidence of the true situation. Who knows, maybe somebody

nyataan. Siapa tahu, orang yang selalu mengikuti saudara sama-sama pergi ke *kerk*, makin lama makin terasa : "Aku kalau dengan ... kamu pergi ke sana, rasanya *kok* puas dan enak dan tenteram. Bagaimana?"

"Oh, iya. Sebabnya ini, ini ...," barulah diceritakan.

Dengan demikian bangkitlah sendiri hati sanubari manusia itu, sehingga tidak dengan *rèwèl-rèwèl* masuk sudah ke dalam kita. Jadi, kita ini – karena perkembangan Subud ini – dengan jalan yang selamat, dengan jalan yang tenteram. Jangan dijalankan secara akal-fikiran. Tentu menempuh dan menghadapi suasana yang ribut dan goncang.

Bapak pernah katakan, bahwa kita dalam Subud ini sebenarnya mempraktekkan nasehat-nasehat para nabi yang telah kita dengar, para nabi yang telah hidup dalam waktu-waktu yang telah lama lampau. Jadi, kita ini me*nyata*kan : apakah benar, apakah nyata yang telah dinasehatkan oleh para nabi-nabi itu? Jadi, kita ini mempraktekkan. Umpamanya orang bertanam pohon. Para nabi-nabi : "Tanamlah pohon apel; tanamlah pohon jeruk; tanamlah pohon ini, pohon itu dan sebagainya!" Itu semua mewujudkan nasehat. Kita sekarang mempraktekkan : apa betul, kalau pohon apel di tanam di Inggeris ini, bisa subur, bisa berbuah? Apa betul, kalau pohon apel ditanam di Indonesia, tidak berbuah? Itu kita mempraktekkan sekarang. Jadi, kita ini mempraktekkan.

Karena itu, maka dalam Subud ini tidak menyalahi sesuatu apa, baik agama Keristen, Islam, Buddha, yang tidak agama. Tidak menyalahi sama sekali! Karena memang kita itu mempraktekkan kenyataan, agar kita dapat saksi yang nyata, sehingga kita betul-betul berbakti kita kepada Tuhan itu dengan sesungguh-sungguhnya. Dengan kata lain, bahwa dalam Subud tidak ada teori itu. Teori adalah sudah dalam agama-agama itu. Karena itu, maka dalam Subud tidak ada teori. Hanya penerimaan. Jadi, kalau ditanya oleh fihak lain : "Apa yang dipelajarkan dalam Subud itu?"

"Tidak ada!"

"Lantas bagaimana sampai banyak orang mengikuti, sampai banyak orang senang sekali berlatih itu?"

"Ya, itu sifatnya penerimaan. Jadi, bukan orang diberi teori. Tidak. Tetapi serenta berlatih, menerima. Jadi, me*nyata*kan dan dapat menerima kenyataan di dalam praktek itu, dalam latihan itu".

Dengan demikian, maka orang-orang tentu ingin tahu, ingin

who regularly goes to church with you will begin to feel some-
thing and say, 'Why is it that when I'm in church with you I feel
somehow satisfied and peaceful?'

when to speak – as a response!

'Oh, yes. That's because... Now you can say it.'

In this way the innermost heart of this person will be awak-
ened, and, without any trouble, he or she may come and join us.
So, it happens through our own development in Subud, in a way
that is safe and peaceful. Don't do it with the mind, because then
you are certain to face disturbance and chaos.

Bapak has said that in Subud we are in reality putting into
practice the advice we have heard, given by the prophets in ages
past. We are trying it out. Is what those prophets advised correct?
Is it real? It's like someone who plants trees: the prophets said,
'Plant an apple tree; plant an orange tree; plant this or that tree.'
All that is advice. We are now putting it to the test. Is it true that
if we plant an apple tree here in England, it will grow and bear
fruit? Is it true that if we plant an apple tree in Indonesia it will
not bear fruit? We are putting it into practice.

Subud does not go against anything in Christianity

Therefore, in Subud there is nothing that goes against
anything in Christianity, Islam or Buddhism, or against the beliefs
of those who do not follow any faith. We practise the reality, so
that we can bear witness to the truth, so that we come to the true
worship of God. In other words, in Subud there is no theory. The
theory already exists in the various religions. In Subud there is
only receiving. *Another reason why we should not represent*
So if people ask you: *ourselves or religious stage.*
    'What do they teach in Subud?'
    'Nothing!'
    'Then how come so many people join, and lots of people love
to do the latihan?'
    'Well, it's a receiving; you're not taught any theories. No. But
as soon as you start the latihan, you receive. So, you experience
and receive the reality in the course of the practice, in the course
of doing latihan.'

In this way many people may wish to find out about it and to

menerima. Sebab mungkin banyak orang yang berkata : "Saya berteori telah lama, tetapi belum dapat kenyataan; dalam teori saja. Apakah betul di tempatmu itu dapat menemukan suatu kenyataan?"

"Itu saya tidak bisa membenarkan, dan belum juga dapat menjawab iya dan tidaknya. Boleh saudara jalankan sendiri di sana, karena semua itu dari Tuhan yang diterima oleh dirimu sendiri. Tidak lain."

Karena sebab-sebab yang demikian itulah, maka kita berada dalam pendirian Susila Budhi Dharma. Bapak kembali lagi. Jadi, kita berada dalam sifat yang demikian itu. Karena sifat yang demikian itulah yang menjadi sasaran perintah-perintah dan pemberian-pemberian dari Tuhan Yang Maha Esa. Bapak katakan Susila Budhi Dharma ialah sifat manusia yang sungguh-sungguh perikemanusiaan; berarti tahu-menahu, tahu harga diri sesama hidup; tahu tolong-menolong sesama hidup; tahu kasih-sayang sesama hidup; tahu merasakan kemelaratan sesama hidup dan sebagainya. Pendek kata, sifatnya tolong-menolong sebagai manusia yang perlu rukun di dunia ini, agar dapat sungguh-sungguh berbakti kepada Tuhan yang sebenar-benarnya. Itu di dalam Islam dikatakan *syari'at*. Jadi, *syari'at* manusia – umumnya manusia – memang perlu rukun. Karena, apabila manusia tidak rukun dalam dunia ini, dunia menjadi kacau. Karena dunia ini memang diisi oleh manusia segala-galanya.

Jadi, agar dunia ini terpelihara keselamatannya, baiklah manusia itu rukun dengan sesamanya. Rukun artinya bukan rukun sama-sama tingginya, sama-sama rendahnya. Tidak! Yang tinggi mengetahui yang rendah, yang rendah mengetahui yang tinggi. Artinya : mata mengetahui matanya, kaki mengetahui kakinya; bukan *kok* kaki disuruh menjadi mata, mata disuruh jadi kaki. Tidak. Tidak demikian. Jadi, supaya jalan harmonis; artinya : dapat bertanggung jawab di tempat masing-masing dengan selamat dan bahagia.

Dan jalan untuk melaksanakan kesosialannya kepada umum janganlah dikerjakan secara yang melebihi daripada kekuatan yang berada dalam kita, sehingga kita berjalan maju ke depan dengan pelan-pelan, tetapi sempurna. Dan tidak akan membawa kesukaran-kesukaran dan tidak mendatangkan perintang-perintang yang mencegah kemajuan kita. Dan kita tidak perlu mengikuti lain-lain *instelling* – baik ...apa itu?... organisasi-organisasi – , karena

receive the contact. For there may be many who will say, 'I've been studying theories for a long time, but I haven't found any reality in my theories. Is it true that in your place one can find something real?'

'As to that I can't say. I can't say yes or no. You can go there and try it for yourself, because it all comes from God, and is received by your own being, no-one else.'

2nd position shift.

That is why our association is based on *Susila Budhi Dharma*. We should reflect those qualities, because they are what enable us to receive commandments and gifts from Almighty God. *Susila*, *budhi* and *dharma* are the qualities of a person who is truly humane. This means they are able to put themselves in another person's shoes. They respect and value others; they like to help others; they love their fellow human beings and are aware of the poverty around them; in short, they help others out of a realisation that we need to live in harmony on this earth, so we can really worship God. In Islam this is called *shari'at*. So the law for humanity – humanity in general – is that they must live together in harmony. Because this world contains all sorts of people, if they are not in harmony this world will be in chaos.

Harmony does not mean equality!

So, if you want this world to be looked after, there must be harmony between people. Harmony does not mean equality. No. It means that those who are high are aware of those who are low, and those who are low should know those who are high. It means that the eyes should be aware of the legs, and the legs should be aware of the eyes[10] – not that the legs should become eyes or the eyes become legs. It's not like that. Each should be responsible for their own function and perform it in peace and happiness; then there will be harmony.

Our work for human welfare should not go beyond the limit of our strength. Then, although our progress may be slow, it will be steady, and we won't experience difficulties or meet obstacles that block our progress. We have no need to imitate other organisations, for we know, through what we have received from God, that they are generally based on desires and the thinking mind. If we deliberately choose to be like that, it means we lower our level

Again this supports the view that we do not need to be represented on the stage of world religions

kita terima dan kita dapat mengetahui bagaimana dari Tuhan yang telah kita terima, bahwa umumnya organisasi-organisasi – *instelling-instelling* – itu di dalamnya terisi nafsu, akal-fikiran. Jadi, apabila kita sengaja mengumpul ke situ, berarti kita menurunkan derajat kita lagi, merendahkan keadaan kita sendiri, sehingga kita terpaksa terpengaruh oleh nafsu, akal-fikiran dan kehendakan.

Sebab kita tidak menghendaki, agar dapat selekasnya mempengaruhi dunia ini tidak, apabila Tuhan belum menghendakinya. Jadi, berarti, bahwa kita tidak suka mendahului bagaimana kehendak Tuhan. Karena itu, maka kita jalankan dengan apa yang kita ada, dengan apa sedapat kita. Kalau kita hanya dapat mengangkat sepuluh kilogram, jangan dipaksa mengangkat seratus; kalau kita dapat mengangkat seratus, jangan dipaksa dua ratus. Jadi, menurut apa kekuatan yang ada pada kita. Sambil menanti bagaimana Tuhan menghendakinya atas diri kita, karena Tuhan mengetahui ke muka dan ke belakang; artinya : sebelum kita melangkahkan langkah kita, Tuhan mengetahui; dan sesudah kita melangkahkan langkah kita, Tuhan mengetahui. Sehingga kesemuanya sungguh-sungguh baik mengenai dalam dan luar, kita hanya mengikuti perintah dan kehendak Tuhan belaka.

Kita mengetahui – setidak-tidaknya kita perlu mengetahui – apa yang akan kita kerjakan, yang sekiranya tidak ada halangannya. Kita perlu mengetahui sebelumnya itu. Dan bagi kita sebenarnya demikian itu tidak asing, karena Tuhan selalu mendahului dan mengakhiri. Jadi, apabila saudara benar-benar hanya ke depan Tuhan, hanya berbakti kepada Tuhan, tidak ada lainnya yang dihadapinya, tentu akan dapat petunjuk, tentu akan dapat menerima keadaan-keadaan sebelum dan sesudahnya.

Jadi, kita ini dalam melangkah apapun sudah berlainan dengan orang lain. Tetapi meskipun demikian, janganlah dilahirkan, jangan dikatakan, bahwa 'aku – kita – berlainan dengan kamu'. Jangan! Jadi, kita merasa dan mengerti dan mengetahui, bahwa kita berlainan dengan orang lain, tetapi jangan dikatakan berlainan. Artinya : kita pandai, jangan mengaku kepandaiannya. Kita dapat mengetahui sesuatu, janganlah dikatakan, bahwa 'aku mengetahui sesuatu'. Karena tadi telah Bapak katakan, orang biasanya tidak suka mengalah, tidak suka dikatakan orang bodoh. Tidak suka! Meskipun tidak punya uang, kalau dilihat orang, katanya : "Oh, saya punya uang!" Begitu. Sebab orang yang mengaku kerendahan dirinya sendiri, orang yang mengaku kesalahan dirinya sendiri,

and cause our own inner state to degenerate, thus exposing ourselves once again to the influence of desires, thoughts and wishes.

For we should not wish to influence the world quickly if that is not yet God's will. This means that we shouldn't anticipate the will of God, and that we should work according to who we are and what we are able to do. If we can lift only a ten kilogram weight, then we shouldn't try to lift a hundred; if we can carry a hundred, we shouldn't force ourselves to carry two hundred. We should act according to our strength, while we wait to see what God wills for us to do. For God knows past and future. Before we take a step God knows it, and after the step is taken God knows it. In this way all will go well for us, both inwardly and outwardly, as we follow only God's command and God's will.

Never enter into something without knowing.

We need to know – at the very least we need to know – that whatever we undertake will not meet with any obstacles. We need to know that beforehand. There should be nothing strange to us in this, for God is at the beginning and at the end of everything. If you truly stand only before God and worship God alone, you will certainly receive indications about things before and after [they happen].

So, we are different from other people in whatever we do. But although this is the case, do not express it; don't say, 'I'm different from you.' Don't. We ourselves feel, realise and understand that we are different from other people, but it should not be spoken about. If we are clever we mustn't boast about it; if we know something, we should not claim to know. Because, as Bapak said earlier, people don't like to admit inferiority, they do not like to be called stupid. They don't. Even if they have no money, in front of other people they will still say, 'Oh, I have money!' That's how it is. For they feel that someone who admits their inferiority and their faults might be looked down on and, on account of their poverty and stupidity, have no one admit to being their friend. That is indeed how people

kiranya mungkin akan rendah derajatnya, karena mungkin tidak akan ada suka orang yang mengakui yang bersobat kepada dirinya, karena memang betul-betul miskin, betul-betul bodoh. Itu memang kebiasaan orang. Jadi, orang tidak mungkin suka mengaku kesalahan, kebodohan dan kemiskinan. Tidak suka.

Demikan juga, meskipun saudara mengatakan, bahwa 'aku yang benar', tokh orang tidak suka, 'Yang betul kamu, yang salah saya!' Tidak. Tentu sama-sama. 'Saya mungkin lebih tinggi daripada kamu', 'saya mungkin lebih pandai daripada kamu'. Biasanya. Karena itu, baiklah saudara sebagai apa yang telah dikatakan oleh para nabi. Nabi Isa tidak pernah mengaku orang yang pandai. Tidak. Nabi Isa tidak mengaku orang yang tersohor. Tidak. Nabi Isa juga tidak mengaku suatu orang yang menjadi kekasih Tuhan sendiri. Juga tidak! Karena itu dia menganjurkan kepada umatnya : "Marilah kita berbakti kepada Tuhan. Marilah kita berbakti kepada Tuhan dengan jalan kesucian dan kebersihan hati kita." Demikianlah anjuran Nabi Isa kepada umat manusia itu. Itu sebagai contoh, bahwa memang sifat manusia yang demikan itulah yang dapat menerima firman-firman, dapat menerima petunjuk-petunjuk dari Tuhan untuk hidupnya, untuk keselamatan hidupnya, baik di dunia maupun hidup sesudah mati nanti.

Karena apa kita berpendirian demikian? Karena kita tidak mencari kepentingan, tidak mencari keuntungan untuk hidup kita di dunia ini. Kita mencari, mengharapkan kemurahan Tuhan, mengharapkan kasih-sayang Tuhan kepada kita. Dan Tuhan tidak akan memberi kepada manusia, tidak akan kasih-sayang kepada manusia, apabila manusia tidak sungguh-sungguh menetapi perikemanusiaannya, menetapi keBudhiannya, menetapi keDharmawaannya. Karena itu diperlukan, agar manusia berSusila, berBudhi dan berDharma.

Demikianlah, maka lain daripada kita mengejar keuntungan dunia! Kita perlu cari nama, agar dapat dihargai sesama hidup, orang lain. Tetapi kita tidak! Kita ini tidak cari nama untuk hidup kita di dunia ini, atau kita tidak cari nama dari orang-orang. Tidak. Bukan kita ini suatu *handelaar* yang diperlukan *beroeps,* supaya dapat nama dalam kalangan perdagangan. Tidak. Kita bukan cari nama, tetapi kita mengharap kesucian dari Tuhan, kita mengharap pemberian dari Tuhan yang dapat kita terima dengan kesucian hati dan rasa diri.

Karena itu, maka   kita berdasarkan ber-susila, budhi dan

are. They will never willingly admit their mistakes, their stupidity and their poverty.

It's the same if you were to say, 'I am right.' People won't like it. They won't respond with: 'I am wrong, you're right.' They are bound to reply in the same vein: 'I may be higher than you.' or 'I am probably cleverer than you.' Normally it is like that. You should therefore follow the example shown by the prophets. Jesus never made any claim to be a wise man or a great man; neither did he claim to be a favourite of God. His advice to his followers was: 'Let us worship God in purity and cleanliness of heart.' This was the advice Jesus gave to those people. And it can serve to show that it is people with these qualities who are able to receive indications and revelations from God for their welfare, both in this world and in the world after death.

Why should we follow this direction? Because we are not seeking benefits or profit for our lives in this world; we are seeking the mercy and the love of God. And God will not give His gifts or His love to human beings if they do not abide by the qualities of true human behaviour, in the right inner state and in complete submission. Therefore human beings need to abide in the qualities of *susila*, *budhi* and *dharma*.

This is very different from pursuing worldly profit, where one has to become well-known and to be respected by others. But we don't; we aren't looking to becoming well-known for our life in this world, or looking for respect. No. We are not merchants who need to make connections, to get a good name in the business community. We are not looking for fame. But we are hoping to be purified by God and to receive God's gift, which we can only receive when our hearts and inner feelings are pure.

Therefore we work on the basis of *susila*, *budhi* and *dharma*,

dharma, mengerjakan segala sesuatu yang perlu kita kerjakan seukur dengan kekuatan yang ada pada kita. Kita tidak mempengaruhi lain-lain. Tidak. Kita tidak suka menonjol-nonjolkan diri kita. Tidak. Kita berjalan – meskipun pelan-pelan – asal selamat, asal dapat bekerja dan maju. Tuhan mengetahui itu. Tuhan akan memberi jalan kepada kita.

Contoh sudah ada. Bapak katakan demikian, ialah halnya Subud ini. Belum pernah ada suatu kebangkitan kebaktian manusia terhadap Tuhan yang menggoncangkan dunia seperti Subud ini. Belum ada. Sehingga di mana-mana goncang. Di Ceylon goncang amat, sehingga dikuatirkan Bapak tidak akan di Ceylon. Tidak boleh. Tidak bisa. Karena – katanya – , kalau kedatangan Bapak, nanti Ceylon jadi Bapak semua, katanya itu. Jadi, *dalam* sudah *samar-samar*. Karena itu tadi – Bapak katakan dahulu, tadi – , bahwa kekuasaan daya yang tidak percaya kepada Tuhan itu telah menjelma erat-erat dalam diri manusia, sehingga apabila ada apa-apa yang kiranya meruntuhkan dia, ya, dicegah sama sekali.

Jadi, demikianlah. Maka tidak mengherankan, apabila kita berjalan maju ke depan dengan menggunakan akal-fikiran dan nafsu kita untuk mengejar lapangan, tentu banyak rintangan dan berbahaya sekali. Sungguh berbahaya Bapak katakan. Bapak katakan demikian, contohnya tokh sudah ada. Baru yang Katolik *overgaan* – pindah – ke Protestan, baru dari teori ini pindah ke teori ini saja, sudah ribut, sudah bunuh-membunuh yang tidak karu-karuan, tidak mengurangi korban manusia. Apalagi yang lain! Makin hebat lagi! Karena itu kita harus jaga, kita harus berjalan pelan-pelan, tetapi sungguh-sungguh. Kita harus berjalan pelan-pelan menurut kehendak Tuhan yang kita terima. Kita harus berjalan pelan-pelan asal selamat dan bahagia. Tuhan nanti yang memberi jalan kepada kita; sebagai halnya Subud ini, dalam waktu dua setengah tahun Subud sudah meliputi seluruh dunia. Entah bagaimana Bapak sendiri tidak mengetahui, karena Bapak sendiri juga tidak dapat mengukur itu, kecuali Tuhan sendiri.

Dengan jalan demikian, maka akhirnya banyak orang-orang, banyak saudara-saudara – bukan tertarik – , tetapi terkena rasa dirinya, karena saudara-saudara dari Subud telah dapat memberi contoh kepada khalayak ramai bagaimana cara mendapatkan sesuatu dari Tuhan, bagaimana cara dap... mendapatkan kontak dari hidupnya yang terdapat dari dirinya, sehingga mereka dengan sendirinya terkena dan terasa, dan akhirnya suka mengikuti

doing everything we need to do according to our strength. We do not try to influence others, nor do we show off. We walk slowly, but we walk safely; we can work and make progress. God knows that; God will open the way for us.

Bapak met resistance by Ceylon authorities.

The example already exists. Bapak is referring to what has happened with Subud. There has never been an awakening of the worship of men towards God that has stirred the world as Subud does. It is stirring in many places. In Ceylon there is a big upheaval, so Bapak may not be able to go there. He is not allowed to go, because they say that if Bapak goes there everyone in Ceylon will turn into Bapaks. This kind of anxiety is already present because, as Bapak said before, the power of the low forces, which deny God, is firmly established in human beings; so if anything appears that threatens to bring them down, they will resist it with all their might.

This is the situation. Therefore, if we were to pursue expansion by using our minds and desires, it would not be surprising if many dangers and obstacles arose. This would be truly dangerous. Bapak says this based on what has happened in the past. Just the transition from the Catholic to the Protestant faith – and that was only a change of belief within the same religion – caused a disturbance, with people killing one another and the loss of many lives. With something new it could be even worse. Therefore we should beware; we should walk slowly, but be genuine. We must walk slowly and in accordance with the will of God that we receive. We must walk slowly, so that we remain safe and happy. God will show us the way, as He already has, with Subud having encircled the world within two and a half years. Bapak himself doesn't know how, for it is not in his power to measure it; only God can do that.

In this way, eventually many people will be attracted and their inner feeling will be touched, because Subud members will have been able to demonstrate within society how one can receive something from God – how to obtain a contact of life within our being. So they will be touched, and spontaneously feel that they would like to join us in what we do in Subud.

bagaimana yang telah kita jalankan dalam Subud ini.

Tuan-tuan, nyonya sekalian, uraian Bapak ini – tadi telah Bapak katakan – juga sebagai jawaban disertai penerangan yang, ya, agak banyak sedikit, karena Bapak tidak mengucapkan sebagai jawaban kepada sekalian para saudara, tetapi ucapan yang Bapak terima ini adalah ucapan yang Bapak hanya tinggal mengucapkan saja, sehingga terserah kepada sekalian para saudara bagaimana cara mengaturnya, agar dapat dilaksanakan cara mengerjakan kesosialan kita Subud ini dengan sebaik-baiknya menurut apa tadi yang telah didengar dan menurut apa yang telah diucapkan yang Bapak telah mengucapkan kepada saudara sekalian. Tidak lain – sebagai manusia – Bapak mengharapkan, agar saudara sekalian mempermaafkan banyak-banyak, apabila ada kesalahan Bapak yang telah Bapak ucapkan ke hadapan. *Thank you.*

Ladies and gentlemen, Bapak has given this talk with its fairly long explanations because he does not wish to give specific answers to your questions; for he receives these words and has only to communicate them to you. So he leaves to you the task of working out the answers, and finding how to arrange our social work in a manner that will accord with what you have heard today. Finally, as a human being, Bapak hopes you will forgive him if he has said anything wrong to you. Thank you.

Notes

Abbreviations used in this volume:

Arab. = Arabic
Du. = Dutch
Jav. = Javanese

1. In the Islamic tradition, Abraham sacrificed his son Ishmael; in the Christian tradition he sacrificed his son Isaac.

2. In Indonesia and many other cultures, people kiss with their nose rather than with their lips.

3. Bapak is referring to the Islamic religion, which under certain conditions permits a man to marry up to four wives.

4. These words are Indonesianised Arabic, and refer to mystical teachings. *Tarekat* comes from *tarīqa* [Arab.: mystical path] and *tauhid* from *tawhīd* [Arab.: Divine Oneness].

5. Refer to the definition of *jiwa* in 'Bapak's Terminology' page 373.

6. The section in square brackets has been reconstructed from the interpreter's words. The Indonesian was not recorded, or was inaudible.

7. Here Bapak has reversed the normal order. Generally, the black brother is referred to as *amarah* and the red brother as *aluwamah*.

8. This was a preparatory meeting that took place on the day prior to the start of the first Subud World Congress. Wherever possible the names of speakers have been identified from the recording by Sharif Horthy, who was present at the meeting. The Indonesian transcript of Sjafrudin Achmad's interpretation of the questions Bapak was asked is given on the facing page.

For background information on the Congress please refer to section PERIOD COVERED BY THIS VOLUME in Appendix 1, page 376.

9. In his interpretation, Sjafrudin Achmad said that Subud teachers would make their pupils more motivated. Bapak is referring to that remark.

10. What Bapak actually said was, 'The legs should be aware of the legs and the eyes should be aware of the eyes', but, given the context, the translators have assumed that this was a slip of the tongue.

Bapak's Terminology

The following notes seek to clarify the meanings of some of the fundamental words Bapak uses in his talks where the English equivalents used in the translations don't convey fully or precisely the sense of the Indonesian original.

Jiwa (translated as 'soul') is the part of a living being that does not die – the 'living content'. The important point, however, is that the *jiwa* is not necessarily human. It may contain elements from the other, lower, life forces. When a person dies, these separate and return to their respective worlds. The human soul may therefore be incomplete or even non-existent.

Latihan Kejiwaan literally means 'spiritual training' or 'training in the realm of the jiwa', and describes the practice of divine worship in Subud that is the main topic of Bapak's talks. In English it is now commonly referred to as 'the latihan', which is how it has been rendered in this volume.

Nafsu (translated as 'desire', 'passion' or 'ego', depending on the context) are the motivations in a person that originate from the lower life forces.

Akal-fikiran (translated as the 'thinking' or the 'thinking mind') means the activity of a person's brain. It is usually mentioned together with *hati* as the two always work together.

Hati (translated as 'heart') is the feeling that is limited to our mortal nature.

Diri pribadi (translated as 'inner self' or 'true self') is the form of our real self, as opposed to the personality that we acquire through imitation or learning.

Rasa diri (translated as 'inner feeling') is the true feeling that we can rely on to guide us, which comes from our true self.

Ikhlas (translated as 'submission' or 'willingness to let go') is the willingness to give up anything that we have or that is part of us whenever God wishes to take it away from us, and also to receive whatever God wishes to give us. Often mentioned together with *sabar*, patience, and *tawakal*, acceptance, as the three aspects of surrender.

Bapak sometimes uses Arabic words that have been 'Indonesian-ised', consequently, the spellings can change according to how the word is pronounced although the meaning remains the same. In the English translation, to avoid confusion, the spelling of these words has either been standardised – as in *rohani*, *rabani*, etc – or takes the Arabic form.

Appendix 1 - Background to Bapak's Talks

for the period 1 July 1959 - 13 August 1959

The fourth volume of Bapak's Talks proceeds in chronological order from his arrival in California on 2 July, to his fifth talk at the First Subud World Congress in Coombe Springs on 13 August 1959. This took place during the first part of his second 'round the world' tour. This world journey should really be regarded as a complete entity, but it is not possible to publish all the talks for this period in one volume. However, an impression can be gained of the full scope of this world journey from the background given here.

THE 1959-1960 WORLD JOURNEY

Towards the end of February 1959 Bapak set out for his second journey around the world, which was to be his longest ever. By the time the party returned to Jakarta in April 1960, 425 days had elapsed. While the first journey had been westbound, this time Bapak travelled eastward.

Bapak went first to Sydney and Auckland, New Zealand, and, on 20/21 March made the long cross-Pacific journey from Auckland to Mexico. On the way he stopped at Canton Island, Honolulu, and at San Francisco and Los Angeles, where no proper talks were given although Bapak did chat to members there.

After Mexico, Bapak visited Caracas in Venezuela, Lima in Peru, Santiago in Chile and Buenos Aires in Argentina. The party then had to return to Lima, because for some reason visas for the United States could not be obtained in Buenos Aires. On 30 April Bapak left Lima for New York where the party arrived at daybreak of the next day.

PERIOD COVERED BY THIS VOLUME

After Denver the party continued to Tucson in Arizona, San Francisco, Los Angeles and Vancouver in British Colombia. In all these cities Bapak gave a number of talks.

From Vancouver, the party travelled to Amsterdam, Oslo and London, where Bapak attended the first Subud World Congress, held at Coombe Springs in Kingston-on-Thames, Surrey, from 10 to 30 August. He and his party set up their temporary residence in the West wing of the main house in Coombe Springs, which served as their headquarters till the end of September.

At the time, the congress was billed as the 'Second General Congress of the Subud Brotherhood' – the first one having taken place in Jogjakarta at the end of 1954 – but it soon became known as the First Subud World Congress. It was attended by over 450 people, and much of the form and content of Subud as an international association took shape in the course of this congress.

In a letter to congress participants, John Bennett recalled that 'From our earliest contact with Subud... we heard from Rofé that Bapak had received indications that there should be a Subud International Congress about five years after the first Congress held... in 1954. He himself spoke of it to me in 1957, and at that time the idea of an 'International Congress' did not seem to have much meaning, since Subud hardly existed then outside of Indonesia and England. Now that Subud has been established in more than half the countries of the world, the proposal to hold an International Congress is beginning to make sense. Nevertheless, when Pak Subuh and other Subud members spoke to us about it in Java in June 1958, we were unable to get any clear indications of what the Congress was to do... Our many attempts to elicit an agenda or programme led to no response until we met Pak Subuh in Mexico in March 1959. Then, quite unexpectedly, he opened up immense vistas of future developments in Subud as a means of introducing into the world a true sense of human responsibility for men and for all other creatures on the earth. He discoursed upon the meaning of *Susila Budhi Dharma* and explained that this meant far more than a *personal* right living according to God's will.'

Thirty-five countries were represented at the congress – though in several cases by delegates resident in England. The work was divided into seven sections:

International Organization
National Organization
External Relations
Communications
Human Welfare
Growth of Subud
Finance

Human Welfare was further subdivided into 'Young People', 'Health', and 'Commercial Enterprises'. Work started every day at 9.30 with an hour of sectional meetings at which delegates agreed upon questions to be submitted to Bapak. Bapak then spoke to the whole Congress between eleven and one o'clock. In the afternoon there were sectional meetings to consider the advice and clarifications given by Bapak. During the evenings, and at other times, sub-committees and panels worked on specific questions and prepared reports.

In the first week of the congress Bapak gave five talks at Coombe Springs, plus two evening talks in London. One of these was at the Friends House, Euston Road and one at the Dalcroze Society in Westbourne Grove.

REMAINDER OF BAPAK'S 1959-60 WORLD TOUR COVERED BY FUTURE VOLUMES

As the congress continued Bapak gave eleven talks during the morning sessions in addition to a number of evening talks in London: two more at the Friends' House, Euston Road, one in Croydon, one in Hampstead, one at Colet Gardens, Hammersmith, and also in St Albans in Hertfordshire, and Newtimber in Sussex.

After the first Subud World Congress in Coombe Springs ended on 29 August, 1959, Bapak visited Exeter in Devon, Whatcombe House, the Subud-run home for disturbed boys in Dorset, and Bristol, before returning to Coombe Springs. There, on 12 September he gave a talk to women helpers, which unfortunately was not recorded. Then on 15 September, Bapak went to Brookhurst Grange Nursing Home in Surrey. Next day he went to Garstang, and, during the following days, to Liverpool, Manchester

and Sheffield, before returning to his residence in Coombe Springs on 21 September.

On 26 September, 1959, Bapak, Sjafrudin and Dr. Anwar Zakir travelled to Birmingham, where Bapak addressed the members on two consecutive evenings. After three further talks in Coombe Springs Bapak and his party journeyed to Ireland, where he gave talks at Rahaldron Castle near Dublin and at Ballyards near Armagh, some 40 miles southwest of Belfast.

The party proceeded to Edinburgh on 10 October, then to Glasgow and Newcastle, before leaving for the continent: Brussels on 15 October and Paris on 1 November. On 22 November Bapak left Paris for Wolfsburg. The party was to fly to Frankfurt, where they arrived in the late evening and then to Hanover, which is not far from Wolfsburg. However, the flight to Hanover was cancelled due to heavy fog and John Bennett, who accompanied the party, phoned Richard Engels in Wolfsburg to say that they would travel by taxi. The party finally arrived in Wolfsburg at around six a.m. the next day.

On 1 December the party continued from Wolfsburg to Planegg near Munich, where they stayed in Ruth Gruson's house. Bapak gave several talks both in Planegg and Munich. During his stay in Planegg Bapak made a two-day trip to Vienna, where he gave three talks.

On 14 December Bapak and party moved from Planegg to Switzerland. There they spent a week in Caux near Montreux in 'La Belle Maison', a private school for young children run by Mrs. Juliane Colli Vignarelli. Here the party were able to relax after the previous weeks' most strenuous schedule. Even so, on 17 December Bapak, Ibu, John Bennett and Margaret Wichmann drove to Geneva, where Bapak opened a great number of people and then gave a talk, returning to Caux the same evening.

On 21 December Bapak and party flew from Geneva to Nice, where they were the guests of Charles and Psyche Parsons in nearby St Paul de Vence. During that sojourn Bapak gave several talks in Nice and Marseilles, before travelling to Athens on 7 January, 1960.

After Athens, where Bapak gave three talks, the journey continued to Teheran, where Bapak appointed two male helpers during a brief stop-over on 16 January. The next day there was a seven-hour stop-over in Karachi, where Bapak held a latihan in a

hotel room and opened some more people.

On that same day, 17 January, the party proceeded to Bombay. On 4 March they headed for New Delhi, and on 27 March Bapak continued to Calcutta. On 12 April they reached Singapore. Bapak gave several talks in each of these places.

On 27 March, 1960, Bapak and his party finally returned to Jakarta, having travelled almost 55,000 miles since their departure in late February 1959.

Appendix 2
Chronology of Bapak's talks and travels

Adapted from 'Bapak's Travel Log' (WSA Tape Preservation Unit)

NOTE
Place names in capitals, e.g. **TUCSON**, denote that Bapak gave a talk in that place on the date given. The code numbers on the far right e.g. **59 TUS 1**, refer to recordings. Every recording of Bapak's talks has been assigned a code number, irrespective of whether that recording is available, wanted or considered lost.
If no code number is stated, that implies that the relevant talk was not recorded. Two place names in lower case, e.g. Denver – Tucson, Ariz, give the departure and arrival points of journeys.

1959

---

1 July   Denver – Tucson, Arizona.
After four days in Denver, Bapak and his party travelled to Tucson in Arizona.

1 July   **TUCSON**   **59 TUS 1**
Bapak spent just one day in Tucson and gave a talk. The talk was reported to have been recorded but the recording never came to hand.

2 July   Tucson – San Francisco
On Thursday, 2 July, Bapak and Ibu, Rochanawati, Dr Zakir and his wife Ratna flew to San Francisco, where they were accommodated on the very top of Nob Hill.

3 July   **SAN FRANCISCO**   **59 SFO 1**
Bapak gave a talk on Friday evening at 437 Turk Street, a dance studio where the San Francisco group did latihan at that time. All subsequent talks and meetings took place at this venue.

7 July   **SAN FRANCISCO**   **59 SFO 2**
The second talk was given on Tuesday evening.

10 July   **SAN FRANCISCO**   **59 SFO 3**
Bapak gave his third talk on Friday evening.

11 July   **SAN FRANCISCO**
Bapak attended part of the first North American Subud Meeting
and gave advice and guidance.

12 July   **SAN FRANCISCO**
Bapak again attended the Meeting, and gave a detailed description
of the Subud Emblem.

13 July   **SAN FRANCISCO**   **59 SFO 4**
Bapak's last talk was given on Monday evening, 13 July.

---

14 July   San Francisco – Los Angeles
On Tuesday 14 July the party travelled to Los Angeles.

July 15   **LOS ANGELES**   **59 LAX 1**
On the evening of Wednesday 15 July Bapak gave a general talk at
the Alhambra Women's Club at 204 S. 2nd Street, Alhambra.

16 July   **LOS ANGELES**   **59 LAX 2**
On Thursday 16 July Bapak addressed helpers and committee
members at Steve Andrea's at 25 Elgin Street, Alhambra.

18 July   **LOS ANGELES**   **59 LAX 3**
Bapak gave another general talk at the Alhambra Women's Club.

21 July   **LOS ANGELES**   **59 LAX 4**
Bapak again addressed helpers and committee members at Steve
Andrea's.

24 July   **LOS ANGELES**   **59 LAX 5**
On Friday evening 24 July Bapak gave his last general talk of that
visit.

JOURNEY TO CANADA

25 July   Los Angeles – Vancouver
On Saturday 25 July, the party travelled to Vancouver, where they
arrived at 5 pm. They were accommodated at the Devonshire
Hotel in West Georgia Street.

27 July   **VANCOUVER**   **59 YVR 1**
Bapak gave his first talk on Monday at the Devonshire Hotel.
The talk was recorded by Ted Leveque, but the recording was
subsequently lost.

28 July   **VANCOUVER**   **59 YVR 2**
The second talk was given at the same venue. This recording is also
considered lost.

JOURNEY TO HOLLAND

29/30 July   Vancouver – Amsterdam
On Wednesday, 29 July, the party departed from Vancouver. Their
flight arrived in Amsterdam early in the morning of Thursday 30
July.

30 July   **AMSTERDAM**
The party was taken to the home of Mrs H.Poelstra at the
Weesperzijde 120. Bapak gave a talk that was not recorded, but a
transcription of shorthand notes was subsequently published in
Subud Nieuws Nederland of February 1960.

JOURNEY TO NORWAY

30 July   Amsterdam – Oslo
At 3 pm the party boarded a plane for Oslo. They were accommo-
dated in Heige Roise's apartment at Jonas Reinsgate 1.

1 August   OSLO   **59 OSL 1**
In Oslo Bapak gave his talks at the local centre of the Norwegian
Home GMW at Smithsvingen 15. The recordings were made by
Hans Aim. The first talk was given on Saturday evening.

3 August   OSLO   **59 OSL 2**
The second talk was given on Monday evening. It was published in
the *Subud Chronicle* of 1960/1961.

7 August   OSLO   **59 OSL 3**
The third talk was on Friday evening. It was likewise published in
the *Subud Chronicle* and in the booklet *Six Talks by Bapak* under the
title 'Soul Qualities'.

JOURNEY TO UK

---

8 August   Oslo – Coombe Springs
On Saturday, 8 August the party flew to the UK. They arrived at
Coombe Springs at 2 pm, and took up residence in the West wing
of the main building.

9 August   COOMBE SPRINGS   **59 CSP 1**
On Sunday evening Bapak addressed the chairmen of the congress
sections.

10 August   COOMBE SPRINGS   **59 CSP 2**
Monday morning: the first talk at the first Subud World Congress.
Bapak is asked about national organisation.

11 August   COOMBE SPRINGS   **59 CSP 3**
Tuesday morning: the second talk. Bapak is asked about human
welfare.

11 August   LONDON   **59 LON 1**
Tuesday evening: Bapak addresses Subud members at the Friends
House, Euston Road.

12 August   **COOMBE SPRINGS**   **59 CSP 4**
Wednesday morning: the third talk. Bapak is asked to explain his
views on international organisation.

13 August   **COOMBE SPRINGS**   **59 CSP 5**
Thursday morning: the fourth talk. Bapak is asked questions about
external relationships.

13 August   **LONDON**
On Monday evening, after latihans at the Dalcroze Society,
Newton Road, Westbourne Grove, Bapak unexpectedly gave a
talk. It was not recorded.

15
150
1,500
15,000
150,000
1,500,000
15,000,000
150,000,000